西南政法大学 侦查学第七代教材

本书受西南政法大学2019年校级规划教学用书编写项目资助

侦查策略与措施

Criminal Investigation Strategies and Measures

郑晓均 蔡艺生◎主编

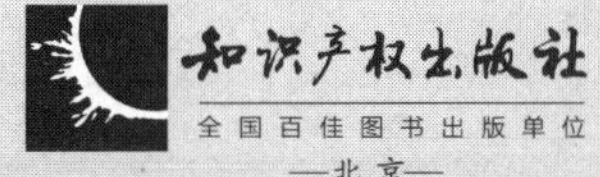

知识产权出版社
全国百佳图书出版单位
—北京—

图书在版编目（CIP）数据

侦查策略与措施 / 郑晓均, 蔡艺生主编 . — 北京 : 知识产权出版社 , 2021.3
ISBN 978-7-5130-7416-2

Ⅰ . ①侦… Ⅱ . ①郑… ②蔡… Ⅲ . ①刑事侦查学—高等学校—教材 Ⅳ . ① D918

中国版本图书馆 CIP 数据核字（2021）第 022989 号

责任编辑：李陵书　李芸杰　　**责任校对：**潘凤越
封面设计：研美文化　　**责任印制：**刘译文

侦查策略与措施
郑晓均　蔡艺生　主编

出版发行：知识产权出版社 有限责任公司　　**网　　址：**http ：//www.ipph.cn
社　　址：北京市海淀区气象路 50 号院　　**邮　　编：**100081
责编电话：010-82000860 转 8165　　**责编邮箱：**lilingshu_1985@163.com
发行电话：010-82000860 转 8101/8102　　**发行传真：**010-82000893/82005070/82000270
印　　刷：天津嘉恒印务有限公司　　**经　　销：**各大网上书店、新华书店及相关专业书店
开　　本：787mm × 1092mm　1/16　　**印　　张：**21.25
版　　次：2021 年 3 月第 1 版　　**印　　次：**2021 年 3 月第 1 次印刷
字　　数：488 千字　　**定　　价：**88.00 元

ISBN 978-7-5130-7416-2

编委会

主　　编｜郑晓均　蔡艺生
副主编｜倪春乐　李　恒
参编人员｜（排名不分先后）
任惠华　肖　军　胡尔贵
王　颖　王　俊　张　尧

前 言

为了适应我国全面依法治国建设和法治中国建设规划对侦查人才、监察调查人才和国家安全人才的需求，充分发挥教材培根铸魂、启智增慧的功能和作用，西南政法大学准确把握新的时代方位，深刻认识新形势新任务，紧紧围绕立德树人根本任务，坚持正确政治方向，弘扬优良传统，推进改革创新，组织专家编写了本教材。

本教材以新时代习近平中国特色社会主义思想为指导，牢牢把握政治方向和价值导向，确保党的教育方针落实，同时积极吸收国内外最新研究成果，坚决抵制和防范各种错误思潮对教材的渗透，做到政治性、科学性和时代性相统一，力求成为经得起历史和实践检验的精品教材，为培养德智体美劳全面发展的社会主义建设者和接班人，做出应有的贡献。同时，也为实务界提供立法、执法或司法的指引与参考。

“侦查策略与措施”是侦查学和国家安全学等专业的主干课程之一。新的历史时期，刑事犯罪活动不断变化，给侦查提出了诸多新挑战，亟须理论界发现、解释并解决现实困境。科学技术的日新月异，也为侦查带来了诸多新机遇，激发了许多新的侦查方式方法，亟须理论界予以总结提炼，使之契合当下法治体系，促进侦查策略与措施的不断发展与完善。同时，随着法治中国建设进程的不断加快，人们的法治观念普遍增强，刑事法律法规和体制机制日趋完善，侦查策略与措施也不断更新。为此，亟须回应实践困境、提炼实践智慧、总结理论成果、阐释法律规范。

西南政法大学相关专家团队在广泛调研的基础上，对当前侦查策略与措施的相关理论与实践问题进行了系统研究，对原有教材内容进行了全面调整、修正和补充，重新编写了本教材。编者本着学理、法理并重和理论联系实际的原则，较为全面而系统地阐明了侦查策略与措施的基础理论、基础知识以及灵活有效地运用各项侦查措施的方式方法——种类更加丰富、内容更加完善、内涵更加科学、运用更加规范。本教材共有十六章，前三章为总论部分，后十三章为分论部分。前三章主要介绍侦查策略与措施的概念、渊源、分类和设计等基础性理论与知识；后十三章则从概念、特征、法律规范和具体方法等角度入手，集中介绍十三种侦查措施的运用策略。

当然，本教材仍可能存在疏漏或不当之处，敬请批评、指正。

本教材由郑晓均、蔡艺生任主编，倪春乐、李恒任副主编。参编人员分工如下（以撰写章节先后为序）：

任惠华：第一、十五章；

蔡艺生：第二、三章；

郑晓均：第四章；

肖　军：第五、九章；

胡尔贵、李　恒：第六、十一、十三章；

王　颖：第七章；

倪春乐：第八、十、十六章；

王　俊：第十二章；

张　尧：第十四章。

目　录 CONTENTS

第九章 控制赃物

第十章 查询、冻结

第十一章 通缉、通报

第十二章 视频侦查

第十三章 追缉堵截

第十四章 缉捕逃犯

第十五章 刑事特情

第十六章 外线侦查

第一章

侦查策略概述

| 本 | 章 | 要 | 点 |

侦查策略是侦查主体为达到一定的侦查目标，在实施侦查行为的过程中对一定的侦查对象采取的灵活有效方法。侦查策略具有合法前提下的灵活性和科学基础上的有效性的特征。中国侦查策略思想的理论来源主要有军事策略思想、侦查实践经验、现代科学理论和方法。侦查策略在侦查活动中具有十分重要的作用，它是侦查行为的前提，是侦查措施的根本。侦查策略的实施要遵循法律规范规定，实施结果要接受法律规范评断。

第一节 侦查策略的概念

一、侦查策略的语义

（一）“侦查”的字义辨析和词义

1. “侦”“查”的字义辨析

“侦”字最早见于《易经》中。古人多用“伺”来解释“侦”与“诇”。关于“伺”字，《辞源》称：伺，侦察，等候。古通作“司”，或作“司见”。《辞海》称：伺，侦候，探察。如：伺便，伺机。《现代汉语词典》称：伺，观察；守候。[1]

“查”字，《辞源》称，查有五种含义，其中第二种含义是考察、检点，其余与侦查不直接相关。《辞海》称：查，寻检。如查究；查核。《现代汉语词典》称：查，检查；调查。

可见，“查”有查看、观察、调查、查究、查勘、查核之义，因而，它与古汉语中的“伺”字义相似。

2. “侦查”的词义

古汉语中未见“侦查”词汇，但有“侦察”一词。《辞源》载：侦察， 暗中察看。古文

1. 本书中参考的《辞源》为商务印书馆 2009 年版，《辞海》为上海辞书出版社 2009 年版，《现代汉语词典》为商务印书馆第 7 版。

中，一般作为军事术语使用。在现代意义上，“侦察”一词也是作为军事术语使用的。

《辞源》中，有关“诇”的词条有“诇察”“诇伺”“诇逻”等。诇察，意指侦查。诇伺，意指谍探。诇逻，意指侦察巡逻。三者都是军事术语。

纵观古汉语中有关“侦”或“诇”的词条，多数与军事斗争有关，其余则用于政治斗争，均不是法律术语，这显然与中国古代侦查体制融于政治、军事体系中而未能独立有重要的关系。由于历史的惯性，“侦察”作为军事术语沿用至今自然不足为奇，作为法律术语在今天使用显然是一种语言习惯上的继承。而“侦查”这一术语应该是在引进国外法律时，结合“侦”与“查”的字义组合起来的新词，其目的自然有将“侦查”这一法律术语与军事和政治分开的意愿。因而，“侦查”一词的生成与使用伴随着中国近现代法治的脉络，侦查为社会和法律所承认，也就蕴含着法治的精神。

在司法实践中，无论使用“侦察”还是“侦查”，由于两者的词义相同而只是使用的习惯不同，因而它们都是指刑事诉讼中对案件的侦办工作，其意并无任何区别。同时，考虑到法律术语的严肃性与规范性，所有的法律文件（有关刑事诉讼中案件侦办工作的法律文件）都应统一用“侦察”或“侦查”，而不能此法律用“侦查”，彼法律用“侦察”，或者同一法律文件混用“侦察”和“侦查”。在司法实践中，也应使用统一的规范用语。目前，《中华人民共和国刑事诉讼法》（以下简称《刑事诉讼法》）中统一使用“侦查”这一术语，但国家安全机关的一些部门规章和文件仍存在“侦察”和“侦查”二者混用的情况。

关于侦查的含义，在学理上有各种各样的解释，如“措施说”“工作说”“活动说”“行为说”等，但一般认为，侦查是法定机关在办理刑事案件的过程中为了查明案情，收集证据，查获犯罪嫌疑人，依照法律进行的专门调查工作和采取的有关强制性措施。

（二）“策略”的词义

“策”和“略”，在文字形成上，有着漫长的演进过程。这两个字既不是同时出现的，也不是一开始就并联在一起使用的。策略，又称谋略、计谋、计策等。从字意上考查，“策”的最初含义是马鞭子，后引申为主意、计谋、方法；“略”则有计谋、方略的含义。在现代汉语中，“策”和“略”常互为解释，都含有方法、计谋的意思。根据《辞海》的解释，“策略”即计策谋略，是人们在社会生活中智力斗争的表现形式，是为达到一定的目的而采取的机智、巧妙的斗争方法。经初步考证，“策”的问世早于“略”，“策”的意思是“众人一起共同商议确定计策、方法”。如《说文大字典》中解释：“计，筹策也。”其实，在古代，“计”“议”“图”“谋”和“策”的含义非常相近，尤其是“策”与“谋”，两者几乎可以换用。而把“策”赋予更丰富含义的，首推我国古代伟大军事家孙武。《孙子兵法》以“计”开篇，赋予“策”以“计”的含义；该书中讲到制权、庙算和筹划等，都体现“策”的含义。“计策”一词也因此逐渐演变而来。《六韬》中的“韬”，《吴子兵法》中的“图”，也都可以说是“策”的别称。

“略”，古典上也有多种解释，作疆界或地域者有之，作巡视者有之，作经略或治理者有之。《荀子·王霸》中，则首次赋予“略”以“策略”的含义。

自古以来，人们对“策略”一词有过许多解释或阐述，一般的解释是“策略即计策韬略”，或“计策谋略”。在现代汉语中，对策略有两种不同的解释，当作动宾词组来解释时，指人们事先的筹划活动，就是思维主体运用知识、智慧和能力进行思考的过程。当把策略作为名词使用时，则是指思维活动的结果。

二、侦查策略的内涵

侦查是指公安机关、人民检察院在办理案件过程中，依照法律进行的专门调查工作和采取的有关强制措施。但一般认为，侦查策略是侦查主体为达到一定的侦查目标，在实施侦查行为的过程中对一定的侦查对象采取的灵活有效方法。根据这一解释，侦查策略的概念包括以下四层含义。

1.侦查策略的实施主体是侦查机关及其侦查人员

侦查策略只能由具有侦查主体资格的人员在侦查过程中实施，非侦查主体或侦查主体在非侦查过程中，均不能实施侦查策略。虽然策略在一般情况下具有普适性，但一旦运用于侦查实践，形成了一类单独的侦查策略时，便附属于侦查行为之中，具有了侦查的属性。因此，侦查策略的实施必须依循侦查的法律规定和一般规律，由特定的侦查人员进行。

2.侦查策略的实施对象是侦查工作指向的有关的人、物或场所

一般而言，侦查的对象是刑事案件，具体而言，是在侦查刑事案件过程中，侦查人员的侦查行为所涉及的有关人（如犯罪嫌疑人、被害人和证人等）、物（如犯罪工具和赃物等）或场所。由于侦查策略是侦查行为的附属物，因此，其实施对象也只能是侦查行为所指向的具体的人、物或场所。

3.侦查策略的实施目标是保证侦查行为及整个侦查工作的有效实施

侦查策略是一个多层次的概念，因此，侦查策略的实施目标也有宏观和微观之分。侦查策略的宏观目标是保证整个侦查工作的有效进行，推进刑事案件的及时破获，其作用的范围涉及由许多侦查措施行为构成的整个侦查方法体系。侦查策略的微观目标常常是具体侦查行为所要达到的目标，或者是具体侦查行为的某一个环节所要达到的目标。

4.侦查策略的内容从本质上而言是一种灵活有效的方法

侦查策略作为融入侦查行为的方法不同于侦查行为，法律规定中没有限定性和禁止性的内容，而是灵活有效的方法。但是，这种灵活有效的方法仍然受一定的约束，即必须限于法律或社会的容许范围之内。

三、侦查策略的特征

侦查策略的特征是指侦查策略的本质属性。概括而言，侦查策略具有两重性，即科学基

础上的有效性和合法前提下的灵活性。

（一）科学基础上的有效性

科学基础上的有效性是指侦查策略是能够达到一定侦查目标、产生一定侦查效果的方法，而这种方法之所以有效，是因为其有一定的科学依据，建立在一定的科学理论基础上，并且经过了侦查实践的检验。

1.侦查策略的科学性

总体而言，侦查策略是多种科学理论和方法的综合运用，是科学的思想方法和工作方法。侦查策略的科学性表现在以下三个方面。

其一，从宏观上而言，侦查策略有着深厚的哲学基础，是辩证思想和思维方法的具体体现，它不同于主观臆想和随意猜想，而是从实际出发，对具体问题具体分析的客观结果。其中，唯物主义是侦查策略认识活动的源泉，因为侦查策略认识活动的对象是客观存在的犯罪，而且，作为一种物质现象的犯罪总是以一定的形态和规律发展变化，侦查策略认识活动的实施必须以客观存在的犯罪为依据。同时，辩证法是侦查策略实践活动的方法论，是认识客观事物运动规律的科学方法。不管是对立统一规律、量变质变规律、否定之否定规律，还是原因与结果、现象与本质、偶然与必然等辩证法范畴，揭示的都是事物联系和发展的规律。侦查策略的实施过程实质上是一个充满矛盾和对抗的过程，侦查的结果就是否定之否定的结果，侦查工作中也会遇到原因和结果、现象和本质、偶然和必然、可能与现实等问题。辩证法所揭示的客观事物的运动规律对侦查策略的设计和实施无疑具有普遍意义 。

其二，从理论渊源上考查，侦查策略是对社会实践经验的高度概括和总结。其中，既有选择地吸收了军事思想的精华，又体现了千百年来侦查实践人员的智慧结晶，经历了长期侦查实践的检验。以中国侦查策略的形成为例。由于侦查工作与军事斗争的态势大体一致，加之在我国古代和近代的诉讼体制中，侦查的职权机构与行政、司法、军事职能机构多紧密联系在一起，甚至合而为一，军事策略在侦查领域中有着较为理想的适用环境，因此，高度发达的军事策略思想自然而然地被引入司法领域以及侦查实践之中并转化成了侦查策略。在中国，对侦查策略思想的形成产生重大影响的军事策略思想有两个，即中国古代兵法中的军事策略思想和毛泽东思想中有关革命战争的战略战术及肃反斗争的策略思想。此外，中国侦查策略的理论方法来源于侦查实践，是侦查实践经验的升华。从纵向考查，这种侦查策略的理论方法既溯源于古代和近代执法办案的历史长河，又产生于广泛的现代侦查实践土壤。

其三，从科学依据上分析，侦查策略都是在一定的科学原理和方法的基础上逐步形成和发展起来的。这些科学既包括社会科学，也包括自然科学和技术科学。在社会科学中，既包括法学及其边缘学科，也包括与策略相关的相邻学科。以研究人的心理现象及心理规律的心理科学为例，由于侦查策略的实施既涉及侦查主体的心理问题，又涉及侦查对象的心理问题，因而心理学的研究成果对侦查策略的运用无疑会产生重大影响。一方面，心理学的手段方法可以作用和影响侦查策略实施主体的心理，特别是培养和提高侦查主体的心理适应能力和心理承受能力，为有效地实施侦查策略创造有利条件；另一方面，心理学知识有利于侦查主体研究侦查对象，如犯罪嫌嫌疑人、被害人、证人等的心理状态和心理活动，为有的放矢地运用侦查策略提供依据，调查访问和讯问犯罪嫌疑人的方法中很多都是根据心理学方面的理论制定的。

2.侦查策略的有效性

侦查策略有着科学理论和方法的指导，经过了侦查实践的检验，因而，融入侦查行为之中的侦查策略能充分地发挥其功效，达到一定的侦查效果，这就是侦查策略的有效性。侦查策略的科学理论基础保证了侦查策略方法的科学有效，而且随着现代科学原理和方法的不断发展和更新，侦查策略的科学属性会得到不断强化，其内容方法也会更加趋向技术化和现代化。

侦查策略的有效性是一种客观存在，但这种客观存在要得以实现，还需要充分发挥侦查策略主体人员的主观能动性。侦查人员要善于根据不同的侦查情势，在侦查策略的选择和实施中，优化决策，科学部署，灵活运用，使侦查策略的有效性由客观存在变为客观现实。如果侦查策略的实施主体不能正确运用侦查策略，侦查策略不仅起不到推进侦查的客观效应，还可能导致与侦查目的相反的效果。

侦查策略的有效性又是相对的。有时侦查策略的实施可能会对整个案件的侦查发挥作用，有时侦查策略的实施只对某一侦查环节或某一侦查行为产生影响，有时侦查策略的实施只会在某一侦查行为的某一方面有功效。因此，并不是任何侦查策略都是万能的和普遍适用的，单纯地依靠某一项侦查措施或实施某一项侦查策略就能完全达到侦查目标在客观上是不可能的。侦查策略有效性的发挥还有赖于侦查措施的综合配置和侦查策略的合理组合。不能因为某一侦查策略在具体侦查情势下没有功效或功效不明显，就否定侦查策略有效性的客观存在。

（二）合法前提下的灵活性

侦查策略不同于侦查的法律规范。尽管侦查的法律规范对侦查的有效性大多有其策略意义，但它是侦查的限定性和禁止性规定，是侦查主体“应该做”和“必须做”的行为规范。侦查策略则一般不具有强制实施的特性，只具有对于实施主体的选择性和建议性。正如匈牙利侦查学专家凯尔斯泰所言：“侦查策略总是以在评断案件中各种情况的基础上，在与刑事诉讼法等法律规范不相抵触的两种或两种以上的手段方法中巧妙地选择其中的一种为前提。”这里既强调了侦查策略是两种或两种以上的手段方法中的一种选择，又强调了侦查策略的选择和实施是建立在不违背法律规范的前提之下的。

1.侦查策略的合法性

侦查策略的合法性是由侦查的性质和任务决定的。侦查本身是一项法律活动，受法律规范的调节和制约。侦查策略的实施是为了使侦查活动有效实现揭露证实犯罪和防范控制犯罪以及保障公民合法权益的功能。因此，作为刑事诉讼活动重要组成部分的侦查活动，包括侦查策略的设计和运用都必须在法律规定的范围内进行，不得片面强调侦查策略的灵活性而忽视其合法性。

侦查策略的运用对象只能是与犯罪案件有关的人、事、物。侦查作为刑事诉讼行为，其对象是已经立案、需要侦查的犯罪事件，即刑事案件。某一行为是否构成犯罪以及构成何种犯罪是我国刑法调整的范畴。侦查活动的开展必须以刑法规定的犯罪的存在或可能存在为前提。相应地，侦查策略的实施对象只能是与犯罪有关的人、事、物，如被害人、犯罪嫌疑人、犯罪工具、赃物、犯罪线索等。

侦查策略的实施必须遵循刑事诉讼法对侦查的程序规定。刑事诉讼法中，对于讯问犯罪嫌疑人、询问证人、勘验和检查、搜查、扣押物证和书证、鉴定等侦查活动的程序及逮捕、拘留等强制措施的条件、程序、时限等都做了明确而又具体的规定。设计融入上述侦查活动的侦查策略时，必须严格遵循刑事诉讼法的有关程序规定。通过实施违反刑事诉讼法规定的侦查活动获取的证明案件事实的有关材料，不能作为证据使用。

侦查策略的实施还需要遵循有关侦查职能部门制定的侦查法规。侦查是一项复杂的社会工作，涉及社会生活的各个领域和各个方面，仅有刑法、刑事诉讼法的原则性规定显然是不够的。为此，有关侦查职能部门为了适应各自侦查工作的需要，颁行了大量的法令、条例、规定、细则等，使侦查工作日趋制度化、法律化，如公安部主持制定的《公安机关刑事侦查工作细则》《公安机关刑事现场勘查细则》等。这些法规是对刑法、刑事诉讼法原则性规定的具体化、明确化，对现实的侦查工作具有更加切实可行的规范和指导意义。在侦查工作中运用侦查策略时，应严格遵循这些法规的规定。

2.侦查策略的灵活性

侦查策略的灵活性是侦查策略的本质特征，是侦查策略区别于侦查政策、法规的根本所在。侦查策略的灵活性，也可称为侦查策略的建议性，是指在具体的侦查情势下，侦查人员可以采用任何一种侦查策略，也可以不采用，具有可选择性。也就是说，是否运用某一项侦查策略或如何从若干建议性的侦查策略中选择一种最优策略，常常是由侦查人员在对各种具体的侦查情势分析判断后决定的。

侦查策略的灵活性首先表现在侦查策略的设计是一个优化选择的过程，即侦查策略在运筹过程中要根据具体的侦查情势，从客观存在的若干侦查策略中选择花费时间短、侦查代价小、侦查效益大的策略付诸实施。侦查策略的设计之所以是一个优化选择的灵活过程，一方面是因为侦查策略措施的多样性，也就是说，有着广泛理论渊源和实践基础的侦查策略已经形成了门类齐全的策略措施体系。这些策略措施从功能上分类，既有调查性的，也有强制性的；从运用形式上分类，既有公开的，也有秘密的；从法律来源上分类，既有刑事诉讼法规定的调查取证措施和强制措施，也有相关侦查法规中规定的侦查措施。这些侦查措施多数情况下都有其适用性，可以解决刑事侦查中的某一个或某一些问题。但是，任何侦查措施的实施都必须具备一定的主、客观条件，同时也都有一定的局限性。这样，就必然要涉及在具体侦查时对侦查策略的取舍问题。另一方面，侦查策略的灵活优选来源于侦查思维的多样性，即侦查策略实施主体的侦查认识活动并不是单向定位的简单思维，而是全方位、多角度的综合性思维。在对刑事案件和侦查工作各种可能性的评价中，侦查人员必然会有所偏重，而由各种可能性派生出来的侦查策略措施自然需要优选。

其次，侦查策略的灵活性表现在具体实施过程中的因势施策上，即侦查策略在具体实施时没有固定的模式，需要根据不断变化的侦查情势进行调整和修正。侦查策略的实施是一场极其复杂的斗争，特别是策略实施主体面对阴险狡猾的犯罪嫌疑人时，如何利用自己的有利条件和对方的弱点，采取隐秘巧妙的策略方法，往往是侦查工作成败的关键。因此，侦查主体在运用侦查策略时，要深入周密地研究自身和对方的具体情况，尤其是侦查人员和犯罪嫌疑人的对比和相互关系。在分析判断犯罪情况时，侦查人员应在分析犯罪嫌疑人的经验、能力和心理倾向的基础上，采用心理换位法“设身处地”地考虑在一定条件下的犯罪嫌疑人会如何对付侦查，从而使侦查策略建立在知己知彼的基础上。同时，由于客观世界瞬息万变，侦查工作也常面临着变化。一方面，由于侦查认识活动是一种逆向思维，因而不可避免地带有模糊性和不确定性的特点，侦查的判断和推理也大多是一种或然性的结论，对犯罪情况的分析判断往往随着侦查工作的推进需要修正。另一方面，犯罪活动是发展变化的，犯罪嫌疑人往往采用各种方法转移侦查工作视线，导致侦查工作“误入歧途”，陷入僵局。面对这些不断变化的情况，侦查工作的基本要求就是及时调整侦查方向和侦查重点，使侦查的策略措施适应变化的犯罪情况和侦查情况。

第二节 侦查策略的渊源

侦查策略作为提高侦查工作效率的灵活有效方法，不是凭空产生的，而是有着广泛的科学理论渊源。就整体而言，中国侦查策略思想的理论来源主要有军事策略思想、侦查实践经验和现代科学理论和方法。

一、军事策略思想

军事策略思想有着悠久的历史，是中华民族宝贵的文化遗产。在我国古代和近代的诉讼体制中，侦查的职权机构与行政、司法、军事职能机构多是紧密联系在一起的，甚至合而为一，因此高度发达的军事策略思想自然被引入司法领域以及侦查实践中，转化成为侦查策略。其中，对中国现代侦查策略思想的形成产生重大影响的军事策略思想有两个，即中国古代兵法中的军事策略思想和毛泽东思想中有关革命战争的战略战术及肃反斗争的策略思想。

（一）中国古代兵法中的军事策略思想

中国古代兵法书籍内容广泛，种类繁多，其中被誉为经典的兵法书籍有七种，即《孙子兵法》《吴子兵法》《六韬》《尉缭子》《司马法》《黄石公三略》和《唐太宗李卫公问对》，它们统称为“武经七书”，其中以《孙子兵法》与《吴子兵法》最为著名。这些兵法书籍是适应中国古代激烈的政治斗争、军事斗争、外交斗争的需要而产生的，而且兵书中的策略方法经历了千百次战争的检验，因此兵法书籍中的策略方法是宝贵的精神财富。

由于中国古代军事斗争此起彼伏、纷繁复杂，因而作为总结军事斗争经验教训的军事策略极为发达。“知己知彼，百战不殆”“出其不意，攻其不备”“有备无患”“兵不厌诈”等军事策略流传千古，表现出了旺盛的生命力。

中国古代军事、行政、司法合一的体制促成了军事策略向侦查策略的迅速转化，加之军事斗争领域与同犯罪作斗争领域的基本态势和特点较为相似，因而，军事策略在侦查领域有着较为理想的使用环境，军事策略成为侦查策略的重要来源之一。

（二）毛泽东思想中有关革命战争的战略战术和肃反斗争的策略思想

新民主主义革命时期军事和司法职能的融合决定了毛泽东军事策略思想对新中国侦查策略的深远影响。毛泽东思想是马克思列宁主义与中国革命实践相结合的产物，其中，毛泽东军事策略思想是在马克思列宁主义策略思想的指导下，吸取和借鉴了中国古代优秀传统文化，尤其是古代兵法的精华，经过长期革命战争的实践检验而形成的一系列机动灵活的战略战术思想。如“敌进我退，敌退我进，敌驻我扰，敌疲我打”“集中优势兵力，各个击破敌人”“利用矛盾，各个击破”等军事策略既带有中国传统的兵法特点，又为适应革命战争的需要进行了大胆的创新。这些军事策略思想不仅对中国革命战争起到了重要的指导作用，而且在打击犯罪的侦查实践中得到了广泛的运用。

新中国成立后，为了巩固人民民主专政政权，适应镇压反革命斗争的需要，毛泽东同志主持制定了一系列的镇压反革命的方针和政策，形成了肃反斗争的策略思想，包括“利用矛盾，争取多数，反对少数，各个击破”“有理、有利、有节”“打得稳、打得准、打得狠”三个策略原则。由于反革命犯罪［1997年《中华人民共和国刑法》（以下简称《刑法》）修改为危害国家安全犯罪］从法学理论上讲是侦查的范畴，因此肃反斗争的策略思想从本质上说是指导反革命犯罪（危害国家安全犯罪）侦查的策略原则。

二、侦查实践经验

理论来源于实践，侦查策略的理论方法同样源于侦查实践，是侦查实践经验的理论升华。从纵向上考查，侦查策略的理论方法既产生于深厚的现代侦查实践土壤，又溯源于古代和近代执法办案的历史长河。

（一）中国古代和近代的侦查实践经验

中国古代和近代的侦查策略思想源远流长，极为丰富，几乎涉及侦查活动的各个领域。其中，与古代纠问式诉讼制度和侦审合一的办案体制相适应，中国古代的审讯策略也极为悠远、发达。受古代政治军事领域丰富的军事策略思想的影响，中国古代和近代的秘密侦查策略方法在侦查策略体系中占据着非常重要的地位。另外，中国古代勘验检查技术和制度在世界上始终居于领先地位，因而与勘验检查制度相关联的调查和勘查策略方法也得到了一定程度的发展。

1.讯问策略方法的源流

早在原始制度崩溃的最后岁月和奴隶制确立的最初日子里，讯问就开始以某种形式存在，只是由于古人认识能力的局限和原始民主议事制度残余的影响，在讯问的策略方法上带有浓厚的宗教色彩和民主议事性质。在夏朝，法律上便有“赏于祖（即祖庙）……戮于社（即土地神庙）”[1] 之规定。商朝在审案断狱时，如果是“疑狱”，则强调与众人商量，疑罪应赦免，把讯问和公众意志有机结合。到了西周，讯问中当事人的“盟诅”也被视为证据，成了定夺案件的依据。由此可见，最初的讯问是一种较为原始的司法行为。

随着古人认识能力的提高和司法办案经验的积累，西周时期形成了我国古代讯问策略发展史上的第一个高峰，出现了“以五听断狱讼，求民情”[2] 的审案策略方法。这“五听”是辞听、色听、气听、耳听和目听。“五听”方法的实质就是主张用察言观色的方法来评断被讯问人口供的真伪，它使得讯问的策略特征开始显现，同时也是心理学知识在司法领域最初的自发运用，具有开创性意义。同一时期，据《尚书·康浩》记载，对于犯罪嫌疑人的供述，讯问人员要反复考虑五六天，甚至十天，方能定案。这种对供词认真思索和评断的做法表明了古人对讯问的重视和谨慎态度。

在春秋时期，法律已明确规定了讯问成败的标准。我国第一部侦查法规《封诊式》形成了以下讯问程序方法：讯问人员在审理案件时，必须先让被审讯对象充分供述，听完其供词并做好记录。虽然明知被审讯人的供词中有矛盾，但讯问人员也不要立即对矛盾之处进行诘问。待被审讯对象供述完毕后，讯问人员才能够对供词中需要诘问的地方发问，在做好笔录后，对其不能自圆其说的地方再提问。这就是现代讯问中利用矛盾、反复讯问策略的发端。

汉朝时，人们又总结了辗转推问、侧面迂回以便查明案情的“钩距”式讯问法。《汉书》载，广汉“尤善为钩距，以得事情。钩距者，设欲知马贾，则先问狗，已问羊，又问牛，然后及马，参伍其贾，以类相推，则知马之贵贱不失实矣”[3] 。而这正是现代讯问实践中广为运用的侧面迂回讯问法。

宋时，《折狱龟鉴》的作者郑克在西周“五声听狱”的基础上提出了讯问时“情迹结

1.邓启铜．尚书[M]．南京：南京大学出版社，2014.

2.刘波，王川，邓启铜．周礼[M]．南京：南京大学出版社，2014.

3.班固．汉书[M]．西安：三秦出版社，2008.

合”理论，强调讯问时要采用各种测量方法，反对严刑拷打，逼人招供，并论证了口供和物证相互关联、相互印证的原则。唐宋及以后，逻辑学知识日渐被引入讯问实践，讯问中重分析研究，利用矛盾，并以此创造了许多揭露被讯问人谎言进而破案的案例。

明清时期，询问实践中出现了一些奇特的讯问策略方法，如“颠梅审树”等故事中，把脚布、树等物拟人化，以此迷惑甚至逼迫被讯问人招供。究其本质，当时的讯问人员综合运用了分析案情、利用矛盾、察言观色等策略方法，结合情理，设计出了不拘泥于常规的讯问方法，最终使案情大白。这些奇特方法也为古代的讯问活动增加了一些神秘色彩。

侦审合一的纠问式诉讼制度带来了古代讯问策略方法的繁荣，但这种繁荣严重受制于整个古代广为盛行的刑讯逼供制度，讯问方法呈现的是一种两极分化的发展形态。

2.秘密侦查策略方法的发展

古代军事领域的激烈斗争不仅影响政治、经济方面，而且对侦查领域也产生了深刻影响。我国古代极为发达的军事策略被广泛移植于侦查领域，使秘密侦查策略方法源远流长、多方位发展。

早在春秋战国时期，我国就有了鼓励和要求知情者向官府“告奸”的做法。《史记·商君列传》载，商鞅“令民为什伍，而相牧司连坐。不告奸者腰斩，告奸者与斩敌首同赏，匿奸者与降敌同罚”[1]。《秦简》中也有要求知情者“告奸”和鼓励“什伍”协助抓捕犯罪嫌疑人的记载。

汉代，秘密侦查策略方法得到了进一步发展。《汉书》中记载，西汉宣帝年间，赵广汉担任颍川郡太守，为了打击富豪恶霸的犯罪行为，专门设置了告密箱——“缿筩”（瓦质瓶状，类似现代检举箱），以收集犯罪情报。采用这种方法，既可以奖赏告密者，又可以保证告密者的安全。赵广汉在收到告密信后，还削去告密者的姓名，然后说是某豪族告发的，从而使豪族之间相互埋怨，互为告发。汉成帝时，长安县令尹赏在打击犯罪集团的首领和惯犯的斗争中，对于犯罪事实较轻而愿意改过者，便暂缓追究，责令其立功自赎，并将能干的犯罪嫌疑人任用为官吏。

在西方19世纪初期出现的“以罪犯对付犯罪”的侦查模式，早在我国汉代就已经出现。《疑狱集》载，汉代长安京兆尹张敞面对长安城盗窃犯罪高发的局面，采取了“以偷治偷”的方法，巧布陷阱，利用贼首惩治贼众，将所有盗贼一网打尽。

秘密侦查人员和情报耳目的产生也可以追溯至汉代。汉代末年，小黄县令焦延寿“以侯司（伺）先知奸邪，盗贼不得发”[2]。此处的“侯”即为秘密侦查人员。汉武帝时，定襄太守义纵曾让一些有劣迹的人给官府当耳目，协助破案，即所谓“猾民佐吏为治”[3]。

到了唐代，跟踪盯梢等秘密侦查方法在侦查中得到了普遍运用。《折狱龟鉴》中载，

1.邓启铜. 史记[M]. 南京：南京大学出版社，2014.

2.班固. 汉书[M]. 西安：三秦出版社，2008.

3.司马迁. 史记[M]. 上海：中华书局，2013.

唐太宗李世民在复核一起死刑案件时，发现被告人杨正与被害人张逖“素无仇隙，又不图钱财”，无杀人动机，尽管杀人凶器俱在，但从因果关系上考查甚为可疑，便派御史蒋常前去复核。蒋常在仔细阅读案卷、研究案情后，下令把与此案有关的所有人员都召集起来，一一盘问后放走，只留下一个八十多岁的老太婆，待到傍晚时分才将老太婆放回，并立即派人跟踪。跟踪人员发觉有一男子在途中拦住老太婆探寻消息。侦查人员以此为线索调查，最终查明此男子就是杀害张逖的罪犯。[1]

明朝实行的是特务式统治，所以秘密侦查方法被广泛运用。当时负责侦缉刑狱的特务机关“东厂”有一种叫作“打事件”的侦缉方法，就是派人去秘密收集各种情况，然后通过宦官上报皇帝。此外，“东厂”还雇用了大批流氓无赖，即所谓“京师亡命”，让他们作为耳目去四处打探情报。他们收集情报后，秘密报告给在社会上进行侦缉活动的“档头”，而“档头”则视其情报的价值给付报酬，即所谓“买起数”。于是，明朝告密之风大盛。明朝以后，由执法官派人担任耳目，或者在民间建立耳目收集犯罪情报的做法，一直是侦察方法体系中的一个重要组成部分。

清代出现了狱内侦查的方法。魏息园在《不用刑审判书》中记载了这样一个案例：东湖县一妇女被乡间地保以“逼死婆母罪”判处死刑，新任张知县在审阅案卷时，觉得案情可疑，就使用了狱内侦查计谋。他令人捉来生性凶悍的县衙门某差役之妻，无缘无故将其痛打五百鞭子后，与被判死罪的妇女关在同一囚牢。二位满腹冤屈的妇女互诉真情，而这一切都被张知县派到门外偷听的人所知悉。原来是被判死罪的妇女的婆母与人通奸，无意中被其撞见，其婆母因羞愧而自缢身亡。这一妇女为掩饰其婆母的丑行，使其不致外传，便承认是自己逼死了婆母。张知县用狱内窃听的侦查方法查明了事实真相，平反了这起冤案。

由此可见，以耳目侦查、跟踪监视侦查、狱内侦查、化装侦查等为代表的秘密侦查方法自汉代以来就逐步形成和发展起来，并在古代侦查策略方法体系中占据重要的地位，是古代侦查策略方法的精华。

3.勘验调查策略方法概况

虽然中国古代实行的是纠问式的诉讼制度和侦审合一的诉讼体制，但是犯罪的隐蔽性，犯罪嫌疑人在犯罪后的隐匿现象，客观上促成了侦查活动和审判活动在一定程度上的分离。很多情况下，在案件发生后的相当长一段时间内，犯罪嫌疑人处于未知状态或未被捉拿归案，审讯工作无法进行，但侦查实际上已经开始，而且侦查活动集中体现在勘验和调查两个方面。

据史书记载，我国的勘验活动至少可以追溯到两千多年前的周期。《礼记》载，孟秋之月，“命理瞻伤、察创、视折、审断，决狱讼，必端平”[2]。这是中国有关勘验的最早记录。到了秦代，勘验制度已经相当完备，根据法律规定，勘验工作由专人负责，勘验记录已规范

1.郑克. 折狱龟鉴[M]. 上海：上海古籍出版社，1988.

2.刘波，王川，邓启铜. 礼记[M]. 南京：南京大学出版社，2014.

化，而且办案中遇到的一些专门问题，已由具有专门知识的人进行检验和鉴定，如麻风病要由医生进行鉴定，流产要由“隶妾”进行检验等。

唐朝时，法律首次明文规定了勘验鉴定的责任问题。《唐律疏议》载：“诸有诈病及死伤，受使检验不实者，各依所欺，减一等。若实病死及伤，不以实验者，以故入人罪论。”[1] 宋代是我国古代历史上勘验检查制度最为完备的时期。宋朝的法律明确规定对于杀伤和非正常死亡的案件要进行初检和复检，并明确了初检、复检的条件和违制惩罚的情况，规定了免检的各种情况和保健事项。宋代法律第一次明文规定了勘验鉴定的官吏是县尉、州司理参军以及仵作、巫婆等。法律还规定，应该验尸的案件必须验尸，受差验尸官员不得借故推诿，验尸官员接到验尸公文后，必须在两个时辰（四个小时）内出发，检验官必须带领仵作等人躬亲检验，如实确定每案致死原因，并将检验结果于验尸当日如实向上司汇报。初检官与复检官不得相见，不得泄露所检事状，不得受财枉法等。这些法律规定都体现了勘验检查的策略要求。

除勘验检查外，办案人员进行调查访问也是收集案件线索、获取犯罪证据的重要方法。最早的调查访问形式是现场勘验时进行的调查访问。在现场勘验的同时，现场访问也是司法人员必须从事的一项基础工作。《封诊式》记载的一个案例中，主持现场勘验工作的官吏就曾询问当地的治安人员和现场附近的居民是否知道被害人死亡的时间，是否听到过呼救的声音。在另一个案例中，办案人员则询问与死者同居一室的人是否知道死者自缢的原因。

宋代著名法医学家宋慈认为，办案人员到达犯罪现场之后，应当先询问了解事件发生的粗略经过，然后再行勘验。他说：“凡到检所，未要自向前，且于上风处坐定，略唤死人骨属，或地主……竞主，审问事因了……，始同人吏向前看验。”他认为，“近年诸路宪司行下，每于初、复检官内，就差一员兼体究。凡体究者，必须先唤集邻保，反复审问”。这种体究人员的设置，已经类似于现代侦查工作中现场勘验与现场访问人员的分工了。另外，宋慈还强调在办案过程中广泛进行察访，全面收集各种证据材料，进行综合性分析评断，“有可任公吏，使之察访，或有非理等说，且听来报，自更裁度。”“须是多方体访，务令参会归一，切不可凭一、二人口说，便以为信。”[2]

封建纠问式诉讼制度一方面促成了刑讯逼供方法的产生和发展，另一方面也在一定程度上限制了调查访问策略方法的深化。但是，刑事案件复杂化和隐蔽化的特性使得刑讯逼供并非万全之策，调查访问依然是查明案情和缉捕犯罪嫌疑人的重要措施。在我国历史上，司法人员经察访而公断狱讼的案例屡见不鲜，而且随着人们办案经验的积累，调查访问的方式也日趋多样化。既有派人走访，又有亲自调查；既有公开的正面调查，又有秘密的侧面调查。

1.岳纯之. 唐律疏议[M]. 上海：上海古籍出版社，2013.

2.宋慈. 洗冤集录[M]. 北京：群众出版社，2006.

（二）新中国成立后的侦查实践经验

新中国成立后，侦查机关在同犯罪活动的斗争中，根据犯罪活动的规律和特点，认真发动和依靠群众，有针对性地采取各项措施，有效地打击犯罪活动，积累了许多成功经验，形成了一些宝贵的侦查策略思想和方法。

1.侦查破案策略方法的发展

侦查破案是同犯罪活动作斗争的一项经常性的进攻措施。经过长期的侦查实践，侦查机关逐渐总结和形成了一套从现场勘查、调查访问、运用侦查措施到缉捕、审讯犯罪嫌疑人等比较系统而科学的侦查破案的程序和方法。早在1963年，公安部就制定了《刑事侦察工作细则》和《刑事科学技术工作细则》，对于侦查破案中的立案、勘查、调查、访问、运用侦查措施以及刑事科学技术等作了明确具体的规定。1978年，公安部在总结经验的基础上，对这两项细则又进行了修改和补充，使之更加适应同刑事犯罪作斗争的需要。1979年4月，公安部修订完善了《刑事案件现场勘查规则》，对于犯罪现场的保护、勘查和现场指挥等方面作了更详细的规定。《刑法》和《刑事诉讼法》的实施和修改，使侦查破案工作有了更加明确的法律依据，而且使侦查破案策略方法的发展更加规范化、科学化。

在侦查破案中，侦查机关坚持贯彻“依靠群众、抓住战机、积极侦查、及时破案”的方针。一方面，强调依靠群众，通过调查走访、公布案情及吸收群众协助侦查等方式，发挥群众在侦查工作中的积极作用；另一方面，充分发挥专门机关的职能作用，即侦查机关在刑事案件发生后，迅速组织侦查，有效运用各种侦查措施和刑事科学技术手段，发现侦查线索，获取犯罪证据，及时破获刑事案件。

进入20世纪80年代，盗枪抢枪、持枪杀人、爆炸杀人、驾车行凶、劫机劫船、绑架人质等严重暴力性犯罪案件时有发生。鉴于严重暴力性犯罪案件突发性强，危害严重，各级侦查机关有针对性地加强了侦查机动力量建设，并确定了主动进攻、先发制敌的指导思想，加强值班指挥机构建设，改善交通、通信设备条件，建立犯罪资料档案中心和犯罪情报网络，在暴力性犯罪案件的侦查中做到了及时交流和传递信息，密切协同行动，临场处置有序，减少了暴力性犯罪给社会和群众造成的危害。

2.集中打击和专项斗争策略方法的形成和发展

集中打击是同犯罪活动作斗争的战役性行为，是发动和依靠群众同犯罪作斗争的一种重要形式，也是社会治安综合治理的一项有效手段。在一定时期内，由于各种社会原因，一定区域内治安状况严峻，犯罪活动严重，只靠侦查机关采取日常破案的方法无法遏制刑事案件上升的势头时，公安机关、人民检察院和人民法院密切配合，在党委和政府的统一领导下，动员社会各方面的力量，在深入调查的基础上，有计划、有目标、有准备地组织集中打击刑事犯罪的活动，由于时间集中、力量集中、目标集中、声势大，往往能收到较好的效果。新中国成立初期对惯匪、惯盗、地痞流氓等旧社会残渣余孽的集中搜捕，1955年在大中城市发动群众开展打击刑事犯罪的斗争，以及1983年8月至1987年年初开展的严厉打击刑事犯罪的斗争等，都是产生了广泛影响的集中打击活动。

专项斗争，是集中打击某一类突出的犯罪活动的一项措施。由于各地情况不同，在某一时期内，往往出现某一类犯罪活动相对突出的情况。侦查机关开展专项斗争，就是从某一地区的实际情况出发，因地制宜，确定专项斗争的重点，制定行动方案，结合侦查破案，统一指挥，统一行动，协同配合，从而达到事半功倍的效果。

3.侦查协作策略方法的发展

开展侦查工作的跨区域协作，是针对流动犯罪或流窜犯罪的一项行之有效的侦查策略，也是对打击跨区域流动犯罪实践经验的总结。早在1975年，为了加强同流窜犯罪的斗争，东北、西北、西南、华东、中南等地区先后开展了打击流窜犯罪分子的联防协作活动，京广、陇海、津沪杭等铁路和长江流域也建立了联防协作线。改革开放以后，随着人、财、物的大流动，跨区域的流窜犯罪和流动人口犯罪日益突出，在公安部的参与协调下，各地公安机关的侦查部门进一步形成了华北、东北、华东、中南、西南、西北等侦查协作区和长江联防线、铁路重点区段联防线等。

侦查协作区的主要任务是打击跨区域的流窜犯罪，进行并案、联合侦破跨区域重特大案件；追捕堵截严重暴力犯罪分子；加强横向联合，交流情报信息，做好协查工作，“会诊”重特大疑难案件；开展侦查技术方法的互相协作和交流等。侦查协作关系的经常化和制度化，对打击跨区域犯罪起到了十分重要的作用。

4.侦查防范控制策略方法的发展

防范控制是侦查工作的重要功能，是侦查的重要基础业务。侦查防范控制策略方法既具有鲜明的中国特色，又具有明显的时代特征。

新中国成立初期，社会政治情况极为复杂，国民党散兵游勇散落各地，流氓称霸，盗贼横行，反革命和其他刑事犯罪活动十分猖獗。因此，党和政府采取了坚决严厉的措施，以镇压反革命为中心，通过惩治地痞流氓，收容遣送散兵游勇，取缔妓院、赌场，荡涤烟毒等一系列治标又治本的打防结合的策略措施，使社会秩序迅速出现了空前安定的大好局面。

20世纪60年代初期，在我国经济严重困难时期，盗窃、抢劫、抢夺等犯罪十分突出。暂时的经济困难诱发了大量的治安问题，但这些治安问题大多是人民内部问题。据此，党和政府采取了正确的防范控制策略。对于群众性的偷拿、哄抢事件，采取“可散不可聚，可解不可结，可顺不可激”的策略，引导群众明辨是非，把煽动、组织哄抢的极少数敌对分子暴露出来，既争取教育了广大群众，又严厉打击了极少数严重破坏社会治安的犯罪分子，从而有效地控制了社会局面。

“文化大革命”期间，我国的防范控制工作遭到了严重破坏。因遭“砸烂公检法”恶浪的冲击，防范控制的机构也随之被破坏殆尽。防范控制制度、基础业务建设、情报档案资料、技术装备等毁损极其严重，从而造成了社会秩序的极度混乱。

“文化大革命”结束后，党和政府在总结正反两方面防范控制经验教训的基础上，提出了健全治安防范组织机构，加强各项业务工作和基层工作，恢复和健全防范控制的各项科学合理的规章制度。尤其是在对外开放、对内全面改革的新形势下，随着全党、全民对犯罪综合治理的不断深入，我国的侦查防范工作更是有了长足的发展，一些新的措施、新的对策不断产生，如治安联防、身份证管理、保安服务、巡警制、社区治安承包制等，极大地丰富了防范控制策略体系。

三、现代科学理论和方法

侦查策略是侦查学的核心内容和重要组成部分，而侦查学的重要来源之一就是借鉴和移植其他科学理论和方法。侦查策略理论也相应具有这一特定的来源，且来源的学科范围广泛，具有多层次性。

（一）侦查策略的哲学基础

哲学是研究人类社会、自然界和思维普遍规律的科学，而侦查策略既是一种认识活动，又是一种实践活动，理所当然地需要哲学辩证思想和思维方法的指导。

唯物主义是侦查策略认识活动的源泉。列宁指出："唯物主义的基本前提是承认外部世界，承认物质在我们的意识之外并且不依赖于我们的意识而存在着。"把世界看成是有固有运动规律的物质世界，是认识世界和改造世界的基础，也是侦查策略认识活动的渊源。

首先，侦查策略认识活动的对象是客观存在的犯罪，是一种物质现象；其次，作为侦查活动认识对象的犯罪活动以一定的形态和规律发展变化；最后，侦查策略认识活动的实施必须以客观存在的犯罪为依据。

（二）侦查策略的科学渊源

侦查策略的科学渊源是指侦查策略的有关内容是在借鉴和移植其他科学原理和方法的基础上逐步形成和发展起来的。这些科学既包括社会科学，也包括自然科学和技术科学。在社会科学中，既包括法学及其边缘学科，也包括与策略密切相关的相邻学科，如心理学、思维学、决策学等。

1.侦查策略与心理学

心理学是研究人的心理现象及其规律的科学。侦查策略的实施既涉及侦查主体的心理问题，又涉及侦查对象的心理问题，因而心理学的研究成果对侦查策略的运用会产生重要的影响。

2.侦查策略与思维学

思维学是研究人有意识思维的规律科学，其主要内容有社会思维、逻辑思维、形象思维和灵感思维等。而侦查策略的实施是建立在对犯罪情况的分析判断基础上的，并且需要对实施情况不断地进行评估，因此，它在很大程度上是一种思维活动，必须遵循思维的一般规律，运用思维的一般方法。

3.侦查策略与决策学

决策是指人们为了实现特定的目标，运用科学的理论和方法，系统地分析主客观条件，在掌握大量有关信息的基础上，提出若干预选方案，从中选出作为人们行动纲领的最佳方案的过程。决策学就是研究决策原理、决策程序和决策方法的科学。

侦查策略实施的重要原则之一就是在分析判断犯罪情况的基础上，优化选择策略措施。这实际上就是一个优化决策的问题。因此，决策学研究的决策原理、决策程序和决策方法无疑对侦查策略的决策有着直接的指导意义。

第三节 侦查策略与相关行为

侦查策略本质是一种认识方法，即侦查主体认识案件的方式方法，它具有灵活有效的特征。但是，有时出于侦查需要，在实施侦查策略决策过程中可能会出现某些悖于人们常规思维或习惯的行为。这些行为或许与欺骗、引诱或威胁等行为的某些地方相似，或许为人们的心理所反感，或许挑战着人们的道德底线。但这是否意味着侦查策略都是非法的，或者应该对其严格限制？显然，如果侦查离开了侦查策略变成了僵硬的法条和程序，在犯罪水平不断提高的今天，侦查必定陷入十分被动的局面，致使侦查效能无法发挥，那么公平正义如何实现，司法如何运行，社会又如何才能和谐？其实，从全面的意义上讲，侦查策略的合理性是毋庸置疑的，它与相关行为有着质的区别。

一、侦查策略与欺骗、引诱和威胁

有时出于侦查需要，侦查策略中可能会包含某些“隐瞒真相或捏造事实”的行为，因此有些学者便称侦查策略就是欺骗或包含了较多的欺诈成分，如引诱和威胁等。而欺骗等行为如果具备了社会危害性和应罚性则为我国法律所禁止，如讯问中禁止诱供、逼供和不合理的诱惑侦查等。这是否意味着侦查策略都是非法的，或者应该对其严格限制？其实，如果从犯罪构成角度而言，侦查策略与欺骗、引诱和威胁的区别主要体现在主观、客观和客体三个要件上，具体表现在以下四个方面。

1.目的不同

欺骗、引诱或威胁的目的是获取非法利益，通常是为了满足私利，其行为主体具有犯罪的故意。而侦查机关作为国家同犯罪做斗争的国家机器，它存在的目的则是侦查破案，揭露证实犯罪，揭发犯罪嫌疑人。因此侦查主体运用侦查策略的目的是实现侦查的效能，即查清事实真相、缉拿犯罪嫌疑人和追回赃物等；其并不是为了侵害某些不特定人的法益，更不是为了满足某些人的私利，而是为了维护社会秩序和公平正义，以及司法的有效运行。因此，欺骗、引诱和威胁等行为和侦查策略行为的目的是截然不同的，前者是犯罪故意，后者则是一种打击犯罪的“故意”。如合同诈骗的目的是获取非法利益，而为打击合同诈骗而采取的侦查策略的目的则是打击合同诈骗，维护被害人的合法权益。

2.基础不同

行为基础的不同指的是行为启动的依据，同时也指其行为指向对象的不同。侦查策略的启动必须是在有刑事案件的前提下，同时，当侦查策略具体指向犯罪嫌疑人时，则必须有足够的证据事实证明该对象就是涉案人；而当侦查策略指向案件相关人（如对知情人的调查访问）时，则必须有相应的理论或事实依据，如该人与犯罪嫌疑人有密切联系，或该人在案发时处在现场周围等。由此可推定侦查策略的指向对象也是相对特定的，即特定的犯罪嫌疑人或知情人等。总之，侦查策略的启动必须有一定的证据或事实根据，而且不同的侦查策略对证据证明程度的要求也不同。相反，欺骗、引诱和威胁行为的实施则不需要基础，其往往是犯罪嫌疑人随时、随意物色不特定对象而实施的。

3.程度不同

从深层次的意义而言，欺骗、引诱和威胁与侦查策略都或多或少地存在对相关权利的“侵犯”，但是这种侵犯程度是不同的，其社会危害性等更是截然相反。欺骗、引诱或威胁等犯罪侵害相关被害人的法益，这种行为具有社会危害性和应罚性，不能为法律和公理所容忍，因此，应受公众和法律的否定性评价，并承担相应责任。而侦查策略虽然也可能侵犯犯罪嫌疑人的某些权利，如知情权等，但是，它是出于合法的目的并且具有相应的证据事实支撑，最主要的是这种侵犯是合乎社会公理、能为人们所理解和接受的。如果将侦查策略的实施所直接侵犯的权利和其因成功破案而间接保护的权利进行比较，那么这种直接侵犯应该是大大小于间接保护的，甚至对于因犯罪嫌疑人的巨大危险性而对社会已经或即将造成的危害而言，这种直接侵犯是可以归零的，因此这种价值选择是合乎理性的。

4.结果不同

结果不同即指二者的行为结果不同。欺骗、引诱和威胁等行为基于获取非法利益的目的，其结果一般是获取非法的金钱或物质利益。侦查策略实施的结果则是获得了案件线索、缉拿了犯罪嫌疑人、追回了赃物或查清了案件事实等。这些结果不是满足了某些人的私利，而是打击了犯罪，保障了人权，维护了社会的公平正义。

当然，虽然侦查策略与欺骗、引诱和威胁等有着本质的区别，但是，它们的界限并不是一成不变的，侦查策略在实施过程中仍有可能产生异化，从而遭受否定性评价。首先，侦查策略的目的和基础可能异化，即侦查策略的实施目的偏离了单纯的打击犯罪和保障人权的诉求而倾向个人或单位私利，或由于其他原因导致在证据事实不足的情况下贸然不加区分地采用侦查策略等。如某个干警为了个人的私怨而采用犯意诱发型的诱惑侦查策略，使某人锒铛入狱；某个侦查机关为了评先进单位等而扭曲地实施侦查策略，或迫于破案压力而枉法侦查等。其次，侦查策略的程度可能异化，即对其度的把握不是很准确，甚至直接侵害大于间接保护，因此为人们或法律所否定等。如调查访问变成了暴力取证；讯问中的政策教育变成了逼供诱供等。

二、侦查策略与夜间审讯和夜间搜查

顾名思义，夜间审讯和夜间搜查就是在夜间进行相关的侦查措施，这种侦查措施并未被单独列为某种侦查措施，也不是新的侦查措施。但是，它们显然也区别于一般的侦查措施。侦查措施的采取一般应该符合人们的常规思维及行为预期，即在尽可能地维护合法权利或正当权利的情况下来采取侦查措施，以最小的社会代价来获取最大的胜利。但是，在特殊情况下，为求侦查措施的“出其不意”，或紧急情况下，为求“攻其不备”，就必须使用非常的手段方法。在法律评价和社会心理预期方面，侦查策略与夜间审讯和夜间搜查却有诸多不同。

1.夜间审讯和夜间搜查具有一定谋略性，却面临效益缺失的困境

夜间审讯和夜间搜查可能带来意想不到的效果，基于人们生理和心理特点，夜间往往是防备松懈的时刻，意志也较为薄弱， 此时，若采取侦查行为，无疑能取得较好的效果。因此，夜间审讯和夜间搜查等类似的侦查行为成为侦查机关常用的侦查措施之一。但是，此类侦查措施经常涉及成本的问题，如1996年的《刑事诉讼法》对搜查时间无严格规定，侦查人员可夜间进入居民家，但这容易侵犯居民居住权及隐私权。显然，夜间审讯和夜间搜查往往面临着不必要的成本付出，甚至面临着对法律的违反与规避，如夜间审讯被异化为变相的刑讯逼供。因此，讯问和搜查等强制措施一般不得在夜间进行，这是侦查效益的体现，也是新的刑事诉讼法的改革方向。当然，在发生突发案情，为了避免造成更大的损失，需紧急搜查的情况下，侦查人员可以在夜间进行搜查。

2.侦查策略能固守侦查效益

侦查策略是一种灵活有效的认识方法，它不仅强调有效，而且强调合法；不仅强调灵活，而且强调科学。侦查策略是人类应对犯罪的智慧结晶，它产生于斗争的实践，也当然为人类的其他规范所规制，从而纳入人类文明所能许容的范畴。那么，侦查策略合理性的体现之一便在于其能固守侦查效益。侦查成本是指侦查活动消耗的经济费用，包括基本建设费用、侦查人员薪金和办公费用等，也包括社会责任成本，即指侦查机关进行侦查活动而消耗的、并未计入自身成本费用中的社会资源或给社会带来的损失。而侦查经济成本构成中的任何组成部分发生变化，都会对侦查总成本的投入产生影响，如减少直接成本的投入则可能导致错误成本的增加。侦查收益的经济学评判标准包括定量分析和定性分析两种。能够进行定量分析的经济收益是看得见的收益，是直接的侦查收益；定性分析的侦查收益是侦查活动的实施可以带来的收益，是间接的经济收益。侦查策略力求以尽可能小的侦查成本换取尽可能大的侦查收益，这也是侦查策略与夜间审讯和夜间搜查等最大的区别之一。

三、侦查策略与道德界限

道德，是指以善恶评价为标准，依靠社会舆论、传统习俗和人内心信念的力量来调整人们之间相互关系的行为规范的总和。道德贯穿于社会生活的各个方面，如社会公德、婚姻家庭道德、职业道德等。它通过确立一定的善恶标准和行为准则，来约束人们的相互关系和个人行为，调节社会关系，并与法共同对社会生活的正常秩序发挥保障作用。道德有时专指道德品质或道德行为，是人的社会性的自我约束和心理约束意识。不同的社会可以有不同的道德标准，但是任何一个社会的道德标准都是以维护社会的正常运转秩序为目的。对道德的维护实际是对人的社会性的维护，需要从宗教、教育和国家机器等多方面来实现。侦查策略作为国家公权力运行的一种方式手段，也面临道德的约束和对道德的维护等诉求，那么，侦查策略又应该坚守何种道德界限呢?

1.什么是道德界限

在中国哲学史上，“道德”指“道”与“德”的关系。孔子主张：“志于道，据于德。”这里的“道”指理想的人格或社会图景，“德”指立身根据和行为准则。因儒家以仁义为道德的重要内容，故也以仁义道德并称。《老子》中的“道”指事物运动变化所必须遵循的普遍规律或万物的本体。“德”和“得”意义相近，指具体事物从“道”所得的特殊规律或特殊性质；对于“道”的认识修养有得于己，亦称为“德”。《老子》第五十一章载：“道生之，德畜之……道之尊，德之贵，夫莫之命而常自然。”认为“道”和“德”虽尊贵，却不是主宰（“命”），而是一切任其自然的。韩非认为：“德者道之功”，把“德”释为道的功用。北宋张载提出：“德，其体；道，其用，一于气而已。”认为“德”是气之体，“道”是气之用。

如上，道德也是一种社会规范，但道德在其产生、效力和适用等方面，显然区别于法律。法律是最低限度的道德，很多行为为道德所禁止，但不为法律所否定。因此，道德界限不仅存在于人们的心中，也体现在社会公意的外化物即法律规范上。

2.侦查策略必须遵循并维护道德界限，坚守道德底线

侦查策略是侦查权的运行路径，而侦查权又是一种具有侵权性和暴力性的权力，它体现的是一种国家公权力的行使，其目的也应如道德适用所指，即维护社会秩序的良好运转，维护人们的普遍利益。因此，侦查策略的运行也要遵循法律，遵循道德界限，因为既然法律和道德规范能为社会和人们所认可，那么它们肯定具有相应的合理性和科学性，侦查策略一旦能遵循这些规范，也就相当于遵循了人们的公意，遵循了维护人们普遍利益的准则。由此，侦查策略也能获得相应的合理性和科学性。同时，作为一种公权力的行使，如果其结果是对社会规范的破坏，那么肯定会给人们树立一种消极的典型，使人们的道德良知和法律意识顿失，进而导致社会规范的弱化，政府公信力的丧失，则社会必然失范。因此，侦查策略的运行，不仅必须遵循相应的道德规范，更应该体现出对道德界限的维护。

四、侦查策略与非侦查主体行为

我国侦查实行单轨制，即只有具有侦查权的机关才能进行侦查，其他单位和个人不得

从事侦查活动，否则，即属于违法或不为法律所认可。因此，侦查策略的运行有法律上的规范，其主体、对象、措施、程序和评价等都有相应的法律准绳。而非侦查主体的行为可能与侦查有关，但其法律效力是截然不同的。

1.非侦查主体行为的属性

非侦查主体的行为，一般而言，有其他机关的侦查行为，如纪检部门。不过在法律层面，纪检部门并不是法定的侦查机关，它是没有侦查权的。但是，在实践中，特别是在贪污贿赂类案件中，纪检部门往往起着重要的甚至是主导作用。同时，还有非侦查管辖机关的侦查行为。如该案件本不属于某侦查机关管辖，但是，出于某种原因，该侦查机关进行了侦查。另外，还有自然人的单纯民事行为。自然人的行为能力分三种情况：有行为能力、限制行为能力、无行为能力。而民事行为终究不是公权力的行使，它仅仅只是自然人的民事行为，只能对民事法律关系发生作用，而不能影响刑事法律关系。

当然，非侦查主体的行为还可能是其他行为，如法官的审判行为、检察官的审查起诉行为等。但是，这些行为与侦查行为的内涵是大相径庭的，其效力与结果也是不同的。因此，在这个意义上，非侦查主体的行为与侦查行为有质的区别。

2.非侦查主体行为的作用

对于某些非侦查主体，他们可以为侦查提供强大的助力，如纪检部门。对于非管辖主体，应分为两种情况，一是该侦查机关是恶意管辖，那么该侦查行为就该遭受否定；二是该侦查机关是善意管辖，即出于某种客观原因导致的误解，那么该侦查机关的侦查结果就应该被相关机关肯定；如果该结果存在法律上的瑕疵，就应该进行相应的证据转化，使其能为随后的侦查或起诉审判所用。一般主体的行为，可以为侦查策略的实施提供某些辅助。在特定情况下，基于侦查机关侦查的需要，某些技术人员或其他专家还可以接受侦查机关的聘请来协助侦查。此时，一般主体由于侦查机关的授权也成了某种意义上的侦查主体，他们也可以进行特定侦查行为，他们行为的效力也应然受到法律的肯定。同时，对于其他法定相关主体，他们可以为侦查策略的实施进行监督或评价。如检察官可以监督侦查策略的运行，接受相关当事人的投诉，判断其是否违法；法官可以最终对侦查策略实施的结果进行评价，确定侦查结果是否事实清楚、证据确实充分。这些非侦查主体的行为显然也是侦查策略所必需的，它们可以确保侦查策略合法合理地运行，也可以确保侦查策略的运行结果能够得到法律的公正评价；它们可以构成司法锁链，进而共同实现维护正义、打击犯罪和维护人民利益的目的。

综上，侦查策略与相关行为是有本质区别的。虽然它们有着某些相似性，而且侦查策略也可能产生消极的异化，但是我们不应该因噎废食，而应该对其进行完善。因为侦查策略乃为侦查所必须，且其灵活的本质不应该被法律规范等完全束缚，否则其效能不复存在。因此，应该通过扬长避短的改革与完善来实现侦查策略积极效能的最大化。我国社会主义和谐社会的建设需要公安工作的保驾护航，尤其侦查策略更是我国社会稳定与发展的有力保障，因此，应该积极理性地对侦查策略进行改革与完善，以促进我国和谐社会的稳步构建。

第四节 侦查策略与侦查措施

一、侦查策略是侦查措施的指导

侦查策略是侦查主体为达到一定的侦查目标，在实施侦查行为的过程中对一定的侦查对象采取的灵活有效的方法。侦查策略在侦查活动中具有十分重要的作用，它是侦查行为的前提，是侦查措施的根本。侦查策略的主要作用体现在以下三个方面。

1.侦查策略对全局性侦查工作起统帅作用

根据某一时期政治、经济形势的需要和犯罪活动的规律特点，侦查工作应该有基本的目标，并且要根据这一基本目标确定侦查工作的重点和方向。侦查工作的重点和方向确立之后，采取何种侦查策略便成为实现侦查目标的关键。用科学有效的侦查策略指导大规模的侦查活动或破案战役，能够迅速扩大侦查效果，震慑犯罪。如根据暴力活动的规律特点，侦查机关制定了“主动进攻，先发制人”的侦查策略，这对于侦查严重暴力性案件，将严重暴力性犯罪制止在预谋阶段有重要的作用。

2.侦查策略对刑事案件的侦查工作起指导作用

侦查任何一个刑事案件，都应该在整体上有一个基本的策略，这对侦查工作的成败起着决定性的作用。如侦查犯罪集团或犯罪团伙案件时，一般采用利用矛盾、分化瓦解和各个击破的策略；侦查发生在单位内部的盗窃案件时，如果侦查犯罪现场较小，现场物证较多，一般采取刚柔相济的攻心战术和深入调查摸底的策略。实践证明，侦查破案若没有一个基本的、正确的侦查策略作为指导，侦查工作往往因方向不明而陷入被动。

3.侦查策略对侦查行为起设计作用

侦查行为及其侦查措施无论是公开的，还是秘密的，都必须讲究策略方法。许多侦查措施的实施过程实际上就是侦查策略的运用过程。侦查行为的实施、措施的选择，都是建立在科学运筹基础之上的。运用了正确的策略，就能提高侦查工作的准确性和收集犯罪证据、缉捕犯罪嫌疑人的效率。

侦查策略来源于侦查决策，侦查策略是一种侦查决策方案。侦查人员对侦查信息的获取，目的在于确定侦查运行方向和目标，侦查信息是侦查决策的根据和动力，侦查策略制定过程实质是一种侦查决策过程，在该过程所形成的工作方案中，大多包含侦查策略的内容。侦查策略作为一种侦查决策方案，反映的不是侦查方向和侦查目标本身，而是据以把握侦查方向和实现侦查目标的动力。在该过程中（侦查运行），侦查策略的作用表现为对侦查措施、侦查技术方法和侦查主体人力资源的调配和组织作用，侦查策略具有对侦查措施的运行进行组织和管理的属性。因此，侦查策略是侦查措施的指导，对侦查工作起着统帅与设计作用，是对侦查措施的优化组合，能够发挥侦查措施的最大效能。

二、侦查措施是侦查策略的实现

侦查措施是刑事侦查学的重要组成部分，刑事侦查学有着悠久的历史和深厚的积淀。侦查措施的作用是收集、固定有关证据，发现并捕获犯罪嫌疑人。

1.侦查措施是侦查策略的逻辑构成

侦查策略具有系统性。在该系统中，侦查措施只是侦查策略这一系统的构成要素之一，侦查策略的实质是多种侦查措施相互作用的逻辑关系结构。当然，不排除某一具体侦查措施本身使用具体策略的性质，但是，这种单一的侦查措施本身不是侦查策略，它们之所以具有策略的成分或性质，是因为某一单一或具体侦查措施的采取和实施所反映的一个重要方面是它们与犯罪案件以及侦查活动的组织实施者的关系，该类措施只有在该类关系结构中方能体现侦查策略的属性。例如，讯问被拘留、逮捕的犯罪嫌疑人必须在采取该类强制措施后的24小时内进行，这种法律要求具有侦查策略的性质，亦即在该时期内讯问容易获取犯罪嫌疑人的真实口供（当然该法律要求更多的是从保障无罪的人不受刑事追究的角度进行的规范），但是，该种讯问措施本身并不具有策略性，而是就该项措施的采取与案件中犯罪嫌疑人的心理状态关系而言，具有侦查策略的性质和价值。

2.侦查措施是侦查策略的实现媒介

作为宏观指导的侦查策略，要实现具体的侦查目标，必须通过多种侦查措施的实施，侦查措施是保证侦查策略有效实施的现实媒介。侦查策略在形式上表现为多种侦查措施的选择、组合采用，在内容上则体现在具体侦查措施被科学、合理地实施过程之中。总之，侦查策略意指多种侦查措施的运筹组合安排和具体措施的科学、合理实施，是在一定方法论基础上，对侦查措施进行合理性的选择、组织和实施。因此，侦查策略从方法论意义上理解，并不简单地指侦查措施中的某一具体类别或某一侦查措施所采取的特定形式，各种具体侦查措施的特定实施形式只是侦查方法这一抽象概念系统的具体表现形态，方法论意义上的侦查方法必然蕴涵了一定的方法论基础。研究侦查策略的目的在于针对当前犯罪活动的规律和各类犯罪案件的特点，在侦查措施的法律规定范围内，运用相关理论，结合侦查实战经验，总结出各种侦查措施之间的相互关系，合理论证具体侦查措施的采取形式、步骤，最终为侦查工作的合法化和效率化目标服务。侦查策略外在形式表现为各种侦查措施的实施方式和运作秩序，要实现具体的侦查目标，就要有侦查措施的良好运行。因此，侦查措施是侦查策略的实现媒介。

复习与拓展

（1）怎样理解侦查策略的合法性？

（2）侦查策略主要的科学依据有哪些？

（3）侦查策略的主要来源有哪些？

（4）怎样理解侦查策略的正当性？

（5）非侦查主体取证策略的合法性。

（6）侦查策略主要的科学依据。

（7）侦查策略与欺骗、引诱、威胁的界限。

（8）新时代侦查策略的丰富和发展。

延伸阅读

（1）王芳：《当代中国的公安工作》，当代中国出版社1992年版。

（2）李士英：《当代中国的检察制度》，中国社会科学出版社1987年版。

（3）中国社会科学院法学研究所法制史研究室：《中国警察制度简论》，群众出版社1985年版。

（4）韩延龙：《中国近代警察制度》，中国人民公安大学出版社1993年版。

（5）彭澍钦：《新中国反贪污贿赂理论与实践》，中国检察出版社1995年版。

（6）徐宏，李春雷：《毒品犯罪研究》，知识产权出版社2016年版。

（7）最高人民法院实务小全书编选组编：《毒品案件办理小全书》，人民法院出版社2016年版。

（8）刘建宏：《中国毒品犯罪及反制》，人民出版社2014年版。

（9）任惠华，熊鑫："侦查策略概念探析"，载《四川警察学院学报》2009年第1期。

案例讨论

某年5月28日下午6时许，C县公安局接公安厅刑侦处值班调度室电话通报："今天上午9时30分，从A市开出的至B市的长途公共汽车（车号：广西02—066××，司机秦××）行至D县时，一旅客（姓名、特征不详）携带4支手枪上车，枪内有弹，准备到B市出售，经查该车旅客将在C县龙华饭店吃晚饭"，要求搜查缉拿。C县公安局领导研究决定按对付突发事件的要求，紧急集合干警，同时布置了三项工作：一是派3名干警乘专车赶到与邻县交界的公路检查站佯装检查，待公共汽车进入C县后，将该车搭乘的人数等情况向局里报告，并尾随及时报告该车到达各地段的情况；二是指令某派出所派员（3名干警）以旅客身份着便衣乘车，观察发现犯罪嫌疑人；三是派出交通警察检查组以路查为由，摸清该车旅客是否在龙华饭店吃晚饭。

C县公安局领导在组织进行上述工作的同时，及时向县委、县政府和地区公安处报告了案情和工作部署情况。原地区公安处处长、刚调到C县政府工作的曾××同志也奉县长之命参加了事件的组织处理。他看了公安厅刑侦处的情况通报记录后，发现无犯罪嫌疑人特征，认为缉捕行动比较棘手，即电话向公安厅刑侦处查询，但犯罪嫌疑人的体貌特征仍不明。于是又电话请示地区公安处，要求派人带催泪弹和警犬来协助。

C县公安局组织的56名干警（其中武警10人）先后到达龙华饭店后，负责现场指挥的C县公安局副局长将干警逐个编号，要求旅客下车吃饭时，除老、小、妇外，其余实行2名干警监视1名旅客，按号数对旅客逐个监视的行动方案，并设机动组2个，每组2人，作为应急力量。另指定1名穿警服的干警负责用话筒向旅客喊话，要求旅客配合公安人员执行公务，接受检查。副局长宣布行动方案后，又反复强调了犯罪嫌疑人是贩枪，目的是为钱，要求所有干警不要慌张，子弹不准上膛，没有命令不准开枪，必要时先使用非杀伤性武器。

地区公安处派出的3位同志于当日22时10分到达现场，曾××同志向他们简略地介绍了情况，并明确了他们在距离龙华饭店50米的外贸鸡场待命，任务是机动。

当日22时25分，按惯例18时到达的公共汽车在龙华饭店前停下，司机招呼乘客下车吃饭，车上21名乘客（其中3名为女性）陆续下车，干警即按号对其进行监视。某派出所的3名干警有2名先后下车，准备向县局领导汇报途中监视的情况，另1名干警陈××仍留在车上监视。当车上还剩下五六名乘客的时候，地区公安处一同志便上车催促乘客下车。这时车下发生了两个意外情况：一是有一名乘客急于上厕所，负责监视的干警认为他要逃跑，即喊“不许动”；二是刚走进饭店的一名乘客，手老是往腰里摸，从而引起干警怀疑，便采取强制搜身措施，这位乘客因腰间藏有4000元现金，见干警穿的是便服，以为是“坏人”进行抢劫，便拼命反抗，几名干警猛扑上去，给其戴上手铐。这两件事凑在一起，现场气氛顿时紧张起来。

负责喊话的干警刚喊出“旅客们……”三个字，话筒就出了故障。个别干警见状便把枪掏了出来，有的把子弹推上膛。此时已上车的地区公安处的1名干警韦××，由于不认识留在车上的某派出所干警陈××，见其又提着沉甸甸的提包，一直把他当作旅客中的“贩枪犯罪嫌疑人”监视着。当对方拉开手提包拉链拿枪时，韦××看见枪后更觉得他是贩枪犯罪嫌疑人无疑，即用微型冲锋枪射击，陈××和在驾驶室的司机秦××都被击中。在公共汽车左侧的县公安局司机彭××，听到车上枪响，也用“五四”式手枪向车内射击，击中了韦××的腰部。负责现场指挥的C县公安局副局长，听到车内枪响，立即冲上汽车，当时车内昏暗，副局长以为陈××是犯罪嫌疑人，即扑向紧贴车门右侧、手中拿着“五四”式手枪已中弹的陈××。地区公安处一同志也将陈××误当成犯罪嫌疑人，举起微型冲锋枪朝陈××射击，并误伤和陈××扭在一起的副局长左右两个手臂。

干警误射伤亡事件前后不到数分钟，致使陈××当场死亡，司机秦××经抢救无效死亡，C县公安局副局长、韦××2人受重伤。

问题：

结合侦查策略的特征，分析此次行动的合法性和有效性。

第二章

常用侦查策略

| 本 | 章 | 要 | 点 |

本章着重介绍常用侦查策略分类与技巧。介绍了有关反侦查行为及手段，以及反侦查行为的主动性、阻碍性和持续性等特点。侦查策略分为战略性侦查策略和战术性侦查策略、先发性侦查策略和后发性侦查策略、查缉性侦查策略与取证性侦查策略等；常用侦查策略技巧包括籍众策略、制权策略、宽严相济策略等。

第一节 反侦查行为及手段

一、反侦查行为的特点

反侦查行为是指犯罪主体在犯罪发生前后的各个阶段，为了掩盖犯罪行为，躲避侦查和逃避法律的追究而采取的一系列行动、方法与措施，并针对侦查行为实施的对抗性行为的总和。

1.反侦查行为的主动性

犯罪主体在实施犯罪前，往往有预谋阶段，预谋的主要内容之一就是针对可能的侦查行为进行反侦查设计。传统的反侦查行为往往采取的是“事后补救”措施，在时间上处于一种匆忙的状态，在行为上处于一种被动的状态。而今，反侦查行为发生了时空上的转变，即由犯罪后的应变，提前至犯罪预谋策划阶段，这就意味着犯罪主体能够有充分的时间去准备和考虑，作案思路和计划愈加清晰和紧密，作案手法也越发新颖且隐秘。即预先策划好如何防止犯罪行为被发现，如何避免被立案侦查；案发后如何逃跑、毁灭证据、处理赃物；被捕后如何抗拒审讯等。

2.反侦查行为的阻碍性

反侦查行为可能使侦查工作陷入僵局。由于犯罪主体及其利害关系人的反侦查行为，破坏了正常的侦查工作秩序和效果，使许多案件难以立案、证据难以保全、案件难以审结和起诉等。

3.反侦查行为的持续性

反侦查行为贯穿于侦查活动的各个阶段，充分暴露了犯罪主体的反侦查能力及其个人特征。反侦查行为在侦查工作的各个阶段都有可能出现，并不局限于某个阶段或某个阶段的某个节点，但其在时间、范围、程序、表现上有所不同，充分反映了犯罪主体的社会关系网、智商程度、专业技能知识水平和个人心理特征。

4.反侦查行为的进化性

近年来，随着科学技术的进步、普及和人们文化知识水平的普遍提高，刑事犯罪也随之出现了许多新特点，如高科技犯罪、人工智能犯罪、知识型犯罪、有组织犯罪等，作案手段更加凶残狡猾；作案方式日趋现代化；犯罪主体的反侦查能力不断增强。

反侦查行为的进化应归因于犯罪主体智力水平和社会技术的同步提高，其主要体现在以下三方面：一是事前反侦查行为谋划的周密性。犯罪主体在作案前一般会进行蹲点观察，摸清犯罪对象的行为特征与习惯等基本信息后，制定详细的计划。如实施犯罪的时间和地点、犯罪后撤退的路线，证据材料的掩盖或销毁等。二是事中反侦查行为手段的智能化。其中最突出的一个特点是制造假象的手段不断翻新。如某些具有较强证据意义的账单、账簿、遗书等，犯罪主体会运用各种先进技术手段予以涂改或掩盖，使上面的字迹、图形变得模糊不清，甚至消退；再如，有的犯罪主体在利用计算机作案后，为了扰乱侦查视线，制造计算机病毒事件，使整个计算机网络混乱，数据资料毁损，或者通过系列高科技手段篡改、删除、伪造某些关键性资料、证据等。三是事后充分利用法律漏洞。某些犯罪主体高度熟悉法律，他们会利用法律的漏洞来实施犯罪、抗拒侦查。如有的犯罪主体非常清楚强制措施的期限，在审讯中，或沉默不语，或避重就轻，或故意提供虚假信息，以此拖延时间，达到法律规定期限，迫使侦查机关放人。总而言之，反侦查行为的手段随着时代发展、科技进步而不断进化，侦查工作面临着日益严峻的挑战与考验。

5.反侦查行为主体的规模化

一般来说，单个犯罪主体实施反侦查行为的能力、精力是有限的，其受限于作案的工具、人力、财力、犯罪意识等诸多方面。犯罪主体为了获得更加强大的力量来对抗侦查，提高反侦查行为的成功率，常常会加入或自动结成严密的犯罪团伙。一方面，犯罪主体由个体性向群体性的发展，意味着犯罪主体的人数增多，反映出犯罪主体能量增大，可动用的人力、物力、财力、知识能力等力量扩张，这大大提升了反侦查行为的效率和成功率。与之相反，侦查机关的侦查工作愈加困难，遭受的对抗性越来越强。另一方面，组织性反侦查行为相较于个体性反侦查行为更难对付，组织性反侦查行为的水平更高。如计划更加周密、分工更加合理、工具物品更加高科技化和多样化等。此外，反侦查行为主体的规模化更具危害性，其关键点体现在两个方面，一是组织性反侦查行为对个体性反侦查行为有一种渗透作用，许多个体性反侦查行为直接或者间接学习、模仿组织性反侦查行为。二是组织性反侦查行为主体对个体性反侦查行为主体的“磁铁”效应，即在实施同种犯罪或不同性质犯罪时，当个体性反侦查行为没有或不能达到犯罪主体预想的效果，而组织性反侦查行为却能实现时，个体性反侦查行为主体趋于本能地接近、加入犯罪团伙或组织，或者零散个体基于共同的反侦查意识逐渐“凝聚”成犯罪团伙或组织。由此可见，对组织性反侦查行为的研究与突破，是侦查机关反侦查工作的重中之重。

6.反侦查意识的增强

反侦查意识的增强主要包括两个方面。一是反侦查行为主体自我人身安全意识的增强。如果说以往大多数犯罪主体在犯罪过程中追求犯罪的目的胜于逃避侦查，即把犯罪目的放在第一位，把反侦查目的放在第二位，那么，当下大部分犯罪主体则往往把犯罪目的的实现和反侦查目的的实现并重，甚至将反侦查目的放在第一位。这是因为犯罪主体愈加理性，不愿为了犯罪而失去自由、财产和荣誉等。二是反侦查行为主体寻找"辅助力量"进行反侦查的意识增强。犯罪主体为了逃避法律的惩罚，往往会寻找"辅助力量"，具体包括关键人物、辅助人物、反侦查工具等。首先，犯罪主体的反侦查行为能够干扰侦查机关的侦查，往往是通过从侦查机关内部进行"经营、勾结"，利用侦查机关内部相关人物的权力，知晓侦查机关的侦查进度、所获线索与证据材料情况；甚至伪造或销毁证据，打压侦查人员，威胁举报人，从而干扰侦查。值得注意的是，在某些特殊情况下，某些侦查人员就是犯罪主体本人或共犯，这种现象又称为权力性反侦查行为。其次，犯罪主体的高科技技术运用或功能型人才运用的意识逐渐增强。传统反侦查意识向现代化、智能化反侦查意识的转变，为侦查工作增加了难度与挑战。

二、反侦查行为的分类

1.个体性反侦查行为与组织性反侦查行为

所谓个体性反侦查行为，是指单个犯罪主体实施的对抗侦查的行为，或者虽由多人实施但彼此间缺乏必要联系的对抗侦查行为。组织性反侦查行为则是指由多人实施并且具有密切联系性质的对抗侦查行为。

反侦查行为与犯罪行为具有相似性，都是由一定的主体即作案人实施的。反侦查行为因行为主体数量的不同，其表现形式也有所区别。但此种分类方式并不是绝对按照行为主体的数量划分的，其关键在于行为人合意的有无和行为间联系的紧密程度。若某案件虽是多人作案，但彼此间的反侦查行为并没有合意，也不存在紧密协作的联系，则仍属于个体性反侦查行为。

个体性反侦查行为与组织性反侦查行为主要存在以下差异。

首先，二者常见的案件类型不同。个体性反侦查行为一般在单个人犯罪案件和非组织性的共同犯罪案件中出现，没有预先统一谋划或相互联系。单个人犯罪案件中，行为主体只有一个人，应受刑罚惩罚的只是作案人自己，故需要施行反侦查行为的往往只有作案人本人。当然，也可能存在某种例外情形，如案外人员为帮助作案人逃避法律惩罚，帮助其对抗侦查，实施反侦查的行为。此时施行反侦查行为的除了作案人本人外，还包括第三人。组织性反侦查行为一般在集团或团伙犯罪案件中出现。此类犯罪一般有严密或较严密的组织结构，组织内部等级分明、分工明确、纪律严明，甚至有一套相对完整的自我保护和逃避法律打击的对策方法。

其次，二者行为特征差异较大。个体性反侦查行为由于受到主体的限制，往往深受作案人个人因素的影响，带有个人的特征。如长期从事某种职业，具备某种专长的作案人往往会在无意识中利用职业惯性或者专长对抗侦查，在此过程中，难免暴露其个人的行为特征。组织性反侦查行为的特征体现为：一般由黑社会组织在具体个案中对抗侦查，其常常会召集作案成员一起策划，或者由某一管理者负责统一安排，严密部署，因此其反侦查行为具有整体性和严密性,各作案成员间“相互配合”。

最后，二者对作案人本人能力的依赖程度不同。由于个体性反侦查行为主体一般是“单兵作战”或“各自为战”，因此个体性反侦查行为的施行严格受到行为主体及作案人能力的限制，并影响着反侦查行为的成功率或完成度。以掩盖作案时空作为反侦查手段为例，作案人在实施犯罪时不可能同时出现在两个空间场域，一般情况下，作案人会伪造自己不在现场或者伪装自己没有作案时间的假象。但是，受反侦查人员个人能力所限，侦查人员经过仔细推敲与侦查，往往会发现时空方面的疑点。组织性反侦查行为的具体实施一般是由组织内部集体决策，它是组织内多个反侦查行为的统一体，不但具有具体实施者个人的行为特征，更体现出组织整体性的特征。需要注意的是，组织整体性不是各个反侦查行为主体及行为的简单加减，而是一种整体的密切联系和协调一致，其对个人能力的依赖程度较小。

区分个体性反侦查行为与组织性反侦查行为的意义在于，有利于侦查机关准确刻画犯罪主体的特征，准确识别反侦查行为。在反映犯罪主体人身形象特征方面，个体性反侦查行为与组织性反侦查行为并不一致。利用二者间个体性特征和整体性特征的差异，判断其属于哪一种反侦查行为；利用现场痕迹线索分析犯罪主体的身份职业，确定是个人作案还是组织团伙作案等。此外，组织性反侦查行为中的各个反侦查行为采取的反侦查手段可能是一致的，以至于犯罪现场可能具备某种整体规划的特点，但不能凭此误以为是个人反侦查行为所致，应进行准确区分。

2.消极性反侦查行为与积极性反侦查行为

有学者研究指出：“反侦查手段具有两层含义：其一是犯罪分子在犯罪活动中为了对抗侦查机关的侦查，隐瞒自己的犯罪行为、逃避法律制裁，而采用的各种方法或手段；其二是犯罪分子为了达到逃避法律制裁的目的而对侦查机关的侦查活动采取的针锋相对的‘反侦查’行为。”[1] 由此可以发现，犯罪主体在面对侦查机关的侦查时，其对抗行为会表现出不同的防御特点，并可划分为消极性反侦查行为和积极性反侦查行为。

所谓消极性反侦查行为，是指掩盖犯罪信息,躲避侦查视线，对侦查工作进行单纯性防御的行为。积极性反侦查行为，是指破坏犯罪信息，转移侦查视线，对侦查工作采取进攻性措施的行为。因此，前者又可称为单纯防御型反侦查行为，后者又可称为进攻型反侦查行为。[2]二者在外在表现和行为方式上存在差异。

1.曲玉斌. 刑侦方略新探[M]. 北京：警官教育出版社，1998.

2.刘品新. 反侦查行为的类型初探（二）——消极性反侦查行为与积极性反侦查行为[J]. 山东公安专科学校学报，2001:2.

首先，消极性反侦查行为主体一般都想方设法地逃避或转移侦查机关的视线，避免案件被发现；或者在案件暴露前后、侦查机关追捕前后潜逃异地，通过拉开与侦查机关的空间距离，转移侦查机关的视线焦点，非接触式地消极对抗侦查机关的侦查行为。而积极性反侦查行为主体一般采取伪装的状态和虚假的形象，有意、直接地与侦查机关和侦查人员进行接触。拉开空间距离和转移视线焦点并不是积极性反侦查行为的主要内容，关键证据不被侦查主体发现与固定才是重点。

其次，在行为方式上，消极性反侦查行为主体往往会采取两种方式来对抗侦查，即“不作为”和“消极的作为”。所谓不作为，是指犯罪主体应当实施且能够实施某种行为，却不予实施。此类情形在讯问中表现得尤为突出，例如，面对侦查机关的审讯，犯罪主体表现出“守口如瓶”和拒不供述的状态；或者采取舍卒保车、明供暗抗的做法，只避重就轻地供认部分犯罪事实，而保留 、隐瞒更重大的另一部分犯罪事实，如“供轻不供重”“供少不供多”“供远不供近”“供现行不供前科”“供事不供赃”“供事实不供动机目的”“供表不供里”“ 供粗不供细”“供自己不供同伙”或者“供同伙不供自己”等。[1] 所谓消极的作为，是指犯罪主体有意、主动地实施某种行为，以此来防御侦查的情况。如犯罪主体在犯罪现场有意、主动地消除现场痕迹、证据，掩盖犯罪案件发生的事实或经过，或者伪造虚假的线索痕迹，制造出第二犯罪现场。从表面看上述反侦查行为都是犯罪主体主动实施的，但其本质目的并不是与侦查主体进行直接的对抗，而是通过某些反侦查行为避免侦查机关的视线集中到自己身上，并将视线引向他处或消除嫌疑等。积极性反侦查行为是指犯罪主体本不应该实施某种行为而故意为之，以此来调动或误导侦查人员，甚至对侦查工作展开攻势的行为。积极性反侦查行为多出现在侦查讯问时期。此时，犯罪主体往往会采取两种方式,一是借助各种外在力量向侦查机关或侦查人员展开攻势；二是凭借自身力量向侦查人员施加影响。

3.隐蔽性反侦查行为与公开性反侦查行为

隐蔽性反侦查行为，是指犯罪主体实施的不让特定主体知晓的、予以对抗侦查的行为。公开性反侦查行为，是指犯罪主体实施的并不惧怕特定主体知晓的、予以对抗侦查的行为。应当明确的是，此处的特定主体是指侦查机关、侦查人员、群众，不包括其同案犯、帮助犯等主体。由此可见，区分二者的标准是犯罪主体实施的反侦查行为是否为侦查主体或群众所知晓，前者注重自己反侦查行为的隐蔽性与保密性，是一种“软性”的反侦查行为；后者无意隐瞒自己的反侦查行为，并将公开该特殊行为作为自己对抗侦查的力量，是一种“硬性”的反侦查行为。

（1）隐蔽性反侦查行为与公开性反侦查行为贯穿于案件的不同阶段，并能相互转化。

在犯罪的不同阶段和侦查的不同进程中，隐蔽性反侦查行为和公开性反侦查行为可能并列存在。以抢劫案为例，在犯罪过程中，侦查程序启动前，犯罪主体作案后一般会采取身份

1.任青山. 预审实务百科[M]. 北京:群众出版社, 1991:218-220; 姚健, 张居永. 侦查讯问[M]. 北京:警官教育出版社, 1997:147.

遮掩、地点躲避、自身特征消除等措施，这种情况属于隐蔽性反侦查行为。而当犯罪主体进入侦查主体或者群众视线时，往往会公开以人质的人身安全作为对抗资本，实施公然对峙、公开拒捕等行为，这种情况属于公开性反侦查行为。

隐蔽性反侦查行为与公开性反侦查行为的划分不是绝对的，二者会相互转化。以讯问为例，如犯罪主体在侦查机关的讯问初期，故意夸大自己犯罪性质与犯罪事实的严重性，增加自己犯罪案件的数量，承揽一些不属于自身的罪行。犯罪主体之所以做出这样真假掺杂的供述，实则是采取以退为进的反侦查策略，为在侦查的后续阶段进行有利于自己的翻供埋下伏笔，即一旦有机会推翻原供，则犯罪主体的真实供述部分也将被一并推翻。而犯罪主体此种由“谎供”到“翻供”的行为，其实就是隐蔽性反侦查行为向公开性反侦查行为的过渡。再如，在侦查讯问的初级阶段，某些犯罪主体守口如瓶，拒不回答侦查机关的问题，以不作为的方式公然抵抗侦查讯问工作。经由侦查机关的心理施压及合法的行为控制，犯罪主体可能会转变原有拒不供述的立场，假意向侦查机关主动交代自己的罪行。但是，犯罪主体此时的交代，更多的是“真假参半的供述”“部分犯罪事实的供述”等，其本质上仍在隐瞒事实、掩盖罪行。而此种由“拒不供述”向“部分供述”的行为转化，也就是由公开性反侦查行为转化成隐蔽性反侦查行为，并且由公开向隐蔽的转化更具迷惑性。

（2）隐蔽性反侦查行为与公开性反侦查行为的差异性。

首先，二者实施反侦查行为的前提条件不同。一般来说，当具体案件中的犯罪主体可以借助的反侦查力量足以对抗侦查力量，甚至超越侦查力量时，其心理状态处于一种“膨胀上升期”，一般会选择公开性反侦查行为。相反，若犯罪主体自身力量与借助的力量相加也远远不能对抗侦查力量时，其心理状态处于一种“低谷下降期”，则不会选择与侦查机关公然对抗，而是采取隐蔽方式干扰侦查。其次，二者的外在行为特征表现有差异，隐蔽性反侦查行为更具有秘密性，其犯罪主体的身份信息、行为意图都不为群众、侦查机关所知。而公开性反侦查行为则具有暴露性，犯罪主体的身份信息、行为性质、个人特征甚至社会特征都可能被侦查机关或群众掌握，行为较为直接，目的较为明确。

4.人为性反侦查行为与自然性反侦查行为

区分二者的标准在于反侦查行为是否为行为人有意为之。人为性反侦查行为，是指犯罪主体或相关利害关系人在实施犯罪的各阶段，有意识地掩盖自己的犯罪行为，躲避法律追究与惩罚、对抗侦查机关的行为总和。自然性反侦查行为是指在犯罪主体犯罪前后所关联的人、事、物、场所，被系列非人为或者非犯罪主体有目的性作为所影响，对侦查机关的侦查造成了阻碍。如犯罪现场遗留下来的痕迹物品因天气原因而遭受破坏，或随着时间的延长变得模糊甚至消失；网络犯罪中的电子数据随着时间的流逝可能会因病毒和储存载体等非人为原因消损；犯罪场所可能受到自然灾害或相关人的无意识的破坏等。诸如此类，都在客观上“阻碍”了侦查。侦查实践中所讲的反侦查行为，一般是指人为性反侦查行为，不包含自然性反侦查行为。区分二者的意义在于，针对人为性反侦查行为，可以顺势分析犯罪主体在犯罪时的心理状态和行为轨迹等，而当发现自然性反侦查行为时，则应当及时调整侦查的方向。

三、反侦查行为的形成

1.“趋利避害”的心理原因是反侦查行为形成的根源

人的行为取决于人的心理及思维。在大多数情况下，犯罪主体在作案前受到“趋利”的心理影响而去实施犯罪行为；在作案后受到“避害”的心理影响而去实施反侦查行为。当然，犯罪主体在面对“趋避”矛盾时，是否实施犯罪行为和反侦查行为，并非完全依靠客观形势决断，也受主观因素影响。多数犯罪主体往往内心确信“趋利”后能安全“避害”，存在侥幸心理。“趋利避害”是人的本性，几乎所有的人都具备潜意识层面趋利避害的心理，只是正常人的趋利避害心理一般处于相对静止的状态。而当主体获取某种“动力”后，即“反常的需要结构”，相对静止的趋利避害心理就从“沉睡”状态苏醒过来，其潜意识的趋利避害状态就向意识层面转化。当犯罪主体意识层面的趋利避害心理最终转化成外化的趋利避害心理时，往往就转化成犯罪行为和反侦查行为。

2.反侦查行为受“犯罪经验”的影响

犯罪主体如果是初犯，其犯罪经验往往不足，其反侦查经验也必然存在缺陷。但是，对于累犯或再犯等犯罪主体，他们具有与侦查机关或侦查人员对抗或交涉的充分经验，有相应的反侦查措施储备，应对侦查力量的心态趋于成熟和稳定，这相对增加了侦查难度。

3.反侦查行为受专业知识和职业技能的影响

犯罪主体自身的情况也影响着反侦查行为。如果犯罪主体具有专业知识或职业技能，甚至在特定领域有着比侦查机关更深入的认识，掌握着知识或技能上的主动，这将为犯罪主体的反侦查行为提供充分的便利。当然，在实施犯罪的时候，犯罪主体的专业知识、职业技能在无形中发挥作用的同时，也会使其犯罪方式、方法甚至反侦查手段染上特有的个人色彩。因此，反侦查行为在与侦查工作形成对抗性的同时，也提供了有效的线索来源。

4.反侦查行为与广电传媒的关系密切

现今媒体对侦查的描写越来越深入、写实。这一方面有利于宣传侦查机关的先进侦查水平，并对潜在的犯罪主体形成威慑；但另一方面也暴露了侦查机关的种种侦查手段与措施，使得犯罪主体能够深入了解侦查的诸多方式、方法，乃至侦查秘密等。某种程度上，这无疑启发着犯罪主体反侦查的思路和计划。

5.反侦查行为与犯罪主体之间的相互交流和影响有关

有的犯罪主体基于自身的经历或知识，对侦查机关的措施与手段、相关法律法规有相应的了解，自身具备相应的反侦查能力。因此，犯罪主体之间往往会相互交流反侦查经验，训练彼此的反侦查能力。

四、反侦查行为的具体手段

（1）毁证匿迹。犯罪主体往往在犯罪后毁灭或伪造犯罪现场，销毁或伪造证据，甚至杀人灭口，使证据线索等不能被发现或提取。

（2）转移侦查视线。犯罪主体在犯罪后，往往会四处打听侦查机关的行动，并试图制造各种假象，以干扰侦查视线、拖延侦查行动。

（3）掩盖犯罪的动机。犯罪动机是侦查的一个重要线索和依据。犯罪主体在犯罪后，往往会通过伪造现场等试图掩盖犯罪动机，以达到干扰侦查等目的。

（4）对抗审讯。审讯是侦查的一个重要手段，尤其在我国当前的侦查情势下，更是如此。在某些案件中，要实现“零口供”定案仍然具有较大难度。因此，反侦查行为的一个重要手段就是对抗审讯，拒不交代犯罪事实。

（5）拒捕外逃。犯罪主体在犯罪之后，由于惧怕侦查机关打击等原因往往选择外逃藏匿，以逃避侦查。

（6）拉拢腐蚀侦查人员。不可否认，在侦查队伍中仍然存在个别意志薄弱的侦查人员，他们在侦查办案过程中，可能会被犯罪主体拉拢腐蚀，从而为犯罪主体提供种种便利，进而助长其反侦查行为。

第二节 侦查策略分类

一、根据侦查策略的功能范围分类

依据侦查策略的功能范围，侦查策略可以分为战略性侦查策略和战术性侦查策略。战略性侦查策略又称宏观侦查策略，它是为侦查的战略目标服务的。战略性侦查策略是以刑事犯罪的规律特点为基础制定的，制约侦查根本方向和侦查方针方式，如“侦防并举”“将犯罪制止在预谋阶段”和“主动进攻，先发制敌”等。战术性侦查策略是为侦查的战术目标服务的，运用于具体刑事案件的侦查。它包括两个方面：一是对整个案件的侦查活动起组合设计和制约作用的侦查策略，它是在启动侦查后，在案件分析判断基础上确定的；二是在侦查过程中的某一阶段或某一环节中运用的侦查策略，它能保证某一侦查措施的有效性，从而保证侦查策略的实施和成功运用。

战略性侦查策略和战术性侦查策略在侦查策略体系中具有从属关系，它们是互相依存和相辅相成的。战略性侦查策略是战术性侦查策略得以实现的保证。同时，两者的划分又不是绝对的，如在某一范围属于战略性的侦查策略，在相对更大的范围则属于战术性的侦查策略。

二、根据侦查策略的实施时机分类

根据侦查策略的实施时机，侦查策略可以分为先发性侦查策略和后发性侦查策略。先发性侦查策略是指在预备犯罪阶段或犯罪嫌疑人实施犯罪后立足未稳时，侦查机关迅速、主动地开展侦查，抓获犯罪嫌疑人，及时破案的策略。先发性侦查策略包含两层含义：一是侦查机关主动出击，把犯罪嫌疑人的重大犯罪活动制止或消灭在预谋阶段，以避免或减少犯罪造成的损失；二是抓住战机，抢先出击，采取时效性强的侦查措施，如追击堵截、预伏守候、控制销赃等，迅速发现和缉获犯罪嫌疑人。先发性侦查策略既可用于案件侦查的局部对策中，也可用于全局对策中，主要形式表现在三个方面，即主动出击、以快制快、攻其不备。值得注意的是，先发性侦查策略的适用需具备一定的条件，即要掌握准确、可靠的犯罪情报；要选择好先发的时机；要对主动先发的方式灵活择取；要注重先发工作与后续工作的有机协调。

后发性侦查策略是指在不了解犯罪嫌疑人及其犯罪活动的具体情况时，为了促使犯罪嫌疑人充分暴露而在必要的等待时机的过程中相继采用的策略。后发性侦查策略不是消极和被动的等待，而是积极地寻找时机，获取线索，发现证据。如在境内外的犯罪嫌疑人相互勾结实施犯罪案件的侦查中，除了在政治上、经济上可能造成严重危害结果的案件应及时破案，为了查明犯罪活动的内幕，在采取严密的侦查控制措施的前提下，可实施长期经营或后发制人的侦查策略。后发性侦查策略有其适应范围，通常适用于以下几种情形：一是案情复杂，涉及面广；二是案件线索少，证据不足，犯罪嫌疑人的罪行弱点尚未完全暴露，如果仓促行动会打草惊蛇，陷入被动；三是在犯罪嫌疑人暴力劫持人质案件的处理中，我方暂时作出“妥协”或“让步”，待时机成熟再相机制服案犯，救出人质。其主要形式可总结归纳为三个方面，即以静制动、缓兵待机、围三缺一。

三、根据侦查策略对侦查对象的作用方式分类

根据侦查策略对侦查对象的作用方式，侦查策略可分为利用性侦查策略和调动性侦查策略。利用性侦查策略是指侦查人员在充分研究侦查对象心理特点的基础上，转移犯罪嫌疑人的注意力，抓住其内部矛盾或弱点，使其在关键问题上失去警觉或放松警惕，从而暴露出证据材料为侦查所利用时，采取的侦查策略。如利用犯罪集团或犯罪团伙内部的矛盾或冲突，达到分化瓦解、各个击破的侦查目的；从分析侦查对象的思想动向、性格特点、生活嗜好等个人情况入手，寻找可以利用的条件和机会。在侦查实践中广泛运用的“利用弱点，避实击虚”“利用矛盾，各个击破”都属于利用性侦查策略。利用性侦查策略主要表现形式是将计就计、分化瓦解。它的适用应当注意以下三个方面：一是应当在掌握侦查对象一定心理特点的基础上开展，在对其不了解或捉摸不透的情形下适用可能会进展缓慢甚至毫无成效；二是虚实结合，抓住对方的弱点，及时取证；三是充分有效利用侦查对象间的各种矛盾，吃透案情，把握收网的恰当时机，突破侦查对象的心理防线和“攻守同盟”。

调动性侦查策略是指侦查人员采用某些方法在侦查对象的周围设置一定情境，造成有利于其活动的假象，投其所好地影响、牵动、调动侦查对象由静变动，由隐变显，从而使其

暴露出破绽时所用的策略方法。调动性策略的主要方法是设置假象，投其所好；其目的是诱使侦查对象暴露，争取侦查工作的主动。在侦查实践中，常用的调动性侦查策略有“调虎离山”“欲擒故纵”等。一般来说，调动性侦查策略的计划要周密、方法要自然、措施要落实、情况掌握要及时，其有效适用需要具备的条件是：调动的理由必须合情合理；调动的关键在于投其所好，佯顺敌意；调动的目的是争取主动；调动的结果是有效暴露。

四、根据侦查策略的直接目的分类

根据侦查策略的直接目的，侦查策略可以分为查缉性侦查策略和取证性侦查策略。侦查机关制定和实施侦查策略蕴含着其所欲达到的直接目的，而与其相对应的侦查策略始终围绕着该目的运转。查缉性侦查策略是指侦查主体在开展摸底排队、追击堵截、通缉通报、侦查辨认、搜查、控制赃物的行动中，为了提高捕获犯罪嫌疑人的能力和成功率，最大限度地减少人员伤亡和财产损失，有效地打击各种犯罪活动，而制定的行动策略方法、计划方针。查缉是大多数案件开展侦查的必备程序，通过对查缉策略的有效贯彻与运用，摸底排队可以更快地发现案件的线索与突破口，追击堵截和通缉通报能更有效地抓捕犯罪嫌疑人归案，侦查辨认能更准确地识别和确定各类对象，搜查和控制赃物能更全面有效地掌控侦查机关所欲收集保护的证据。

取证性侦查策略是指侦查主体在进行侦查活动的过程中，为了在更短时间内，在相应的场所发现证据线索、采集证据材料所使用的各种侦查策略。而侦查活动欲达到能取证、更快取证、更全面取证的直接目的，需要注意的是，应当遵循侦查取证策略的合法性与正当性，与非法取证严格划分界限，主要包括侦查取证策略主体的合法性、侦查取证策略程序的合法性、侦查取证策略结果形式的合法性。侦查机关在侦查阶段的主要任务之一就是获取犯罪相关线索和证据，查缉性侦查策略的实施目的很大程度上就是收集和获取证据，因此二者在取证这一直接目的上具有共性与一致性。当然查缉性侦查策略所欲达到的效果更具有综合性，而取证性侦查策略更多显示出专门性、针对性，两者有一定的差异。

五、根据侦查策略的运用目的分类

根据侦查策略的运用目的，侦查策略可以分为获取证据型侦查策略、查获犯罪嫌疑人型侦查策略、获取口供型侦查策略、抓获现行型侦查策略。

在侦查实践中，因侦查策略适用的场域不同，侦查策略在运用的方向性、目的性方面也会产生偏差，当然，此处的方向性与目的性应当是正当合法的，所体现的是侦查策略运用目的上的一面多向性。

（1）获取证据型侦查策略。该类侦查策略的运用目的旨在快速、全面、有效地获取犯罪证据材料，因此，该类策略的主要内容为科学有效地对有关侦查措施和技术方法的组织、运筹和选择使用，以及对警力的调配、取证对象和范围的确定等方面。

（2）查获犯罪嫌疑人型侦查策略。在犯罪嫌疑人不明或在逃的案件中，通常要使用一定的侦查策略方可确定并抓获犯罪嫌疑人。该类策略的内容主要包括犯罪嫌疑人范围的确定程序以及抓获犯罪嫌疑人的措施和方法类型的选用方案。

（3）获取口供型侦查策略。该类策略实质是获取证据型侦查策略的一种特殊类型，由于该类策略的重要性以及内涵的独特性，特将其独立出来，作为侦查策略的一种基本类型。该类策略的内容主要包括法律教育、证据使用、帮助回忆、陈明利害等多个方面。

（4）抓获现行型侦查策略。对于行为、手法、地点、对象、时间等有一定规律可循的犯罪活动，侦查机关常采取现场抓获犯罪嫌疑人策略。该类策略的主要内容包括警务分布、伏击地点选择、侦查行动时间以及联络信号和方法的使用等方面。

通过对四种侦查策略的分析比对，不难发现其在侦查策略运用目的上是具有共性的，上述四种侦查策略所选择的突破口可以归纳为两个关键点，即证据和犯罪嫌疑人。此外，无论是犯罪嫌疑人的控制确定，还是证据的获取与收集，虽然策略制定后的偏重点略有不同，但侦查策略的运用目的都有一个终极的指向性目标，即服务于起诉与审判。通过此目标的实现，推动案件更快有效处理、社会安全与秩序稳定，达到侦查策略自我价值与社会价值的双重效果。

六、根据侦查策略的运用形式分类

根据侦查策略的运用形式，侦查策略可以分为普通侦查策略、秘密侦查策略、综合性侦查策略。在侦查实践中，侦查策略在不同的侦查措施下会有不同的侦查方法，这体现出侦查策略因时、因地、因事制宜的灵活性。普通侦查策略，又称公开性侦查策略，是指侦查机关或侦查人员在开展调查访问、摸底排队、侦查实验、侦查辨认、搜查扣押、查询冻结、追缉堵截、通缉通报、控制赃物等一系列侦查活动的过程中，所采取的众多相同或不同的方法策略。如公开调查询问方式、公开辨认的方式方法、公开犯罪嫌疑人的相貌特征和身份信息等利用社会力量展开追击堵截等策略方法。按照公开性侦查策略内部功能的不同，也可对其进行不同的策略划分，分为取证措施策略、查缉措施策略、强制措施策略。秘密侦查策略是指侦查主体在开展特情侦查、卧底侦查、跟踪盯梢、守候监视、密搜密取、秘密拘捕、技术侦查等系列秘密侦查措施的情形下，所采取的不同于开展常规性侦查策略的方式方法。按照秘密侦查策略主体与方式进行划分，可分为内线侦查策略（以侦查人员为主体实施、以特情为主体实施）、外线侦查策略（跟踪、守候、密拍等）、技术侦查策略（记录监控、通信监控、行踪监控、电子侦听等），因秘密侦查策略的特殊性，其策略的制定更加全面、内容更加严谨、程序更加严格。综合性侦查策略是指相关侦查主体在并案侦查、专项斗争、侦查协作时所制定采取的各种方式方法，如关于开展扫黑除恶专项斗争的策略、跨区域间犯罪侦查协作的策略等。

七、根据侦查策略对应的对象分类

根据侦查策略对应的对象，侦查策略可以分为对人的策略、对物的策略、对事的策略、对场所的策略。侦查策略随其作用的对象不同，也会衍生出不同的策略方法。任何策略都指向一定对象，没有对象，策略就没有存在的必要。

对人的策略是指侦查机关或侦查人员在应对不同案件中的不同情形下的对象时，应当有差异地制定解决问题的策略方法，主要包括对犯罪嫌疑人的策略、对被害人的策略、对证人的策略、对其他相关人员的策略等。不同或相同案件的不同犯罪主体及其相关人员的侦查策略应当相互区分，具体问题具体分析，以更有效地突破犯罪主体的心理防线或更快抓捕犯罪嫌疑人。如针对严重暴力犯罪案件与侵犯财产类案件的对象，其抓捕、讯问、取证等策略显然是有区分的，而不是同一的，当然此处的策略差异只是相对的，二者在某些方面具备一定的相同点。

对物的策略是指侦查机关或侦查人员在侦查活动中，如何更快、更全面、更准确地获取、收集与犯罪相关的证据材料等一系列的策略方法。如证据材料的搜查策略，法律只规定了搜查的概念、原则和程序等，对于如何根据案件侦查情势发展，适时调整搜查措施，并选择这一措施中的哪一种方法，以及选定具体方法后如何具体实施，则几乎没有相关规定。这些问题的解决正是搜查策略的运筹行为与方法的体现。

对事的策略是指侦查机关在应对具体不同的案件情况时，所采取的与案件本身性质相适应的方法策略。在侦查实践中，犯罪案件性质有轻重之分，案件内容有简单复杂之分，案件影响度有深浅宽窄之分。因此，针对不同的案件情况，侦查机关往往会采取与之相适应的策略方法，并在法律许可范围内，以更恰当、更高效的方式方法解决案件问题。如在面对复杂的团伙和集团犯罪案件、有组织犯罪案件时，应当采取的侦查策略是利用集团组织内部矛盾，逐渐分化，各个击破；对于简单的个人犯罪案件，应直接切入主题。

对场所的策略是指侦查主体针对与犯罪相关的特定空间场所加以利用、掌控，以获取相关线索证据的策略与方法。在侦查实践中主要包括犯罪主体现场、逃跑现场、抓捕现场，以及犯罪嫌疑人和证据材料（赃款赃物）藏匿地点等。侦查机关或侦查人员既可以对单个的侦查场所内部各零散要件进行拼凑组合，也可以对两个及以上的不同侦查场所进行关联合并。这需要侦查机关或侦查人员对空间场所具备足够的侦查能力，以制定出适应单个场所和多个场所侦查控制的策略方法。此种策略的灵活运用能够使侦查场所效益最大化，即及时迅速收集与犯罪有关的证据线索、准确锁定犯罪嫌疑人、快速抓捕犯罪嫌疑人等。

八、根据侦查策略的制定主体与实施主体是否同一分类

根据侦查策略的制定主体与实施主体是否同一，侦查策略可以分为主体同一策略和主体不同一策略。侦查策略的主体是指制定侦查策略和实施侦查策略的人员，包括有权制定和

实施侦查策略的个人和群体。侦查策略有简单策略和重大、复杂策略之分。简单策略可以在“眉头一皱，计上心来”的情况下产生，并且随即付诸实施。在这种情况下，侦查策略的制定主体和实施主体是同一的。对于简单侦查策略，制定和实施主体可以是同一侦查人员。重大、复杂策略一般要事先经过一定的制定程序，还可能要报批，然后才能指派人员实施。此时，侦查策略的制定主体与实施主体可能不同。重大、复杂策略的制定和实施主体一般由若干侦查人员组成。[1]

第三节 常用侦查策略技巧

侦查策略有许多种类，各种类的侦查策略都有其相应的适用范围和局限。当然，在侦查策略的具体运用过程中，往往是各种侦查策略交互使用，扬长避短地发挥侦查策略的最大效能。侦查策略的外延范畴，既包括主动进攻性策略，又包括积极快捷的应战性策略等。

一、籍众策略

籍众，就是借群众之力。众所周知，我国一向强调“群众路线”，即“一切为了群众，一切依靠群众，从群众中来，到群众中去”，“一切依靠群众”更是侦查的基本原则之一，同时还是侦查的基本策略之一。虽然犯罪手段的不断翻新和犯罪水平的不断提高使犯罪具有了更多的隐蔽性，但是，犯罪嫌疑人仍必须生活于社会中，仍必须于社会上实施犯罪，仍然会为群众所知晓。群众不仅可以提供犯罪线索和证据材料，帮助侦查机关解决疑难问题，支持和配合侦查措施手段的实施，而且也是制定侦查策略的重要智慧和力量源泉。

在犯罪侦查基础工作中，可动员群众进行举报，以发现尚未暴露的犯罪线索。同时，群众的举报有利于促使部分犯罪嫌疑人投案自首或自我暴露。

在犯罪案件侦查过程中，侦查部门应取得知情群众的协助，以获取案件线索和证据材料。必要时，还应请特定群众协助实施某些一般性或专门性的侦查措施。当侦查对象以种种诡计、权力或关系等实施反侦查行为时，侦查机关可动员群众，籍群众之力，打击其嚣张气焰，使案件侦查得以顺利进行。

二、制权策略

制权策略的提出源于某些犯罪嫌疑人以及关系人对权力的滥用。没有滥用权力行为的存

1.杨学兵，董凤伟．侦查策略浅析[J]．甘肃警察职业学院学报，2009,4.

在，制权策略便因失去施策对象而没有存在的必要。制权策略主要应用于职务犯罪侦查中。一方面是因为职务犯罪嫌疑人既然能滥用权力实施职务犯罪行为，也可能会使用权力打击报复举报人或证人等；另一方面是因为侦查对象的某些关系人利用其所握权柄和具有的关系网阻挠侦查。制权的目的在于遏制犯罪嫌疑人的反侦查活动。

制权方法主要有以领导权制权、以侦查权制权、以民制权、以舆论制权四种。这些方法既可单独使用，亦可并用。制权方法的选择取决于欲制对象在侦查中的地位（是侦查对象还是阻挠侦查的关系人）、职务高低、滥权程度以及案件侦查所获证据对案件事实的认定程度等因素。

以领导权制权，即通过对欲制对象暂停职务、限制权力、给予必要的行政或组织处分、以正当名义“调虎离山”等方法而实施的制权方法。这种制权方法一般只适用于侦查部门尚未掌握足够证据的欲制对象和其阻挠侦查的行为尚未构成犯罪的人。

以侦查权制权，首先是指侦查机关依法运用侦查权“针锋相对”地进行侦查，必要时运用刑事诉讼法规定的强制措施对侦查对象进行必要的人身自由限制，以阻止其滥权对抗或逃避侦查；其次是指侦查机关对阻挠侦查情节严重，构成犯罪的人依法予以立案侦查。

以民制权是指借助群众的强烈反映甚至愤怒情绪的力量给侦查对象及阻挠侦查的人造成压力，迫使其滥用权力的行为不得不有所收敛。

以舆论制权则是指通过各种媒体造成的舆论压力达到制权之目的。以民制权和以舆论制权方法的适用根据在于“众怒难犯”，实施的具体方法有赖于案件及案件侦查的具体情况。

三、宽严相济策略

侦查实践表明，宽严相济策略是惩治各种犯罪主体行之有效的策略。它有助于敦促犯罪嫌疑人自首并揭发其他人的犯罪事实，瓦解共同犯罪人的“攻守同盟”，以求各个击破，孤立少数罪大恶极、负隅顽抗的犯罪嫌疑人，使其陷入“四面楚歌”的境地。

运用此策略时，一定要取得有关领导和有关部门的支持。同时还需与籍众策略相结合，充分动员和依靠群众，并在具体案件的侦查中严格体现这一策略的精神。从地域范围看，大至全国、小至某一重点单位，都可运用此策略。作为侦查基础工作策略，宽严相济策略用以促使犯罪嫌疑人自首或发动群众举报时，需事先经有关领导部门或人员的批准，然后让媒体大造舆论或直接召开动员群众举报和罪犯自首的大会。舆论造势或召开大会时，不仅要阐明宽严相济的政策和法律规定，而且还需结合典型案例进行宣传。在案件侦查中使用此策略时，关键之处在于善于运用和严格遵守体现严惩和宽大相结合的法律规定，使此策略兑现，取信于人，从而真正起到瓦解共同犯罪人和促使侦查对象认罪认罚的作用。

四、攻心策略

攻心旨在乱谋，进而通过犯罪嫌疑人或侦查对象和相关知情人的言行发现线索，获取证据。从心理学角度分析，犯罪嫌疑人对侦查人员所进行的与自己有关的侦查活动都会有相应的心理反应，并且做出相应的行为。犯罪嫌疑人的回应性行为既可能有利于侦查，也可能对侦查不利。攻心策略就是要运用种种合法的方式使犯罪嫌疑人产生错误认识或恐慌、愤恨等心理，致使其在趋利避害心理的支配下作出有利于侦查的行为选择。在侦查基础工作中，此策略可敦促部分犯罪嫌疑人自首或自我暴露。在案件侦查中，有效的攻心策略有利于促使部分侦查对象自首和如实招供并揭露其他人的罪行。即使达不到此目的，亦可通过犯罪嫌疑人在实施其基于错误认识或在恐慌的心理状态下选择的行为时所暴露出的破绽而发现线索，获取证据。攻心策略的主要方法有以下五种。

（1）加压攻心法。系指以强劲的政治攻势、凌厉的侦查态势、足够的证据施加压力，攻犯罪嫌疑人之心的方法。

（2）出其不意攻心法。以快制快、迅速出击和迂回包抄是出其不意攻心法的常用方法。

（3）矛盾攻心法。即运用各侦查对象间的矛盾和侦查对象言行上的矛盾而乱其心的方法。

（4）离间攻心法。争取侦查对象的亲属、朋友、同事等支持，协助侦查工作，给侦查对象造成一种“众叛亲离”的心理感受而乱其心。在共同犯罪案件中，对顽固或罪行严重的侦查对象，还可同时采取离间其他侦查对象的方法。

（5）假象攻心法。此法就是通过合法的方式制造假象迷惑侦查对象以乱其心，如围点打援法。

五、快捷策略

证明犯罪事实的证据材料随时间的流失而容易自然或人为毁损，犯罪嫌疑人反侦查行为的主要目的之一也在于毁灭和伪造证据。特别是在信息化时代，科学技术高度发展，犯罪手段也随之升级，犯罪危害性越来越大，客观上也要求侦查机关能够迅速及时地查清犯罪、抓获犯罪嫌疑人，将犯罪消灭于预备或未遂状态。

在侦查基础工作中，针对当时当地的特点，侦查机关要及时深入到犯罪活动猖獗的重点地域或单位探寻线索，要克服侦查后发性和反应性的消极特点。对于犯罪活动频繁的地区，该管辖区的侦查机关要迅速建立情报网，完善侦查情报工作。在案件侦查中，要抓住战机，迅速采取查证线索、获取有关证据的措施和手段，及时查证犯罪事实。

六、内线侦查策略

（1）拉出逆用。运用此法前，应先对案情进行仔细分析，若存在犯罪次数少、罪行较轻的侦查对象，则可物色其作为逆用的对象而进行突击传讯。若讯问情况表明所选对象符合条件，且愿意协助侦查，则可令其“将功赎罪”，让其设法了解更多线索材料，并及时向事先约定的侦查人员报告情况。在同时存在两个可物色对象时，应择其中胆小怕事、与其他侦查对象关系好、容易获得情况的对象作为内线。如果侦查工作需要，也可架设“复线”，从不同方面开展内线侦查。

（2）物色愿意协助侦查，且与侦查对象关系较好但又未卷入犯罪的侦查对象的朋友、同事进行贴靠侦查。在被贴靠目标的选择上，应优先选择反侦查经验不足、防备意识不强，心里不容易藏匿秘密，且对罪行了解全面的侦查对象，作为首要的被贴靠目标。在有些案件中，还可物色侦查对象的家人、亲戚进行贴靠侦查。运用贴靠方法进行侦查时，必须慎之又慎，并且要根据案件情况的需要辅之以外线侦查手段。

七、利用矛盾策略

在利用矛盾策略中，分化瓦解是手段，各个击破是目的，分化瓦解往往也意味着各个击破。分化瓦解共同犯罪人可依案情灵活采取有针对性的对策。

1.利用矛盾，分化瓦解

各侦查对象可能由于分赃不均而产生矛盾，也可能因平时待人接物、业务往来中的不协调而存在矛盾。若分析出各侦查对象之间有业已存在的矛盾，便可利用这些矛盾将侦查对象间的牢固关系打破。

2.制造或加剧矛盾，分化瓦解

若各侦查对象间不存在矛盾或存在的矛盾冲突不足以瓦解其相互间的牢固关系，则可有意制造矛盾或加剧已经存在的矛盾。制造或加剧矛盾应根据具体案情、各侦查对象的个性等情况因案施策。不能采取非法的或有悖于道德标准的方法制造或加剧矛盾，且制造或加剧矛盾应掌握必要的限度。制造或加剧矛盾的关键在于契机的选择。如可先传讯胆小怕事、罪行较轻的共犯，再以其供述作为制造矛盾的契机；对于同一个单位的侦查对象，可通过有关领导从侦查对象工作上的变动、业务上的配合等入手制造或加剧矛盾。

3.宽严相济，分化瓦解

这一对策的根据在于“坦白从宽，抗拒从严”的刑事政策。1989年最高人民法院、最高人民检察院发布的《关于贪污、受贿、投机倒把等犯罪分子必须在限期内自首坦白的通告》，以及近年来的“认罪认罚从宽”制度等，从不同角度体现了这一政策，取得了明显的效果。在共同犯罪案件侦查中，实施宽严相济、分化瓦解对策的主要方法有以下三种。

（1）从罪行轻的对象入手，通过其领导以党组织、行政等名义找其谈话，敦促其投案自首并揭发其他人的罪行以立功。选定的侦查对象一旦投案自首，便可在一定范围内有意宣传渲染，以达到瓦解其他侦查对象心理防线的目的，使其认识到自己的罪行已经败露，再抗拒下去只能对自己不利。在有多个侦查对象的情况下实施这一策略时，还应配合外线侦查和技侦手段。

（2）通过宣传体现宽严相济政策的典型案例触动侦查对象，敦促其中罪行较轻的对象自首并揭发其共犯的罪行。

（3）讯问时先突破一个对象，然后以此为先导瓦解其他侦查对象。拟选的突破对象一般是罪行较轻，能用政策攻心使其认罪的；阅世不深，社会经验少，性格软弱，胆小怕事的；职务、地位相对较低的；关系网较简单的；其犯罪证据侦查机关掌握得相对较多的。

八、双刃策略

在侦查中，随着犯罪嫌疑人反侦查手段的提高，侦查机关也必须能够妥善利用他们的反侦查行为，这在策略上表现为反侦查活动的双刃策略，即遏制对策和将计就计对策。既然是双刃策略，就存在着十分严格的取舍标准。取舍稍有不慎，则可能伤及自身，妨害侦查；取舍得当，则可达到致侦查对象“欲动不能，动则作茧自缚”的奇效。侦查的核心在于获取证据和缉获犯罪嫌疑人。因而，取舍标准必须着眼于这个核心。凡是从案件侦查全局衡量不利于获取证据和缉获犯罪嫌疑人的反侦查活动，就应遏制；凡可据以发现、获取证据和缉获犯罪嫌疑人的反侦查活动，就应利用。在具体的案件侦查中，这种双刃策略可能同时采用，亦可能只采用其中的一种；可能对某一个或某几个侦查对象采用遏制对策，而对其他侦查对象采用将计就计对策；可能对同一侦查对象此时采用遏制对策，彼时却采用将计就计对策。

1.遏制对策

遏制对策旨在阻止侦查对象及有关人员进行不利于侦查的反侦查活动。常用的遏制对策有以下六种。

（1）秘密进行调查和开展侦查，不惊动侦查对象。此方法适用于立案前的审查阶段和不宜惊动侦查对象的所有案件的侦查取证阶段。

（2）及时提取、查封实物证据，防止侦查对象转移、隐匿和毁弃。除有意利用侦查对象在这些实物证据上进行反侦查活动而拓展案件线索和获取新的证据外，其余实物证据应及时提取固定。

（3）控制侦查对象。控制侦查对象的方法多种多样，应视侦查对象的具体情况而灵活运用。

（4）割断串供对象之间的联系。如有意指派侦查对象或作为串供中介人的第三人出差，扣押有关的邮件，借故切断电话线等都是有效的方法。

（5）采取强制措施。对于具有采取强制措施条件的侦查对象，可以采取必要的强制措施束缚其反侦查活动。

（6）尽量控制侦查工作的知情面。必要时，可提高管辖级别和实行异地侦查。

2.将计就计对策

将计就计对策的实施必须具备下列先决条件，即能获取、控制的证据已经获取、控制，串供的对象和中间人明确；知悉可能毁灭、转移的罪证以及可能受指使毁灭、转移罪证的人，没有其他可以发现犯罪嫌疑人的隐匿地点的方法。并且，即使对反侦查活动失去控制，对侦查的进程亦无伤大体，不至于弄巧成拙；而若能有效地控制和利用反侦查活动，则能拓宽侦查视野，有助于侦查的深入开展。上述条件具备后，方可以守为攻，借反侦查深入侦查。

九、排除干扰和阻力的策略

实践中，极个别案件的侦查面临着一个侦查以外的问题，即不该有的干扰和阻力。对此，侦查必须强调有法必依、执法必严、违法必究的原则，依法充分而灵活地行使侦查权。阻挠侦查的人尽管相当有"能力"，但其"能力"毕竟受制于一定的区域，并以一定的领导关系、同事关系、亲友关系和其他关系为基础。唯有超出其"能力"的有效范围和赖以阻挠侦查的关系网，才能使其鞭长莫及而不致阻挠侦查。提高侦查管辖级别，由上一级侦查机关的侦查人员进行侦查，或者由异地的侦查机关侦查，是经实践证明行之有效的方法。对于阻挠和干扰侦查的人，应将其有关材料转送其所在单位或上级主管部门，或者其他有关部门，建议给予其必要的教育或党纪、行政处分；情节严重，构成犯罪的，应予立案侦查。当干扰和阻力来自侦查人员的领导时，"针锋相对"的做法只会使调查和侦查被迫中止。此时，可采用"缓兵之计"，即表面上妥协，暗中向上级报告，取得上级机关的领导和支持，由上级机关排除干扰和阻力；同时，要继续秘密开展调查和侦查取证工作，以免丧失时机。

复习与拓展

（1）反侦查行为的具体手段。

（2）常见的侦查策略分类。

（3）常用的侦查策略技巧。

（4）如何理解制权策略？

（5）反侦查行为可以分为哪几类？

（6）侦查策略的制定主体和实施主体。

（7）内线侦查策略的具体表现。

（8）反侦查行为的影响因素。

延伸阅读

（1）刘品新：《反侦查行为——犯罪侦查的新视角》，中国人民大学出版社2011年版。

（2）蒋石平：《特殊侦查行为研究》，暨南大学出版社2008年版。

（3）宋远升：《刑事侦查的行为视角》，中国人民公安大学出版社2008年版。
（4）[美]卡塞尔，伯恩斯坦：《犯罪行为与心理》，中国政法大学出版社2015年版。
（5）黄树标：《我国诱惑侦查行为的反思与修正》，载《西部学刊》2020年第7期。
（6）张奇祥：《论侦查讯问阶段的反侦查行为》，载《广州市公安管理干部学院学报》2019年第2期。

第三章

侦查策略设计的步骤及程序

| 本 | 章 | 要 | 点 |

本章分为侦查策略的准备程序、实施程序、评价程序三节。在侦查策略准备程序明确侦查目标、熟悉案件情况、了解侦查对象、配置侦查力量、制定侦查计划；侦查策略实施的基本要领包含协同配合、公秘结合、侦技结合、交叉组合等；侦查策略的评价程序分为对侦查行为的评价和对侦查结果的评价。

第一节 侦查策略准备程序

一、明确侦查目标

（一）侦查目标的概念

侦查目标指的是侦查所欲达到的结果。宏观而言，侦查目标暗含公正与效率的内核，力求“打击犯罪与保护人权”的有机结合与有效实现。微观而言，侦查目标是查清犯罪事实、获取证据和抓获犯罪嫌疑人等。在设计侦查策略时，应该先明确侦查目标。

（二）侦查目标与侦查策略

1.侦查策略有多重侦查目标

侦查策略是灵活有效的方法，其往往有多重侦查目标。在客体上，每个侦查策略的具体目标是不同的，如有的是为了抓捕犯罪嫌疑人，有的是为了搜查证据；有的指向人，有的则指向物或者场所。在层次上，有的倾向于宏观的目标，有的倾向于微观的目标，有的则兼顾宏观与微观目标，具有较大的涵盖性。

2.侦查策略的局限性

每个侦查策略都不是“放之四海而皆准”的灵丹妙药，它们或者适用于某些案件的某些目标，或者适用于某些案件的某些时刻，但绝对不可能适用于任何案件的任何目标和任何时刻。每个侦查策略都有其局限性，即根据案件实际情况总有相对适合的侦查策略和不适合的侦查策略。因此，在确定侦查目标后，应该从实际出发，实事求是，根据案情选择合适的侦查策略，以求能最大限度地实现侦查目标。

二、熟悉案件情况

（一）案件情况的含义

军事谋略中力求“知己知彼，百战不殆”，侦查策略也应有相同诉求。不熟悉案情，则无法据以确定侦查策略，更无法实施侦查策略。因此，侦查策略的设计在明确目标之后，应该广泛调查研究，熟悉案情。在此，案件情况并不是以刑法上对犯罪的定义，即四大构成要件为标准，因为在侦查之时，许多情况是不明的，甚至都没有确定犯罪是否存在。因此，此时的案件情况指的是侦查意义上的案件情况，是基于侦查需要对现有情况进行占有和分析得出的与案件相关的人、事、物的具体情况。

（二）熟悉案情的意义

了解与熟悉案件情况，可以使这些案件情况为侦查所用，为某些侦查措施的采取提供证据支撑，能够使侦查策略因地制宜、扬长避短，进而使侦查行为能够有的放矢，最终查清案件事实，获取案件证据并缉拿犯罪嫌疑人。

（三）熟悉案情的方法

熟悉案情应该做到对案件的情况有基本的了解，能够知悉大致脉络，如涉及了哪些相关人、事、物，特别是与侦查策略的设计和实施直接相关的案件情况，更应进行充分调查和了解。熟悉案情的方法有多种。首先是非强制性措施，这类措施较不具有侵权性和暴力性，能够尽可能地节约侦查成本，并取得预期的侦查收益，如调查访问、争取有关机关的配合等。其次是强制性措施，此类措施需要付出较多的侦查成本，也需要有相应的证据线索支撑，如讯问、拘留等。因此，欲熟悉案情，就应该从具体案件出发，根据侦查需要，具体问题具体分析。

三、了解侦查对象

（一）侦查对象的概念

在熟悉案件情况后，应该根据侦查策略设计所需，具体了解侦查对象。侦查对象指的是与刑事案件有关的人、物和场所。其中，“人”指的是与刑事案件有关的除侦查主体以外的主体，如犯罪嫌疑人、知情人、关系人和证人等；“物”指的是与刑事案件有关的具有线索价值或证据价值的各种信息载体；“场所”指的是与刑事案件有关的具有侦查价值的空间。

（二）了解侦查对象的内容和方法

首先，对作为侦查对象的“人”的了解，应该采取询问或讯问等侦查措施。如果欲突破犯罪嫌疑人心理防线，获取口供，应该充分了解犯罪嫌疑人可能的心理活动，掌握其心理弱点，准确有力地进行突破。其次，对作为侦查对象的“物”的了解。侦查对证据资料的获取，特别是对物证的获取，需要综合运用搜查和扣押等多种侦查措施。因此，必须了解“物”的相关情况，如分析赃物的使用、销赃等方式或藏匿的地点等。同时，应该广泛地采取技术侦查手段，尽可能地从“物”中提取最大化的信息。最后，对作为侦查对象的“场所”的了解，应该采取现场勘查、走访等侦查措施。

四、配置侦查力量

（一）侦查力量的含义

“力量”是指力气、分量、能力、作用和效力。侦查力量是指侦查权的行使所应具备的人力资源，即在侦查过程中，可以直接投入的体力、智力、心力总和及其形成的基础素质，包括知识、技能、经验、品性与态度等。司法程序的运行离不开人的参与，离不开人的主观能动性的发挥；侦查制度也不可能离开人而自动运行。因此，侦查力量也为侦查权的行使和侦查措施的采取所不可或缺。

（二）侦查力量的配置原则

侦查力量的配置不能任意而为，否则可能事倍功半，它需要遵循合理的原则，以使侦查效益最大化。侦查力量的配置遵循的总原则是符合法律规定和侦查情势。侦查情势是指在侦办案件过程中的案件具体情况，它是配置侦查力量的基本依据。当然，侦查力量作为公权力的行使更需要遵守法律规范，以体现自身的合理性和正当性。侦查力量的配置应遵循以下五项具体原则。

1.充分投入原则

侦查力量与其他侦查物质资源相比较，有明显的时效性和不可储存性。侦查力量的形成、开发和使用都以人的生物周期为载体而自然地被时空限定。因此，对于已被开发和使用的侦查力量要给予充分的投入和运用，因为侦查力量的供大于求只存在于理论上，而且，基于侦查力量不断提升自我素质的需要，也要避免侦查力量的闲置与浪费。

2.合理运用原则

侦查力量的合理运用体现在三个方面。首先是侦查力量的投入体现出较好的侦查效益；其次是有较好的投入方向和配置效果；再次是侦查力量的潜能得到较好的发挥。努力营造一个有利于侦查人员脱颖而出和人尽其才的良好环境，才能够使侦查力量各尽所能，发挥最大效能。

3.良性结构原则

侦查力量的配置，需要调节现有的各个局部的侦查人力资源，输入新鲜血液，促进侦查人员结构的改善。同时，要着力培育侦查人员在侦查中成长，促使他们在实践中不断学习，增强整体素质。

4.提高效益原则

一般来说，人们的行为活动中总会存在资源利用不充分的问题，改善侦查力量利用不充分的问题，是提高侦查结构经济效益或权力效益的根本途径。通过充分利用人力资源，使侦查效益由低效能向高效能转化。

5.合理流动原则

侦查力量并不是僵化和分割的，应该根据案件的实际需要进行相应的合理流动。首先是出于案件需要而进行的流动，如为抓捕犯罪嫌疑人而异地办案等。其次是出于侦查力量的培养而进行的合理流动，如为增强侦查人员在各种侦查环节和地域的侦查能力而进行人员调动等。

五、制定侦查计划

（一）侦查计划的概念及内涵

侦查计划是指根据案件的具体情况和分析判断的结果而提出的侦查方案和具体措施。侦查计划是侦查机关对已决定立案侦查的重大、恶性刑事案件，在初步审查、分析判断案情的基础上，针对如何破获案件所拟定的工作方案。侦查计划是立案报告工作的进一步具体化，是指导破案工作的重要书面依据。侦查计划经主管领导审阅批准后，便可开展实施。侦查计划是否科学，决定着案件能否尽快侦破和侦查工作能否顺利完成，因此，对侦查计划的制定必须予以高度重视。

（二）侦查计划的制定

当然，侦查计划的制定不仅要具有合目的性，即符合侦查目标；更要有正当性，即符合法律和社会的许容性。同时，侦查计划要有相应的稳定性，不应该朝令夕改，损害侦查计划的价值。侦查计划一般包括：侦查力量的组织与分工；侦查的方向和范围；侦查的主要目标和任务；侦查的方法、步骤、措施、策略；侦查的时间要求和根据案情变化采取的对策。 案情越复杂，侦查计划应该越具体、详细；对需要长期侦查的重大、特大刑事案件，可将侦查计划单独成篇，写成更加详尽的侦查工作方案；案情简单时，侦查计划可略写或不写；对于社会影响广泛、危害严重的案件，还要写明最后的破案期限。

六、准备侦查物资

（一）侦查物资的准备

侦查物资的准备是开展侦查的一个重要方面，侦查并非赤手空拳，正如战争需要后勤保障，其同样需要大量的物资作为支撑。因此，在制定具体方案后，侦查策略进入实施阶段，需要充分准备所需物资。如执行抓捕犯罪嫌疑人的方案，需要调动相应的警力，配备基本的武装器械或防护器具，并准备相应的救护设施或召唤救护车和人员就近准备等。

（二）常见的侦查物资

常见的侦查物资主要有以下三类：一是为了发现、提取、固定和保存物证而必需的侦查物资，如现场勘查工具和调查访问的记录本等。二是为了抓获犯罪嫌疑人等而必需的侦查物资，如戒具等。三是为了维持侦查的进行而必需的满足人员和警务设备需求的侦查物资，如工资奖金和警车交通工具等。

第二节 侦查策略实施程序

一、侦查策略实施的基本特征

侦查策略的实施不是机械僵化的，其需要发挥各方主体的主观能动性。侦查策略的实施必须符合目的性、稳定性和动态性等基本要领。其中，目的性是稳定性和动态性的基础和前提，而稳定性和动态性是相辅相成的，两者是目的性的保障。

（一）目的性

侦查策略的实施必须符合目的性，即符合其应然之功能与价值，以获得肯定性评价。所谓侦查目的，宏观而言是“打击犯罪，保障人权”，微观而言则包括查清事实、获取证据和抓捕犯罪嫌疑人等。因此，侦查策略的实施应该时刻铭记目的；若忽视目的，则可能枉费侦查资源，或面临侦查困境，甚至获得否定性评价。若忽视了保障人权之目的，一味力求破案，大肆暴力取证或刑讯逼供等，则侦查手段之非法性全然否定了侦查目的之正当性，使侦查本身的正当性丧失。因此，实施侦查策略时，必须以正当性为中心，以此指导各项侦查行为，促进侦查策略的不断完善与良好运行。

（二）稳定性

侦查策略的目的在于指导侦查活动，避免侦查的无序性和盲目性；整合侦查资源，实现侦查效益的最大化。侦查策略的合理性在于其制定遵循了客观规律和实际情况，是集体智慧的结晶，是以其内在的合理性获得权威（并不是以其是领导意志即获得权威，否则其目的性和正当性显受质疑），其能够为各侦查主体提供明确的行为指导。相比毫无章法的侦查，以策略为准绳的侦查更能体现侦查的功能与价值。因此，侦查策略一旦制定后，其本身应该具有稳定性，并且此稳定性具备广泛的合理性。同时，侦查策略应该得到相对稳定的遵守和贯彻执行。一旦缺失稳定性，则形同没有侦查策略，由此导致的侦查内耗将使侦查的诸多方面受到质疑。

（三）动态性

马克思主义认为，世界是变化发展的，侦查面对的并不是一个静止的对象，而是处于不断变化中的人或物；侦查面对的也不是一个已经缉拿在案的犯罪嫌疑人或已经提取的证据，而是一个无限未知的可能。侦查面对的是动态的、未知的对象，所以侦查策略又应是动态的，以适应无限变化的现实情势。对于侦查策略的动态性，首先，在设计侦查策略时，要赋予具体执行主体相应的自由裁量权。其次，在实施阶段，相关主体应该根据具体情况，发挥主观能动性，合理行使自由裁量权，并及时反馈侦查策略的缺陷或不足，以不断地完善侦查策略。最后，在侦查实践中，不同案件和不同犯罪嫌疑人具备不同的个体特征和社会特征，为了逃避侦查和法律惩罚，犯罪嫌疑人往往会采取各种办法，施展各种对抗侦查的行为，试图阻止罪行暴露和自我暴露，为侦查工作增加了难度与挑战。这就要求侦查策略在具体实施中必须是动态的、灵活的，即在制定实施方案时，要根据当时案件线索、信息、推理等指向的最有可能推动侦查进度的方面制定；同时还应制定应急方案，以防止实施方案由于不可避免的认知偏差而没有达到预期的效果，从而使侦查工作陷入僵局。

二、侦查策略实施的基本要领

（一）公秘结合

“公”，指公开侦查措施。公开侦查措施是指，对于一般犯罪，依法公开进行的调查措施或强制手段。“秘”，指秘密侦查措施。秘密侦查措施是指为了破获某些危害大且侦破难度高的特殊犯罪，在法律规定的范围内，侦查机关针对特定案件的侦查对象，暗中搜集犯罪的证据和情报，以揭露和证实犯罪的一种具有隐蔽性和强制性的侦查措施。秘密侦查措施主要包括三类：技术类侦查措施（如电子侦听、电话监听、电子监控、秘密拍照或录像、邮件检查等）；诱惑类侦查措施（包括机会提供型引诱、虚示购买、控制交付等）；派遣秘密调查人员类侦查措施（包括线人、特情、卧底侦查员等）。秘密侦查措施是侦查机关为应对技术化、高隐秘性的犯罪而发展起来的，一般不经当事人知晓而进行秘密调查、秘密取证，故其主要特征是隐蔽性大，因而也极易侵害公民的隐私权。公开侦查措施和秘密侦查措施的功能和使用方法各不相同，但两者之间联系紧密，互相配合。公开侦查措施常常被用于掩护秘密侦查措施；秘密侦查措施常常被用于为公开侦查措施的实施查明情况，如用秘密侦查措施查明犯罪组织内部情况、监视控制犯罪嫌疑人、为实施公开的搜查和缉捕提供可靠的依据。

（二）侦技结合

“侦”，是指传统的侦查措施方法；“技”，是指先进的刑事科学技术。基于职权主义传统和现有的科技水平，我国侦查一直依赖于传统的侦查手段，使得技术侦查手段滞后于时代所需。因此，必须加大技术侦查手段在侦查中的应用比重。当然，虽然刑事科学技术在刑事案件侦查工作中占有十分重要的地位，是刑事案件侦查工作的重要组成部分，但是，两者历来是紧密相连、不可分割的。刑事科学技术要为侦查破案服务，侦查破案必须依靠刑事科学技术。侦技结合，不仅是对付日趋复杂的刑事犯罪的需要，而且对于我国法律规定的刑事诉讼也不可缺少。侦技结合，要求侦技一体、分工合作、形成合力，只有这样，才能提高侦破效率，有力地打击刑事犯罪。

（三）交叉组合

每一项侦查策略都有其特定的功能，也都有其局限性。因此，为了迅速地推进侦查，必须使各项侦查策略在一定的侦查情势下合理组合，形成合力。实践证明，在已经确定的侦查范围内实行多层次、多种类的组合策略措施，只要其中的一种或几种措施发挥了功能，就能迅速地发现侦查线索，推进侦查。因此，在设计侦查策略时，不能机械选用单一策略，也不能盲目随意套用策略。首先，应该分析案件的具体情况，研究案件涉及的法益，以及其已经或可能造成的社会危害性，综合分析该案件的发生使得正义、自由与秩序等人类普适性价值受到了何种危害。其次，分析侦查策略的具体内容与功能，研究该策略所体现的利益权衡内容与价值取向。因为单一僵化的策略显然不能适应侦查实际所需，也不符合侦查动态性的特点。最后，综合案件具体情况和侦查策略具体内容，选择最佳的策略组合，实现侦查策略种类的交叉。

即使是单一策略的实施也离不开相关侦查措施的支持和配合。如每一项侦查策略的实施都需要运用正面调查和侧面调查的方法获取有关情况；一些秘密措施的实施也需要运用其他策略措施掩护。

（四）协同配合

侦查策略的实施是个系统工程，涉及多种谋略、多方主体和多种利益等。因此，在设计侦查策略过程中应该注重协同配合原则，即各机关或人员必须相互配合，各环节协调同步，各项程序措施紧密衔接，以保证侦查活动的有效性和连续性，保证侦查活动的效益。

侦查策略的实施必然涉及多方主体，既有侦查内部的机关或人员，又有侦查外部的机关或人员。因此，侦查策略的实施也应该注重各个策略主体的协调配合。首先，侦查内部各个主体的协调配合。侦查内部各具体机关或人员的职责分工或业务范围，或者说其各自特长是不相同的。因此，侦查策略的设计应该力求内部各相关主体的协调配合，使他们能各司其职，发挥所长，将策略的功能发挥到最佳。其次，侦查内部各个主体与外部主体的协调配合。在信息时代，交通、通信等技术高度发达，犯罪出现了许多新型的特征，侦查也有了许多新的技术手段或其他可利用的技术。因此，侦查策略的运用必然也涉及侦查机关外部的诸多主体，如聘请专家、争取银行或电信部门的配合等。所以，侦查策略的设计也应该力求侦查内外各方主体的协同配合，使侦查策略的实施能够契合实际条件及实际所需。

侦查策略的协同配合还包括其他诸多具体因素，如侦查物资，或者国家政策所需以及社会大众心理诉求等。

三、侦查策略的实施

侦查策略的动态性赋予了侦查机关较大的自由裁量权，使之能够灵活地与犯罪作斗争。但是，也正是侦查策略的动态性和侦查机关的自由裁量权，使得侦查策略存在着一些异化的空间，这与侦查策略的本意是相违背的，也是目前侦查倍受批评的原因之一，更为我国法律所禁止。因此，必须完善侦查策略，清除不和谐的杂音，使其能扬长避短。司法实践表明，等腰三角形结构是民主法治国家普遍采用的一种诉讼结构，这种结构的特点是稳定、合理，这为公正裁判结果的产生提供了一种结构上的保障。而等腰三角形诉讼结构的根本要义在于控辩双方积极平等对抗，法官居中消极裁判。而控辩双方欲实现平等对抗，则必须具备相应或不至于太悬殊的“实力”，另外还应有中立第三方进行裁判监督。如此，才能保证控辩双方既能不越轨，又能充分发挥各自能力，将事实经过双方的互相“揭露”而最终真正呈现出来。因此，对于侦查策略的完善，首先，应划定“科学的轨道”，即制定法律来对其进行合理规范，使之有法可依、有章可循；其次，应当使侦查主体与对方的“实力”相对相当，即增加犯罪嫌疑人等的对抗权利，尤其是救济权利；再次，应该有中立第三方裁判监督，防止“越轨”。

（一）侦查策略的启动

侦查策略的启动主要涉及两个方面，一是侦查策略的种类；二是侦查策略的证明标准。

侦查策略的种类繁多，其本身一般没有对错之分，但是实施主体在实施的过程中可能使其产生消极的异化。有些侦查策略本身就具有一定的消极危险性，甚至其消极危险性大于积极性。如诱惑侦查中的犯意诱发型，即侦查机关在本来并无犯罪倾向或动机的无罪者心里植入犯罪意图，诱使其实施犯罪，这是为各国法律所禁止的；再如，讯问中的刑讯逼供，由于它不符合现代法治文明，而且容易造成冤假错案，也为各国所明令禁止。因此，对于侦查种类的法律规定，应该通过列举某些不得实施的策略来划定可以实施的策略范围，并且通过由实践到理论的反复循环，最终确定侦查策略的种类，以此来指导侦查实践。

侦查策略的启动必须具备一定条件，否则容易滥用或造成不当侵犯，而这些条件便是证明标准，即达到何种证明标准后才能采取某种侦查策略。一般情况下，对于一般的侦查策略并不需要特别的证明标准，因为立案标准或逮捕标准中已有详尽的规定。但是，对于一些特殊的侦查策略，如特情的运用监听等，则应该规定相应的证明标准，以规范其启动与实施。

（二）侦查策略的运行

平等对抗的优点是能促使控辩双方积极地提出证据等，使所有的事实都能被提及并证明，则事实越辩越明。但是对抗的前提是平等，即双方的实力相当或不至于太悬殊，否则就不是对抗，而是单方面打击，对抗的本意也就不能体现。因此，侦查策略的实施过程中应该构筑一种平等对抗的态势，而这关键在于增加犯罪嫌疑人和案件相关人的权利。如询问和讯问时的律师在场权，权利受到侵犯时的司法或行政救济权等。

侦查策略的运行只有法律规定是不够的，必须有明确的中立第三方来确保法律规定能够得到切实的遵守，救济渠道能够切实发挥作用。由于我国专门的法律监督机关是检察机关，检察机关对侦查过程负有监督之责，因此，侦查策略实施的监督机关应然是检察机关。但是如果检察机关本身就是侦查机关时，则监督力度可能会相对减弱。因此，应该通过对侦查策略实施结果的取舍引导，从利益驱动的源头来实现法官对侦查策略实施的监督。

（三）侦查策略的实效

非法证据排除规则的内在逻辑，是通过排除非法证据，消除侦查机关违法取证的动机，以最终达到消除非法取证的目的。基于此，世界各国都先后设立了非法证据排除规则。因此，欲对侦查策略进行规范，通过对侦查策略的启动程序或过程的片面规范显然是不够的，还应通过引导，从结果取舍上进行规范。这种规范应该主要通过责任的配置及其严格执行来实现。明确各个阶段和各种情况的责任后果，如果违反了相关规范，则对侦查主体进行纪律处分和行政处分乃至刑事处罚等，同时对于因此而获得的非法证据应该予以排除。通过明确责任承担主体和责任后果，并严格贯彻执行，势必能够对侦查策略的运行形成良性的引导，在规范的同时实现高效侦查。

第三节 侦查策略评价程序

侦查策略的设计与运行，必须有一定的评价标准，以对其进行相应的评价，促进相关主体勤勉谨慎、恪尽职守，同时，这也是侦查策略的自我发展与完善之道。任何事务的进行，必有主体、行为和结果之分，对其评价也应由此入手。侦查策略主体必须具备合法性、正当性等是毋庸置疑的，因为已有相应的法律法规对其进行了具体的规定，如回避制度等。因此，对侦查策略的设计与运行的评价程序主要包括对侦查行为和侦查结果的评价。

一、对侦查行为的评价

侦查行为指的是按照刑事诉讼法的规定，侦查机关为了调查犯罪，有权进行的专门的调查工作和采取的有关强制性措施。此外，在司法实践中，侦查机关经常采取的窃听、通信监听、邮件检查等刑事诉讼法未规定的秘密侦查措施，也属于侦查行为。

（一）评价的内容

对侦查行为的评价，主要是考量侦查行为的合法性及社会许容性，即侦查行为是否符合法律法规的相关规定，是否符合社会大众的心理预期，能否为法律和社会所容许。当然，该侦查行为是否合理有效也应纳入考量范围。

1.对侦查行为合法性的评价

“合法性”概念在社会科学中的使用有广义和狭义之分。广义的合法性概念被用于讨论社会的秩序、规范或规范系统。狭义的合法性概念被用于理解国家的统治类型或政治秩序。在此，对侦查行为合法性的评价，指的是广义上的合法性。广义的合法性概念涉及广泛的社会领域，比法律、政治的范围更广，并且潜含着广泛的社会适用性。韦伯所谓的合法秩序是由道德、宗教、习惯、惯例和法律等构成的。由于被判断或被相信符合某种规则而被承认或被接受是合法性的精髓。合法性是指符合某些规则，而法律只是其中一种比较特殊的规则，其他规则还包括规章、标准、原则、典范以及价值观、逻辑等。因此，合法性的基础可以是法律规定，也可以是一定的社会价值或共同体所沿袭的先例。因此，对侦查行为合法性的评价就要探讨其是否合乎法律，是否合乎惯例和人们的心理预期等。

2.对侦查行为有效性的评价

侦查行为的有效性包括应然和实然两方面，应然有效性是正义和秩序的综合体；就实然有效性而言，如果一项侦查行为本质上与应然有效性同一，则侦查行为有效，反之，则侦查行为无效。因此，对侦查行为有效性的评价，要探求侦查行为是否是应然与实然的统一，即侦查行为的实际效果是否与侦查目标预期一致。

（二）评价的程序和方法

1.评价的程序

对侦查行为的评价程序如下：第一阶段为准备阶段，主要工作为研究有关案卷，进行初步的侦查行为分析和案件侦查情况调查，筛选重点评价项目；第二阶段为正式评价阶段，主要工作为根据第一阶段所筛选出来的评价项目，进行详细的侦查行为分析和案件侦查情况调查，并根据侦查行为的有效性和合法性，结合各方主体的信息反馈，进行综合评价；第三阶段为报告书编制阶段，主要工作为汇总、分析第二阶段工作所得的各种情况，给出结论，完成评价程序。

2.评价的方法

对侦查行为的评价方法有多种，如直观评价法、绩效评价法和效益评价法等。其中最主要的是效益评价法，即对侦查行为所反映出的侦查效益情况进行评价。简单地说，侦查效益是侦查过程和结果所体现出的效果和收益，它反映的是侦查投入与侦查产出之间的关系。侦查效益包含侦查机关进行侦查的快慢程度，侦查破案数量的多少，在侦查过程中对各种资源的利用程度和节省程度，以及侦查活动的社会效果等多重含义。侦查成本是投入侦查的基本资源，有侦查的经济成本和侦查的权力成本之分。侦查收益是侦查的物质性收益和非物质性收益的统一，投入侦查成本的目的在于获取侦查收益。侦查效益是侦查收益与侦查成本之间复杂的动态关系，只有兼顾经济属性意义上的成本与收益的分析和社会属性意义上的成本与收益的分析，才能全面认识侦查的成本和收益，才能全面分析侦查的效益问题，对侦查行为进行正确的评价。

（三）评价的结果

对侦查行为的评价总需要得出某种确定性或倾向性的结果，以期及时修正侦查行为或对未来的侦查行为提供经验借鉴。对侦查行为的评价结果一般有以下两种。

1.肯定结果

对侦查行为的肯定评价结果，指的是对侦查行为持赞成态度。即侦查行为既能够基本合乎法律和公序良俗，又能够合乎行为设计本身的目标预期，体现应然与实然的统一。

2.否定结果

对侦查行为的否定评价结果，指的是对侦查行为持反对态度。即侦查行为违反了法律规范或超出了社会许容度，不能体现应然的目标预期，实然与应然出现了不能为人们所容忍的冲突。

当然，任何侦查行为都不能被完全的肯定或否定，它们或许游离于某种微妙的界限之中，体现出某种倾向性。因此，对侦查行为的评价也应该注意综合衡量，以期得出中立、客观和准确的评价。

二、对侦查结果的评价

（一）评价的内容

侦查结果是指侦查机关通过专门的调查工作和有关的强制性措施，而获取的相关案件事实、证据资料和犯罪嫌疑人。对侦查结果的评价，主要是考量侦查结果是否达到侦查策略的预期目标，是否达到诉讼的要求等。

1.对侦查线索的评价

线索，指事情可寻的头绪、路径。侦查线索指的是刑事案件侦查可循的信息路径。对侦查线索的评价，主要着眼于其是否能为侦查提供某种逻辑思考的路径或推进侦查行为的依据，即是否具有侦查价值。它相对强调线索对案件侦查的实体价值，弱化对其程序形式的要求，与刑事诉讼的价值要求是有区别的。

2.对证据裁量的评价

能证明案件真实情况的一切事实都是证据。证据必须经过查证属实，才能作为定案的根据。证据有八种：物证；书证；证人证言；被害人陈述；犯罪嫌疑人、被告人供述和辩解；鉴定意见；勘验、检查、辨认、侦查实验等笔录；视听资料、电子数据。证据是认定案情的根据。只有正确认定案情，才能正确适用法律，从而正确处理案件。对侦查结果中的证据，应该从证据资格和证明力入手进行评价。

（1）证据资格又称为证据能力，是指证据材料在法律上被允许作为证据的资格。证据要具有证据资格就必须具备“三性”，即合法性、客观性和关联性。合法性是指证据的来源和形式合乎法律规定。客观性是指作为刑事证据的事实是客观存在的，是不以人的意志为转移的。关联性是指能作为刑事证据的只能是那些与案件有联系的客观事实，即能够证明案件事实情况的客观事实。因此，对侦查结果中证据的证据资格的评价，主要是看其是否合乎证据的“三性”。

（2）证明力指证据对案件中待证事实的证明效果和力度。评判证据证明力的标准应该是相关性标准和合法性标准。相关性标准是指证据具有某种倾向，使决定某项在诉讼中待确认的争议事实的存在，比没有该项证据时更有可能或更无可能。合法性标准是指证据必须具有法律规定的形式和由法定人员依照法定程序收集、运用，它主要是从权利保障、权力制约和正当程序等政策性需要考虑的。证据具备合法性，则有证明力；证据不具备合法性，则无证明力。合法性标准包括证据来源合法和证据形式合法两个方面。证据要获得证明力，证据来源和证据形式都必须合法。因此，对侦查结果中证据的证明力的评价，主要探讨其相关性和合法性问题。

（二）评价的程序

对侦查结果评价的程序，首先是内部评价。这主要是侦查机关对侦查结果的自我评价，视其是否达到侦查策略的预期目标，以确定是否需要进行修正或者采取其他进一步的措施。其次是外部的评价。这主要是其他相关机关的评价，如侦查机关将案件移送起诉后，审查起诉机关需要评价其侦查结果是否合乎起诉条件，是否需要补充侦查等。同时，还有人民群众的评价。“人民群众的眼睛是雪亮的”，因此，侦查结果是否契合人们对侦查的应然期许，人们自有其评价。特别是在媒体高度发展的今天，信息瞬间即达，各种侦查结果也面临着社会的评价，此种情况在网络中表现得极为明显。侦查结果直接关系着人们对侦查机关、侦查队伍甚至是政府公权力的评价，息关社会之和谐。

（三）评价的结果

对侦查结果的评价，由于评价主体的不同，其评价的结果也是多层次的。

1.侦查机关内部评价的结果

侦查机关内部评价的结果可能是肯定的，也可能是否定的。当然，此种评价结果仅对侦查机关内部侦查各方面的改革与完善提供一定的参考，或对侦查机关内部绩效考核提供依据，而对案件本身实体影响相对有限。

2.外部机关评价的结果

侦查机关之外的相关部门，也会对侦查结果进行评价。如人民检察院对侦查进行监督，最终反映在对侦查部门移送审查起诉的案件，是退回补充侦查等的否定性评价，还是移送起诉的肯定性评价。而法院也存在此种涉及案件实体的法定评价，如判决有罪进而肯定侦查结果的评价，或退回补充侦查及判决无罪释放的否定性评价。当然，这些评价都是具有法定效力的，直接决定了案件侦查的实体结果，也是各种评价中的重点。

3.人民群众评价的结果

侦查负有维护社会秩序的重大责任，关系到和谐社会的构建。如果侦查的运行获得的是人民群众的否定性评价，进而影响到侦查的权威和政府的公信力，显然，这将是和谐社会的不和谐音符。因此，侦查应该能够合乎人民群众的心理预期，能够为人们所认可，至少应该在人们的心理许容度之内。对于侦查结果的评价，其评价标准更多的是人们自身对道德的解读，因此，侦查结果也应该能够合乎道德对侦查的期许和限定，这也是一种合目的性的表现。

复习与拓展

（1）谈谈对侦查实效的具体理解。

（2）侦查策略实施的基本特征。

（3）侦查行为评价的具体内容。

（4）侦查目标与侦查策略的关系。

（5）侦查力量配置原则的具体理解。

（6）对侦查结果的评价内容有哪些?

（7）侦查策略实施要领中，公秘结合中的“秘”是指什么?

（8）侦查行为的评价方法。

延伸阅读

（1）郑晓均：《侦查策略与措施》，法律出版社2010年版。

（2）马海舰：《侦查措施新论》，法律出版社2012年版。

（3）艾明：《新型监控侦查措施法律规制研究》，法律出版社2013年版。

（4）刘洪波，刘澂：《侦查思维谋略》，中国政法大学出版社2016年版。

（5）杨宗辉，刘为军：《侦查方法论》，中国检察出版社2012年版。

（6）唐杰勋：“论侦查制度的完善”，载《法制与经济》2020年第5期。

（7）商瀑：“人工智能时代的侦查变革及其法治图景”，载《中国人民公安大学学报（社会科学版）》2019年第6期。

第四章

调查访问

| 本 | 章 | 要 | 点 |

调查访问是侦查人员与被访问者之间的一种互动行为。调查访问是侦查中获取证据和线索的重要措施，也几乎是每案必用的措施之一。本章主要围绕调查访问的相关法律规定、调查访问的实施原则、调查访问的基本方式、调查访问的策略方法等方面进行介绍。

第一节 相关法条及解读

调查访问是侦查人员与被访问者之间的一种互动行为，调查访问能否成功，能否获得支持刑事诉讼的证据，离不开访问者与被访问者之间对访问涉及的相关法律规定的理解、遵守和执行。我国《刑事诉讼法》及有关职能部门所制定的法规中，均对调查访问中需要遵守的法律程序和原则进行了规定，正确理解和执行这些规定，不仅有助于提高调查访问的成效，也有利于相关证据的获取。

我国现行的《刑事诉讼法》对参与调查的侦查人员和被调查者，均进行了相应的法律规定，这些规定可以有效地保障调查访问行为的合法性和合规性。

一、询问对象参与询问活动需要遵守的法律程序及原则

1.有关证人资格的规定

《刑事诉讼法》第62条明确规定了哪些人可以成为证人，这是询问对象参与询问活动的前提和基础。

2.证人义务

《刑事诉讼法》第62条明确规定，凡是知道案件情况的人，都有作证的义务。这些义务是证人在接受调查访问时必须遵守和履行的。

3.关于涉及秘密的访问

《刑事诉讼法》第54条明确规定，对涉及国家秘密、商业秘密、个人隐私的证据，应当

保密。如证词涉及国家或机密，可进行秘密询问。

4.证人违法应当承担的法律责任

《刑事诉讼法》第54条明确规定，凡是伪造证据、隐匿证据或者毁灭证据的，无论属于何方，必须受法律追究。

5.证人权利的保护

《刑事诉讼法》第14条明确规定，人民法院、人民检察院和公安机关应当保障犯罪嫌疑人、被告人和其他诉讼参与人依法享有的辩护权和其他诉讼权利。诉讼参与人对于审判人员、检察人员和侦查人员侵犯公民诉讼权利和人身侮辱的行为，有权提出控告。

除以上规定外，《刑事诉讼法》还对证人在询问中应当享有的权利进行了规定，随着《刑事诉讼法》的修订，证人权利的种类和保障手段将会大大增多。

二、调查机关和侦查人员在询问中应当遵守的法律规定及原则

1.询问主体

根据《刑事诉讼法》和《公安机关办理刑事案件程序规定》的相关规定，询问由侦查机关指定的侦查人员进行；在人数上，应由2名以上的侦查人员进行。

2.询问原则

《刑事诉讼法》第124条明确规定，询问证人应当个别进行。本规定有利于保证询问结论的客观真实性。

3.询问地点

《刑事诉讼法》第124条明确规定，询问可以到证人所在单位、住处进行，但必须出示人民检察院或公安机关证明文件，必要时也可通知证人到人民检察院或公安机关提供证言。

4.询问中的禁止行为

《刑事诉讼法》第56条明确规定，询问证人的方法应是合法的，严禁使用暴力、威胁等非法方法取证。询问中，应将取证与尊重询问对象的人格、遵纪守法相结合。

5.问前告之程序

《刑事诉讼法》第125条明确规定，询问证人前，应当明确地提醒被询问人，告诉其应按法律要求如实提供证言、证据，以及有意提供伪证或者隐匿罪证所要承担的法律责任。

6.关于强制作证

我国没有关于强制作证的明确规定。虽然可使用传唤，但传唤只是一种间接强制措施，不具备强制力。

7.保密的规定

《公安机关办理刑事案件程序规定》第211条第2款规定，侦查人员不得向证人、被害人泄露案情或者表示对案件的看法。换言之，侦查人员在询问过程中要严守询问工作秘密，不得向询问对象泄露案情或表示对案件的看法；对询问中涉及的被询问人的隐私，应

为其保密。

8.保证证人及其近亲属的安全

《刑事诉讼法》第63条明确规定，人民法院、人民检察院和公安机关应当保障证人及其近亲属的安全。对证人及其近亲属进行威胁、侮辱、殴打或者打击报复，构成犯罪的，依法追究刑事责任；尚不够刑事处罚的，依法给予治安管理处罚。

《刑事诉讼法》第64条明确规定，对于危害国家安全犯罪、恐怖活动犯罪、黑社会性质的组织犯罪、毒品犯罪等案件，证人、鉴定人、被害人因在诉讼中作证，本人或者其近亲属的人身安全面临危险的，人民法院、人民检察院和公安机关应当采取一项或者多项保护措施。

9.笔录制作的有关规定

询问笔录，又称“询问证人笔录”，是司法人员在刑事诉讼活动中，就询问证人、被害人的过程及内容所做的文字记录。询问笔录的处理办法同讯问犯罪嫌疑人笔录的处理办法一样。《刑事诉讼法》第122条明确规定，讯问笔录应当交犯罪嫌疑人核对，对于没有阅读能力的，应当向他宣读。如果记载有遗漏或者差错，犯罪嫌疑人可以提出补充或者改正。犯罪嫌疑人承认笔录没有错误后，应当签名或者盖章。侦查人员也应当在笔录上签名。犯罪嫌疑人请求自行书写供述的，应当准许。必要的时候，侦查人员也可以要犯罪嫌疑人亲笔书写供词。正确理解和执行本规定，可以有效地保障笔录的证据效力。

10.证人行使权利的规定

《刑事诉讼法》第9条明确规定，各民族公民都有用本民族语言文字进行诉讼的权利。人民法院、人民检察院和公安机关对于不通晓当地通用的语言文字的诉讼参与人，应当为他们翻译。《刑事诉讼法》第14条明确规定，诉讼参与人对于侦查人员侵犯公民诉讼权利和人身侮辱的行为，有权提出控告。这一条应严格执行，以实现对侦查人员的监督。

11.证据排除规则

《刑事诉讼法》第60条明确规定，对于经过法庭审理，确认或者不能排除存在本法第56条规定的以非法方法收集证据情形的，对有关证据应当予以排除。《刑事诉讼法》第56条明确规定，采用暴力、威胁等非法方法收集的证人证言、被害人陈述，应当予以排除。正确理解并在侦查中自觉地执行这一规定，有利于保障相关证据收集的合法性。

第二节 调查访问概述

一、调查访问的概念

调查访问是查明案件基本情况、发现侦查线索、查清犯罪事实、取得证人证言、甄别犯罪嫌疑人供述真伪的侦查措施。

侦查中的调查访问有其特定的含义，它是侦查人员从了解事件情况的人员中，获取与犯罪嫌疑人有关信息，发现犯罪嫌疑人，揭露和证实犯罪的重要手段。狭义的调查访问，是针对刑事犯罪的被害人和其他知情人进行的。广义的调查访问还包括对虽不了解案情，但具备解决与案件有关问题能力和知识的人员的走访，以及对犯罪嫌疑人的早期调查。

调查访问既是案件侦查中每案必用的侦查措施，也是其他侦查措施具体实施中的依据来源和审查手段，从某种意义上讲，它也是侦查工作的重要组成部分。

调查访问贯穿于刑事案件侦查的始终。每一起案件从审查事件性质到分析判断案情，从发现侦查线索到审查犯罪嫌疑人、查缉逃匿的犯罪嫌疑人，都离不开调查访问这一侦查措施。不少案件在侦查初期，调查访问是唯一可以利用的侦查措施，只是随着调查工作的不断深入，其他侦查措施才有了利用的必要和可能。在某些已无勘验价值犯罪现场和可能或无犯罪现场可查、物证又已毁灭或散失的案件中尤其如此。

二、调查访问同其他侦查措施的关系

调查访问每案必用，且贯穿于案件侦查过程始终。调查访问与其他侦查措施之间，存在着非常密切的关系，是其他侦查措施使用的基础和前提。

1.调查访问是其他侦查措施必不可少的辅助手段

调查访问不仅贯穿于侦查过程始终，同时也贯穿于其他各种侦查措施的具体实施过程之中。其他侦查措施的成功实施，需要调查访问的配合。其他侦查措施中所采取的各种有针对性的策略方法、行动方案、应急对策等，必须通过有针对性的调查访问，方能有效地制定和实施。如侦查实验中为保证再现事件的准确性，必须首先了解事件发生的原有条件和环境；为了保证追缉堵截成功，追缉过程中也常常需要进行调查访问，以修正追缉方向，调整追堵的形式和策略。

2.调查访问是印证其他侦查措施结论可靠性的重要手段

各种侦查措施所获得的材料，都有可能成为侦查线索或破案证据，但成为侦查线索或破案证据的前提是材料本身必须具备可靠性。调查访问是印证材料可靠性的主要手段。由于调查访问的条件、机会易于获得，便于反复多次从不同侧面、以不同的方式、针对各种情况进行，所以，在实践中，一般都以调查访问来印证其他侦查措施所获材料或结论的可靠性。

三、调查访问的一般原则

调查访问是一项十分细致复杂的工作，政策性、策略性很强，一般要求遵循以下基本原则。

1.调查访问必须有计划、有准备地进行

被访问人除了本人的基本情况各不相同外，同案件的关系、知情程度等也是复杂多样的。有的同案件没有利害关系，有的有利害关系，甚至直接同犯罪嫌疑人有某种关系；有的愿意同侦查人员合作，有的因种种原因拒绝提供所知道的情况，甚至编造谎言；有的是一般知情群众，有的则可能是本案或另案将要追查的犯罪嫌疑人。因此，调查访问要讲究策略方法，根据不同的对象，采取不同的调查方法。必要时还应对被访问人的有关情况事先调查了解，为调查访问做好策略方法上的准备。

侦查人员在调查访问前，应当熟悉案件情况，明确调查访问的目的和要求。针对将要通过调查访问查明的问题，拟定比较详细的调查提纲。对于调查访问中可能遇到的意外情况应有充分的分析和估计，并考虑相应的对策。

2.调查访问应及时、全面、深入、细致

调查访问是一项涉及面广、时间性强、要求严格、艰巨复杂的工作，刑事案件特别是重大案件影响大、危害严重，赃物、罪证易于毁灭、散失，犯罪嫌疑人还往往继续犯罪。因此，调查访问工作应及时迅速，否则，时过境迁，证据被毁，证人遗忘，会使调查工作遇到极大的困难。调查访问中，对被访问人反映的情况，要按照“五何”（何人、何事、何时、何地、何因）要素，查清来源，准确判断性质和可靠程度。侦查人员应注意收集各方面的情况，不仅要重视一般群众的意见，也要重视有违法犯罪劣迹、思想落后人员的意见。正面的、肯定的意见要收集，反面的、否定的意见也要收集。调查材料应进行对照评断，决不能满足于一面之词、一得之见。只有调查访问全面细致，占有的材料充分，才能透过现象看清本质，准确地揭露与证实犯罪。调查访问并不都是十分顺利的，常常遇到困难的局面，这就需要侦查人员保持不畏艰难、深入细致的工作作风。凡是需要调查的人和事必须查到、查清。一旦发现线索，一定要顺线深入调查，直至查清问题。

3.坚持实事求是的原则

调查访问材料是分析判断案情、制定侦查计划、采取其他侦查措施的依据。调查访问所获得的材料是否真实可靠，直接关系着侦查活动的客观性和能否及时准确地揭露与证实犯罪。因此，调查访问一定要坚持实事求是的原则，切忌先入为主。在调查访问中绝不能把自己的主观设想强加给被访问人，不能向被访问人透露案件情况和侦查人员的分析判断，或诱使被访问人根据自己的需要进行陈述。侦查人员的提问不能带有倾向性，对被访问人陈述的情况不能当面表示肯定或否定，或者在自己的言谈举止中给对方以某种暗示。调查笔录要如实地反映被访问人的陈述，不能按侦查人员的主观愿望加以取舍和修改。

4.对调查访问材料要认真分析、综合评断

调查访问的材料有肯定的，也有否定的。同一调查访问材料中，可能有些反映了客观事实，有些错误地或歪曲地反映了事实真相，侦查人员对此必须持客观的态度，全面进行分析，结合其他侦查措施获得的有关情况，综合评断其真实可靠性及对侦查破案的价值，并结合案件的具体情况和侦查工作实际，正确地、有区别地加以运用。

第三节 调查访问的基本方式

刑事侦查中，需要通过调查访问查明的问题是多方面的。调查访问常常由于任务不同而需要采取不同的方式，最基本的方式可以分为正面调查访问和侧面调查访问两种。在实践中，区分正面调查访问和侧面调查访问的主要依据是在进行具体调查访问时侦查人员的身份和意图是否公开。

一、正面调查访问

正面调查访问是侦查人员以公开的身份，直接同被访问人接触，询问了解与案件有关情况。例如，询问事主、被害人，走访现场周围群众以及可能为侦查工作提供有用情况的有关人员。正面调查访问一般有以下四种方法。

1.广泛走访群众

走访就是侦查人员深入发案地点周围及犯罪嫌疑人可能前往和逃离的沿途群众之中，调查收集发案前后他们耳闻目睹的与案件有关的情况和材料。走访多在侦查初期，尚无特定访问对象的情况下进行。其目的在于全面收集与案件有关的情况，开辟侦查线索来源。有时，知情群众并不知道自己掌握的某种情况与案件有关，不会主动向侦查机关报告。通过广泛走访群众，这些对侦查工作有用的情况就能够被及时收集起来，帮助侦查人员正确、迅速地选择侦查途径和措施。走访不仅是一种调查访问的方式，同时也是侦查工作贯彻群众路线的具体形式。

2.查询和诘问

查询和诘问是就某个重要情节的关键问题进行更进一步深入访问、查问的调查访问。查询和诘问一般是针对同案件有某种利害关系的人或报案人进行的。在听取了上述人员对案情的陈述后，如果发现他们的陈述不够清楚，存有种种矛盾，或者还可能隐瞒了某些重要情况时，侦查人员常常采用这种方式对其做进一步的询问，使被访问人的陈述互相印证、互相补充，以便对案件性质和事实作出正确的判断。

3.个别询问

个别询问是调查访问的基本方式，它是为查清某一个具体问题或某个特定的人的情况而进行的有确定访问对象和具体目的的调查访问。凡涉及国家机密、个人隐私、矛盾冲突、特定的嫌疑对象以及其他需要排除外界干扰、保守侦查秘密和保证被访问人无顾虑地陈述时，就应当采取个别询问的方式进行调查。个别询问必须严格坚持单独询问的原则，既不能让其他无关人员在场，也不能对多个被访问人同时进行询问。

4.集体座谈

为了广泛地发动群众，开辟线索来源，有些案件可以有控制地向群众公布案情，组织群众座谈，提供和分析可疑情况。有些案件为判明一些专门性的技术问题或某些现象的发生和出现的条件，以及物品的制作工艺、方法、用途和销售渠道情况等，也可以召集有关专家集体座谈，请他们进行分析并提供意见。集体座谈是一种特殊的调查访问方式，不能不分时间、场合、对象地滥用，必须有组织、有限制地使用，并注意遵守有关规定，讲究策略方法。

二、侧面调查访问

侧面调查访问是侦查人员在不暴露自己身份或侦查意图的前提下，就案件中的某些问题进行调查。侧面调查访问一般有以下三种方法。

1.隐藏身份与意图，直接了解有关情况

侦查人员隐蔽自己的真实身份和意图，直接同犯罪嫌疑人或其他调查对象接触，了解有关情况。使用这种方式进行调查，侦查人员需要假借其他身份作掩护，以合适的借口，选择适当的时机接触被访问人，以灵活的策略方法见机行事，查清有关情况。

2.不直接出面，间接了解有关情况

侦查人员自己不露面，物色可靠、合适的人员接触被访问人，间接了解有关情况。在侦查人员不便接近被访问人或不直接出面更为适宜的情况下，多采用这种方法进行调查。物色调查人员时应考虑其对侦查人员是否忠诚可靠，有无接近被访问人的便利条件，以及是否具有相应的活动能力。物色对象时，侦查人员应在有关部门的配合下进行。对物色好的对象，应向其交待纪律、任务和必要的策略方法。

3.以掩护身份深入犯罪团伙内部或违法犯罪人员经常活动的场所进行秘密调查

在一些重大案件和多发性案件的侦查中，侦查人员以某种伪装身份主动贴靠违法犯罪人员或深入违法犯罪人员经常活动的场所，不仅可能收集到本案的线索，还可能发现积案、隐案和预谋案件的线索，因而具有主动进攻的积极意义。或同其他调查对象接触，了解有关情况。使用这种方式进行调查，侦查人员需要假借其他身份作掩护，以合适的借口，选择适当的时机接触被访问人，以灵活的策略方法见机行事，查清有关情况。

第四节　发现调查访问对象的方法

一、发现调查访问对象的依据

调查访问对象的发现，是进行调查访问的基础和前提。调查访问对象的发现，建立在案件本身所存在的一些基础依据之上。在侦查实践中，发现调查访问对象的依据主要有以下七个方面。

（1）现场涉及的社区范围；

（2）被害人及其亲属和其他社会关系；

（3）犯罪嫌疑人及其亲属和其他社会关系；

（4）案件中已经掌握的某些线索；

（5）与案件有关的痕迹、物品的来源及去向；

（6）已有证人提供的相关情况；

（7）其他相关的线索。

二、发现调查访问对象的一般方法

在侦查的各阶段，发现调查访问对象的一般方法是不一样的。

（一）现场勘查阶段

在现场勘查阶段，发现调查访问对象的方法主要有以下三种。

（1）向现场保护者了解情况，索取名单。这是每一个案件侦查起始阶段必用的方法。

（2）便装混入围观群众。以普通群众的身份混入围观群众中，注意倾听他们的言论，从他们的言论中去发现和判断并最终确定谁可能是目击者，谁可能是其他知情人。

（3）巡视现场，从现场涉及的社区环境中发现调查访问对象。这一方法贯穿于现场勘查阶段的现场巡视之中。

（二）案件侦查与其他阶段

1.介绍法

介绍法是指根据已掌握的证人和物证中反映的其他与本案存在联系的人和物的情况，进行定向定位的发现调查访问对象的方法，它包括三种具体操作方法。

（1）以人介绍法。依据已发现证人证言中包含的信息，发现调查访问对象。它又分为两种：第一种是直接介绍法。侦查人员按照已经发现证人提供的明确指示，或依据其提供的名单，去发现新的调查对象，这种方法用在从间接证人到直接证人的发现过程中。第二种是间接介绍法。不通过已发现证人的直接介绍而是在其社交圈内去发现调查访问对象。

（2）以事介绍法。依据已经掌握的涉案事实进行调查对象的发现，这种方法被称为以事介绍法。它的基本操作方法是侦查人员通过案件的具体事实、情节所揭示的与特定人员的联系，去发现调查访问对象。

（3）以物介绍法。侦查人员根据能够证明有关案件事实的痕迹物证所揭示的与特定人员的联系，去发现调查访问对象。

2.信息反馈法

这种方法的实际操作过程是：利用各种信息传播工具，向潜在的调查访问对象的可能范围发布信息，然后通过接受信息，发现调查访问对象。其基本手段是通缉、通报、向社会公布案情。

3.需求审定法

这种方法是侦查人员通过对案情进行分析判断，经过严密推理，推断谁期望在案件中获得利益，或者期望达到自身目的，然后依据这种联系去发现调查访问对象。在经济犯罪案件侦查中，常使用这种方法。

4.委托法

侦查人员把大量具有偶然性、摸索性的搜寻证人的工作，借助或委托有关人员去进行寻找和发现，如委托单位安保机构、派出所去了解和发现其他知情人。

（三）注意事项

（1）由于犯罪嫌疑人在犯罪前后身份合法，行为也与常人没有什么不同。因此，在对现场周围环境中的个人进行访问时，要首先使用能够引起对方注意的提问方式作为盘问的开始，如“这前面，昨晚有人被杀……”，以引起其注意，并将特定时间内看到的特定的人与案件联系起来，有助于证人的发现。如果不采用这种能引起兴趣的问话方式，就不会引起对方的重视，从而不利于证人的发现。

（2）在侦查初期，证人的发现工作多数采取走访的方式进行，因此，侦查人员在语气、态度上要随和，要注意尊重人格。

第五节　调查访问的策略方法

一、调查访问前的准备

调查访问是访问者与被访问者之间的互动行为。侦查人员要保证访问的成功，除了要提高访问技巧外，访问前进行精心准备也是非常重要的基础。从侦查策略的角度上讲，只有知彼知己，才能百战不殆。一般而言，访问前的准备主要包括以下两个方面。

（一）熟悉案情，明确调查访问的目的

在进行调查访问之前，参与调查访问的侦查人员，应全面掌握和熟悉已经收集到的案件情况。通过熟悉案情，明确案件中已经解决的和未解决的问题，以确定总体的调查访问目标和应解决的具体问题。在此基础上，根据已发现证人的具体情况，确定访问次序和访问重点；确定采取的调查访问的方式；选择相应的表达形式，包括口头陈述、书面陈述，制作笔录或者录音、录像等。

（二）了解被访问对象，制定访问计划

被访问对象是整个调查访问的焦点，其是否有效地配合调查是调查访问能否成功的关键。

1.被访问对象的基本情况

（1）被访问对象的年龄、性别、民族、职业、文化程度、健康状况、性格特点、个人爱好、生活习惯。

（2）被访问对象与案件本身和案件当事人的关系。

（3）侦查人员若以掩护身份进行调查访问，还需要了解借用的身份的特点、工作内容和基本知识。物色他人进行调查访问时，还需要了解被物色人的基本情况。

2.了解被访问对象的基本途径

侦查实践中，通常可以通过以下五种途径了解被访问对象的基本情况。

（1）向举报人了解。

（2）从被访问对象的档案材料中了解。

（3）向被访问对象所在单位的领导进行了解。

（4）向被访问对象居住地的派出所、居委会、村委会或社区管理委员会等组织了解。

（5）向被访问对象的同事、街坊邻居了解。

3.科学分析和判断被访问对象的基本特点

所谓科学分析和判断被访问对象的基本特点，是指在了解的基础上，分析被访问对象的个人特点，在访问中可能的行为倾向，为制定有效的访问方案奠定基础。这是了解被访问对象的出发点和终极目的所在。一般而言，主要应了解被访问对象以下四个方面的特点。

（1）被访问对象的行为能力。主要了解被访问对象是否具备法律所规定的证人资格，从而确定是否需要对其进行访问。

（2）被访问对象的性格特点。了解被访问对象的性格特点，就能有针对性地制定与之进行情感沟通的策略方法。

（3）被访问对象的个人需求。被访问对象的个人需求，在某种程度上决定了他对待访问的态度以及访问结论的客观真实性。这些需求是多方面的，掌握了这种内在需求，侦查人员也就可以找到与被访问对象进行沟通和促使他正确作证的方法、途径。

（4）被访问对象对待询问的心理和行为倾向。被访问对象对待询问的心理和行为倾向，可以直接决定他对待访问的态度。影响被访问对象心理和行为倾向的因素是多方面的，侦查人员如果能够事先掌握这些相关因素，就可以找到与被访问对象进行沟通、疏导和纠正被访问对象不正确作证倾向的方法和途径。

4.制定调查访问计划

一般而言，对重要的调查对象，应制定详细的书面调查提纲。但在一般情况下，不一定需要形成书面计划。计划内容包括以下几个方面。

（1）访问的目标；访问的内容；访问的对象；访问的时间、地点、程序、方法；访问必

需的器材。

（2）器材方面包括：与具体访问活动相关的证据材料、背景资料；各种相关的证明文件；交通图、交通时刻表、话费；记录用纸、笔，捺印用的印泥盒；特定情况下使用的录音、录像设备，磁带、胶卷等。器材的确定，主要依据对具体被访问对象的访问要求。

二、调查访问的一般策略方法

（一）同被访问人建立良好的心理接触

调查访问基本上是以侦查人员同被访问人双方问答、会话的方式进行。在一定程度上讲，调查访问是情感、信息的交流，需要双方都有良好的情绪，融洽的感情，互相信任和了解，有交流的兴趣和愿望。在许多场合，这些条件并不是事先就已经具备。被访问人是否愿意同侦查人员合作，是否有相应的兴趣，在很大程度上取决于侦查人员的个人品格和工作能力，取决于他们的言谈举止和对待被访问人的态度。

侦查人员在访问中应保持亲切友好、严肃认真的态度，使被访问人意识到侦查人员具有明察秋毫的能力和认真负责的精神，产生敬畏的心理，从而欣然合作。对于一部分被访问人，侦查人员的这种态度还可以促使他们打消作伪证或拒绝作证的念头。

侦查人员在听取被访问人陈述时，应保持客观冷静。对案情允许有自己的分析判断，但不应将自己的分析判断作为衡量被访问人陈述真伪的标准，甚至用以诱导对方的陈述。无论是符合自己分析判断的材料，还是不符合自己分析判断的材料，都应客观全面地加以收集。符合的不能盲目轻信，不符合的也不能随意摈弃。侦查人员在询问中也不能对被访问人的陈述擅加反驳，做主观取舍和理解。在任何情况下都不能对陈述表露出满足或失望的情绪。在整个访问过程中，侦查人员应处处表现出对被访问人的尊重，对他们的陈述应始终持认真听取的态度。在询问中，用语应和蔼可亲、心平气和，不能粗鲁严厉、挖苦嘲讽。对被访问人的陈述应专心听取，认真记录，不要同时做一些分散注意力的事情，或显得漫不经心，否则会削弱被访问人陈述的兴趣。询问中不宜过多地打断对方的谈话，只有当其陈述离题太远，才应巧妙委婉地引导其回到话题上来。否则频频地打断对方的陈述和过多的插问，可能使被访问人失去陈述的主动性，使其正常的联想、回忆受到干扰，甚至受到不良的暗示。

（二）被访问人的自由陈述

在被访问人愿意同侦查人员合作的基础上，侦查人员再提出需要询问的问题，因此应先让被访问人将自己掌握的有关情况完整不间断地自由陈述一遍。在这个过程中，侦查人员不宜随意截断或追问。通过被访问人的自由陈述，侦查人员不仅可以大致了解对方所掌握的情况，还可对被访问人的个性、陈述能力、观察能力及其作证态度作出初步的分析判断。这对于确定之后的询问重点、策略方法是一个良好的基础。

同时，自由连贯的陈述使被访问人容易全面准确地回忆其所感受到的有关情况，在事件发生的原来顺序中尽可能详细地回忆有关情节。在自由陈述时，有的被访问人由于不了解侦查人员真正关注的是哪些情节，或已掌握了哪些情况和作出了什么判断，因而可以消除其作伪证、歪曲隐瞒事实真相或“投其所好”的企图。实践证明，被访问人在自由陈述阶段受到不良影响的可能性大大小于其他阶段。

（三）侦查人员的辅助提问

调查访问中，仅仅通过被访问人的自由陈述就达到调查访问目的的情况是比较少的。一般情况下，在被访问人自由陈述的过程中，侦查人员应适当进行辅助提问，这样可促进和引导调查访问顺利而有效地进行。

有时，由于被访问人不了解或误解了侦查人员的调查目的，或者由于被访问人思路偏题，陈述能力低下，其陈述完全偏离了调查本意。例如，被访问人的陈述内容显然同案件无关，或者仅仅是发表自己的分析意见、主观想象。这种情况下，侦查人员应适时通过恰当的辅助提问，巧妙地截断对方的陈述，调整其陈述的话题，使之回到正题上来。

有时，有的被访问人可能并不知道自己掌握的情况哪些对查缉犯罪嫌疑人有价值，哪些没有价值，因而他们可能根据自己的主观判断进行取舍，详尽陈述自己认为重要的情况，略去不讲其认为无关紧要的情况。在询问中，侦查人员应根据被访问人的知情条件、知情原因等多方面的因素作出准确判断，通过明确具体的提问，引导被访问人讲出自己所掌握的一切与案件有关的情况。

被访问人对曾经感知的与案件有关的情况部分遗忘是一种普遍现象。遗忘可分为两种情况：一种是永久的遗忘，即不经重新感知，记忆不能再行恢复；一种是暂时遗忘，即一时不能回忆或认知，但有了适宜的条件，记忆还可能恢复。对后一种情况，侦查人员通过适当的辅助提问，帮助被访问人回忆，并产生联想，使被访问人重新回忆起暂时遗忘的情节。

被访问人常常还可能在感知同案件有关情况的同时，由于没有留心观察，而忽略了一些主要的情节，对此自然无法作准确的陈述。对于这种情况，侦查人员的辅助提问亦可能帮助澄清这些疑点。例如，犯罪事件的目击者并没有注意犯罪嫌疑人实施犯罪的确切时间，侦查人员应询问目击者当时在干什么，目击犯罪事件前后的活动情况。这样可能有助于他们联想到某一特定的时间，从而回忆起或推断出犯罪活动的确切时间。

（四）对可疑情节的诘问

当侦查人员从被访问人的陈述中发现可疑情节存在时，应就这些情节进行反复具体的诘问。对可疑情节的诘问一般应在被访问人自由陈述之后进行，而且这同盲目追问被访问人确实不掌握的问题，或诱使对方作出侦查人员主观希望的陈述的性质是完全不同的。可疑情节的出现，常常有复杂的原因，可能是被访问人故意编造谎言，也可能是陈述中无意的错误，或者是侦查人员对陈述的错误理解。对可疑情节诘问，首先，可以考察被访问人的作证态度，对侦查人员是否作了如实的陈述；其次，可以将数个被访问人关于同一情况的陈述进行相互印证，从而消除被访问人之间、被访问人与侦查人员之间可能存在的陈述和理解上的歧义；再次，分析证言的确切程度，即可以考察被访问人对案件有关情况是否有准确的感知、记忆和陈述，其陈述的是客观事实还是自己的推断估计。

三、对不同对象的调查访问策略

被访问人的个性差异和与案件的不同关系，使他们在接受询问时心理状态各具特色。因此，对不同的对象应采用不同的询问策略方法。

（一）对事主、被害人的调查访问

大多数案件中，事主和被害人都是重要的调查访问对象。事主和被害人由于遭受犯罪的侵害，大多处于惊吓恐惧、愤恨痛惜的心理状态，情绪短时期内难以平静，理智程度也会有所降低。因此，询问时，侦查人员的态度既要严肃认真，又要和蔼可亲。对事主、被害人及其亲属的不幸应表示同情和安慰，并指明他们的陈述对侦查工作的重要意义，待稳定他们的情绪后再进行调查访问。大多数事主和被害人都愿意同侦查人员合作，拒绝接受询问的很少。但是他们常常可能因为遭受的精神刺激过大，心绪不宁而陈述紊乱、态度生硬。侦查人员应以理解的态度耐心听取，帮助其回忆事实情节。

由于事主和被害人是刑事犯罪的直接受害者，他们总是有惩罚犯罪嫌疑人和挽回损失的愿望，陈述难免偏颇，常有强烈的过激情绪和明显的主观倾向。因此，其陈述难免有夸大和虚构的成分，如将犯罪手段形容得十分残忍，扩大犯罪的人数或损失财物的数额，甚至虚构可能加重犯罪嫌疑人罪责的情节。侦查人员对此应有充分的估计和正确的判断，必要时还应采取适当的方法予以揭露，并指明这种做法的危害性，促使其如实陈述。

事主和被害人还可能隐瞒部分事实或缩小一些情节，其中的原因是很复杂的。例如，个别情况或细节涉及本人利益或隐私；犯罪之所以发生同事主、被害人的违法犯罪行为、过错行为有关；受到犯罪嫌疑人的威胁或收买等。上述种种原因都可能使事主和被害人在陈述时将某些情节隐瞒下来，或缩小其严重程度。在这种情况下，侦查人员应针对其陈述中的矛盾和明显的空缺深入追询，反复诘问，以便从中发现问题，了解和消除其思想顾虑。

（二）对犯罪事件目击者、知情人的调查访问

调查访问的重要任务之一，就是尽力发现犯罪事件的知情人和目击者。在最初的侦查工作中，通过勘查犯罪现场，访问事主和被害人，一般不难发现犯罪事件的知情人和目击者，应当及时对他们进行调查访问，以开辟侦查线索来源，查清事实真相。

犯罪事件的目击者，就是亲眼看见犯罪嫌疑人实施犯罪全过程或部分情节的人。目击者亲身感知了案件事实，但不一定了解犯罪事件的性质和内容。对他们的调查主要在于了解他们看见、听见的犯罪情况。目击者的陈述是对案件事实的直接反映，可靠性一般较大，意义

也十分显著。但即使是最诚实的目击者，他们的陈述也会或多或少地偏离事实真相。绝大多数目击者只是偶然目击了犯罪活动，这同事前有任务、有准备的观察是完全不同的。因而，目击者感知案件事实的质量一般不高。同时，目击者常常并不是感知犯罪事件后，就马上向侦查机关报告，关于案件事实的记忆信号不仅可能减弱、消失，还可能发生记忆的扩展、歪曲，或者混入其他记忆材料，致使关于案情的记忆发生变化，甚至面目全非。因此，应尽早发现犯罪事件的目击者，及时进行调查访问。同时，在询问目击者时，要充分考虑各种影响其提供真实情况的因素，要善于帮助他们回忆当时的情境，为其提供不受干扰、适合个别询问的安静环境和充足的回忆时间。必要时，还应在类似于犯罪活动发生的时间，带领目击者回到现场，以利于联想的产生，再认的实现，追忆已开始淡漠的事实情节。

犯罪事件的知情人，就是了解犯罪事件的全过程或一部分内情的人。他们并不一定亲眼看见了犯罪事件发生的经过，其知情的原因或是来自犯罪嫌疑人、被害人、事主亲自诉说，或是来自其他知情人的透露。有些知情人的陈述虽不是案件事实的直接反映，但对侦查破案仍具有重要意义。但是，应当指出，由于描述事件事实的人和传闻者在陈述相关事情时，总是希望引起听者注意和重视，或因某种顾虑对部分情节加以改变和隐瞒。实践中知情人的陈述一般夸大、隐瞒较多，容易出现偏差。对此，侦查人员应有充分的估计。因此，询问知情人，必须查清情况的来源，以便发现或及时访问其他知情人或直接感知案件事实的人，使调查访问材料能得到印证。

在知情人中，常常有一部分同犯罪嫌疑人关系特别密切的人，如犯罪嫌疑人的亲友、同伙等。他们因同犯罪嫌疑人关系特别密切或参与了犯罪的准备活动，为犯罪嫌疑人提供过帮助或庇护，顾虑较多，因此对他们的调查访问应持特别慎重的态度。在犯罪嫌疑人及其罪行尚未公开揭露之前，侦查人员一般应隐瞒自己的身份或物色适当的人员侧面进行调查访问。当条件成熟后，再直接同这些知情人接触，进一步判断其对犯罪事件的知情程度和原因，或是否同犯罪事件有某种牵连。在此基础上，应有针对性地进行思想、政策和法律教育。对愿意提供情况的人，要及时予以鼓励；对知情不报者，应指明后果或晓以利害；对同犯罪事件有牵连或有其他思想顾虑的人，要区别他们同犯罪嫌疑人的不同关系，指明前途或采取有效措施消除其怕报复、怕牵连的思想顾虑，使其畅所欲言。询问目击者和知情人，绝对不能先入为主或施加任何暗示。有时为了帮助他们回忆，引起联想，列举某些与案件有关情况或出示一些与案件有关的物品是允许的，但列举的情况或出示的物品应当是多种多样的，可以使被访问人客观地进行联想回忆，而不应当有促使他们作出唯一判断的消极暗示作用。对于被访问人提出的试探性问题，侦查人员更应注意分析其目的，谨慎灵活地对待，避免暴露侦查工作的动向和意图。

对知情人、目击者提供的情况，必须进行查证。在询问中可以通过追询细节、诘问疑点查证，对目击者的陈述还应注意分析同感知案情时的客观环境条件有无矛盾。侦查人员还可以有策略地查询知情人和目击者是否曾经将自己陈述的情况告诉过其他人。若有这种情况，应当立即前往调查访问，听取他们的陈述，以供对比查证。此外还可以利用其他侦查措施获得的材料来对照分析，必要时还可以用侦查实验加以验证。同时，也应注意，如果数个知情人或目击者关于同一事实分别提供的陈述，主要情节一致，细节上存在某些差异，应仔细考察产生差异的原因，分析其是否因某种客观原因所致。相反，如数个知情人或目击者关于同一事实的陈述在细节上都完全一致，则应引起足够的警觉，并认真进行查证。总之，查证知情人和目击者的陈述，需要结合其他方面的材料综合进行分析研究，对发生差异的原因求得合理的解释。

四、调查访问记录

调查访问记录是重要的证据材料。正面的调查访问必须按照法定要求制作调查访问记录，装入侦查案卷。侧面的调查访问不能在被访问人的面前制作记录，应由侦查人员将调查所得到的情况写成材料，附卷备查。

调查访问记录通常采用笔录的方式，如果有必要且有条件，也可以同时录音记录。笔录的前面部分应详细记录询问的地点、时间；被询问人的姓名、年龄、籍贯、职业、住址、工作单位；笔录的总页数、附件数目。笔录正文以问答方式记载，问话和回答的内容都要如实记录，不能擅自修饰、改写或增减。

笔录制作完毕应交被访问人阅读，如其阅读有困难，应由侦查人员如实宣读。如被访问人认为某项事实或情节记录有误或有遗漏，须立即进行改正或补充，待被访问人确认记录无误后，应让其在记录上签名、盖章或捺印指纹。侦查人员亦应签注自己的姓名和职务。

如被访问人因故口述困难或不能口述，但有书写能力，调查时也可让他作书面陈述。被访问人的书面陈述亦应写明询问的时间、地点及被访问人的基本情况，并由被访问人签名或盖章，侦查人员应签注自己的姓名和职务。

第六节 调查访问材料的审查评断

调查访问材料必须经过认真的审查评断。审查评断应持客观的态度，结合其他方面取得的材料，进行综合对比分析研究。

一、审查评断调查访问材料的意义

1.审查评断是保证调查访问材料真实可靠的重要手段

真实可靠的调查访问材料不仅能证明案件事实，而且能检验其他证据材料的真伪，进一步开辟侦查线索的来源和完善破案证据体系，推动侦查工作有效、正确地进行。侦查人员对调查访问材料真实可靠性的确认，只能来自对材料的审查评断。在审查评断过程中，侦查人员要采取综合、对比的分析方法审查调查访问材料中有无虚假、矛盾的情况。对发现的疑点、矛盾，采取有针对性的措施加以澄清、核实，只有调查访问材料与客观事实一致后，才能确定调查访问材料的真实可靠性。

2.审查评断可为下一步的侦查提供策略依据

通过对调查访问材料的审查评断，确认调查访问材料真实可靠，则可依据材料提供的线索和依据，决定下一步的工作方向和策略方法，推动侦查工作顺利开展。相反，未经审查评断的调查访问材料，其真实可靠性无法确定，甚至可能是虚假的，在此基础上制定的侦查策略将可能导致侦查工作的重大失误。

3.审查评断是提高侦查人员业务素质的有效方法

评断调查访问材料是总结工作经验的重要途径。审查评断过程中，可以发现调查访问工作的成功与失误之处，通过总结经验教训，下一步的调查访问就有了可以利用的成功经验和可供借鉴的失败教训。同时，对调查访问中的漏洞及不符合法律要求的地方，也可通过审查评断来发现和及时采取补救的措施。

二、审查评断调查访问材料的一般方法

审查评断调查访问材料的方法应围绕调查访问材料的真实可靠性及证据意义提出。审查评断调查访问材料需要综合运用心理学、证据学、刑事诉讼法学、刑法学、逻辑学、刑事侦查学等方面的知识。审查评断的方法有以下五种。

1.逻辑分析法

逻辑分析法是运用逻辑推理，分析论证调查访问材料中有无违背同一律、矛盾律、排中律及充足理由律的成分。真实可靠的调查访问材料在逻辑上应当是经得起推敲的。

2.对比分析法

对比分析法，是在其他侦查措施所获得的材料与调查访问材料之间、调查访问材料与调查访问材料之间的相互对比基础上进行的分析审查。

有时，单从某个调查访问材料本身来分析，并不会发现矛盾和疑虑，需要在逻辑分析法的基础之上，进一步借助对比分析法对调查访问材料进行审查评断。对比分析法的关键在于用作对比的材料必须客观真实。如某种侦查措施所获得的材料是虚伪或尚有待查证的，就不能作为对比分析的客观标准。

3.补充询问法

在调查访问材料的真实性难以确定时，可采用补充询问的方法，即通过补充询问使材料更为详尽、具体、准确，以便进行评断。补充询问的重点是上一次询问中没有询问或询问不够彻底的情况。对含糊不清、可以作多种理解或容易发生误解的情况，也应通过补充询问使之具体化、明确化，否则其他的审查评断方法将失去可靠的基础和必要的条件。

4.调查法

调查法，是指围绕调查访问材料收集能验证其真实性的客观事实的方法。当调查访问材料同现有的其他材料相矛盾，或调查所获得的案件情况缺乏相应的材料印证时，应当采取调查法进行审查评断。调查时，侦查人员应首先查明被访问人知情的原因及来源，并以此为线索，采取多种相应的侦查措施进行调查，以求获取能对比验证调查访问材料是否真实的依据。

5.实验鉴定法

如果调查访问材料所反映的案件情况，能够通过实验、技术鉴定的方法得到印证，在必要的时候，就应采取实验鉴定法。只要策略方法恰当，不出现技术上的差错，实验鉴定法的结论可靠性一般就比较高，其是一种较理想的审查评断方法。

三、审查评断调查访问材料的主要内容

不同的案件，审查评断的具体内容不尽相同，重点各异。通常审查评断调查访问材料的内容有以下几个方面。

（1）被访问人所了解掌握的情况的来源；

（2）被访问人同犯罪嫌疑人、事主及被害人、犯罪事件的关系；

（3）被访问人提供情况的态度和动机；

（4）被访问人的陈述同客观规律、客观事实是否相符；

（5）数个被访问人对同一事实的陈述有无矛盾；

（6）调查访问材料同其他侦查措施所获取的关于同一事实的材料是否一致；

（7）调查访问的策略方法是否符合法律规定，是否恰当；

（8）侦查人员的取证倾向。

复习与拓展

（1）审查评断调查访问材料的主要内容。

（2）审查评断调查访问材料的一般方法。

（3）调查访问的一般策略方法。

（4）发现调查访问对象的一般方法。

（5）调查机关和侦查人员在询问中应当遵守的法律规定和原则。

（6）审查评断调查访问材料的意义。

（7）调查访问的一般原则。

（8）如何对犯罪的目击者、知情人进行调查访问？

延伸阅读

（1）杨正鸣，倪铁：《侦查理论前沿问题研究》，法律出版社2016年版。

（2）任惠华：《侦查学与社会治理研究》，法律出版社2019年版。

（3）韩德明：《风险社会中犯罪的规制和侦查》，中国人民公安大学出版社2016年版。

（4）董坤：《侦查行为视角下的刑事冤案研究》，中国人民公安大学出版社2012年版。

（5）张翠松：《侦查监督制度理论与实践》，中国人民公安大学出版社2012年版。

（6）邵杨："论调查访问中的非言语印象管理策略"，载《山西高等专科学校学报》2016年第2期。

案例讨论

案例1

某年10月4日清晨，B市公安局接到报案称：B市××宾馆410房发生一起凶杀案件。

现场勘查所见：一具仅穿短裤的男尸横躺在床上，手脚被捆绑，嘴角有鲜血，颈部有条带血的枕巾，舌骨骨折。床头柜上的电话线被扯断。

调查访问情况：死者司机反映，死者叫陈×盆，男，56岁，广东省燃料公司某煤场场长，10月3日来B市谈生意，住××宾馆410房。当晚10时左右，进来一位按摩女郎，短发，穿露肩背带式牛仔裙，操普通话，自称是东北人。司机见状后离开，在三楼开房休息。4日清晨，司机回410房招呼陈×盆去吃早餐，发现陈×盆被杀，陈×盆的金表、钻戒、移动电话、传呼机、现金3万余元被劫走。

问题：

侦查人员现找来宾馆当晚在四楼值班的服务员陈×，请拟定调查访问提纲？

此次询问重点查明以下问题：（1）死者当晚在宾馆的活动情况？（2）有哪些人与死者接触过？（3）当晚哪些人在现场出现过？这些人来干什么？（4）当晚看到或听到过什么异常情况？（5）是否看见按摩女郎，其体貌特征有哪些，与其是否认识？

案例2

某年1月22日上午9时许，江苏省C市公安局接报：市洁湖西北角一池塘中发现两只分别装有人体四肢和上躯干的麻袋。

现场勘查所见：现场位于市城郊接合部，池塘南侧临靠洁湖公路。尸体四肢被肢解，和上躯干分别装在两只标有"糖广东省番禺制"的灰色麻袋中。

法医检察结果表明：被害人为男性，年龄在30~35岁，身高1.72米，系被人用钝器猛击头颅后部致死，死亡时间为3~4天。尸块及麻袋血样血型均为O型。

为此，C市公安局立即采取措施：利用市电视台播出查找无名尸体的通告；在全市内寻找失踪人和排查疑人疑事，并通报周围有关县市公安局，请求协查；提取尸体十指指纹；对现场提取的广东省番禺糖袋开展调查工作。

1月25日，在上报失踪的23人中，通过血型、指纹、照片认定死者叫黄×根，男，33岁，身高1.71米。离异，现单身居住在市劳动巷8弄5号。1987年8月至1988年8月曾因流氓罪被劳动教养一年。期满后，回到市第二纺织机械厂电子车间工作。1998年4月停薪留职，之后，长期在市东关证券市场从事国库券、票证、外币等证券的黑市交易。

问题：

请为本案拟定调查访问提纲（包括调查对象、调查内容、调查方法）。

第五章

侦查讯问

| 本 | 章 | 要 | 点 |

侦查讯问是刑事诉讼程序中的主要侦查行为之一，也是侦查破案的关键环节之一。本章从侦查讯问的法条解读入手，全面论述了侦查讯问的概念、特征、主体和对象；论述了在讯问过程中，正确评估面临的有利条件与不利条件，并有针对性地做好侦查讯问的准备工作；详细阐述了针对不同对象使用不同的讯问策略与方法；最后还论述了侦查讯问结论的评断和运用等问题。

第一节 相关法条及解读

2018年修订的《刑事诉讼法》第二编第二章第二节对侦查讯问作了专门规定，使“讯问犯罪嫌疑人”与“询问证人”“勘验、检查”“搜查”“查封、扣押物证、书证”“鉴定”“技术侦查措施”等并列成为侦查人员在刑事诉讼侦查过程中拥有的众多侦查措施之一。2020年修订的《公安机关办理刑事案件程序规定》第八章，也对包括侦查讯问等在内的侦查活动进行了具体的规定。因此，侦查讯问是依照我国刑事诉讼法进行的一种侦查活动。

侦查讯问作为法定的侦查步骤之一，法律对其作出了明确而又严格的具体要求。

一、对讯问人员的要求

《刑事诉讼法》第118条规定，讯问犯罪嫌疑人必须由人民检察院或者公安机关的侦查人员负责进行。讯问的时候，侦查人员不得少于2人。《公安机关办理刑事案件程序规定》第202条规定，讯问犯罪嫌疑人，必须由侦查人员进行。讯问的时候，侦查人员不得少于2人。讯问同案的犯罪嫌疑人，应当个别进行。据此，法律对讯问人员有以下两点要求。

（1）身份要求。身份要求，即讯问人员必须是侦查人员。讯问犯罪嫌疑人是一项侦查行为，依法只能由具有侦查权的侦查人员进行，其他任何机关、团体和个人均无权进行这项活动。

（2）数量要求。数量要求，即讯问时，侦查人员不得少于2人。法律作出这一规定的意义有两个：其一是保证讯问活动的正常、安全进行；其二是防止个别侦查人员利用职务之便违法乱纪。

二、对讯问时限的要求

1.对被传唤、拘传的犯罪嫌疑人讯问的时限要求

《刑事诉讼法》第119条规定，传唤、拘传持续的时间不得超过12小时；案情特别重大、复杂，需要采取拘留、逮捕措施的，传唤、拘传持续的时间不得超过24小时。并且充分保障了犯罪嫌疑人的权利，即不得以连续传唤、拘传的形式变相拘禁犯罪嫌疑人。传唤、拘传犯罪嫌疑人，应当保证犯罪嫌疑人的饮食和必要的休息时间。《公安机关办理刑事案件程序规定》中也有类似规定。

2.对被监视居住、取保候审的犯罪嫌疑人讯问的时限要求

根据《刑事诉讼法》的有关规定，在犯罪嫌疑人被取保候审或者被监视居住的时限内，侦查人员仍有权对其进行讯问。但这种讯问必须依法进行，不得以“车轮战”等非法形式进行讯问，讯问不得影响被监视居住人或者被取保候审人正常的工作、学习和生活。在发现不应当追究犯罪嫌疑人刑事责任或者取保候审、监视居住期限届满时，应当及时解除取保候审、监视居住，不得再行讯问。

3.对被刑事拘留、逮捕的犯罪嫌疑人讯问的时限要求

《刑事诉讼法》第86条规定，公安机关对被拘留的人，应当在拘留后的24小时以内进行讯问。在发现不应当拘留的时候，必须立即释放，发给释放证明。此次讯问后，公安机关在拘留审查期限内仍可对被拘留人进行讯问。《刑事诉讼法》第94条规定，人民法院、人民检察院对于各自决定逮捕的人，公安机关对于经人民检察院批准逮捕的人，都必须在逮捕后的24小时以内进行讯问。在发现不应当逮捕的时候，必须立即释放，发给释放证明。据此，对被逮捕的人，侦查机关必须在逮捕后的24小时内进行讯问，否则便是违法失职。

三、对讯问方式的要求

讯问方式是指讯问犯罪嫌疑人的模式、态度和方法。作为刑事诉讼的重要步骤之一，讯问方式必须具备严肃性和合法性。

（1）讯问方式的严肃性。讯问方式作为讯问活动的外部表现形式，必须反映讯问活动的本质目的和要求，即必须服从于获取真实可靠的供述，查清案件的事实真相这一目的。这个前提决定了讯问方式只能是严肃的问答式，而不能是谈心式、商洽式、谈判式。当然，在严肃的问答式的前提下，侦查人员可以与犯罪嫌疑人谈心，对其进行思想、政策、法律教育。实践证明，严肃的问答式是最可靠、最有效的讯问方式。此外，审讯室的环境庄严肃穆，陈

设井然有序，室内光线充足，侦查人员仪表端庄、举止大方、讯问态度严肃自然等，都是体现讯问方式严肃性不可忽视的因素。

（2）讯问方式的合法性。这是指侦查人员必须依照法律的规定进行讯问，不仅讯问的方式要合法，而且讯问的内容也必须合法。因此在讯问中，绝对禁止刑讯逼供，禁止引供、诱供和指名指事问供，同时也不得损害犯罪嫌疑人的人格尊严。《刑事诉讼法》第56条规定，采用刑讯逼供等非法方法收集的犯罪嫌疑人、被告人供述和采用暴力、威胁等非法方法收集的证人证言、被害人陈述，应当予以排除。

四、对讯问程序的要求

《刑事诉讼法》第118条规定，犯罪嫌疑人被送交看守所羁押以后，侦查人员对其进行讯问，应当在看守所内进行。该条对讯问犯罪嫌疑人的地点进行了规定。《刑事诉讼法》第119条对讯问的地点作了详细说明，即对不需要逮捕、拘留的犯罪嫌疑人，可以传唤到犯罪嫌疑人所在市、县内的指定地点或者到他的住处进行讯问，但是应当出示人民检察院或者公安机关的证明文件。对在现场发现的犯罪嫌疑人，经出示工作证件，可以口头传唤，但应当在讯问笔录中注明。

至于讯问的具体程序，《刑事诉讼法》第120条规定，侦查人员在讯问犯罪嫌疑人的时候，应当首先讯问犯罪嫌疑人是否有犯罪行为，让他陈述有罪的情节或者无罪的辩解，然后向他提出问题。《公安机关办理刑事案件程序规定》第203条规定，第一次讯问，应当问明犯罪嫌疑人的姓名、别名、曾用名、出生年月日、户籍所在地、现住地、籍贯、出生地、民族、职业、文化程度、政治面貌、工作单位、家庭情况、社会经历，是否属于人大代表、政协委员，是否受过刑事处罚或者行政处理等情况。该规定进一步表明了讯问的内容。

《刑事诉讼法》第122条规定，讯问笔录应当交犯罪嫌疑人核对，对于没有阅读能力的，应当向他宣读。如果记载有遗漏或者差错，犯罪嫌疑人可以提出补充或者改正。犯罪嫌疑人承认笔录没有错误后，应当签名或者盖章。侦查人员也应当在笔录上签名。犯罪嫌疑人请求自行书写供述的，应当准许。必要的时候，侦查人员也可以要犯罪嫌疑人亲笔书写供词。《公安机关办理刑事案件程序规定》第206条规定，讯问笔录应当交犯罪嫌疑人核对或者向他宣读。如果记录有遗漏或者差错，应当允许犯罪嫌疑人补充或者更正，并捺指印。笔录经犯罪嫌疑人核对无误后，应当由其在笔录上逐页签名、捺指印，并在末页写明“以上笔录我看过（或向我宣读过），和我说的相符”。拒绝签名、捺指印的，侦查人员应当在笔录上注明。相比于《刑事诉讼法》，《公安机关办理刑事案件程序规定》更加细化了部分内容。

此外，《刑事诉讼法》对讯问过程中的录音录像进行了规定。《刑事诉讼法》第123条规定，侦查人员在讯问犯罪嫌疑人的时候，可以对讯问过程进行录音或者录像；对于可能判处无期徒刑、死刑的案件或者其他重大犯罪案件，应当对讯问过程进行录音或者录像。录音或者录像应当全程进行，保持完整性。《公安机关办理刑事案件程序规定》第208条规定，讯问犯罪嫌疑人，在文字记录的同时，可以对讯问过程进行录音或者录像。对于可能判处无期徒刑、死刑的案件或者其他重大犯罪案件，应当对讯问过程进行录音或者录像。同时，该规定还进一步解释了部分用语：前款规定的“可能判处无期徒刑、死刑的案件”，是指应当适用的法定刑或者量刑档次包含无期徒刑、死刑的案件。“其他重大犯罪案件”，是指致人重伤、死亡的严重危害公共安全犯罪、严重侵犯公民人身权利犯罪，以及黑社会性质组织犯罪、严重毒品犯罪等重大故意犯罪案件。对讯问过程录音或者录像的，应当对每一次讯问全程不间断进行，保持完整性。不得选择性地录制，不得剪接、删改。这些规定更加细化了录音录像的适用范围与程序。

五、对保障犯罪嫌疑人在讯问中的诉讼权利的要求

侦查讯问中涉及两项联合国刑事司法规则，即非法证据排除规则和反对强迫自证其罪规则。这两项规则规定于《公民权利和政治权利国际公约》《保护人人不受酷刑和其他残忍、不人道或有辱人格待遇或处罚宣言》（以下简称《宣言》）、《禁止酷刑和其他残忍、不人道或有辱人格的待遇或处罚公约》（以下简称《公约》）及其相关国际法中。《宣言》第12条规定：“如经证实是因为受酷刑或其他残忍、不人道或有辱人格的待遇或处罚而作的供词，不得在任何诉讼中援引为指控有关的人或任何其他人的证据。”《公约》第15条规定：“每一缔约国应确保在任何诉讼程序中，不得援引任何业经确定系以酷刑取得的口供为证据，但这类口供可用作被控施用酷刑者刑讯逼供的证据。”关于“酷刑”的定义，《公约》第1条第1款规定：“为本公约的目的，‘酷刑’是指为了向某人或第三者取得情报或供状，为了他或第三者所作或涉嫌的行为对他施加处罚，或为了恐吓或威胁他或第三者，或为了基于任何一种歧视的理由，蓄意使某人在肉体上或精神上遭受剧烈疼痛或痛苦的任何行为，而这种疼痛或痛苦是由公职人员或以官方身份行使职权的其他人所造成的，或在其唆使、同意或默许下造成的。纯因法律制裁而引起的或法律制裁所固有或附带的疼痛或痛苦不包括在内。”《公约》第11条规定：“每一缔约国应经常有系统地审查对在其管辖的领土内遭到任何形式的逮捕、扣押或监禁的人进行审讯的规则、指示、方法和惯例以及对他们的拘留和待遇的安排，以免发生任何酷刑事件。”

我国刑事诉讼的目的是惩罚犯罪和保障人权。犯罪嫌疑人虽然涉嫌犯罪，但在讯问过程中，法律仍然赋予其必要的诉讼权利。这些诉讼权利主要有以下几种。

（1）聘请律师为其提供法律帮助的权利。根据《刑事诉讼法》第34条的规定，犯罪嫌疑人自被侦查机关第一次讯问或者采取强制措施之日起，有权委托辩护人；在侦查期间，只能委托律师作为辩护人。被告人有权随时委托辩护人。该法第38条规定，辩护律师在侦查期间可以为犯罪嫌疑人提供法律帮助；代理申诉、控告；申请变更强制措施；向侦查机关了解犯罪嫌疑人涉嫌的罪名和案件有关情况，提出意见。

（2）为自己辩护的权利。辩护权是法律赋予犯罪嫌疑人、被告人最重要的诉讼权利。在

侦查期间允许并保障犯罪嫌疑人自己行使辩护权，有利于侦查人员全面、客观地了解案件事实，防止主观臆断和偏听偏信。

（3）拒绝回答与本案无关的问题的权利。《刑事诉讼法》第120条规定，犯罪嫌疑人对侦查人员的提问，应当如实回答。但是对与本案无关的问题，有拒绝回答的权利。侦查人员在讯问犯罪嫌疑人的时候，应当告知犯罪嫌疑人享有的诉讼权利，如实供述自己罪行可以从宽处理和认罪认罚的法律规定。该条规定了犯罪嫌疑人如实回答的义务，同时保障了其有关权利。所谓“与本案无关的问题”，是相对于与本案有关的问题而言的。总的来说，与本案无关的问题主要是指对确定本案犯罪嫌疑人有罪或者无罪不起决定或者影响作用的问题。犯罪嫌疑人对于与本案无关的问题，有拒绝回答的权利，但不得滥用“拒答权”，不得借“与本案无关”而拒不回答侦查人员的任何提问。也就是说，我国并没有确立“沉默权”制度，犯罪嫌疑人需要根据提问进行回答。如果拒不作答，很有可能被认为是“抗拒”。

（4）控告权。《刑事诉讼法》第14条规定，诉讼参与人对于审判人员、检察人员和侦查人员侵犯公民诉讼权利和人身侮辱的行为，有权提出控告。在讯问过程中，侦查人员对犯罪嫌疑人提出的控告，应当及时转交有关领导或者有关部门，不得隐瞒和积压，更不得对犯罪嫌疑人进行刁难和报复。

（5）申请回避权。根据《刑事诉讼法》第29条规定，审判人员、检察人员、侦查人员（包括讯问人员和记录员）有下列情形之一的，应当自行回避，当事人及其法定代理人也有权要求他们回避：①是本案的当事人或者是当事人的近亲属的；②本人或者他的近亲属和本案有利害关系的；③担任过本案的证人、鉴定人、辩护人、诉讼代理人的；④与本案当事人有其他关系，可能影响公正处理案件的。侦查人员在讯问过程中，对犯罪嫌疑人提出的回避申请，应当立即报告有关领导，由有关领导决定是否回避。但是在对侦查人员的回避作出决定前，侦查人员不能停止对案件的侦查，讯问仍然应当照常进行。

（6）知道用作证据的鉴定意见的内容的权利和申请补充鉴定或者重新鉴定的权利。《刑事诉讼法》第148条规定，侦查机关应当将用作证据的鉴定意见告知犯罪嫌疑人、被害人。如果犯罪嫌疑人、被害人提出申请，可以补充鉴定或者重新鉴定。侦查机关在侦查终结前，应当将案件中涉及各类用作定罪证据的鉴定意见的内容告知犯罪嫌疑人，不得以任何借口剥夺犯罪嫌疑人的这项诉讼权利。如果犯罪嫌疑人对鉴定意见提出有根据的异议，并要求补充鉴定或者重新鉴定，侦查机关应当进行补充鉴定或者重新鉴定，以保障犯罪嫌疑人的诉讼权利。对犯罪嫌疑人提出补充鉴定或者重新鉴定的申请内容，侦查讯问人员应当记明笔录，以备查考。

（7）用本民族语言文字进行诉讼的权利。《刑事诉讼法》第9条规定，各民族公民都有用本民族语言文字进行诉讼的权利。人民法院、人民检察院和公安机关对于不通晓当地通用的语言文字的诉讼参与人，应当为他们翻译。根据此规定，在侦查讯问过程中，犯罪嫌疑人对侦查人员的发问，有权用本民族的语言回答，有权用本民族的文字书写亲笔供词。在依法使用当地通用的语言进行审讯的情况下，如果犯罪嫌疑人不通晓当地通用的语言，侦查人员应当为他们翻译。

总体而言，虽然我国法律没有规定“沉默权”制度，但新修订的《刑事诉讼法》《公安机关办理刑事案件程序规定》都极大程度地保障了犯罪嫌疑人的各项权利，值得肯定。

第二节 侦查讯问概述

一、侦查讯问的概念与特征

侦查讯问，是指刑事诉讼中侦查人员为了查明案件事实和其他有关情况，依照相关法律程序，以言词方式对犯罪嫌疑人进行审讯和诘问，以获取真实供述或者辩解的一种侦查活动。在侦查策略中，侦查讯问属于侦查方法的一种。

在《布莱克法律词典》中，“讯问”（Interrogation）是指“在刑事法律中，警察为了解决犯罪问题而向被逮捕者或犯罪嫌疑人提出问题的程序。该被讯问人有权被告知其享有的诉讼权利，包括有权要求律师到场，明白回答问题的法律后果。如果警察没有告知或者忽视给予犯罪嫌疑人这些权利须知，警察的提问和犯罪嫌疑人对问题的回答，在对被逮捕者的审判或者听证中将不能作为证据被采纳”。在英国，讯问一般按法官规则（Judges’Rule）进行。警察决定指控某人时，应在讯问或进一步讯问之前告知其有保持沉默的权利，如果犯罪嫌疑人回答，其陈述将被记录下来，并可能在庭审时作为证据提出。犯罪嫌疑人可以自愿作出回答，但不得强制其回答，其自愿陈述可以作为证据被采纳。在美国，联邦最高法院确立了一系列规则以规范对犯罪嫌疑人的讯问，如米兰达规则（Miranda Rule）。如果警察在讯问前没有告知被讯问人其所享有的权利（如保持沉默的权利、聘请律师的权利等），那么通过讯问所获得的陈述将不能作为证据被采纳。总之，在西方的语境下，“讯问”通常是指警察通过向被逮捕的或被怀疑有犯罪行为的嫌疑人提问来查明其是否真正犯有罪行的程序。

总体上说，讯问是获取和查证证据的诉讼手段。通过讯问，可以获取和查实正确判决刑事案件必需的大部分犯罪信息，查明犯罪动机、目的以及促成犯罪的条件。同时，讯问还是教育受讯问人的有效手段。作为一种最普遍的侦查行为，讯问是一种多结构的、错综复杂的，且涉及侦查、组织、心理和伦理道德等问题的活动。在讯问中，需要广泛地应用刑事侦查策略学、司法心理学、逻辑学、教育学和司法伦理学的知识。

具体地说，侦查讯问作为侦查机关办理刑事案件的必经步骤，具有以下法律特征。

1.侦查讯问的主体是侦查机关的侦查人员

根据《刑事诉讼法》规定，我国享有侦查权的机关是公安机关、国家安全机关、人民检察院、军队保卫部门和监狱。对犯罪嫌疑人的讯问作为一项侦查行为只能由这些侦查机关的侦查人员进行，其他任何机关、个人都无权讯问犯罪嫌疑人。

2.侦查讯问有特定的目的

侦查讯问的目的，是通过讯问获取犯罪嫌疑人的有罪供述或者无罪辩解，从而查明案件的全部事实真相，揭露、证实和追究犯罪，并保障无罪的人不受刑事追究。

3.侦查讯问是侦查活动的重要组成部分

侦查作为刑事诉讼五项程序之一，包括讯问犯罪嫌疑人，询问证人和被害人，勘验、检查，搜查，查封、扣押物证、书证，鉴定等多项内容，而讯问是其中的重要内容。凡侦查机关办理刑事案件，必须对犯罪嫌疑人进行讯问，讯问犯罪嫌疑人是侦查活动的必经步骤。

侦查刑事案件，从立案开始，到查明全部犯罪事实，都有一个发展过程，在一段或长或短的时间内，侦查人员同侦查对象之间一般没有直接的正面接触，侦查活动通常不为侦查对象所知，侦查人员也不明确谁是犯罪嫌疑人。通过侦查发现了犯罪嫌疑人，收集了部分犯罪证据，查明了部分犯罪事实，即可依法将犯罪嫌疑人予以逮捕或拘留。至此，侦查活动转为侦查人员同侦查对象面对面进行，即侦查人员对侦查对象进行正面的讯问，以进一步查明事实真相。由于前一阶段的侦查对犯罪嫌疑人的部分犯罪事实的认定是初步的和并不十分确切的，所以，还必须通过讯问查证核实。实践证明，很多案件中的部分情节，尤其是那些缺少见证人、知情人和其他直接证据的案件，非经正面讯问犯罪嫌疑人，无法查清，难以最终认定。因此，讯问是侦查刑事案件必经的重要阶段。只有通过讯问，才能最终完成刑事案件侦查的全部任务。

二、侦查讯问的对象

1.依法被逮捕的犯罪嫌疑人

依法被逮捕的犯罪嫌疑人在一般情况下，其部分犯罪事实已经查清，但侦查中确认的一切犯罪事实和证据仍必须向被逮捕人查问证实，并进一步发现侦查阶段尚未掌握的犯罪事实和证据。所以，讯问被逮捕人，主要是为了查证其是否犯罪，其供述同侦查中收集的情况是否吻合，也就是最终查清被逮捕人同犯罪事实和犯罪证据三者之间的联系，从而对被逮捕人的犯罪事实和罪责进行审查确定。

2.依法被拘留的犯罪嫌疑人

根据我国《刑事诉讼法》的规定，拘留对象是现行犯罪人或重大犯罪嫌疑人。侦查机关对于被拘留的犯罪嫌疑人必须在24小时内进行讯问，如果发现有不应拘留的情况，应立即予以释放；对被拘留犯罪嫌疑人，认为需要逮捕的，应当在法律规定的时间内办理逮捕手续，宣布逮捕。如果需要逮捕而又证据不足，或者发现有法律规定的其他不宜拘留的情况，可以对被拘留人采取取保候审或监视居住的措施。

3.不需要逮捕、拘留的犯罪嫌疑人

侦查人员对于不需要逮捕、拘留的犯罪嫌疑人，可以传唤到犯罪嫌疑人所在市、县内的指定地点或者到他的住处进行讯问。此种情况下的讯问应当出示人民检察院或者公安机关的证明文件。

4.准备拘留、逮捕的犯罪嫌疑人

侦查过程中，对于那些同犯罪关系十分密切，为犯罪嫌疑人提供犯罪的方便条件，帮助藏匿犯罪嫌疑人，藏匿、销毁和转移犯罪证据，知情不报的人员，在查明有关事实情节后，如果认为需要追究刑事责任，则可以对他们进行讯问，以便查明事实，掌握证据，及时做出适当处理。

三、侦查讯问的任务

侦查讯问的任务，是依照国家法律法规，准确及时地查明案件事实，追究应当负刑事责任的人，保障无罪的人不受刑事追究。具体来说，侦查讯问的任务体现在以下五个方面。

1.依法准确及时地查明案件的全部事实真相，收集犯罪证据，判明犯罪性质

由于案件事实是刑事案件赖以成立的基础，也是追究或者不追究犯罪嫌疑人刑事责任的前提和依据，所以，依法准确及时地查明案件的全部事实真相就成为侦查讯问的首要和中心的任务。案件的全部事实包括与案件有关的人物、时间、地点、手段（方法）、情节、目的、动机、后果等，这是任何一个案件都不可缺少的因素。因此，应通过讯问，揭露和证实犯罪嫌疑人的犯罪行为，查明犯罪动机、犯罪目的、犯罪经过等具体情节，查清犯罪嫌疑人实施犯罪行为时的主观心理状态，判明基本犯罪事实和犯罪性质。

2.追查同案犯和发现其他犯罪线索

不少刑事案件，特别是重大、特大刑事案件，往往是多人共同实施，甚至还可能是有组织的犯罪集团实施。有些犯罪嫌疑人并非共同参与犯罪，但他们却可能彼此了解各自的犯罪活动情况。所以，讯问时应当追问被讯问人是否还有未被捕获的同案犯或了解他人的犯罪活动，以便不失时机地追查，将其及时捕获归案。但是，对于被讯问人关于同案犯的供述，必须认真地调查核对，不能仅凭被讯问人的供述轻率地作出拘捕的决定。同时，在讯问中不能就案论案，而要注意发现其他犯罪线索。无论是被讯问人主动提供的还是无意间吐露的犯罪线索，都不能轻信或忽视，应当及时地予以查证，做出适当的处理。

3.查对证据，给犯罪嫌疑人以辩护机会，保护无罪的人不受刑事追究

惩罚犯罪嫌疑人，同时又要保障无罪的人不受刑事追究，是我国刑事诉讼法的根本任务。刑事犯罪错综复杂，一些人出于各种动机，无中生有、歪曲事实真相的情况不少见。同时，由于各种主客观原因的影响，侦查中的疏忽和错误很难完全避免。因此，在讯问中，应当充分考虑到被讯问人存在着有罪和无罪的两种可能性。通过讯问，侦查人员应当给予犯罪嫌疑人充分的辩护机会，直接听取犯罪嫌疑人的申辩，对于犯罪嫌疑人提出的无罪和罪轻的辩解，侦查人员应当耐心细致地听取其陈述，客观公正地进行认真细致的审查。如果通过查证，发现确属错捕错拘，应当依法排除嫌疑，保护犯罪嫌疑人的合法权益，保证无罪的人免受刑事追究。

4.对犯罪嫌疑人进行认罪服法、改恶从善的教育

根据我国社会主义法治精神，对有罪的人必须依法予以惩罚。但惩罚的目的是减少和预防犯罪，将绝大多数有罪的人改造成对社会有益的遵纪守法的公民。讯问工作，是侦查人员同犯罪嫌疑人面对面的斗争，结合正在讯问的犯罪事实对被讯问人进行法制教育，对有罪的犯罪嫌疑人进行认罪服法、改过自新的教育，促使犯罪嫌疑人端正自己的认识和立场态度，认识到自己的犯罪行为给国家和人民造成的危害和损失，帮助其剖析犯罪思想根源，为犯罪嫌疑人改邪归正、重新做人创造条件。

5.收集犯罪资料，研究掌握刑事犯罪规律特点，为预防犯罪提供情报

通过对犯罪嫌疑人的讯问，可以了解其犯罪的思想因素、走上犯罪道路的过程、犯罪手段的特点、选择侵害目标的心理活动和逃避侦查的能力等同犯罪活动有关的因素，从而分析犯罪活动规律和促成犯罪的主客观原因，以便有针对性地提出预防犯罪的有效措施和建议。依据各类犯罪案件的发生情况，还可以分析出刑事犯罪活动的规律、趋势和特点，为预防和减少犯罪、矫正改造罪犯提供情报，促进治安环境的改善。

第三节 侦查讯问的准备

充分细致的准备工作是保证讯问顺利进行的重要前提。被讯问人被指控犯有某种罪行，被拘留关押，等待审讯，因此处于被动的地位。侦查人员已初步了解犯罪事实的真相，掌握了部分证据，还可以用多种措施配合讯问工作，因此处于主动的地位，占有明显的优势。但是，讯问仍然是一种尖锐复杂的面对面的斗争。如果侦查人员事先没有充分的准备，讯问时抓不住要领，击不中问题的要害，就难以制服犯罪嫌疑人。特别对那些罪行较重的和有反讯问经验的被讯问人，如果缺乏充分的准备，就很难查清其全部罪行。

一、明确认识讯问犯罪嫌疑人的有利条件和不利因素

讯问犯罪嫌疑人是一场尖锐复杂的面对面的斗争。为了保证讯问的顺利进行，侦查人员首先应当正确认识讯问犯罪嫌疑人的有利条件和不利因素。

（一）有利条件

1.犯罪嫌疑人的被动地位

犯罪嫌疑人在法律上处于被指控的地位，政治上孤立，道义上失利，受到社会舆论的谴责。人民民主专政和社会主义法制的威力可能迫使那些陷得不深的犯罪嫌疑人，特别是青少

年犯罪嫌疑人经过教育转变立场，走上重新做人的道路。

2.犯罪嫌疑人的人身自由受到限制，行动受到约束

在侦查期间，绝大多数犯罪嫌疑人都被采取了强制措施，人身自由受到不同程度的限制，其思想和言行受到严密监控。这一方面有利于侦查人员顺利开展调查取证工作，另一方面也使得犯罪嫌疑人不知道侦查机关破获该案的方法，以及掌握其犯罪证据的多少等情况，思想始终处于被动、猜疑、动摇状态之中，从而有利于侦查人员分析研究犯罪嫌疑人的心理，制定正确的讯问策略和方法，促使犯罪嫌疑人交代罪行。

3.掌握犯罪嫌疑人一定的罪证材料

侦查机关在传唤犯罪嫌疑人或者对犯罪嫌疑人采取强制措施之前，一般都进行了一段时间的调查工作，即一般都遵循“先调查，后讯问”的侦查模式。这样，在对犯罪嫌疑人开展讯问之前，侦查机关已经掌握了犯罪嫌疑人的一部分或者大部分甚至全部的罪证材料，这是制定讯问策略和揭发犯罪的依据，是讯问成功的重要保障。

4.有国家的政策和法律作为指导

国家的政策和法律是分化瓦解犯罪营垒和制服犯罪嫌疑人的锐利武器，尤其是“坦白从宽，抗拒从严，立功赎罪，立大功受奖”的政策和“给出路”政策，如果运用得当，会对犯罪嫌疑人产生巨大的震慑力和感召力，促使其交代罪行。

5.党的领导和群众的支持

党的领导和群众的支持使侦查机关可以通过各种途径，采取各种办法来揭露和证实犯罪。党的领导和群众的支持是侦查讯问工作的坚强后盾。

（二）不利因素

1.讯问具有尖锐的冲突性

由于讯问的最终结果关系到犯罪嫌疑人的前途和命运，因此在讯问过程中，犯罪嫌疑人为了逃避法律的惩罚，总是千方百计地进行狡辩抵赖，他们能不交代就不交代，能交代一条罪行就不会交代两条，能交代部分罪行绝不交代全部，不肯轻易就范。

2.犯罪嫌疑人的反审讯能力

在侦查讯问实践中，反审讯能力较突出的是一些受过政法机关惩处的犯罪嫌疑人，以及在境外受过反审讯训练的间谍分子。这些犯罪嫌疑人在实施犯罪之后、被采取强制措施之前，往往就已经做好了反审讯准备，给讯问工作设置了障碍。

3.犯罪嫌疑人有严重的对立情绪

对人民民主专政和社会主义制度的仇视，反社会心理的存在，对法律的无知，对政策的误解，等等，都会使犯罪嫌疑人在讯问中产生严重的对立情绪。对立情绪的存在，往往使犯罪嫌疑人不愿意交代或者不愿如实交代罪行，使讯问陷入僵局。

4.有些案件的证据材料不确实、不充分

讯问之前，侦查机关一般已经掌握有一定的证据材料，但在有些案件中，这些证据材

料还不够确实或者不够充分。若讯问是在这种情况下开始进行的，无疑会给讯问带来一定的困难。

正确认识讯问中的有利条件，有助于增强侦查人员制服有罪犯罪嫌疑人的信心和决心；而充分认识讯问中的不利因素，则有利于侦查人员克服盲目乐观的心理，从心理上和措施上做好克服困难的准备。

二、认真做好讯问前的准备

讯问具有尖锐的冲突性，必须认真做好讯问前的准备。侦查人员应该牢固树立“必须先胜而后求胜，绝不先讯而后求胜”的观念。只有做好讯问前的准备工作，才能牢牢掌握讯问的主动权，抓住案件的中心和要害，确保讯问效果；同时，只有做好了讯问前的准备工作，才能使讯问工作有计划有步骤地进行，避免盲目性和随意性，避免暴露侦查人员的底细和讯问意图，保证讯问的成功。

（一）合理分配案件和组织最佳的讯问力量

侦查机关应该根据案件的性质、难易程度和犯罪嫌疑人的人数、个性特点、认罪态度，以及侦查人员的具体情况，指派能够胜任的侦查人员负责案件的讯问工作。讯问过程中，要坚持一审一记制度，专人负责到底，不要在讯问中途随意更换侦查人员，确保讯问成功。对于案情复杂、疑难重大的案件或特大案件，应当配备较强的讯问力量。对人数较多的有组织犯罪或团伙犯罪案件，应当合理安排侦查人员，统一指挥，互相协调，以利于及时从同案犯罪嫌疑人的供述中发现疑点，利用矛盾，打开缺口，迅速查明案情。

（二）全面熟悉和掌握案件情况

熟悉案情是讯问准备工作的重要内容之一。熟悉案情主要包括查阅案卷和审查犯罪证据。这通常可以从熟悉关于被拘留或被逮捕人的法律文书入手，了解犯罪事实、犯罪地点、犯罪时间、犯罪手段和犯罪后果等情况。在此基础上，通过查阅侦查案卷，了解侦查全过程、被讯问人的基本情况和已掌握的证据。对于证据，首先要审查其是否同决定逮捕、拘留的法律文书所列举的一致；其次要审查证据本身的可靠性；最后还应了解取证方式及证据来源等。此外，还应结合本案实际情况，认真查阅各种通报材料、情况类似的未破案件材料，分析同本案有无联系，以便在讯问中深挖未能发现的余罪，或获得其他案件的线索。

熟悉案件情况，要做到全面掌握犯罪事实和每一个犯罪证据，了解被讯问人的心理状况和个人基本情况，案情如涉及专门技术知识，还应进行必要的学习了解，或请求具备相关知识的专家指导协助。

（三）研究被讯问人的基本情况

讯问前，应当对被讯问人的基本情况进行认真的专门研究。这对于讯问中有的放矢地教育被讯问人悔罪自新，灵活机动地运用策略，扩大讯问战果都是有重要意义的。被讯问人的基本情况，主要包括以下三个方面。

1.被讯问人犯罪原因，有无犯罪前科

了解这方面的情况，便于有针对性地对被讯问人进行思想教育，避免讯问僵局的出现。这些情况通常可以从被讯问人犯罪的手法、社会经历、社会关系及思想品质等方面进行初步的分析。

2.被讯问人的个性特点

这包括研究被讯问人的性格、兴趣、能力和气质等基本心理特点。个性特点是人们在长期的学习、生活和工作中，因不同的家庭环境、社会环境影响逐渐形成的。了解和掌握被讯问人的个性特点，有助于选择适当的讯问策略方法，处理好同被讯问人的关系，创造有利于讯问的气氛。

3.被讯问人被羁押后的心理状态

即将成为被告人的犯罪嫌疑人，被拘捕后的心理状态较被捕前一般都有较大变化。通常有以下几种不同情况：有悔罪自新的愿望，因而愿意主动坦白交代罪行；存在畏罪心理，对现行政策法律存有疑虑或误解，不敢主动彻底交代罪行；自知罪行特别严重，产生绝望心理，以致负隅顽抗，拒不认罪。研究被讯问人被羁押后的心理状态，不仅有助于对其进行认罪服法的教育，也有利于针对其心理状态，采取相应的讯问策略。

（四）制定讯问计划

讯问必须有计划地进行。制定讯问计划的前提是：第一，熟悉和掌握案件全部情况，深入了解被讯问人心理活动的特点；第二，掌握该类案件讯问的基本方法。讯问计划的内容应该包括：简要的案情，拘捕被讯问人的依据，讯问的目的和要求，讯问的重点、方法和步骤；根据讯问的目的，提出需要查清的具体问题，分析被讯问人可能的几种回答并提出具体的对策；预计什么情况下使用何种证据；明确使用证据的顺序和策略方法；哪些问题尚需要采用其他措施调查取证；等等。讯问计划的具体内容和要求，因案件不同而不尽相同。讯问计划应当具有较大的灵活性，能够最大限度地适应讯问过程中可能发生的意外情况。

（五）证据及有关资料的准备

讯问前，侦查人员必须根据讯问计划，准备好讯问中可能要使用的证据材料及有关资料，如万年历、地图、车船航班时刻表及价目表、各国货币换算表、法律文本、典型宽严处理案例、形势教育资料、证人证言录音带等。做好这些准备，在讯问中需要使用这些物品时才不至于手忙脚乱，破坏讯问气氛，影响讯问效果。

第四节 侦查讯问的一般方法

一、及时做好第一次讯问

（一）初讯的概念、意义和目标

1.初讯的概念

第一次讯问，也叫初讯，是指侦查人员在法定的时限内对犯罪嫌疑人进行的初次讯问，是侦查人员同犯罪嫌疑人第一次面对面的交锋。按照刑事诉讼法规定，犯罪嫌疑人被拘留后，必须在24小时以内对其进行第一次讯问。讯问犯罪嫌疑人，应当由2名以上的侦查人员进行。

2.初讯的意义

在做好讯问的准备工作之后，及时进行第一次讯问，既是认真执法、严格依法办案的要求，也是迅速完成侦查任务的策略要求，其重要意义包括以下三个方面。

（1）可以及时发现和纠正被错拘、错捕的犯罪嫌疑人，防止无罪的人被长期关押。刑事诉讼法明确规定了传唤、拘传、拘留、逮捕的审查、羁押期限。侦查机关无论对犯罪嫌疑人采取何种措施，都应在法定时限内及时对犯罪嫌疑人进行讯问，这是及时发现和纠正错误羁押、保护无罪人的人身权利的重要手段。

（2）初讯是突破案情的极好时机。犯罪嫌疑人被拘捕后，由于环境的突然变化，心理受到强烈的冲击，精神紧张，情绪慌乱，对于侦查机关掌握罪行的程度心中无底，还来不及形成抗拒审讯的防御体系，这是突破案情的极好时机。充分利用这一时机做好初讯工作，就有可能迅速突破案情，促使其尽快交代罪行。

（3）做好初讯工作，可以为以后的深入讯问打下良好的基础。第一次讯问，是侦查人员同犯罪嫌疑人的初次交锋，双方均在摸底试探。侦查人员给予犯罪嫌疑人第一印象的好坏，将对犯罪嫌疑人的心理产生深刻的影响，且直接关系到以后讯问局势的发展。同时，通过初讯，侦查人员可以直接观察、了解、掌握犯罪嫌疑人的心理动态、个性特点、认罪态度以及口供中暴露的矛盾、线索等，为研究确定继续深入讯问的方向和对策打下良好的基础。

3.初讯的目标

初讯的目标，应当是力争突破主要案情，而不是简单地履行法律程序或核对某些材料。所谓主要案情，是指呈请拘捕所认定的主要犯罪事实；突破主要案情，是指犯罪嫌疑人对其主要犯罪事实做出基本交代。只有突破主要案情，才能在初讯中或在短时间内，及时发现、制止犯罪嫌疑人的犯罪活动，及时追查同案犯和缴获重要罪证；只有及时突破主要案情，迫使犯罪嫌疑人心理上产生强烈震动，认真考虑利害得失，才能促使其将全部罪行做出彻底交代，达到深挖余罪的目的。因此，力争突破主要案情，应是初讯的目标。

（二）初讯的基本步骤

1.讯问犯罪嫌疑人的基本情况

犯罪嫌疑人的基本情况包括：姓名（化名、绰号、曾用名）、年龄、民族、职业、籍贯、文化程度、家庭成员、经历以及有无前科等。讯问以上基本情况不仅是一般的履行程序、核对情况，而是在了解犯罪嫌疑人社会经历、智力情况、个性特点和对罪行所抱的态度的基础上创造正常的讯问气氛，便于讯问工作的展开。

2.讯问犯罪嫌疑人是否有犯罪的行为

由于案情差异和犯罪嫌疑人自身的个性、心理、文化、经历等条件的不同，决定了犯罪嫌疑人认罪态度的不同。讯问人员应当根据掌握的实际情况以及犯罪嫌疑人的具体特点，审时度势，牢牢把握住讯问的主动权。同时向犯罪嫌疑人指出，按照法律规定，对讯问人员的提问，应当如实回答，不得隐瞒和伪供，否则将承担法律责任，以打消其拒供心理。

3.听取犯罪嫌疑人的供述和辩解

对于犯罪嫌疑人的供述和辩解，讯问人员应耐心听取，一般不要随便打断犯罪嫌疑人的陈述。在讯问过程中，要避免只听供述不听辩解的错误做法。在初讯时，应当允许犯罪嫌疑人进行辩解，即使是狡辩，也不要轻易阻止，而要让其充分“表演”，充分暴露，为以后批驳其狡辩打下基础。

4.进行有计划的讯问

在第一次讯问中，讯问人员应当告诉犯罪嫌疑人被拘捕的原因，同时问明被讯问人是否承认上述事实，并让其对此做出有罪的供述或无罪的辩解。被讯问人供述完毕，即应针对其供述的具体情况提出问题。在第一次讯问中提出的问题一般是让被讯问人进一步说明同本案有关的某些情况，或者是为了把这些情况说得更具体、更详细。讯问人员一般不应在第一次讯问中表明自己对讯问结果的看法。提问的目的主要是引起被讯问人的供述，以便了解情况。一般情况下，不宜打断被讯问人的供述，也不对其辩解多作驳斥。

5.结束讯问

要根据案件的具体情况，在适当的时候结束讯问。结束讯问时应该明确提出问题，让犯罪嫌疑人继续反省，为下次讯问打好基础。

（三）初讯中应当注意的问题

1.迅速及时地开展讯问

通过对犯罪嫌疑人及时进行第一次讯问，一方面，可以及时发现被错拘、错捕的人，保证无罪的人不受法律追究；另一方面，对确有罪行的犯罪嫌疑人要抓住其未来得及构筑防御体系、未考虑好如何应付讯问的有利时机，展开强有力的审讯攻势，迫使其如实交代。即使犯罪嫌疑人对自己的犯罪事实进行狡辩和抵赖，也可能语无伦次、自相矛盾、漏洞百出。因此，初讯必须讲求速度，突出“快”字，否则难以及时有效地实现讯问的目的。

2.重视给予犯罪嫌疑人的第一印象，防止出现僵局

第一次讯问，是讯问活动的第一步，也是关键的一步。因此，讯问人员应情绪稳定，精力集中，以高昂的斗志投入讯问活动。讯问人员应注意自己的神态、仪表和审讯室内环境的严肃整洁，给犯罪嫌疑人以庄重威严、公正可敬的印象。切不可态度生硬，盛气凌人，训斥、责骂犯罪嫌疑人，从而使犯罪嫌疑人对讯问人员产生对立情绪，激化矛盾，形成僵局，这将不利于审讯工作的开展。

3.善于抓住战机，及时追清主要事实和情节

在犯罪嫌疑人承认犯罪，并做出某些有罪供述时，要善于抓住战机，及时追清主要事实和情节。在这种情况下，应及时对犯罪嫌疑人已交代的事实按时间、地点、手段、后果和同案犯等方面详细地讯问清楚，及时追清主要情节，并应结合已掌握的证据材料对犯罪嫌疑人的供词进行认真分析，弄清犯罪嫌疑人是真坦白还是假坦白，是交代部分罪行骗取信任以隐瞒其他重大罪行，还是为了摸底试探。

4.对于犯罪嫌疑人的辩解，要耐心听取，并及时进行调查核实

犯罪嫌疑人申辩自己罪轻或者无罪时，讯问人员不要采取完全不相信的态度，轻易加以否定，指责其不老实，更不能威胁恫吓。无论辩解有理还是无理，都应耐心地听取，并及时进行查证核实。证明无罪的要立即释放；证明有罪的要予以揭露和批驳，促使其老实交代罪行。

5.及时检验案情、证据和讯问方法

第一次讯问，如果未能达到目标，应及时检验案情有无问题，证据是否可靠，讯问方法是否得当。初讯中如果犯罪嫌疑人拒不认罪，在无法突破主要案情的情况下，讯问人员不要急于求成，要避免以硬碰硬，造成僵局，而可以采取“以柔克刚”的策略，摸清犯罪嫌疑人拒不认罪的主要原因，对症下药。同时要对整个案情和所掌握的证据进行全面分析，及时发现问题，为下一步审讯创造条件。

二、注意选择提问方式

提问方式，是指在侦查讯问中，讯问人员为了达到预定的讯问目的，在讯问策略的指导下，按照一定的次序编排的一组提问的构成特点、类型和方式的总称。提问的科学性和技巧性是检验讯问人员业务水平的一个重要标志。在侦查讯问实践中常见的提问方式有：探索提问、突入提问、迂回提问、渐进提问、借言提问、含蓄提问、跳跃提问、命题提问、纵横提问等。

讯问人员不仅要善于从犯罪嫌疑人的供述中发现问题，而且还要善于向犯罪嫌疑人提出问题。提问的策略水平高低取决于讯问人员业务能力的强弱和实际工作经验的多寡。一般而言，提问应注意以下几点。

（1）提问时不能对被讯问人进行诱供或指人指事问供。

（2）当发现被讯问人供述矛盾时，不应急于揭露，也不应就这些矛盾进行提问，而应该

灵活机动地提出问题，让矛盾充分暴露。

（3）提问不能暴露讯问的目的，不能让被讯问人得知其罪行暴露的程度。在任何情况下，提问都应沉着冷静，不能让被讯问人从问话中察觉出讯问人员对供述的看法。特别在缺少证据的讯问中，讯问人员更应注意提问的方式。一般应概括、迂回地提出问题，不宜过于具体、直接地提出问题。

三、讯问中的思想教育

（一）讯问中思想教育的内容

对被讯问人进行思想教育，是贯穿整个讯问过程的一项重要工作。恰当地进行思想教育，不仅能使被讯问人认识到自己罪行的性质和危害后果，而且能使其明白政策法律的严肃性，从而坦白交代自己的罪行。对被讯问人进行思想教育的内容通常包括三个方面。

1.形势教育

讯问人员应当向被讯问人讲明当前政治经济发展的形势，国家为维护社会治安秩序的大政方针，刑事犯罪对于社会安定团结局面的危害等。从而使被讯问人认识到自己所犯罪行的反社会性。

2.政策法律教育

这是思想教育的核心，主要应讲明刑事犯罪触犯国家刑律，应当受到刑罚处罚。但是，国家政策法律的一贯精神是惩办和宽大相结合，认罪态度好，主动坦白交代罪行，可以从宽处理。有罪拒绝交代，最终将使自己处于更为不利的被动局面。

3.前途教育

前途教育主要应向被讯问人指明改恶从善的个人前途同社会发展前景的关系。教育被讯问人必须正视自己的犯罪行为，狡辩和抵赖都掩盖不了犯罪事实的真相，而且还会受到更加严厉的制裁。只有坦白交代，悔过自新，才是唯一光明的道路。

（二）对被讯问人进行思想教育的基本要求

1.言行严肃诚恳，客观公正

讯问人员是站在政府和人民的立场上对犯罪嫌疑人进行讯问的，应当用政策和法律的精神指导自己的言行，既要体现出政策法律的严肃性，又要体现出对被讯问人真诚的帮助和关心。在进行思想教育时，应当尊重被讯问人的人格，不应动辄训斥甚至辱骂。对于被讯问人实事求是的辩解和合理要求还应予以肯定和适当满足，这对于转变被讯问人的抗拒立场和态度，促使其悔过自新，往往具有良好的效果。

2.思想教育要有针对性

教育被讯问人应把握时机，力求做到有的放矢。实践证明，对被讯问人的思想教育能否成功，往往取决于时机把握得是否恰当。一般而言，当犯罪嫌疑人思想有所动摇，正在犹豫不决；或对政策法律怀有疑虑，自感罪大恶极而绝望；或对自己的罪行性质、危害程度认识不足时，对其进行思想教育的效果最好。同时，思想教育还应因人而异，因案施策，针对被讯问人的实际情况，力求结合与被讯问人的具体利害关系，不应泛泛而谈，笼统抽象。

3.解释问题应注意分寸

被讯问人员对于有关政策法律条文应当进行适当的解释，使被讯问人真正明白其实质。解释政策法律条文不能歪曲其真正含义，更不能以讲政策为由，对被讯问人进行诱供、骗供和逼供。例如，不能为了给被讯问人增加压力，就脱离刑法规定的定罪量刑标准和幅度，将其罪责说得很严重。同时，也不能为了解除被讯问人的思想顾虑，而将其本来很严重的罪行说得很轻，甚至许诺将不对其进行惩罚。

4.进行思想教育要耐心细致

讯问人员应充分估计到，被讯问人的思想斗争可能会出现多次重复，最终才会决定交代罪行。有的犯罪嫌疑人在交代罪行后，也可能翻供；有的犯罪嫌疑人还可能对讯问人员的教育表现出轻蔑、对抗或怀疑的态度。所以，对被讯问人的思想教育，要根据其思想变化、心理活动等情况，反复耐心地进行，不能因初次教育未能成功，或被讯问人思想出现反复，而表现出急躁粗暴的态度，甚至采用违反规定的讯问方法，以致前功尽弃。

四、正确选择讯问突破口

（一）讯问突破口的概念

讯问突破口，是指对查清全案具有关键意义而又易于攻破的薄弱环节或薄弱对象。

薄弱环节，一是指犯罪嫌疑人多项犯罪事实中较易攻破的某一项犯罪事实；二是指犯罪事实中比较容易突破的关键性情节（如相关的时间、地点、人物、作案手段等）；三是指犯罪嫌疑人心理方面比较容易攻破的弱点。这三层含义都强调必须具有关键性，即能起牵一发而动全局的作用，供认了这一事实或情节，或该心理弱点被攻破，就会在其防御体系中形成一个缺口，导致整个防御体系动摇甚至崩溃，为迅速审清全案创造良好的条件。薄弱对象是指共同犯罪案件的共犯中，较为脆弱、易于突破，又对全案有一定了解的犯罪嫌疑人。

（二）正确选择讯问突破口的意义

（1）有利于从犯罪嫌疑人固守拒供的防线上打开缺口，为深入追讯开辟道路。在一些关键要害的情节上获得犯罪嫌疑人的真实供述，能顺藤摸瓜地突破其他有关联的案件事实。

（2）有利于突破拒供的心理防线。通过对薄弱环节的突破，使犯罪嫌疑人产生欺骗、隐瞒无济于事的认识，心理上出现多米诺骨牌倾倒的效应，为全面摧毁其心理防线创造有利条件。

（3）有利于继续全面深入追讯，迅速查明全案。讯问突破口的适用范围较广，它适用于讯问进程各个阶段。既适用于初审阶段，创造旗开得胜的局面；又适用于讯问过程中遇到的一些难度较大的问题；还适用于以各种不同方式拒供的犯罪嫌疑人。

（三）选择讯问突破口的条件

在讯问中，要使犯罪嫌疑人从不认罪转变为认罪，从不如实供述到如实供述，很大程度上取决于讯问突破口选择的准确。突破口选得准，能迅速攻破犯罪嫌疑人的防线，取得势如破竹的效果。突破口选得不准，会出现长久突不破案情的被动局面。在讯问工作中通常有两类突破口，一类是从案件事实和情节及其相关的心理中选择易于攻破的环节和对象为突破口；另一类是从共犯中选择突破口。

1.从案件事实和情节及其相关的心理中选择突破口

一名犯罪嫌疑人也许有多个犯罪事实，一个犯罪事实又由许多情节构成，要使犯罪嫌疑人认罪并做出如实供述，必须认真研究证据材料，认真研究犯罪嫌疑人的心理状况，找出一项或几项易于突破的关键情节。选择原则应当是讯问人员认为最有把握的，而且在突破后能发挥较大功效的。具体来说，应依据下列六项条件去选择：①证据比较确实、充分的案件事实或情节；②与主要犯罪事实有关联的事实或情节；③较为公开暴露的犯罪事实或情节；④犯罪嫌疑人防备薄弱的犯罪事实或情节；⑤能触发犯罪嫌疑人心理向良性转变的事实或情节；⑥犯罪嫌疑人为掩盖罪行而暴露的矛盾。

2.从共犯中选择突破口

审理共同犯罪案件，不要对所有犯罪嫌疑人平均使用力量，尤其是犯罪嫌疑人较多的案件，应寻找选择重点突破的对象，以推动全案讯问工作的进展。从共犯中选择讯问突破口的具体条件是：①掌握犯罪证据材料较为确实、充分的犯罪嫌疑人；②对全案或主犯情况，或某一项重大犯罪事实了解较多的犯罪嫌疑人；③与主犯或其他共犯有矛盾冲突的犯罪嫌疑人；④思想中毒不深，性格脆弱，或者是有悔改和立功赎罪愿望的犯罪嫌疑人；⑤犯罪经验（包括反审讯的经验）较少的，或被胁迫参加犯罪的犯罪嫌疑人。

从共犯中选择突破口，还要结合全案侦查可能出现的处理结果去考虑，例如，全案是否需要继续侦查；有无突击逆用、破案留根的可能；如何能更有效地对全案犯罪嫌疑人进行分化瓦解；如何能有利于在同案犯中穿插讯问，及时查证，扩大战果等。因此要从全案侦查的总体效果去考虑，以力求最大限度地发挥讯问工作的作用。

（四）选择和运用讯问突破口应注意的问题

1.要根据案件的不同特点选择突破口

不同案件具有不同的特点、不同的讯问目标、不同的讯问重点和不同的先后缓急安排。对有现实危险性的案件，首先要考虑消除危险性，如有枪支、爆炸物品等重要罪证急需追缴归案的，应围绕与该罪证有关的问题，先行突破；有共犯在逃的，应尽量选择与该共犯有关的问题进行突破；犯罪事实明显，证据掌握充分的案件，可采取开门见山、单刀直入的方法，直接提出实质性的问题进行突破；案情复杂，犯罪嫌疑人已构筑较为完备的防御体系，则宜抓住关键性问题，稳扎稳打，由浅入深，由易到难，由外围到核心，逐步突破；对于流窜犯，应该在讯问现案的基础上，重点弄清其身份来历，以便查清其全部罪行。

2.要多方寻找犯罪嫌疑人防备薄弱的事实和情节

防备薄弱的事实和情节在案件中可能有一处，也可能有两处或多处。讯问中，可以从作案时间、地点、工具、手段、因果关系、犯罪关系人、重要物证、各种矛盾等方面去选择，寻找掌握证据较为确实、充分，突破后能起到“以点带面”作用的薄弱事实和情节作为突破口。

3.要认真研究犯罪嫌疑人的心理弱点

犯罪嫌疑人被拘捕后，由于人身自由的丧失、环境的改变、罪责感的压力，以及对前途、家庭的忧虑，其极易形成紊乱复杂的心理，同时会进一步坚定其抗拒心理。有些犯罪嫌疑人将逃脱罪责寄托于订立的攻守同盟、外部的有效营救、现场痕迹已被处理等。认真研究犯罪嫌疑人的心理弱点，消除其精神支柱和思想障碍，触动其情感爆发点，就能从心理方面成功突破。

4.在同案犯和犯罪外围人员中多方寻找突破口

在共同犯罪案件的共犯中选择突破口可做多种选择。这类突破口，一般以选择知情较多、罪责次要的犯罪嫌疑人为宜，但如果对主犯掌握有较确实、充分的证据，或者主犯有明显的心理弱点可以利用，也可以主犯为突破口。如果在犯罪成员中找不到合适的对象，也可以在犯罪的外围人员、知情人员（如盗窃案件中的销赃犯、窝赃犯；知情的亲属、姘头、情人等）中寻找突破口，在获得准确、有力的证据后，再讯问作为突破口的犯罪嫌疑人。

5.要列出多种方案，全面衡量对比，从多个突破口中择优选用

每个案件能选为突破口的事实和情节很多，一定要列出多种方案，多方挑选，认真对比，以获胜把握最大者为原则。突破口一经确定，要坚定信心和决心，切忌举棋不定。应在周密准备的基础上，集中全力进行突击，力求旗开得胜。

6.要充分估计犯罪嫌疑人可能使用的反审讯伎俩，制定好有效对策

要充分考虑到在实施突破过程中，犯罪嫌疑人可能采取的狡辩与抵赖方法，制定好相应的揭露、批驳和瓦解思想的对策，既要决心锲而不舍地进攻，力求一举顺利突破，又要选定一些备用突破口，在突破过程中适当调整、及时校正。被讯问人的反审讯伎俩有以下几种。

（1）干扰讯问人员的思维判断。被讯问人常用凭空捏造的虚假情节回答讯问人员的提问；承认犯罪过程，但把罪责推在与本案无关的人身上；交代次要罪行，隐瞒重要罪行；混淆事件性质，混淆罪与非罪、违法与犯罪、故意和过失间的界限；多次翻供等手法转移讯问人员的注意力，影响其情绪。

（2）企图激发讯问人员的消极情绪。被讯问人常用这些方法激起讯问人员的消极情绪：回避正面回答问题，用反问回答提问；故意歪曲事实和提问的内容；沉默不语。

（3）刺探消息。被讯问人常用以下方法刺探虚实：先交代部分事实和情节，观察讯问人员的反应，以决定是否继续交代和交代到何种程度；故意做出错误陈述，即使讯问人员进行纠正，也是故意装聋作哑，公开索要证据等。

五、制作讯问笔录

讯问犯罪嫌疑人，必须制作讯问笔录。讯问笔录应如实详细地记载讯问人员的提问和犯罪嫌疑人的供述。这对于了解讯问过程，研究犯罪嫌疑人的供述都有重要意义。因此，讯问笔录应力求准确无误，详细全面。

我国《刑事诉讼法》规定，讯问犯罪嫌疑人时，侦查人员不得少于2人。按照这一规定，讯问犯罪嫌疑人通常由一人提问，一人专作笔录。这对于保证讯问和记录的质量，都是十分必要的。在讯问过程中，审讯人员和记录人员应密切配合，确保重要情节的准确和不遗漏。

讯问笔录是一种法律文书，应当在讯问结束时让被讯问人阅读或向其宣读，当被讯问人确认笔录无误后，令其在每页上签名和捺印指印。讯问人员也应在笔录上签名或盖章。如笔录中确有漏记或误记之处，经被讯问人要求，应当允许其补充或者修改，补改处应捺上指印。如果并非笔录有误，被讯问人要求更改供述，可以允许其在笔录后附加说明，但不得直接修改原有记录。对于讯问中已交代的问题，如果讯问人员认为有必要，被讯问人又具备书写能力和条件，可以让其亲笔书写供词。书面供述上应注明审讯人员提出让被讯问人作书面供述的时间和实际得到书面供述的时间。

第五节 侦查讯问中的常用策略

讯问犯罪嫌疑人，是一种面对面的斗智斗策。斗争的目的是使被讯问人在同外界隔绝联系的情况下，交代同案件有关的问题。除少数已交代全部罪行的犯罪嫌疑人外，犯罪嫌疑人对于讯问一般都有不同程度的对立情绪。因此，讯问人员除了要针对犯罪嫌疑人的思想状况进行细致耐心的教育外，还应当善于根据案件的具体情况运用相应的讯问策略。

所谓讯问策略，是指在讯问过程中，讯问人员根据国家法律，针对案件和犯罪嫌疑人的具体情况，以促使犯罪嫌疑人做出彻底、真实的供述为目的，而采用的各种讯问途径和谋略的总称。讯问策略的内容包括讯问方式、讯问内容、使用证据的方式方法，运用策略的方法、时机、手段，以及审讯时讯问人员所持的态度、言行举止等。根据案件具体制定的讯问策略应当具有针对性、计谋性、灵活性和合法性，在侦查讯问中常见的策略有五种。

一、攻心为上

“攻心为上”策略，是指讯问人员在讯问犯罪嫌疑人时，根据案件情况，针对犯罪嫌疑人的个性特征和心理状态，对犯罪嫌疑人进行思想、政策、法律、形势与前途教育，从心理上征服犯罪嫌疑人，促使其彻底交代罪行的讯问策略。攻心为上的策略是侦查讯问中经常使用、行之有效、最基本、最重要的讯问策略。

侦查讯问是一场关系犯罪嫌疑人的前途和命运的斗争。在这样一场特殊的斗争中，要达到攻心的目的，取得斗争的胜利，讯问人员必须审时度势、宽严相济，在运用攻心为上的策略时，必须要创造有利于讯问和犯罪嫌疑人供述的心理环境，既要给犯罪嫌疑人一定的罪责压力，又要给其留有“出路”。为此应当选择有利的时机，在把握犯罪嫌疑人的心理状态的基础上因人而异、因案施策地进行政策、法律、前途教育，并作适当的解释。针对其回答问题的情况，调节被讯问人的心理压力；根据犯罪嫌疑人的个性心理特点，施加影响，分不同情况进行处理：或者根据其罪责感促使其感情冲动，削弱其警戒心理；或者利用其感情脆弱进行感化教育；或者激起其辩解，利用其辩解中的漏洞和矛盾之处适时进行反击；或者在讯问中制造并运用对讯问人员有利的形势、局势和声势，对犯罪嫌疑人形成强大的心理压力，促使其转变思想态度，如实供述罪行。

二、由浅入深，迂回渐进

“由浅入深，迂回渐进”策略，是指侦查人员在讯问时，有意识地绕过案件的实质性问题，而从有关联的其他问题入手，先扫清外围，最后突破核心问题的讯问策略。这种策略对于讯问那些善于狡辩、力图掩饰罪行的被讯问人往往可以达到良好的效果。采用这种策略时，讯问人员一开始并不触及核心问题，而是先就一些似乎同案件中心问题无关的情节提问，待时机成熟后，再就核心问题发问。采用这种策略，首先要向被讯问人提出一些与核心问题无关的问题，其次在其中穿插一些与核心问题有某种关联，但又没有明显的联系的问题。如果被讯问人如实回答了这些问题，以后就难以在核心问题上撒谎；如果被讯问人在这些问题上撒了谎，那就不可避免地会暴露出更多矛盾，讯问人员又可以采用利用矛盾的策略，加以揭露，从而使其如实供述。

“由浅入深，迂回渐进”策略，一般适合在讯问人员对犯罪嫌疑人的犯罪事实了解掌握得不多，或者获取的证据材料较少、证明力不强，或者对案件材料的可靠性尚有疑问的案件；对有反审讯经验、态度顽固的流窜犯、惯犯、累犯，以及正面讯问难以突破、被讯问人竭力做无罪狡辩的案件也可以采用此种策略。所以，在第一次讯问时，应考虑更多地采用这种策略。这种策略还有利于缓和讯问气氛，消除被讯问人的戒备心理，避免一开始便形成讯问僵局。同时，这种策略还可以有针对性地调整讯问的措施方法。采用这一策略应特别注意：不能让被讯问人过早地觉察到讯问人员的真实意图，提问用语应平和适中，不要给予被讯问人过强的刺激；所提问题的内容要明确具体，力求得到被讯问人具体确定的回答，以免其在以后的讯问中对前面的供述作出其他解释；要平静地对待被讯问人的虚假供述，不能过早地揭露和驳斥，应认真分析意图，等待有利时机再予揭露。

三、利用薄弱环节，重点突破

“利用薄弱环节，重点突破”策略，是指讯问人员在讯问犯罪嫌疑人时，运用已经取得的证据或者利用犯罪嫌疑人心理上的弱点，对查明全案具有关键意义的某一环节主动发起进攻，迫使犯罪嫌疑人如实供述，从而打开缺口，使犯罪嫌疑人不得不交代主要犯罪事实或者全部犯罪事实的策略。

“利用薄弱环节，重点突破”策略，一般是在讯问人员已掌握了关于犯罪事实的部分证据，而被讯问人侥幸心理严重，不愿交代问题的情况下采用的。犯罪嫌疑人在实施犯罪后，为了逃避惩罚，都在考虑对付侦查的办法。特别是在被拘捕后，更会千方百计地编造谎言，对付审讯。被讯问人对于讯问人员已掌握了什么证据材料也有大致分析。一般而言，被讯问人对于已估计到讯问人员要提的问题和已经掌握证据材料的问题，准备较为充分，而对其他问题准备较少或毫无准备。被讯问人反审讯的“防线”不可能处处都无懈可击，其中总会有薄弱环节存在。要突破被讯问人的“防线”，不应平均用力，盲目进攻，应仔细分析，抓住其真正的薄弱环节，集中力量重点突破，以达到突破弱点、震动全线的效果。

采用这种讯问策略的条件，首先，要选准真正的而不是表面的薄弱环节。讯问人员在准备讯问时，应全面掌握案情，考虑提问的内容和策略，分析被讯问人将会如何回答提问。同时还应了解哪些问题已有充分的证据材料，哪些问题尚未引起被讯问人的注意等情况，以便发现薄弱环节，出其不意地实施重点突破。其次，要在选定作为突破口的问题上，收集准备充分可靠的证据，以揭露驳斥被讯问人的谎言并确定被讯问人是否在这以后已开始进行如实的供述。

犯罪集团的成员之间，往往存在着各种各样的矛盾和冲突，讯问中可以加以利用。例如，在共同犯罪中，有的犯罪嫌疑人罪行较轻，有的较重；有的犯罪嫌疑人恶习较轻，有悔改之意，有的恶习较深，态度顽固；有的犯罪嫌疑人缺乏反审讯经验，有的善于使用各种狡诈的反审讯伎俩；等等。除了这些差异之外，犯罪集团成员之间还可能因意见分歧、性情不合、分赃不均等有着种种矛盾和冲突。特别是在被拘捕后，犯罪集团成员普遍存在这样的心理：既不愿意轻易地如实供述，又担心其他成员先于自己供述，这种心理可能形成一些极易攻破的薄弱环节。所以，在讯问中应当仔细研究分析各个犯罪嫌疑人及他们之间的具体情况，正确地选准薄弱环节，打开缺口，顺利地推进讯问。

采用这种策略时，应抓住有利时机，直击问题的核心，既要出乎被讯问人意料，又要使其无法回避。讯问人员的态度应严肃凛然，语气坚定有力，言词明确肯定，使被讯问人的心理压力急剧上升，在穷于应付之际被迫做出如实供述。如果被讯问人已经理屈词穷，但仍然犹豫动摇，应及时采用合情合理、耐心诚恳的方式对其进行进一步的认罪服法教育，以巩固和发展有利于讯问的形势。如果被讯问人依然试图狡辩抵赖，讯问人员则应及时出示证据，揭露驳斥其谎言，彻底消除其侥幸心理。有时，被讯问人也可能对突如其来的变化过度惊慌，以致回忆再现和供述发生障碍，讯问人员则应设法缓和其心理压力，并用适当的提问，活跃被讯问人的思维，以利于其回忆和交代问题。

四、发现矛盾，利用矛盾

“发现矛盾，利用矛盾”策略，是指讯问人员在讯问犯罪嫌疑人时，利用犯罪嫌疑人口供中的矛盾，使其无法自圆其说，或者利用共同犯罪的犯罪嫌疑人之间已经存在的矛盾，使他们为自己的利益互不信任、互相揭发，从而突破犯罪嫌疑人口供的讯问策略。

被讯问人掩盖其犯罪行为，往往表现为歪曲事实、捏造情节、做虚假的供述，因而其供述不可避免地会出现各种矛盾。发现和利用这些矛盾，是揭穿被讯问人虚假供述的有效手段。被讯问人供述的矛盾，一般可归纳为四种情况。一是被讯问人前后供述之间的矛盾，这包括多次供述之间存在的矛盾和同一次供述中前后之间的矛盾。二是被讯问人供述同有关证据之间的矛盾。三是被讯问人供述同相关的客观事实之间的矛盾。四是被讯问人供述同其他被讯问人关于同一事实的供述之间的矛盾。被讯问人供述的矛盾，其形成原因是非常复杂的。这可能是出于故意的伪供，也可能是出于误述，甚至可能是因讯问人员误解所致。所以，对于被讯问人有意作虚假供述而产生的矛盾，一定要进行冷静的客观分析。发现和利用被讯问人供述的矛盾，首先要发现矛盾和分析产生矛盾的原因，这就需要采取以下三种方法。

1.促使被讯问人充分暴露矛盾

在讯问中应当允许被讯问人无限制地编造谎言，不要一发现矛盾就立即予以揭露和驳斥。讯问人员应沉着冷静地向被讯问人提出一些有关的问题，让其充分暴露，同时认真听取和记录。这样不仅能发现矛盾的线索，还可以削弱被讯问人的戒备心理，使矛盾暴露得更加充分。在被讯问人编造谎言的同时，讯问人员还可以通过分析谎言，判断被讯问人特别希望掩饰的是什么，特别强调和注意的又是什么，从而准确地找出讯问的突破口。

2.深入追查相关的重要细节

虚假的供述一般是被讯问人事先编造好的。但是，在被讯问人无法完全预料到讯问人员要追讯的每一个细节，且当讯问某些被讯问人事先不曾有所准备的问题时，其虚假供述常常会矛盾迭出。因此，深入追查相关的重要细节，再对被讯问人就此的供述进行对比分析，是发现矛盾的重要方法。这对于发现事先订有攻守同盟的同案犯供述之间的矛盾，尤为有效。

3.重复讯问

重复讯问是指同一次讯问中，对同一问题的反复追讯或在数次讯问中反复追讯同一问题。被讯问人对自己所做的虚假供述，不可能对每一个细节都能保持长久的、准确的记忆。

当其必须再次对已被追讯过的问题进行供述时，常常会忘记了以前编造的情节，不得不临时重新编造。这样，其供述中必然会出现大量的矛盾。对同一问题反复讯问，如果是相隔一段时间后进行，效果就会更显著。

采用发现和利用矛盾的策略，还应注意对讯问中的提问和被讯问人的供述做详细准确的记录。这样便于分析矛盾之所在，而且对于发现的矛盾，被讯问人往往难以狡辩和抵赖。

五、适当出示证据

证据对于任何被讯问人都具有一定威慑和制服作用，不出示任何证据便能取得成功的讯问是很少见的。适当出示证据是一种重要的讯问策略，也是其他讯问策略的必要前提和基础。但是，讯问人员所掌握的证据常常由于各种原因的限制，不能随便使用。使用证据除了要注意保护秘密侦查手段和要求保密的证人外，已获证据的多少、可靠程度如何、对被讯问人的心理作用如何，以及对有关问题的证明力如何，等等，都是需要精心考虑的。采用适当出示证据这一讯问策略，必须掌握以下要领。

1.正确选择出示证据的时机

选择适当的时机是证据奏效的关键。讯问人员不能不顾效果、不讲究时机，随心所欲地使用证据，更不能为被讯问人的反审讯伎俩所诱迫，执气斗势地抛出证据。否则，不仅不能发挥证据的作用，还可能导致双方激烈的对抗或形成“挤牙膏”式的被动局面。讯问实践证明，以下情况是出示证据的有利时机。

（1）被讯问人经过思想教育，侥幸心理已有所削弱，顽抗态度已开始发生转变，正处于交代与继续抗拒的思想斗争之中。

（2）被讯问人的虚假供述已被揭露，但仍有侥幸心理，对讯问人员已掌握证据持怀疑态度而迟疑不决。

（3）被讯问人对于将要出示的证据，已无狡辩抵赖的可能。

总之，在被讯问人思想已有所触动，出现交代问题的可能，无狡辩抵赖的退路时，适当地出示证据，就可能彻底瓦解被讯问人的对抗心理，促使其彻底交代自己的罪行。

2.正确选择出示的证据

并不是所有证据都能够或者应该在讯问中使用。正确选择证据，是使用证据的必要前提。选择证据时应注意，首先，准备出示的证据必须是确实可靠的。没有绝对把握的证据不能轻率使用，否则其结果可能适得其反。其次，准备出示的证据必须是可以公开使用的。凡属秘密侦查手段获取的证据，或证人要求保密，而一经出示就必然会暴露证人的证据，不宜在讯问中使用。如果必须使用这类证据，则必须对取证手段和证据的来源做相应的形式转换。最后，出示证据前应衡量得失，使用证据不能得不偿失。如针对同一问题有几个证据，一般应先使用次要证据，后使用或不使用主要证据。当然，在很多情况下，出示哪一种证据更为合适，要依据需证明的问题性质、复杂程度和重要性而定。

3.出示证据要讲究方式方法

使用证据并不是简单的出示，应当采用适当的方式方法。讯问实践证明，既要让被讯问人确信讯问人员已掌握了证据，又不让其清楚讯问人员掌握了多少证据及哪方面的证据，是使用证据的最佳效果。这样既能充分发挥证据的威慑作用，又能起到甄别供述真伪的作用。运用适当出示证据的策略，应适当地对被讯问人进行正确的心理诱导和刺激。既不直言证据的具体内容，也不含糊其词，更不能虚张声势。一般应引导被讯问人客观地回忆事件经过，同时适时点出与证据内容相关的一些细节，瓦解被讯问人的侥幸、怀疑心理，使其明确意识到罪行已经暴露，罪证已被掌握，感到再也无法隐瞒下去，又觉得讯问人员还给自己留有争取宽大处理的机会，从而转变自身立场。这样使用证据能够取得较好的效果，而且可以避免出现讯问僵局。

使用证据还应注意“先懈后紧，由缓而急”的策略原则。讯问开始时，被讯问人对讯问人员多持有怀疑观望的态度。他们考虑最多的不是事实本身如何，而是讯问人员是否查明了事实真相，是否获得了证据。因此，讯问人员应将证据按一定逻辑关系作精心安排，先次后主，逐渐加强攻势，直至被讯问人的顽抗精神彻底崩溃。相反，如果时断时续，缺乏有节奏的压力，盲目随意地使用证据，就达不到应有的效果。

4.使用证据要留有余地

对于案件中的证据，不能都在讯问中使用。必须在讯问中使用的证据，也不能将证据的每一个细节都让被讯问人知道。这对于分析被讯问人的认罪态度和甄别其供述是否真实，是十分必要的。同时，始终保留一部分证据或某一证据的部分内容，也有利于保持进攻的态势，控制和威慑被讯问人的心理，使其不敢轻易停止供述，从而被迫做出彻底交代。

5.分析判断被讯问人可能做出的辩解

适当出示证据这一策略，通常是在被讯问人对犯罪事实矢口否认、拒供抵赖的情况下使用的。所以，在使用证据之前，一定要分析判断被讯问人可能对证据做何种解释，以及针对这些辩解事先应向被讯问人提出的问题，通过这些提问，可先行截断被讯问人狡辩抵赖的退路，使其面对出示的证据不得不如实交代。

此外，适当出示证据策略通常只有同其他讯问策略相结合使用，才能取得更好的效果。

复习与拓展

（1）试比较侦查讯问作为诉讼法中的一种侦查行为与侦查程序的一种策略，两者在理论与法律制度上有何异同？

（2）侦查讯问应当遵循的最低国际司法准则是什么？如何完善我国侦查立法中有关侦查讯问的制度规定？

（3）试比较我国刑事诉讼法中的侦查讯问与主要西方发达国家刑事诉讼法中警察讯问制度之间的差异。

（4）试比较我国侦查讯问笔录和国外犯罪嫌疑人口供与供述的审查判断及其运用的异同。

（5）侦查讯问与询问的区别及其本质特征。

（6）侦查讯问的法律程序与犯罪嫌疑人合法权益保障之间的关系。

（7）侦查讯问策略与刑事司法准则的关系。

（8）犯罪嫌疑人口供和供述的审查判断与运用。

延伸阅读

（1）郭晓彬：《侦查策略与措施》，法律出版社2004年版。

（2）张宜伯：《预审学》，四川人民出版社1991年版。

（3）艾正太：《预审学》，西南财经大学出版社1994年版。

（4）［美］阿瑟·S.奥布里，鲁道夫·R.坎普托：《刑事审讯》，但彦铮、杜军等译，西南师范大学出版社1998年版。

（5）［美］韦恩·贝尼特，凯伦·希斯：《犯罪侦查》，但彦铮、徐公社等译，群众出版社2000年版。

（6）［美］查尔斯·R.斯旺森，尼尔·C.谢美林，伦纳德·特里托：《刑事犯罪侦查（第八版）》，但彦铮、郑海等译，中国检察出版社2007年版。

（7）［苏］H.N.波鲁鲍夫：《预审中讯问的科学基础》，冯树梁译，群众出版社1985年版。

（8）陈光中，［加］丹尼尔·普瑞方廷：《联合国刑事司法准则与中国刑事法制》，法律出版社1998年版。

（9）国际检察官联合会：《检察官人权指南》，杨宇冠、李立译，中国检察出版社2006年版。

（10）毕惜茜：《侦查讯问学》，中国人民公安大学出版社2013年版。

案例讨论

某年2月23日凌晨，A市某区水产品批发市场发生一起枪击案件，被害人依基的肩部、腹部、腿部被来福枪各击中一枪，送第一医院抢救无效于次日死亡。

2月24日晚，犯罪嫌疑人依深、浪子、阿伟、阿卫、阿刚、小方、依弟等人先后被抓获。经初步侦查发现，依深、依金（在逃）兄弟因与依基、依凯兄弟在生意上存在激烈竞争，为此通过阿伟雇用了阿卫、阿刚、小方三名枪手，另同浪子、依弟等共8人，分乘两辆汽车于2月23日凌晨窜至水产品批发市场枪杀依基、依凯兄弟，由于当时依凯不在店内而得以幸免。

据现场目标者称，2月23日凌晨3时许，依基正在店内盘货，进来两个身高约174厘米、年龄约25岁的男青年，其中一人持一根铁棒先朝依基头部连击三下，依基倒地不起，另一人则朝倒在地上的依基开了几枪，后二人逃离现场。经辨认，持铁棒先朝依基头部连击三下者为小方，开枪者为阿卫。

初讯未取得任何实质性的突破，在初讯中，犯罪嫌疑人阿卫表现得较为简单，口口声声称反正都死定了，没什么好说的。通过看守所的监控设备侦查人员发现，阿卫之所以认为自己必死无疑的理由有二，一是杀人偿命，自古使然；二是在本案中系其开枪。但是，阿卫是家中的独子，其母亲年迈无人照顾，所以不时表现出对生命的留恋。于是侦查人员在认真研究之后决定选择阿卫作为审讯中的重要突破口，认为要使阿卫如实地交代犯罪的过程及各犯罪嫌疑人在其中的分工等具体情况，唯一的可能是能使阿卫认为其还存在不被判处死刑的机会。

问题：

假设你就是本案的侦查人员，由你负责对阿卫进行讯问，请根据以上案情及讯问目的，拟定对阿卫的简要讯问计划，并撰写一份对阿卫进行法律和政策教育的攻心词。

第六章

搜查与扣押

| 本 | 章 | 要 | 点 |

搜查是我国刑事诉讼法规定的七种侦查行为之一。本章首先阐述了搜查与扣押的法律程序及要求。其次阐述了搜查的基本方法，包括搜查的前期准备、对室内场所的搜查、对露天场所的搜查和对人身的搜查等。最后阐述了扣押的基本方法，包括扣押的范围和执行等。

第一节 相关法条及解读

一、搜查的法律程序及要求

搜查是一项强制性程度较高的侦查措施，关系到被搜查人的人身权、住宅权、隐私权等基本权利，因此必须要严格遵循有关的法律程序要求。《中华人民共和国宪法》（以下简称《宪法》）、《刑事诉讼法》《公安机关办理刑事案件程序规定》《人民检察院刑事诉讼规则》等法律法规对搜查应当遵守的法律程序作出了明确的规定。

（一）必须尊重和保障人权

我国《宪法》明确规定，应当尊重和保障人权。公民的人身权和住宅权属于基本人权，应当受到尊重和保护。搜查这项侦查措施与公民的人身权和住宅权密切相关，所以必须严格遵守宪法及相关法律规定。否则，就是严重违法行为，就会对公民的基本人权造成严重侵犯。《宪法》第37条规定：“中华人民共和国公民的人身自由不受侵犯。任何公民，非经人民检察院批准或者决定或者人民法院决定，并由公安机关执行，不受逮捕。禁止非法拘禁和以其他方法非法剥夺或者限制公民的人身自由，禁止非法搜查公民的身体。”对于违法搜查的，要追究相应的法律责任。《刑法》第245条规定：“非法搜查他人身体、住宅，或者非法侵入他人住宅的，处三年以下有期徒刑或者拘役。司法工作人员滥用职权，犯前款罪的，从重处罚。”

（二）必须依法启动

搜查不能任意进行，必须在符合法律规定的条件下才能依法启动。《刑事诉讼法》第136条规定："为了收集犯罪证据、查获犯罪人，侦查人员可以对犯罪嫌疑人以及可能隐藏罪犯或者犯罪证据的人的身体、物品、住处和其他有关的地方进行搜查。" 最高人民法院、最高人民检察院和公安部《关于办理刑事案件收集提取和审查判断电子数据若干问题的规定》第2条规定："侦查机关应当遵守法定程序，遵循有关技术标准，全面、客观、及时地收集、提取电子数据。"只有侦查机关经侦查发现了犯罪嫌疑人以及可能隐藏罪犯或者犯罪证据的人的身体、物品、住处和其他有关的地方时，为了收集犯罪证据、查获犯罪嫌疑人才可以启动搜查这项侦查措施。根据法律规定，启动搜查主要有两种情形，即有证搜查和无证搜查。

1.有证搜查

有证搜查是指侦查人员持搜查证进行的搜查。执行机关必须持有法律指定的有权作出搜查决定的机关签发的搜查令状，并把持有或出示搜查令状视为合法搜查的先决条件。根据《刑事诉讼法》第138条规定："进行搜查，必须向被搜查人出示搜查证。"

2.无证搜查

无证搜查是指侦查人员在执行逮捕、拘留等法律规定的特殊紧急情况下，侦查机关在没有预先取得搜查令状的情况下，不用搜查证也可以进行的搜查。《刑事诉讼法》第138条规定："进行搜查，必须向被搜查人出示搜查证。在执行逮捕、拘留的时候，遇有紧急情况，不另用搜查证也可以进行搜查。"无证搜查的具体情形在《公安机关办理刑事案件程序规定》第224条、《人民检察院刑事诉讼规则》第205条都有明确规定，其中前者规定："执行拘留、逮捕的时候，遇有下列紧急情况之一的，不用搜查证也可以进行搜查：（一）可能随身携带凶器的；（二）可能隐藏爆炸、剧毒等危险物品的；（三）可能隐匿、毁弃、转移犯罪证据的；（四）可能隐匿其他犯罪嫌疑人的；（五）其他突然发生的紧急情况。"

（三）必须经过领导批准

侦查中，侦查人员认为有搜查必要的，经领导批准才可以进行搜查。搜查时必须出示县级以上公安机关或检察院负责人签发的搜查证，否则被搜查人有权拒绝搜查。根据《公安机关办理刑事案件程序规定》第222条规定："为了收集犯罪证据、查获犯罪人，经县级以上公安机关负责人批准，侦查人员可以对犯罪嫌疑人以及可能隐藏罪犯或者犯罪证据的人的身体、物品、住处和其他有关的地方进行搜查。"《人民检察院刑事诉讼规则》第203条规定："为了收集犯罪证据，查获犯罪人，经检察长批准，检察人员可以对犯罪嫌疑人以及可能隐藏罪犯或者犯罪证据的人的身体、物品、住处、工作地点和其他有关的地方进行搜查。"

另外，根据国家有关规定，在特殊情况下，公安机关因侦查犯罪需要，经过严格的批准手续，可以采取秘密搜查。

（四）可以依法强制进行

任何单位和个人都有义务按照公安机关和人民检察院的要求，交出可以证明犯罪嫌疑人有罪或无罪的物证、书证、视听资料等。有关单位或个人拒绝提供或交出有关物品的，侦查机关可依法强制搜查、提取、扣押。根据《公安机关办理刑事案件程序规定》第225条规定，公安机关有权要求有关单位和个人交出可以证明犯罪嫌疑人有罪或者无罪的物证、书证、视听资料等证据。遇到阻碍搜查的，侦查人员可以强制搜查。《人民检察院刑事诉讼规则》第207条规定，搜查时，如果遇到阻碍，可以强制进行搜查。对以暴力、威胁方法阻碍搜查的，应当予以制止，或者由司法警察将其带离现场。阻碍搜查构成犯罪的，应当依法追究刑事责任。

（五）必须由侦查人员实施

搜查只能由侦查机关的侦查人员进行，并且人数不得少于2人，其他任何机关、团体和个人都无权对公民人身和住宅进行搜查，否则，情节严重构成犯罪的，将依法追究其刑事责任。根据《公安机关办理刑事案件程序规定》第223条规定："进行搜查，必须向被搜查人出示搜查证，执行搜查的侦查人员不得少于二人。"《人民检察院刑事诉讼规则》第204条规定："搜查应当在检察人员的主持下进行，可以有司法警察参加。必要的时候，可以指派检察技术人员参加或者邀请当地公安机关、有关单位协助进行。执行搜查的人员不得少于二人。"

搜查时，应当有被搜查人或者其家属、邻居或其他见证人在场，无关人员不得在场。搜查妇女的身体，应当由女工作人员进行。根据《刑事诉讼法》第139条规定："在搜查的时候，应当有被搜查人或者他的家属，邻居或者其他见证人在场。 搜查妇女的身体，应当由女工作人员进行。"《公安机关办理刑事案件程序规定》第225条规定："进行搜查时，应当有被搜查人或者他的家属、邻居或者其他见证人在场。"《人民检察院刑事诉讼规则》第206条规定："搜查时，应当有被搜查人或者其家属、邻居或者其他见证人在场，并且对被搜查人或者其家属说明阻碍搜查、妨碍公务应负的法律责任。"

搜查是一项严肃的法律行为，搜查主体和参与人在搜查过程中必须认真履行法律义务，否则就构成严重违法甚至犯罪。

（六）必须遵守有关搜查记录的规定

根据《刑事诉讼法》第140条规定："搜查的情况应当写成笔录，由侦查人员和被搜查人或者他的家属，邻居或者其他见证人签名或者盖章。如果被搜查人或者他的家属在逃或者拒绝签名、盖章，应当在笔录上注明。"《公安机关办理刑事案件程序规定》第226条规定："搜查的情况应当制作笔录，由侦查人员和被搜查人或者他的家属，邻居或者其他见证人签名。如果被搜查人拒绝签名，或者被搜查人在逃，他的家属拒绝签名或者不在场的，侦查人员应当在笔录中注明。"

二、扣押的法律程序及要求

扣押是一种强制性的侦查措施，直接关系到公民的合法权益是否受到非法侵害。我国《刑事诉讼法》《人民检察院刑事诉讼规则》和《公安机关执法细则（第三版）》等对扣押的法律程序有明确规定。

（1）主体。扣押只能由侦查人员进行，并且人数不得少于2人。

（2）法律手续。侦查人员如果在现场勘查和搜查中发现需要扣押的物品、文件时，凭勘查证和搜查证即可予以扣押；如果是单独进行扣押，则应持有侦查机关的证明文件，如侦查人员的工作证件。《人民检察院刑事诉讼规则》第210条规定："查封和扣押应当经检察长批准。"

（3）见证人。扣押时，应当有见证人在场。

（4）扣押范围。扣押仅限于查明与案件有关的具有证据意义的各种物品、文件，对于案件无关的物品、文件不得随意扣押。如果在现场勘验和搜查过程中所发现的物品、文件是否与案件有关暂时无法确定，则应先行扣押，待查清后再做处理。如果发现是违禁品，无论是否与本案有关，都应先行扣押，然后交有关部门处理。但凡应当扣押的物品、文件，持有人拒绝交出的，侦查机关可以强行扣押。根据《人民检察院刑事诉讼规则》第210条规定："在侦查活动中发现的可以证明犯罪嫌疑人有罪、无罪或者犯罪情节轻重的各种财物和文件，应当查封或者扣押；与案件无关的，不得查封或者扣押。查封和扣押应当经检察长批准。不能立即查明是否与案件有关的可疑的财物和文件，也可以查封或者扣押，但应当及时审查。经查明确实与案件无关的，应当在三日以内解除查封或者予以退还。持有人拒绝交出应当查封、扣押的财物和文件的，可以强制查封、扣押。对于犯罪嫌疑人、被告人到案时随身携带的物品需要扣押的，可以依照前款规定办理。对于与案件无关的个人用品，应当逐件登记，并随案移交或者退还其家属。"

（5）扣押物品清单。《公安机关办理刑事案件程序规定》第230条规定："对查封、扣押的财物和文件，应当会同在场见证人和被查封、扣押财物、文件的持有人查点清楚，当场开列查封、扣押清单一式三份，写明财物或者文件的名称、编号、数量、特征及其来源等，由侦查人员、持有人和见证人签名，一份交给持有人，一份交给公安机关保管人员，一份附卷备查。"

第二节 搜查与扣押概述

一、搜查

（一）搜查的概念

搜查，是指在侦查破案过程中，侦查人员依法对可能隐藏有犯罪嫌疑人或者犯罪证据的有关场所以及犯罪嫌疑人人身进行搜寻、检查的一种侦查措施。搜查是我国《刑事诉讼法》规定的七种侦查行为之一。它是侦查机关同犯罪行为作斗争的重要手段，对于侦查机关及时收集证据，查获犯罪嫌疑人，防止其逃跑、毁灭、转移证据，揭露、证实犯罪，保证诉讼顺利进行，从而有力打击犯罪具有十分重要的意义。

（二）搜查的目的

搜查的目的是收集犯罪证据和查获犯罪嫌疑人。在具体案件的搜查中，搜查的目的是多样的，主要有以下目的。

（1）获取犯罪证据。侦查人员通过对可能留有证据的场所及人身进行搜查，发现犯罪工具、赃款赃物、获取检材样本。

（2）扩大侦查线索。通过搜查，不仅可以发现与本案有关的线索，还可以发现积案、隐案和预谋案件的案件线索。

（3）发现犯罪现场。在一些杀人碎尸案件、绑架人质案件中可以通过搜查来发现和确认主体现场、第一现场和其他关联现场。

（4）查获犯罪嫌疑人。侦查人员对犯罪嫌疑人可能藏匿的各种室建筑场所、露天场所的搜查，可以发现其藏足落身的地点，甚至直接抓获犯罪嫌疑人。

（三）搜查的时机

根据《刑事诉讼法》规定，搜查是在刑事案件立案后进入侦查阶段才能使用的侦查措施，侦查人员在这一阶段要结合不同案情在不同时间实施搜查，以达到不同的搜查效果。

（1）在拘留逮捕犯罪嫌疑人的同时，对犯罪嫌疑人的人身、物品、住处或其他有关地方进行搜查；

（2）犯罪嫌疑人供述出隐藏赃物或其他罪证的场所可进行搜查；

（3）通过秘密侦查手段发现重要罪证时，为收集证据可进行公开搜查；

（4）抓获现行犯罪嫌疑人可进行搜查；

（5）其他在侦查过程中，认为有搜查必要的，经领导批准也可以搜查。

（四）搜查的分类

按照不同的分类标准，搜查可以分为不同类型。

（1）以搜查实施方式为标准，分为公开搜查与秘密搜查。公开搜查，大多在执行拘留、逮捕或者讯问中进行；秘密搜查多是在侦查过程中进行。秘密搜查是一种侦查行为，不是一种收集证据的行为。二者在实施条件、对象、法律意义、行为方式上不同。

（2）以搜查对象为标准，分为人身搜查、室内搜查和露天场所搜查三种。人身搜查是对犯罪嫌疑人或可能隐藏有犯罪证据的人的身体进行搜索检查的一种搜查行为。在逮捕、拘留犯罪嫌疑人时，应当对其进行人身搜查。遇到紧急情况时，可以不另用搜查证就能进行人身搜查。《人民检察院刑事诉讼规则》第205条规定："搜查时，应当向被搜查人或者他的家属出示搜查证。在执行逮捕、拘留的时候，遇有下列紧急情况之一，不另用搜查证也可以进行搜查：（一）可能随身携带凶器的；（二）可能隐藏爆炸、剧毒等危险物品的；（三）可能隐匿、毁弃、转移犯罪证据的；（四）可能隐匿其他犯罪嫌疑人的；（五）其他紧急情况。搜查结束后，搜查人员应当在二十四小时以内补办有关手续。"

室内搜查又称住宅搜查，是对可能隐藏有犯罪嫌疑人或者犯罪证据的室内场所进行搜索、检查。主要范围包括住宅、办公场所、宾馆、饭店等。露天场所搜查又称室外搜查，是对可能隐藏有犯罪嫌疑人或者犯罪证据的室外场所进行搜索、检查。其搜查范围包括露天场所的延伸，如交通工具、住宅附近、各种天然洞穴等。

（3）以法律依据为标准，分为有证搜查和无证搜查，本章第一节中对此已做详细论述。

二、扣押

扣押是指侦查机关依法向持有人强制提取、留置同案件有关的物品或文件的侦查措施。扣押通常是在搜查和现场勘查过程中进行，有时也可单独进行。

扣押的对象一般是书证和物证。对于应当扣押但不便提取、搬运的物品，应当扣押其权利证书，现场当场拍照、记录后查封，指令持有人或专人保管，待结案后一并处理。

扣押的目的在于取得和保全证据。侦查机关通过扣押行为能够防止证明犯罪嫌疑人有罪或无罪、罪轻或罪重的物品和文件发生毁弃、丢失或被隐藏等现象，从而保证侦查人员依法扣押的物证、书证在认定案件事实，揭露、证实犯罪，保障无罪公民不受刑事追诉方面发挥应有的证据作用。

第三节 搜查手段与方法

一、搜查前的准备工作

在执行搜查之前，必须认真落实各项准备工作，充分的准备工作是安全、高效地完成搜查任务的前提与基础。

（一）了解有关案情，明确搜查目的

搜查前，必须做到心中有数，增强搜查的针对性。任何一次搜查，都必须确定搜查的目的。搜查的目的是多样的，应将其划分为不同的层次。首先要明确搜查的重点主要是人，还是赃物、工具、痕迹等，后者是在为了发现证据的情况下的搜查重点。其次还要明确通过搜查可能会发现哪些证据，并且这些证据可能会出现在什么位置等。

（二）调查搜查对象，了解搜查环境

在了解搜查目的和重点的基础上，应对被搜查人及其家庭成员，搜查地点进行详细的了解。了解被搜查人的具体情况，包括性别、民族、年龄、职业、职务、性格特征、兴趣爱好、个性特点、生活习惯、家庭成员及社会关系等，以及有何种凶器、交通工具；了解搜查环境情况，包括准确地点、建筑结构、四周环境、通道、门窗位置、房间布局、家具摆设和交通状况等。侦查人员可以通过阅卷、调查访问、实地勘查（秘密）及讯问犯罪嫌疑人的方式了解上述情况。掌握上述情况后，侦查人员即可初步判断赃物、罪证可能藏匿的地点，以便搜查时合理布置力量，恰当把握时机，有针对性、有重点地进行搜查。

（三）根据具体任务，制定搜查方案

为了保证搜查行为的效率和有序性，应当根据案件的性质和搜查的目的组织搜查力量以及制定搜查方案，这对于顺利完成任务具有重要意义。搜查方案的主要内容包括：搜查的目的物、搜查目标、时间、顺序、范围、路线、重点，参加人员及分工，警戒力量布置，对紧急情况的处置，注意事项等。《人民检察院刑事诉讼规则》第207条规定，搜查时，如果遇到阻碍，可以强制进行搜查。对以暴力、威胁方法阻碍搜查的，应当予以制止，或者由司法警察将其带离现场。阻碍搜查构成犯罪的，应当依法追究刑事责任。

（四）做好搜查的物质保障

搜查前应根据案件的性质和搜查的目的，准备必要的器材和工具。搜查常用的器材和工具一般有以下几类。

（1）照相、摄影器材，照明工具；

（2）探测工具，如探针、小型X光机、紫外及红外线灯、金属探测器等；

（3）用以勘验、提取、包装检材样本的工具或器物；

（4）搜查文书，包括搜查笔录、扣押物品清单等；

（5）交通、通信工具、武器警械或警犬等。

确定具体的搜查时间是一项非常重要的内容，一般而言，发现有搜查必要，就应立即实施搜查，以免罪证毁灭、散失或被转移。室内搜查应尽可能选择被搜查人及其家庭成员在家时进行。

（五）履行法律手续，邀请见证人

搜查前侦查人员应当办理好相关法律手续，并邀请见证人在场。侦查人员应填写《呈请搜查报告书》，经有关领导批准，开具搜查证。有特殊情况的，搜查在执行拘留、逮捕时进行。

二、室内场所搜查方法

室内场所搜查主要指对犯罪嫌疑人的住宅及与犯罪相关联的工作场所、集体宿舍、旅馆住房、办公室、操作间、仓库等地方进行的搜索、检查。被搜查人的住宅常常藏匿有罪证、赃物或保留有能证实犯罪嫌疑人预备犯罪、实施犯罪的各种物品和痕迹。在有些案件中，犯罪嫌疑人的住宅同时又是预备犯罪和实施犯罪的场所。因此，住宅内常常有能证实犯罪的证据和新的侦查线索。但是，住宅内一般家具、杂物较多，加之犯罪嫌疑人在搜查前对痕迹的精心消除、物证的专门藏匿，使住宅搜查有相当的难度，其要求搜查人员必须掌握正确的搜查策略方法。

（一）准备工作充分

（1）讨论、制定搜查方案。一般室内环境都比较复杂，搜查难度相对较大。因此，在搜查前，一定要结合案情分析，明确每次搜查的具体目的任务。然后尽可能准确地了解室内环境、结构情况及犯罪嫌疑人的基本情况（特别是兴趣爱好、个性特点、生活方式等）。在此基础上，讨论确定搜查实施时间、搜查重点、搜查方法、人员分工等事项。

（2）组织搜查力量。一般包括室内搜查人员、见证人及外围警戒人员。有时需要专门知识的专业技术人员参加协助搜查。如果被搜查人中有妇女，还应事先选派女性侦查人员参加搜查。

（3）准备必要的物质器材。

（4）准备相关法律文书。

（二）搜查过程有序

1.搜查控制

（1）在现场附近部署警戒，并设立流动或者固定监视岗哨，禁止无关人员进入现场，切断现场与外界的联系。

（2）见证人到场后，立即向被搜查人表明身份，出示搜查证，令其在上面签字。让被搜查人或者其家属主动交出赃物罪证或者指出存放处所。如果有被拘捕的犯罪嫌疑人和其他可能隐藏有赃物罪证的人，立即进行人身搜查。

（3）除留被搜查人或其一名家属在场外，其余人员均应带离搜查现场，集中监视看管。住宅内的电话及电源也应予以控制。

（4）现场查看住宅的情况和周围的环境情况，确定搜查的重点和方法。

2.搜查顺序

根据搜查的目的和室内的结构特点，先从最有可能发现搜查目标的部位开始搜查。一般采取分区定位搜查法，把现场分成几个区，在每一个区选定一点，沿一定的方向依次进行。必要时，可让搜查人员相互调换搜查的区域。

搜查每一个房间都应先确定搜查的起点，沿墙壁的一定方向，搜查沿墙壁安置的物品、挂在墙上的物品、墙壁本身、墙下的地面，最后搜查位于房屋中间的物品及地面。

3.搜查重点

（1）地板。要注意根据地板上板缝的灰尘沉积情况、磨损情况、缺损挖补情况、家具移动痕迹、敲击声音差异等异常现象，寻找地板下面可能隐藏物品的部位。

（2）墙壁。如墙面的颜色是否一致，砖头是否松动，敲击声音是否异常，有无裱糊现象，是否有可疑痕迹，厚度是否正常，天花板有无夹层，等等。

（3）家具设施和日常用品。一般来讲，任何室内现场都有不少家具设施和日常用品，所以搜查人员一定要根据案件情况及赃物特点进行仔细检查，不留死角。特别要注意桌柜、沙发、卧具、电器、洁具有无夹层、死角或隐蔽处。比如毒品犯罪中，有的犯罪嫌疑人专门利用抽水马桶或下水道藏匿毒品。

（4）电子产品及其储存介质。随着计算机网络技术的发展，以及大数据、物联网时代的到来，犯罪嫌疑人越来越多利用网络电子产品实施犯罪，网络犯罪、非接触性犯罪的相关信息与证据以数据形式存在于各种电子存储介质中。因此，在搜查中一定要重视对计算机、网络服务器和各种电子产品及其储存介质的搜寻与勘查。

（三）搜查策略灵活

1.换位分析法

被搜查对象的职业、生活习惯、兴趣爱好及个人的特殊心理品质对其藏匿物品的方法有着重要影响。因此，搜查人员应该把自己置于被搜查者的地位，站在对方的立场，分析对方可能对该物品会做出何种处理。如有的犯罪嫌疑人心理素质稳定，胆大妄为，会认为“越是危险的地方越安全”，那么，搜查工作就应从那些通常不可能存放罪证的地方人手。

2.察言观色法

被搜查人的言行举止和情绪变化，可以帮助搜查人员明确搜查重点。有的可能害怕被发现而表现得过于平静；有的可能由于情绪紧张而不由自主地做出某些言行举止；有的可能突然打断搜查人员，分散其注意力。因此，在搜查中，要注意观察被搜查人的表情、目光导向及异常言行，有时还可以故意试探，大声说出下一步的搜查打算，观察其反应。

3.反常着手法

搜查人员还可以从反常现象人手，即物品的存在同被搜查人的身份是否相符；物品的出现、存放、摆设是否合乎常规，合乎情理；被搜查人对该物品的解释是否可信；被搜查人及其家属对物品的解释是否一致等。而如果现场物品与分析推断的物品种类相同或相似，搜查人员一定要充分重点甄别。

4.以逸待劳法

在搜查中，可有意识地与现场家属或其他有关人员拉家常，使其放松警惕，然后突然发问，如有时可问“存折在哪里”。

5.回马枪法

在特殊情况下，为了帮助确定搜查重点，有时搜查人员第一次可以大张旗鼓地对现场进行搜查，只需摸清现场状况，然后故意“无功而返”。同时，暗中严密监视，待有关人员再次进出现场时，对进出人员进行人身搜查，这可能会有意想不到的收获。另外，现场变动处也是搜查重点。

三、露天场所搜查方法

露天场所的搜查是指对可能隐藏和埋藏有关赃物罪证或隐藏犯罪嫌疑人的野外场所进行的搜索、检查。露天场所通常是指与被搜查人住所相毗连的菜园、院落以及判断可能藏有犯罪嫌疑人、罪证或尸体的水井、坑注，田野中的草丛、树林，深山中的岩洞，或者审讯中犯罪嫌疑人交代藏匿罪证的有关露天场所。露天场所的搜查可以与室内搜查同时进行，是室内搜查的继续，也可以单独进行。露天场所搜查的策略方法有以下五种。

（一）开展必要的现场调查及踏勘

露天场所范围较大，环境复杂，犯罪嫌疑人用以藏匿赃物罪证的条件比较好，痕迹物证容易受人为、自然的因素破坏或散失。搜查前，一方面应对现场整体进行认真巡视观察，另一方面应向有关人员，包括搜查地点周围的老住户，长年在附近劳动、作业的人员进行仔细询问。了解现场及附近的环境情况，如有无天然或人工的洞穴、沟渠、水源、水井、菜窖、粪坑等隐蔽场所； 案发后该地有无发生变化；近期内该地人员活动情况及可疑迹象等。

（二）确定搜查范围和重点

在现场调查及踏勘基础上，侦查人员应针对搜查地点的环境特点，结合案件中欲获取的赃物、罪证的种类、数量及其他特征等情况，初步划定搜查范围，明确搜查的重点。

（三）做好搜查条件准备

由于室外现场搜查空间大、范围广，有时需要调用一些特殊人员或特殊装备，用来提高搜查效率。比如，每次搜查前需要考虑是否需要武警或当地群众协助，是否需要出动警犬，是否需要特殊照明发电或探测工具设备，等等。

（四）选用合适的搜查方式

在露天场所搜查中，指挥员应根据警力的实际情况，选择合适的搜查方式，分片、分段有组织地进行。露天场所搜查一般有以下方式。

（1）分区定位式。把露天现场按自然地界分成几个区，在每一个区选定一点，沿一定的方向依次进行搜查。此法适用于自然地界明显、地标显著的室外现场的搜查。

（2）条幅式（平行式）。将搜查人员分成若干组，在露天现场的某一边界相隔一定距离依序排列，然后搜查力量在彼此可视范围内沿相同方向同时向前搜查，在搜查过程中相互照应。此法适用于露天场所范围大而搜查力量相对较少时。如果力量充足且有必要，也可同时在相邻边界同样按此法进行搜查。两相邻边界同时进行的条幅式搜查也称作纵横式搜查。

（3）螺旋式。在搜查现场的边界某处由外向内螺旋式前进，或者从中心点由内向外螺旋式前进。此法适合于山地搜查。

（4）警犬追踪和步法追踪结合式。搜查人员带上警犬，利用搜查对象的特殊气味或行走痕迹进行追踪。若发现搜查对象在郊外或农村地区长途奔袭时可使用此法。

（5）打捞式。借用必要的打捞装置搜寻水中物品。此法主要适用于对江、河、水池、化粪池等水下场所的搜查。

（五）把握露天场所搜查的重要环节

（1）应根据被搜查物品的特征，结合现场情况确定搜查的重点部位。

（2）注意植被情况。野外植被丰富，注意有无倒伏、枯死、折断、反常现象。

（3）注意发现犯罪嫌疑人留下的标志。

（4）注意脏乱差场所。如公共场所、垃圾场等，这在实践中也是搜查重点之一。这些地方人少，犯罪嫌疑人扔掉罪证的可能性大，被破坏的可能性小。

（5）搜捕犯罪嫌疑人时要有效封锁包围现场，抢占现场有利地形，防止犯罪嫌疑人行凶逃窜。

四、人身搜查

人身搜查（以下简称搜身），是指警察依法对犯罪嫌疑人的人身及其随身携带物品进行搜寻与检查。

（一）人身搜查适用的时机

（1）无论是室内搜查还是露天场所搜查，只要在搜查过程中遇有嫌疑对象，就必须迅速实施人身搜查。

（2）搜查住宅时，有时也需要对被搜查人或在场的亲属及其他可能隐藏赃物罪证的人员进行人身搜查。

（3）执行逮捕拘留时，应对被拘留人进行人身搜查。

（4）实施抓捕任务时，应在第一时间对缉捕归案的犯罪嫌疑人进行人身搜查。这是缉捕行动中至关重要的第一道防线，是确保安全的重要手段。

（5）根据公安相关工作的需要，也可以在必要时，经过批准，对其他可疑人员依法进行人身搜查。

（二）人身搜查的目标

（1）发现并解除危险因素，查缴犯罪嫌疑人可能携带的凶器、武器及其他可能造成人身危险的物品，有效防止出现人身伤害。如扒窃犯手中是否有刀片。

（2）发现并收集证据或线索，如被搜查人随身携带的犯罪工具、赃物、毒物等；被搜查人身上是否遗留有伤痕、血迹、精斑和其他痕迹等。还要注意从被搜查人随身携带的手机等电子产品及交通工具上的通信产品等中发现电子证据。

（3）发现并收缴其他违禁品。

（三）人身搜查的策略方法

1.研判搜查对象的情况

对犯罪嫌疑人进行人身搜查，应尽量在执行前了解、掌握案情和搜查对象的心理特点等各方面情况。应当研判其身上可能藏有的危险物品、赃物及其他罪证的种类、数量、特征和隐藏的具体部位，以便有重点、有目标地进行搜查。

2.选择合适的搜查地点

人身搜查时，搜查对象往往精神紧张，有抵触反感情绪，特别是在搜查对象是暴力犯罪嫌疑人但尚未确认时，搜查危险性更大。因此，人身搜查不能盲目行动、随意而为。要根据搜查对象的活动情况，尽量避免在公开场所、人群密集的地方进行搜查。要有意识地选择合适的时间和地点实施人身搜查，以防现场失控。

3.确定人身搜查的方式

人身搜查有两种基本方式，即先缉捕再搜查和先搜查再缉捕。采取何种方式，应根据犯罪嫌疑人的危险程度来决定。但是，无论采取何种方式，都必须将搜查对象置于警察的绝对控制之下。

4.分工配合，有效控制现场

搜查人员要有明确分工，至少应有二人以上对一名对象进行搜查。其中，一人执行搜查；另一人负责警戒监视，注意搜查对象的言行反应，注意观察其举止，特别是手部和肩部动作，防止其行凶、自杀或脱逃。必要时，要有专人负责外围警戒或监视，保证搜查现场的安全。对女性被搜查人要尽量避免在公开场所进行搜查，而且应由女搜查人员执行。执行警戒时，要注意正确站位，枪支不能指向同伴。在搜身过程中，要始终处于高度戒备状态，提高自我保护意识，尽量避开群众围观，既要防止犯罪嫌疑人可能的反抗与脱逃，也要警惕犯罪嫌疑人的同伙在外围趁火打劫，同时，还要防止犯罪嫌疑人自残或自杀等情况的发生。

5.分步推进实施搜寻检查

（1）控制搜查对象，令其做出配合动作。为了确保绝对安全，搜查人员在准备接近对象前，要先命令搜查对象将其随身携带的箱包放在地上，并退后一段距离，背对搜查人员，做出站立式、跪地式、趴地式等利于人身搜查的姿势。采用站立式姿势时，要求搜查对象举起双手放到脑后，双脚脚尖朝外尽量分开；采用跪地式姿势时，要求搜查对象双手放到脑后，双脚交叉跪地；采用趴地式姿势时，要求搜查对象双手交叉抱在后脑处，趴在地上，脑袋侧向背对搜查人员一侧，双脚尽量分开。

搜查有潜在危险因素的犯罪嫌疑人人身时，应令其双手抱头、两腿分开或采取其他更稳妥的控制措施，以有效避免和及时制伏被搜查人拒搜、行凶、自杀等。

（2）初步搜查人身，解除武装。搜查对象做出配合动作后，搜查人员迅速收枪上前，用一只手控制其双手，另一只手迅速由上至下、由前至后、由外至内，自前胸至腹部、裤袋、脚踝部位采取拍、打、摸方式，搜查是否有枪支、爆炸物及其他凶器，以排除危险。重点是臂下两腋、前后胸、腰间、裆部及内外衣袋。

（3）详细检查人身，注意隐蔽部位。解除搜查对象的武装后，再从其背后开始，由上至下、由前至后、由外至内，采取挤、压、触、摸等方法仔细搜寻检查其随身携带的所有物品，以发现各种痕迹物证。在此过程中，特别要注意体腔、口腔、耳孔、腋下、头发、受伤包扎处等身体隐蔽部位及衣着装品的夹层。在搜寻血迹、精斑等痕迹物证时，特别要认真检查帽子、衣领、衣裤、口袋、腰带、垫肩、裤腰、鞋袜等，必要时可要求其脱下检查。确有需要时可进行伤检或活体检验，如果被搜查人身上贴有药膏，扎有绷带，有血迹、精斑，则要请法医进行检验，等等。详细检查动作力度不宜过大，但必须仔细，必须搜寻出其随身携带的所有物品，妥善保管，待后逐一调查核实。如果需要缉捕搜查对象，必须迅速有效控制，搜寻赃物罪证，排除其身上存在的任何可能引发危险的因素。

（4）检查随身携带箱包。检查箱包时，要按照“一问、二看、三听、 四闻、五摸、六轻解”的步骤进行，注意防止爆炸。

五、搜查记录

搜查中，应当根据搜查情况制作《搜查笔录》（见附件6.1）和《扣押物品文件清单》，同时进行必要的摄像、拍照。

（一）《搜查笔录》的主要内容

（1）首部。首部包括文书名称，搜查开始、结束时间，搜查人所在单位名称及姓名，搜查证签发日期和发文字号，见证人姓名，被搜查人住址及姓名。此部分按照统一格式填写即可。

（2）正文。正文主要记载搜查的具体情况，一是搜查的顺序、过程，搜查了哪些地方，有无问题，发现了什么情况，被搜查人及其家属的态度；二是发现、提取痕迹物品的情况；三是搜查的见证情况。

（3）结尾。主要记载被搜查人或见证人对搜查笔录的意见。由侦查人员和被搜查人或者他的家属、邻居或其他见证人签名或盖章。如果被扣押物品持有人或家属拒绝签名的，搜查人员应在搜查证、《搜查笔录》及《扣押物品文件清单》上分别记明。

（4）附件。包括《扣押物品文件清单》、搜查中拍摄的各种固定位置的照片、摄像视频、绘制图形、制模情况等。

（二）制作《搜查笔录》的基本要求

（1）如实地记录搜查行动的全过程，主要内容完整。

（2）语言应扼要、明确，重点记录可疑人、事、物的名称、特征、数量、规格、发现过程等。

（3）应当当场制作，与搜查过程同时进行。

（4）相关人员应当在上面签署意见。当被搜查人和见证人确认无误后，被搜查人、见证人、搜查人员应在搜查笔录上签名或盖章。

（5）《搜查笔录》应制作一式两份，一份随诉讼案卷材料移交，一份放在侦查卷内备案。

附件6.1 《搜查笔录》(样本)

搜查笔录

2005年6月17日9时30分至2005年6月17日10时30分，C市公安局侦查员张××、李××，根据2005年6月16日C市公安局签发的×公刑搜字(2005)第118号搜查证，在姜××的见证下，对居住在C市××区××路××号的犯罪嫌疑人陆××的住宅进行搜查。

搜查的简要情况：侦查人员在犯罪嫌疑人陆××的卧室壁橱顶部发现××产××牌××型VCD一部，卧室床下抽屉里发现人民币存折一本，户名陆××，账号605590002012××××，金额150000元；在客厅电视机下发现存折一个，户名陆××，账号605580003203××××，金额30000元；在厨房内发现中号螺丝刀一把，钳子一把。在整个搜查过程中，没有损坏任何物品，被搜查人家属能够配合搜查工作。

扣押物品：详见《扣押物品文件清单》。《搜查笔录》的附件《扣押物品文件清单》已经交犯罪嫌疑人陆××的妻子黄××收执。

被搜查人对搜查的意见：没有意见。搜查时我一直在场，没有意见。

侦查员：张×× 李××(手写)
被搜查人或其家属：陆×× 黄××(手写)
见证人：姜××(手写)
记录人：程××(手写)

第四节 扣押的基本方法

扣押既可以是现场勘验和公开搜查中的附随行为，也可以是侦查中的独立行为。在现场勘验和公开搜查时，凭勘查证和搜查证即可扣押。如果是单独进行扣押，则应持有侦查机关的证明文件。凡应当扣押的物品、文件，持有人没有正当理由拒绝交出的，侦查机关可以强行扣押。

一、扣押的具体范围

（1）搜查中发现的与案件有关的物品和文件。能够用以证明犯罪嫌疑人有罪或无罪的各种物品和文件，应当扣押；与案件无关的物品、文件，不得扣押。

（2）案件发生过程中形成的，以数字化形式存储、处理、传输的，能够证明案件事实的电子数据。如犯罪嫌疑人的电子邮件、手机短信等。

（3）被搜查人主动交出的与案件有关的物品和文件。如书箱、邮件、电报等。

（4）违禁品及国家法律法规规定不允许个人使用、持有的物品，应先行扣押。

（5）用以补偿因犯罪行为造成损失的现金、有价证券和各种财物。

（6）其他物品。比如在人身搜查中，有些物品虽然与案件无关，但可能危及人身安全，也应当先行暂予扣押。

二、现场扣押

一般而言，扣押物品文件，应当会同在场见证人和被扣押物品、文件的持有人，当场清点，查验名称、型号、规格、数量、重量、质量、成色、纯度、颜色、新旧程度、缺损特征，弄清来源，逐件编号登记，当场开列《扣押物品文件清单》。《扣押物品文件清单》一式四份，一份交给文件、资料和其他物品持有人，一份交被查封、扣押文件、资料和其他物品保管人，一份附卷，一份保存。如果是现场勘验、公开搜查时扣押的，附卷备查的扣押清单应附在现场勘查笔录、公开搜查笔录之后。但是，对于一些特殊物品和文件，在扣押中还要注意采取一些特殊方法。

1.货币、有价证券

扣押货币、有价证券，应当登记并写明货币、有价证券的名称、数额、面额等，货币应当存入银行专门账户，并登记银行存款凭证的名称、内容。

2.贵重物品

扣押文物、金银、珠宝、名贵字画等贵重物品，应当拍照。对一时难以确定其真实品牌和实际价值的物品，可按普通的品牌登记，能封存的当场封存，并请持有人、见证人签名盖章。例如，对于项链，如果难以确定其真伪或质量，可先登记为项链一条，并记录其特征，当场封存签名。

3.不动产或不宜移动的相关财物

对于应当查封的不动产和置于该不动产上不宜移动的设施、家具和其他相关财物，以及涉案的车辆、船舶、航空器和大型机械、设备等财物，必要时可以扣押其权利证书，经拍照或者录像后原地封存，开具查封清单，注明相关财物的详细地址和相关特征。

4. 邮件、电报

扣押犯罪嫌疑人的纸质邮件、电子邮件、电报，应当经县级以上公安机关或人民检察院负责人批准，签发扣押通知书，通知邮政、电信部门或者网络服务单位检交扣押。不需要继续扣押的时候，由县级以上公安机关或人民检察院负责人签发解除扣押通知书，立即通知邮政、电信部门或网络服务单位。

5.录音带、录像带、电子数据存储介质

对记录扣押物品和其他证据内容的录音带、录像带、电子数据存储介质，应当记明案由、对象、内容，录取或复制的时间、地点、规格、类别、应用长度、文件格式及长度等。对于电子数据的扣押，应当扣押、封存原始存储介质，并制作笔录，记录原始存储介质的封存状态。具有下列情形之一，无法扣押原始存储介质的，可以提取电子数据，但应当在笔录中注明不能扣押原始存储介质的原因、原始存储介质的存放地点或者电子数据的来源等情况，并计算电子数据的完整性校验值：①原始存储介质不便封存的；②提取计算机内存数据、网络传输数据等不是存储在存储介质上的电子数据的；③原始存储介质位于境外的；④其他无法扣押原始存储介质的情形。

6. 涉密物品

查封单位的涉密电子设备、文件等物品，应当在拍照或者录像后当场密封，由侦查人员、见证人、单位有关负责人签名或者盖章。启封时应当有见证人、单位有关负责人在场并签名或者盖章。对于有关人员拒绝按照前款有关规定签名或者盖章的，侦查机关应当在相关文书上注明。

三、扣押记录

扣押如果是单独进行，则要以扣押笔录的形式客观、完整记录扣押的过程，同时制作《扣押物品文件清单》（见图6-1）。如果是附随现场勘查、公开搜查进行，只需制作《扣押物品文件清单》。《公安机关办理刑事案件程序规定》第230条对《扣押物品文件清单》的制作有明确规定。

重庆市扣押物品、文件（资料）清单

NO: 02571××

（Z02）扣字[2005]第112号

案由	抢劫		办案单位	[illegible]	
被扣押物品文件持有人	杨 ×		性别	男	出生日期 [illegible]
现住址	[illegible]				
工作单位	无		联系电话		
编号	名称	规格	数量	特征	备注
1	猎刀		壹	弯刀	
币种	大写	佰 拾 万	仟	佰 拾	元
被扣押物品、文件持有人（签名）： 2005年12月28日	见证人（签名）：李 × 2005年12月28日		承办人（签名）： 2005年12月28日		

图6-1《扣押物品文件清单》示例

四、扣押物品的处理

对于扣押的物品和文件，侦查机关应当妥善保管或封存，不得使用、损毁或丢弃。根据《人民检察院刑事诉讼规则》第217条规定：“对于查封、扣押在人民检察院的物品、文件、邮件、电报，人民检察院应当妥善保管。”《公安机关执法细则（第三版）》第34-04条规定，对于扣押的物品，应当妥善保管，不得挪用、调换、损毁，并按照以下规定处理。

（1）对容易腐败变质及其他不易保管的物品，经公安机关负责人批准，在拍照或者录像后变卖或者拍卖，变卖或者拍卖的价款暂予保存，待结案后按有关规定处理。

（2）对扣押后查清属于被侵害人或者善意第三人合法占有的财物，应当在登记、拍照或者录像、估价后及时返还，并在案卷中注明返还的理由，将原物照片、清单和领取手续存卷备查。返还他人合法财物，应当由接收人在《扣押物品文件清单》返还情况栏签收。

（3）对扣押后查清与案件无关的财物，应当及时返还。返还时，应当由接收人在《扣押物品文件清单》返还情况栏签收。

（4）对应当返还的财物，通知原主或者公告后满六个月无人对该财产主张权利或者无法查清权利人的，应当公开拍卖或者按照国家有关规定处理，所得款项上缴国库。拍卖手续和上缴国库的凭证应当附卷。

（5）对不宜入卷的物证，应当拍照入卷，原物在结案后按照有关规定处理。

（6）案件变更管辖时，与案件有关的财物及其孳息应当随案移送，由接收人、移送人当面查点清楚，并在交接单据上共同签名。

复习与拓展

（1）搜查的时机。

（2）搜查与扣押有哪些法律程序要求？

（3）室内搜查的程序方法。

（4）露天场所搜查的程序方法。

（5）人身搜查的程序方法。

（6）扣押的程序方法。

（7）我国搜查扣押制度研究。

（8）室内搜查中现场人员的心理活动研究。

（9）搜查中的安全问题研究。

延伸阅读

（1）王传道、徐立根：《侦查学》，中国人民大学出版社1991年版。

（2）杨宗辉等：《侦查学》，群众出版社2002年版。
（3）孙长永：《侦查程序与人权》，中国方正出版社2000年版。
（4）郭晓彬：《侦查策略原理与实务》，群众出版社2000年版。
（5）郑晓均：《侦查策略与措施》，法律出版社2010年版。
（6）马海舰：《侦查措施新论》，法律出版社2012年版。
（7）马忠红：《刑事侦查学》，中国人民公安大学出版社2014年版。
（8）阮国平，许细燕：《刑事侦查措施》，中国人民公安大学出版社2007年版。
（9）刘涛，杨郁娟：《侦查措施》，中国人民公安大学出版社2015年版。
（10）孙延庆：《侦查措施与策略》，法律出版社2015年版。

案例讨论

某年3月25日15时45分，云南省曲靖地区A县武警中队接到县公安局案情通报：上午9时35分，5名穿黑衣、戴墨镜、手持火药短枪的歹徒在万亩林场持枪抢劫，抢走林场职工张××和2名农民身上的现金和物品，正准备对林场另一职工实施抢劫时，被巡逻的森林警察发现。惯犯计成×被森林警察击中腿部，当场就擒，其余4人在逃，其中2名惯犯逃向林场腹地。要求中队立即出发，赶往万亩林场腹地，围捕犯罪嫌疑人。

犯罪嫌疑人潜藏的万亩林场腹地，位于A县西南方向，距县城13公里。林场地处山丘地带，山高壑深，荆棘丛生，树木枝繁叶茂，易藏难搜。据林场制高点瞭望台观察，犯罪嫌疑人潜藏于面积约2平方千米的幼林地域。

幼林平均2~3米高，枝叶繁茂，杂草丛生，幼林带东侧、北侧林木稀疏，而且东邻场部，北邻村庄，加之有森林警察和林场职工控制，犯罪嫌疑人不易向东、北两侧逃窜。南侧和西侧为高大密集的成林，仅西北方向有一个瞭望台。南侧邻近公路，可通贵州。3月份正值风干物燥的季节，万一犯罪嫌疑人穷凶极恶，放火毁林，国家和人民生命财产将会造成重大损失。情况紧急，既要捕获犯罪嫌疑人，又要保护国家财产安全。

参加此次围捕行动的有武警、公安、森林警察、林场职工等41人。犯罪嫌疑人隐藏的幼林面积为2平方千米。据访问当事人，犯罪嫌疑人为外省人。

问题：

根据以上情况，制定此次行动的方案，并说明此次围捕行动的注意事项。

第七章

辨 认

| 本 | 章 | 要 | 点 |

辨认在整个侦查过程中有非常大的作用，是鉴别被出示辨认的客体同过去看到的那个客体是否同一的重要侦查措施。本章首先阐述了辨认的相关法律规定。其次，论述了辨认的基本概念、辨认的种类。再次，阐述了辨认的基本方法，包括辨认前的准备，对人的辨认、对物品的辨认、对尸体的辨认、对场所的辨认以及辨认笔录的制作。最后，论述了辨认结果的评断和运用。

第一节 相关法条及解读

我国的《刑事诉讼法》中并未对侦查辨认作任何规定，目前其主要规定于《公安机关办理刑事案件程序规定》和《人民检察院刑事诉讼规则》。

一、《公安机关办理刑事案件程序规定》中的相关法条

《公安机关办理刑事案件程序规定》中有关侦查辨认的规定如下。

第二百五十八条　为了查明案情，在必要的时候，侦查人员可以让被害人、证人或者犯罪嫌疑人对与犯罪有关的物品、文件、尸体、场所或者犯罪嫌疑人进行辨认。

第二百五十九条　辨认应当在侦查人员的主持下进行。主持辨认的侦查人员不得少于二人。

几名辨认人对同一辨认对象进行辨认时，应当由辨认人个别进行。

第二百六十条　辨认时，应当将辨认对象混杂在特征相类似的其他对象中，不得在辨认前向辨认人展示辨认对象及其影像资料，不得给辨认人任何暗示。

辨认犯罪嫌疑人时，被辨认的人数不得少于七人；对犯罪嫌疑人照片进行辨认的，不得少于十人的照片；

辨认物品时，混杂的同类物品不得少于五件；对物品的照片进行辨认的，不得少于十个物品的照片。

对场所、尸体等特定辨认对象进行辨认，或者辨认人能够准确描述物品独有特征的，陪衬物不受数量的限制。

第二百六十一条　对犯罪嫌疑人的辨认，辨认人不愿意公开进行时，可以在不暴露辨认人的情况下进行，并应当为其保守秘密。

第二百六十二条　对辨认经过和结果，应当制作辨认笔录，由侦查人员、辨认人、见证人签名。必要时，应当对辨认过程进行录音录像。

二、《人民检察院刑事诉讼规则》中的相关法条

《人民检察院刑事诉讼规则》中有关侦查辨认的规定如下。

第二百二十三条　为了查明案情，必要时，检察人员可以让被害人、证人和犯罪嫌疑人对与犯罪有关的物品、文件、尸体或场所进行辨认；也可以让被害人、证人对犯罪嫌疑人进行辨认，或者让犯罪嫌疑人对其他犯罪嫌疑人进行辨认。

第二百二十四条　辨认应当在检察人员的主持下进行，执行辨认的人员不得少于二人。在辨认前，应当向辨认人详细询问被辨认对象的具体特征，避免辨认人见到被辨认对象，并应当告知辨认人有意作虚假辨认应负的法律责任。

第二百二十五条　几名辨认人对同一被辨认对象进行辨认时，应当由每名辨认人单独进行。必要时，可以有见证人在场。

第二百二十六条　辨认时，应当将辨认对象混杂在其他对象中。不得在辨认前向辨认人展示辨认对象及其影像资料，不得给辨认人任何暗示。

辨认犯罪嫌疑人时，被辨认的人数不得少于七人，照片不得少于十张。

辨认物品时，同类物品不得少于五件，照片不得少于五张。

对犯罪嫌疑人的辨认，辨认人不愿公开进行时，可以在不暴露辨认人的情况下进行，并应当为其保守秘密。

三、解读

根据法律法规相关的规定，为保障辨认结论的可靠性，辨认必须遵守下列规则。

（1）个别辨认。为了保证辨认结论的客观公正性，防止辨认人受其他辨认人、辨认对象等各个方面的影响，辨认时要进行个别辨认。个别辨认包括两层含义：一是如果对同一辨认对象有几个辨认人时，辨认应该分别单独进行；二是一个辨认人面对多个辨认对象进行辨认时，也应该让辨认人进行分别单独的识别。

（2）混杂辨认。混杂辨认主要适用于对人和物品的辨认。对人和物品进行辨认时，应当将辨认对象混杂在若干与其相似但无关的人或物品中间。在选择混杂对象时，应以辨认对象的特征为依据。在进行对人的辨认时，混杂陪衬的对象与被辨认人之间，应当在性别、年

龄、相貌、身高、体态等方面相同或相似。在进行物品的辨认时，混杂陪衬的对象与被辨认对象之间应当在种类、颜色、大小等方面相同或相似。除此之外，对照片、录音、录像的辨认，也应当遵守混杂辨认的规则。

（3）自由辨认。自由辨认是指在进行辨认活动时，应当保证辨认人在不受任何干扰的情况下，自由而独立地进行识别。侦查人员在辨认人进行辨认的过程中，不得进行任何方式的暗示或诱导，更不得进行明确的指认。因此，在组织辨认活动时，应该在辨认开始前就注意在各个方面保证自由辨认。在辨认开始前，不能让辨认人事先了解有关辨认的情况，不能让辨认人看见辨认对象和知道辨认对象的情况。在辨认过程中，侦查人员可以帮助辨认人全面、细致地观察辨认对象的特征，也可以进行必要的解释，但必须保持客观态度。

（4）辨认前应当向辨认人详细询问被辨认人的具体特征，禁止辨认人见到被辨认人，并告知有意作假辨认应负的法律责任。

（5）应当明确告知辨认人，犯罪嫌疑人有可能不在列队里或照片之中，从而使辨认人觉得自己不一定必须要辨认出某一个。

（6）在列队或照片中不应该突出犯罪嫌疑人。辨认人曾经对犯罪嫌疑人的某些特征进行特殊的关注，或对犯罪嫌疑人的特征进行过了言语描述，那么辨认中的犯罪嫌疑人最好避免出现这些特征，否则容易干扰证人的辨认。辨认人的言语描述对于面孔的记忆会有干扰作用。

第二节 辨认概述

一、辨认的概念

辨认是由辨认人察看侦查人员向其出示的客体，并将此客体同自己以前曾经看到的、同案件有关的客体的记忆形象加以识别对照，对被出示辨认的客体同过去看到的那个客体作出是否同一的认定过程。辨认是公安机关组织安排有关人员对某人、物、尸体、场所进行识别的一种侦查取证措施，是发现、审查犯罪嫌疑人，发现、确认犯罪地点，确认某些物品的持有人，查明不知名死者的身份和有关情况，为案件侦查和认定犯罪嫌疑人提供证据的重要手段。

从某种意义上讲，辨认的过程实质是同一认定的过程，辨认的方法实质是同一认定的方法。在辨认的过程中，辨认人通过仔细察看侦查人员向他出示的客体，并将此同以前曾经看到的、同案件有关的记忆形象加以识别和对照，对被出示辨认的客体与过去所见的客体作出是否同一的认定，即本质上是利用客体的反映形象及其特征。

二、辨认的分类

根据侦查工作的需要，辨认可分为许多种类，但分类的标准通常有以下几种。

1.根据辨认的方式分类

根据辨认的方式分类，辨认可分为公开辨认和秘密辨认。公开辨认是指在被辨认人或被辨认对象拥有者所知悉的情况下所组织的辨认。此种辨认多适用于对已被羁押的犯罪嫌疑人的辨认等情形。在对人的公开辨认中，被辨认人的权利能得到较有效的维护。实践中常用的是秘密辨认，秘密辨认是指在被辨认人或被辨认对象拥有者不知悉的情况下组织的辨认。此种辨认多适用于对未被羁押的犯罪嫌疑人的辨认以及秘取物品的辨认等。其优点在于不易被侦查活动相对人察觉而暴露侦查意图，利于保守侦查工作秘密，掌握侦查主动权，便于侦查工作的开展。公开辨认一般是在秘密辨认做出了肯定的结论基础上进行的。

2.根据辨认的目的分类

根据辨认的目的分类，辨认可分为认定辨认和寻查辨认。认定辨认是对已发现的辨认客体进行识别、认定的辨认，寻查辨认是侦查中为了发现和查获犯罪嫌疑人而在其可能出现的地点、路线进行寻找、识别的辨认。

3.根据辨认对象分类

根据辨认对象分类，辨认可分为对人的辨认、对物品的辨认、对尸体的辨认以及对场所的辨认。

4.根据辨认对象的状态分类

根据辨认对象的状态分类，辨认可分为静态辨认和动态辨认。静态辨认是以被辨认对象的静态特征为认定依据的辨认。这是侦查实践中经常使用的辨认形态，如对物品、尸体、场所及犯罪嫌疑人的面貌特征等的辨认。动态辨认是以被辨认对象的动态特征为认定依据的辨认，如站立、行走时的习惯性动作、语音等，其适用于对犯罪嫌疑人的动态特征有所感知且对该特征有较深刻印象的辨认人所进行的辨认。

5.根据辨认的载体物分类

根据辨认的载体物分类，辨认可分为直接辨认和间接辨认。直接辨认是指辨认人不凭借中介物而直接观察辨认对象实体进而做出识别、认证的辨认活动，如实物辨认、亲身到疑似犯罪场所的地点进行的辨认。间接辨认是辨认人通过中介物感知辨认对象进而做出识别、认证的辨认活动，如照片辨认、录像辨认、录音辨认。

第三节 辨认的方法

一、辨认前准备

一般而言，无论进行何种辨认，都应做好以下几方面的准备。

1.向辨认人了解有关情况

在辨认开始前和辨认结束以后，主持辨认的侦查人员都应对辨认人进行询问。有的案件在辨认开始前就已经对辨认人进行了访问，但在辨认开始以前，仍然应当仔细对辨认人进行有关的询问，这是组织辨认必不可少的程序。

在辨认开始之前，询问的重点是辨认人究竟掌握了哪些特征，辨认人能否依据对此的感知和记忆进行辨认。同时，侦查人员还应当问明辨认人感知的时间、条件、环境，辨认人自身的感知能力如何等，以便对辨认人掌握的情况的可靠性进行科学分析和为设计相应的辨认环境和条件提供可靠的依据。

辨认结束以后，针对辨认人作出的结论，侦查人员还应对辨认人再次进行询问，问明作出辨认结论的依据，以便对辨认结论进行正确的评断。

2.确定辨认的时间和地点

组织公开的辨认活动时，辨认的时间和地点应尽量安排在符合辨认人原感知条件且外界干扰较小的环境中进行。秘密辨认时，应注意不能让被辨认人察觉，因此，在时间、地点的选择上应符合保密的要求。

3.制定辨认的实施方案

辨认应当有组织、有步骤地进行。因此，在组织辨认活动时，应制定具体的实施方案，方案的内容主要包括人员的分工、辨认的步骤和方法、辨认中可能出现的问题和相应的对策。

4.辨认条件的准备

就辨认条件而言，应从以下方面进行准备：选择符合条件的混杂陪衬对象；对进行辨认活动的场所进行布置；向辨认人宣布辨认的要求和辨认中应注意的问题，以及要求辨认人认真对待辨认活动。

二、辨认的实施

1.对人的辨认

在对人的辨认开始之前，应当重点询问清楚辨认人掌握了犯罪嫌疑人的哪些特征，能否依据对此的感知和保存的记忆进行辨认。同时还应问明辨认人是在什么时间、环境条件下看见犯罪嫌疑人的，当时的视觉、听觉能力和其他有关的客观条件如何，以便据此设计相应的辨认环境。

对人的辨认应严格遵守混杂辨认的原则。《公安机关办理刑事案件程序规定》规定："辨认犯罪嫌疑人时，被辨认的人数不得少于七人；对犯罪嫌疑人照片进行辨认的，不得少于十人的照片。"《人民检察院刑事诉讼规则》规定："辨认犯罪嫌疑人时，被辨认人的人数不得少于七人，照片不得少于十张。"

对人进行直接辨认时，多采用静态辨认的方法，即以被辨认人的静态特征，尤其是以人的面部特征为依据，让辨认对象处于基本静止的状态，以便辨认人仔细而有序地观察被辨认人的外貌特征。如果辨认人对犯罪嫌疑人的动态特征，如说话的声音、行走的姿势等有所感知和记忆，可以增加对犯罪嫌疑人动态特征的辨认。除此之外，根据案件侦查的需要，侦查人员还可以组织寻查辨认。寻查辨认是发现犯罪嫌疑人的有效方法。

在对人进行辨认时，对于辨认人作出的有关静态特征中的稳定性不高的特征的结论，应进行谨慎的审查判断。

2.对物品的辨认

对物品的辨认通常有三种情况：一是对不知名死者的衣服和随身携带的物品的辨认，这种辨认通常应先有控制、有选择地组织现场周围群众对物品进行识别，侦查人员应对这些物品的产地、流通和使用范围作出初步的判断；二是对现场遗留物品的辨认；三是对赃物的辨认，有时若不好取得实物，则应及时设法取得该物的照片，提交辨认。

在对物品进行辨认时，侦查人员应先通过询问辨认人，查明同犯罪事件有联系的物品具有的特征，然后再进行辨认。如果辨认人可能是该项物品的所有者，询问时可让辨认人提供与被辨认的物品原属同一整体或者附属关联的物品，或者相类似的物品。这有利于描述和理解物品的特征，有利于评断辨认的真实可靠性。

对物品进行辨认时，同样应当注意贯彻混杂辨认的原则。在挑选混杂陪衬的物品时，只要求一般特征相似即可。如果被辨认的物品比较特殊，难以找到同类的混杂陪衬物品，或者被辨认的物品的特定特征十分明确，经过询问，辨认人对物品的特征，特别是一些特殊的、不易被他人所知的细小特征十分了解的，也可以不混杂辨认，而将辨认物品单独提交辨认人辨认。

3.对场所的辨认

在部分案件的侦查过程中，有时需要请被害人或者其他知情人对与犯罪有关的场所进行辨认，如犯罪嫌疑人将被害人挟持到其不熟悉的地点进行侵害，而被害人事后又无法说清确切的犯罪地点和具体方位。

对场所进行辨认时，侦查人员应首先对辨认人进行详细的询问，并根据辨认人所描述的该场所的特征，分析该场所可能位于何处。然后，引导辨认人经由这些地点，由辨认人自由辨认，并得出结论。考虑到辨认人可能存在感知错误，当辨认人指认了某个场所后，侦查人员应该及时对该场所进行认真仔细的勘查，并结合辨认人事先做出的有关犯罪事件的陈述，评断辨认结论的可靠性。

有些犯罪由于行为的过程较长，情节复杂，犯罪嫌疑人和被害人的活动涉及的地域范围大，为了确定犯罪过程中某个行为发生的确切地点，也可以组织进行对场所的辨认。对场所的辨认不适用混杂辨认的原则，但辨认的其他规则必须遵守。

4.对尸体的辨认

对尸体的辨认应在法医的协助下进行。对尸体的辨认不适用混杂辨认的原则。但如果是多人进行辨认，则应贯彻个别辨认的原则。

在进行具体的辨认之前，首先应在法医的帮助下，对尸体做好必要的清理整容和发现、记录尸体的各种特征。对于已成白骨的尸体，可进行必要的颅骨复相，根据尸骨和牙齿对死者情况作出法医骨学和法医齿学的分析判断。对于尸体上存在的用肉眼无法直接观察到的各种特征，不宜在辨认开始前向辨认人公布，而应该在辨认人进行辨认的过程中，向辨认人查明这些特征，并作为评断辨认结论的依据。如果是为了及时引起认识死者的人的注意，以便他们及时参与辨认，也可以对这些特征做有限制、有保留的公布。

侦查人员在调查过程中，一旦发现有同不知名死者类似的失踪人线索，应立即组织失踪人的亲友或其他熟悉失踪人的知情人进行辨认。如果尸体已经不复存在，应将尸体的辨认照片和死者的衣服交给辨认人辨认。

三、制作辨认笔录

公开辨认应当制作辨认笔录，秘密辨认则应当制作辨认报告。辨认报告不能用作诉讼证据，但应归入侦查卷宗，以供案情分析研究，其内容同辨认笔录基本一致。

辨认笔录应包括以下几方面内容。

（1）辨认前对辨认人的询问情况和辨认人的陈述情况；

（2）辨认的时间、地点、环境条件；

（3）混杂人员的姓名、年龄、住址，混杂物品的数量、来源、基本特征；

（4）辨认的结论，侦查人员就辨认结论对辨认人进行的询问和辨认人的陈述情况；

（5）混杂人员或者混杂物品同被辨认人或物品混杂在一起的照片，被辨认出的人或物品的照片；

（6）参与辨认的侦查人员、辨认人、混杂人员和被辨认人、见证人等的签名或盖章。

辨认笔录的内容应通过问答的形式记录，辨认笔录应力求客观、详细、准确。

第四节 对辨认结论的评断和运用

因为辨认的主体是人，其主观性很强，很容易受到人的感知、记忆的影响，还会受到各种客观因素的影响，因此对辨认的结论应该进行认真的审查和评断。对辨认结论的评断主要从以下五方面进行。

一、辨认人的自身情况

首先是审查辨认人的生理状况。应查明辨认人是否具备正常的感知能力、保持能力、再认能力，有无近视、远视、弱视、色盲、色弱、夜盲、听力减弱和健忘等生理缺陷，触觉和嗅觉是否正常，以及年龄大小等。其次是审查辨认人的基本情况。包括同案件结果的关系、同当事人的关系、文化程度、职业、对待辨认的态度、诚信程度等。

二、辨认人感知时的具体状况

第一是感知时的客观因素。感知时的环境条件，特别是光线、地形、距离、气候、噪声等。第二是感知时的精神状态。必须查明辨认人在感知时是否有顾虑、不安、恐惧、惊愕等消极情绪或极度饥饿、疲劳、睡眠不足、负伤流血等健康不佳的状况存在。

三、辨认人掌握辨认特征的实际情况

辨认人是通过对比、识别自己了解的与犯罪有关的人、物品、场所的某些特征同被辨认对象的特征进行辨认的。用于对比的特征是否具有排他性，除了特征本身以外，还取决于辨认人对该特征认知的深度和准确程度。因此，在评断辨认结论时，应仔细分析对比特征之间的准确性和可知程度。

四、辨认人所掌握的特征与辨认对象之间的误差

在辨认实践中，辨认人所掌握的特征与辨认对象之间往往存在一定程度的差异。辨认对象的某些特征随着时间的推移或者受人为的、自然的因素影响，往往会发生改变，这是必然的。因此，对于辨认结论中出现的辨认人所掌握的特征与辨认对象之间的误差，应认真分析研究造成误差的原因。在具体的分析判断中，应根据事物变化的客观规律，结合考察犯罪嫌疑人有无故意乔装的行为，并参照其他侦查措施所查获的情况，辩证地分析判断辨认结论。

五、侦查辨认程序

首先审查辨认人是否已进行过其他形式的辨认。侦查人员必须重视辨认人的每一次辨认，严格遵循辨认规则及其他程序性要求。对于确有必要进行第二次辨认的，要在审查辨认结论时考虑这一因素对结论可靠性的影响。其次是审查辨认是单独辨认还是混杂辨认。一般说来，混杂辨认结论要比单独辨认结论可靠一些。再次审查辨认所设置的环境条件。最后审

查辨认是否遵循辨认规则：第一，审查是否遵循禁止辨认前提醒规则，是否遵循禁止暗示规则；第二，审查是否遵循混杂辨认规则；第三，审查是否违背禁止接触规则。

对物品的辨认结论的评断是一个比较复杂的过程。对物品的辨认结论，即使是经过审查并认为是可靠的，也不能直接确定持有被辨认物品的人或被辨认物品的物主同犯罪事件存在着直接联系。通过对物品的辨认，只能确定被辨认物品原来同谁存在着物品的所有权关系。该物品现在的持有人同犯罪事件是否存在着直接联系，还必须通过其他途径作进一步的审查判断。

辨认结论只有经过认真、细致的评断，并与其他证据验证无误以后才能作为证据使用。辨认结论一般不能单独作为认定案件事实的依据，必须与案件中的其他证据材料结合使用。

复习与拓展

（1）辨认的概念。

（2）辨认的法律程序及原则。

（3）对人的辨认的基本方法。

（4）对物品辨认的基本方法。

（5）对场所辨认的基本方法。

（6）对尸体辨认的基本方法。

（7）应从哪些方面对辨认结论进行审查？

（8）如何更有效地唤起辨认人的认知记忆？

（9）如何防止辨认过程中侦查人员“作弊”现象发生？

（10）如何完善我国《刑事诉讼法》对辨认的相关程序规定？

延伸阅读

（1）张玉镶：《刑事侦查学》，北京大学出版社2014年版。

（2）曾德梅：《侦查学基础理论》，中国政法大学出版社2020年版。

（3）任惠华：《侦查学与社会治理研究》，法律出版社2019年版。

（4）徐为霞，赵向兵：《侦查学总论》，法律出版社2015年版。

（5）闫刚：“侦查实践中辨认措施运用存在的主要问题”，载《森林公安》2014年第6期。

（6）刘涛，李闽威：“眼动追踪技术的基本原理及其在侦查辨认中的应用前景”，载《净月学刊》2014年第5期。

案例讨论

案例1

某年5月21日，C镇D乡村民在该镇后山上砍柴时发现草丛中有一男尸，头部有明显的锐器伤，当即向公安机关报案。经侦查部门勘查判定系他杀。死者约25岁，死亡时间24小时以上，其身上未发现可证明其身份之物，被害人是谁一时未查明。

问题：

根据以上情况，你认为可采取哪些措施查明死者身份？

案例2

某年5月3日凌晨1时许，武汉B区公安分局调度室接电话报警：电动三轮车司机肖小×遭两名歹徒轮奸，并被抢走金耳环1对、现金20元及电动三轮车1辆。接到报案后，该公安分局刑侦大队侦查人员迅速赶赴现场进行勘验和调查。

现场位于武汉B区规划范围内的已征但尚未开发的一个土丘及土丘以东30米处三间相连的已废弃渔棚处，地势较为偏僻。现场东面和北面为××渔场，南边是一大片空地，长满了齐腰深的野草，西面原是B区××村十二组，现因开发需要已搬迁，留下一片残垣断壁。

勘验发现，土丘至渔棚的土路上有杂乱的新鲜成趟足迹，系三人所留，排除了被害人的足迹后，另两种足迹一种长25.6厘米，系皮鞋印；另一种长23.6厘米，系胶鞋印。勘验中还发现在土丘山坡上有新鲜的较明显的人体印压痕迹。勘验人员还在渔棚内发现并提取了下列物品：

（1）一把蓝柄、长约20厘米的水果刀；

（2）一个蓝色一次性打火机，并在打火机上提取了一枚新鲜指印；

（3）被害人的一双袜子和一只凉鞋；

（4）绿色普通电线4.3米。

法医对肖小×进行了活体检验，在其背部和手部发现有轻微擦伤痕迹。法医提取了被害人内裤及阴道混合物。

经现场外围搜索，在现场以南800米处的一条土路旁的草丛中发现了被犯罪嫌疑人丢弃的被抢电动三轮车，但在该三轮车上未发现有价值的痕迹。

询问被害人肖小×（以下简称肖），获悉以下情况：

（1）肖系下岗女工，28岁，已婚，下岗后从事电动三轮车出租业务，主要在B区内活动。

（2）两名犯罪嫌疑人在5月2日晚10时左右以租车为名，在B区主干道电动出租车集中停靠点搭乘被害人的车，车开出约20分钟后，在无人处时，一犯罪嫌疑人持刀架在肖的脖子上，并将其拖到三轮车后座上，由另一犯罪嫌疑人驾驶至现场土坡上，两人将肖轮奸。尔后两名犯罪嫌疑人又将肖挟持至渔棚内再次进行轮奸。事后，两名犯罪嫌疑人将肖的手用电线反绑在渔棚内的一根柱子上，抢走肖的金耳环1对、现金20元，并将电动三轮车开走。

（3）犯罪嫌疑人为一高一矮的两名20岁左右的男青年，其中，高个子身高1.7米左右，国字脸型，体态中等，本地口音，自称是B区保安；矮个子身高约1.6米，体型偏瘦，本地口音，会驾驶电动三轮车。

（4）犯罪嫌疑人强奸过程熟练且有变态行为，但未对肖进行暴力伤害，整个作案过程持续两小时。

（5）案发现场属开发的搬迁区，当地居民较少，外来打工人员较多。

（6）从进出现场的情况看，两名犯罪嫌疑人对现场地形较为熟悉。两名犯罪嫌疑人谈话的内容多是胁迫被害人。

另外，现场附近一村民反映，案发当晚12时左右，因有狗叫，他起床查看，见有一高一矮两个人。

问题：

请根据以上情况，分析判断案情，提出侦查工作方案。

第八章

侦查实验

| 本 | 章 | 要 | 点 |

侦查实验是法定的侦查措施之一，侦查实验笔录也是法定证据之一。侦查实验是在侦查中通过参照或模拟案发当时环境和条件对特定现象和状态进行重现或验证的活动。作为一种法定侦查行为，侦查实验要遵循严格的程序条件和特定规则，侦查实验所获的结论要经过审查，在结合其他相关证据的情况下发挥线索和证据作用，要正确认识和评价其价值，既要发挥其应有作用，也要认识其局限性。

第一节 侦查实验概述

一、侦查实验的概念

侦查实验是为确定对案件有意义的某一事件或现象是否存在，或者在某种条件下能否发生，参照事件（案件）原有条件将该事件（案件）或现象加以再现的一种侦查措施。

侦查实验本质上是一种事后验证，即在查明和证明案情确有必要的情况下，以实验方式验证某种现象或状态出现和发生的过程和结果。侦查实验可以在现场勘查环节进行，这时称之为“现场实验”；侦查实验也可以在侦查过程的其他环节进行，以强化侦查人员对案件中某些情节的认识。

《刑事诉讼法》第135条规定：“为了查明案情，在必要的时候，经公安机关负责人批准，可以进行侦查实验。侦查实验的情况应当写成笔录，由参加实验的人签名或者盖章。侦查实验，禁止一切足以造成危险、侮辱人格或者有伤风化的行为。”这从法律上明确了侦查实验的主体、侦查实验笔录的诉讼价值及侦查实验的基本要求。

二、侦查实验的目的

概括而言，侦查实验的目的是“通过实验方式进行验证”。侦查实践中，侦查人员在查明案情的过程中对于已成过去式的发案情况中的某些情节或细节无法确认，需要模拟相关条件进行验证。而案情复杂多样，需要确认的情况繁多。实践中，侦查实验主要要达到如下目的。

（1）确定在一定条件下能否听到、看到、闻到某种现象。即参照一定条件，通过实验方式验证案件中相关人员感知案情的实际状况。比如在某种条件下，证人能否在特定光线条件下看清一定距离外的犯罪嫌疑人的面貌特征。

（2）确定在一定时间内能否完成某一行为。如参照一定条件，通过实验验证犯罪嫌疑人一个人可否在特定时间内盗走某仓库中的所有物品，进而验证作案人数。

（3）确定在什么条件下能够发生某种现象。实践中，也可以通过不断变化的条件，最终求得某种现象发生所需的条件。比如通过实验验证在某一空间中煤炉的不完全燃烧产生的一氧化碳可以达到使人失去知觉或丧命的程度。

（4）确定在某种条件下某种行为和某种痕迹能够吻合一致。比如通过实验验证何种类型的工具能够造成与某被盗现场保险柜门上一致的破坏痕迹。

（5）确定在某种条件下使用某种工具可能或者不可能留下某种痕迹。比如通过实验验证复制的钥匙开门是否会在锁芯留下相应的擦划痕迹。

（6）确定某种痕迹在什么条件下会发生变化。比如某个盗窃案件现场外围发现成趟鞋印，而案发时的午后下过一阵雨，通过实验比对鞋印的形态来验证足迹是在下雨前还是下雨后所留，进而判断作案时间。

（7）确定某种事件是怎样发生的。

三、侦查实验的意义

1.有助于判明案件性质

案件性质在侦查中具有重要作用，它可以帮助侦查人员确定侦查方向。通过侦查实验，可以帮助判明某一案件的具体性质。如某一单位财务处被盗，勘查发现墙上有一新挖孔洞，通过实验分别从内外两侧在墙体上凿洞，发现从墙体外往内凿洞形成的洞口形态与现场墙体的洞的形态不一致，验证该洞口实际是从内往外凿洞形成的，进而判定案件性质为内盗。

2.有助于审查证据的真实可靠程度

在侦查办案中，必须对所获取的各种证据材料进行审查，以鉴别其是否真实可靠。为了解决这类问题，最常用的科学方法之一，就是进行实验，借以验证它们是否真实可靠及其可靠程度。特别是对某些人员的陈述，往往可以用实验的方法去验证甄别其真伪。

3.有助于验证侦查判断是否接近客观实际

侦查实践中，侦查人员为验证已作出的某种侦查判断是否符合客观实际、是否正确，往往需要进行侦查实验。如根据犯罪现场遗留的痕迹、物体的状态，推断出犯罪嫌疑人的作案时间、工具和过程等，但对这些推断尚有疑问的，即可参照案件原有条件进行实验，以证明该推断是否正确。

4.有助于判断案件中的某些现象的形成因素

有时侦查人员需要了解案件中某些现象的形成原因或机制，也可通过实验的方法去解决。如爆炸案件现场，侦查人员可以通过实验的方法了解爆炸所使用的炸药的种类、数量及引爆方式等问题。当然，诸如爆炸实验等具有危险性的实验，要严格遵照有关程序和规则，以免造成不必要的不利后果。

第二节 侦查实验的种类和规则

一、侦查实验的种类

（一）按实验的内容分为感知可能性实验、行为可能性实验和自然力可能性实验

1.感知可能性实验

感知可能性实验，即验证在一定条件下，某些现象通过感觉器官在人脑中直接反映的可能性实验。主要包括：①视觉可能性实验。如在一定条件下能否看见某人或某物的特征、动作以及发生的过程等情况。②听觉可能性实验。如在一定条件下能否听见从现场方向传来的某种声音及其具体内容、异常响声等情况。③嗅觉可能性实验。如在一定条件下能否嗅到某种气味。④触觉可能性实验。如在一定条件下能否通过皮肤或手脚接触感受到某些情况。

2.行为可能性实验

行为可能性实验，即验证在一定条件下实施某种行为的可能性实验。主要包括：①行为能力可能性实验。如是否可以搬移重物，是否具有某种特定技能等的实验。②行为过程可能性实验。如在一定条件下是否可能按照一定的顺序完成某种活动的实验。③行为结果可能性实验。如在一定条件下实施某种行为，是否可能留下或不会留下某种痕迹等的实验。

3.自然力可能性实验

自然力可能性实验，即验证在一定条件下某些现象不经人力干预，其自然发展可能性的实验。主要包括：①自然条件实验。如起火现场存放的某种物质在一定条件下能否引起自燃，如能自燃，需要具备哪些自然条件。②自然损耗实验。如在既定的存放条件下，某些物品有无自然损耗的可能、自然损耗的速度如何等。

（二）按实验要解决的问题分为结果性实验、行为性实验和条件性实验

1.结果性实验

结果性实验，即为了判明某种结果在一定条件下能否发生的实验。这类实验主要包括：①在一定条件下，案件中的某种事物能否被感知，比如验证在一定条件下能否看清犯罪嫌疑人的体貌特征等。②某种事物是否发生过，如现场房门在锁闭的情况下，能否从外面将其开

启而不留下任何痕迹等。

2.行为性实验

行为性实验，即为了查明某种行为在一定条件下能否完成的实验。这类实验主要包括：①某人在一定条件下能否实施某种行为或是否有能力完成某种行为。如能否越过某种障碍物、能否从某个窗口进入现场、能否在一定时间内骑自行车跑完某一段路程等。②判断行为人的某种职业习惯和技能特点，即通过实验说明案件中的某一行为反映出某种职业习惯和技能特点，由此推断行为人可能从事某种职业并具备某种技能。

3.条件性实验

条件性实验，即为了查明某一结果发生必须具备哪些条件的实验。此类实验，先要通过对已知结果的分析研究，明确产生这种结果应该具备哪些条件，然后按照这些条件进行现场实验，以检验先前假设的那些条件是否成立，从而分析判断某结果产生的真实条件。如验证现场的某种痕迹是什么工具在什么条件下形成的实验。

二、侦查实验的规则

为使现场实验的结果具有客观准确性，现场实验必须在遵守《刑事诉讼法》和《公安机关刑事案件现场勘验检查规则》相关规定的前提下进行。具体地说，现场实验必须严格遵守以下规则。

1.依法实验

侦查实验是法律明文规定的侦查措施，必须严格遵循法律的相关要求。根据相关法律规定，侦查实验需遵守如下规定。

（1）侦查实验应当经县级以上公安机关负责人批准。

（2）侦查实验只能在侦查人员的主持下进行。

（3）侦查实验必须邀请2名见证人到场见证。

（4）侦查实验中，严禁一切足以造成危险、侮辱人格或者有伤风化的行为。

（5）对侦查实验的过程和结果，应当制作《侦查实验笔录》，参加侦查实验的人员应当在《侦查实验笔录》上签名或者盖章。

（6）实验结果应当保密。侦查实验是侦查环节的措施，其结果可能决定侦查人员对案情的分析判断和侦查取证的方向、范围，影响侦查结果。因此，在案件尚未侦查终结之前，实验的结果都应当作为侦查秘密，不得对外泄露。

2.侦查实验条件应与被验证事物的原来条件尽可能一致

被验证事物的原来条件随着时间的推移已发生变化或不复存在。并且，由于侦查人员并没有直接感知已经发生的案件，没有直接感知案件的形成过程，因而进行侦查实验的各种条件都是在研究案件现场环境，现场痕迹、物品，证人证言以及犯罪嫌疑人供述的基础上，进行模拟重演的。而侦查实验的结果能否正确地反映案件的某些情况，能否在证实或否定犯罪中起证明作用，这同侦查实验的条件是否符合或接近被验证事物的原有条件有直接的关系。侦查实验的条件越接近被验证事物的原有条件，实验结果就越可靠；反之，实验结果的可靠性就越小。所以，进行侦查实验的条件应尽可能地与被验证事物的原有条件保持一致。这些条件主要包括以下几个方面。

（1）地点条件。侦查实验一般应在发案现场原地进行，尤其对于审查能否看得见某种现象或听得见某种声音的实验。如果现场的物质环境发生变化，要尽量恢复原状。当然，也有些实验不宜在现场原地进行，如爆炸实验等，应当根据实验性质等选择合法、恰当的地点。

（2）时间条件。侦查实验应尽可能与原时间条件一致。这里所说的时间条件一致，是指相对时间条件一致，即一年中的哪一季、一季中哪一月、一月中哪一天、一天中哪一个具体时间段或时间点等。因为即使在同一地点，因时间条件不一致，其气候、光线等条件也会存在差异，这些差异又必然影响实验结果。

（3）自然条件。侦查实验应选择与发案时相同或相近的自然条件。这方面的具体条件根据实验所要解决的问题的不同而不同，比如有的实验要求风向、风速条件相同，有的则要求温度、湿度条件相同。但自然条件不能随人的主观意志而转移，有时很难遇到完全相同的自然条件，而侦查工作又不能长期等待。在这种情况下进行现场实验时，除要求自然条件尽可能一致外，还应当注意实验中某些自然条件不一致可能给实验结果带来的影响和可能存在的误差，并在实验记录中注明，以备后续分析使用和参考。

（4）物品、工具条件。现场实验所用物品、工具等物质条件应与原条件保持一致，有条件的应使用原物，如果原物已被毁坏或被提取而不能使用时，应使用与原物同类的物品、工具。

3.同一实验应坚持反复多次进行

因为在实验过程中，可能会出现一些偶然因素影响实验结果及其应用。所以，对同一实验应反复多次进行，以防止实验结果的偶然性。实验中，根据需要，可以有意改变实验条件，以观察实验结果的变化规律，探究原因和结果之间的内在联系，保证实验结果的准确性和稳定性。

反复多次实验在不同性质的侦查实验中的具体作用也有所差异，在定性型的验证实验中，要以反复多次实验来明确某种唯一的属性，比如存在或者不存在、发生或者未发生等。在定量型的验证实验中，要以平均值或中间值等方法来利用实验结果，以确保实验情况更为接近事实。

第三节 侦查实验的步骤方法

一、侦查实验的组织

一般情况下，侦查实验应在侦查人员的组织和主持下操作进行。必要时，可以根据需要邀请有相关领域专门知识的人或专家参加实验。

侦查实验是一项侦查措施，同时也是一项诉讼活动，为了保证实验结果具有法律效力，并产生相应的法律后果，应邀请2名见证人对实验过程及结果予以监督、证明。

犯罪嫌疑人、被告人、被害人及证人是否参加侦查实验，取决于侦查实验的目的和要求。如果侦查实验的目的在于审查其口供及陈述，则可以让他们参加；如果实验所要验证的对象和他们有密切联系，亦可让他们参加。有些被告人、犯罪嫌疑人抱有侥幸心理，拒不交代罪行，如果实验结果当场证明其撒谎，往往可以促使其转变态度、供认罪行。

二、侦查实验的准备工作

1.明确实验目的

在开始实验前，应根据前期侦查工作获取的情况对所要开展的实验进行一次全面的研究，明确实验要解决的问题。对从有关陈述中发现的问题，要分析是否由于询问过程中的误听、误记或误解造成，必要时可再次询问。如有关人员坚持原来说法，则应进一步弄清楚与疑点有关的情况，如有关人员感知某一现场现象当时的时间、地点、光线明暗程度、气候条件及其感知能力等，以分析存在疑点的原因；对于现场痕迹、物品方面的问题，应进一步研究其与犯罪行为的关系，判断其为现场原有，还是无关人员所留，是犯罪嫌疑人所留，还是已经发生变化了的情况。某些情况下，还要请教有关方面的专家，查明存在的问题是否属于正常范围，能否作出合理的解释，以及实验中可能遇到的问题。只有这样，才能使实验的目的更加明确，避免盲目性。

2.拟定侦查实验方案

实验方案的内容主要包括：

（1）实验目的，即通过实验要验证什么问题；

（2）实验时间，必要时应具体到年、月、日、时、分；

（3）实验地点，即实验是在现场原地进行，还是选择其他地点进行；

（4）实验的具体操作步骤；

（5）实验的次数；

（6）实验中变换实验条件的安排等。

3.准备侦查实验需用器材

侦查实验可能会涉及一些必要的物品，需要有充分的物质保证。实践中，所需具体物品的种类、数量及要求，应根据实验的项目、目的和次数等确定。

三、侦查实验的实施

侦查实验中，各方人员要明确各自所承担的实验项目及职责，分头开展工作。但有些情况下，事先将实验的具体项目和内容告知实验人员，可能导致实验人员的心理状态发生改变，因而影响实施结果的准确性。因此，在布置任务时应针对不同情况，灵活处理。

侦查实验指挥员在整个实验活动中占据主导地位，负责全局工作的开展，其不能限于某项具体的实验工作，而要把握实验的进程，协调各方人员的关系，及时处理实验中出现的问题。

侦查实验中，要布置好现场警戒，防止无关人员、车辆及其他因素干扰实验进行，影响实验结果。

侦查实验中，要注意强调有关的保密要求和纪律。

四、侦查实验记录

客观全面地记录实验过程及结果，对其作用的发挥具有重要意义。侦查实验的记录方式有笔录、照相、录音、绘图、录像等，以笔录形式为主。侦查实验笔录的内容包括以下三个部分（见附件8.1）。

1.前言部分

前言部分主要记录侦查实验的起止时间；进行实验的具体地点；参加人员的姓名、单位、职务；实验的目的。

2.叙事部分

叙事部分主要记录实验的过程和结论。要写明整个实验过程是如何组织领导的，进行了哪些实验，有哪些人参加，他们在实验中各自担任什么角色，实验是如何操作进行的，实验结论如何。如果实验不是使用原物，也要在笔录中反映出来，说明代替物的形状、质地、特点等。对实验的内容、顺序、次数，用了几种实验方案，每种方案改变了哪些基本条件，产生了什么结果等均应详细写明。总之，凡是能够影响到实验结果及其评价的一切实验情况，均应详细记载。

3.结束部分

结束部分包括参加实验的侦查人员、见证人、记录人签名或者盖章，落款时间，以及其他需要说明的有关问题。

对侦查实验过程中涉及的地点、环境、房屋结构、有关设施及相关情况，根据需要与可能相结合的原则，可分别采取绘图、照相、录音、录像、制模等方法将其记录、固定下来，以作为笔录的补充。

附件8.1 侦查实验笔录（样本）

侦查实验笔录

时间：2020年10月12日10时30分至2020年10月12日11时30分

地点：××小区3栋101号

侦查员的姓名、单位、职务：阎××，××刑警队副队长；林××，××刑警队侦查员

其他参加人员的情况：刘×，××刑警队侦查员（实验参与人）；庞××，被害人小区居委会工作人员（见证人）；姜××，被害人小区居委会工作人员（见证人）

侦查实验目的：确定该处是否为作案人出入口，以印证犯罪嫌疑人口供。2020年10月5日李×被杀。据犯罪嫌疑人张×交代，当天他是从李×家的阳台西北角爬上二楼作案的。为确定该处是否为出入口以印证犯罪嫌疑人的口供，我们进行了侦查实验。

过程及实验结果：实验开始于2020年10月12日10时30分，选择与犯罪嫌疑人张×身体条件相似的刘×在李×家进行攀爬。刘×在无任何攀爬工具的条件下，从李×家的阳台西北角徒手攀至二楼阳台，共攀爬了两次。第一次，刘×穿军用胶鞋攀爬，从地面到二楼阳台共用了6秒钟，原路返回用了4秒钟；第二次穿皮鞋攀爬，从地面到二楼阳台共用8秒钟，原路返回用了5秒钟。实验证明，从李×家阳台徒手攀爬至二楼阳台是可以很快完成的。现场实验于当日11时30分结束。我们对实验过程进行了记录，并进行了录像。

侦查员：阎××　林××（手写）

参加人：刘×（手写）

见证人：庞××　姜××（手写）

记录人：程××（手写）

落款时间：2020年10月12日

第四节 侦查实验结果的评断

对侦查实验的结果，无论是肯定性结果或是否定性结果，均应进行审查评断，不可贸然使用，以免出现差错。对侦查实验结果的评断应当从结果的可靠性和证据价值两个方面进行。

一、对侦查实验结果可靠性的评断

侦查实验结果的可靠性，实际上就是指实验结果作为依据或证据的可信度高低。对可靠性的评断一般从以下几方面进行。

（1）要检查实验的实施条件是否达到了最佳要求。例如，实验的基本条件是否与被验证事实和现象发生时的条件相符合；实验中是否考虑了多种条件的可能等。

（2）要检查实验是否严格按照相关规则进行。例如，是否同一实验反复进行；实验中是否有见证人见证等。

（3）要审查实验的步骤是否正确。

（4）要审查参加实验的人员是否具备应有的素质。例如，有无必要的知识水平和业务能力，心理和生理上有无会影响实验的缺陷等。

二、对侦查实验结果证据价值的评断

经可靠性评断，若侦查实验结果能证明被查验的事实或情况及其客观存在是可能的，属于肯定性结果。若实验结果否定了被查验的事实或情况及其客观存在的可能性，则属于否定性结果。

侦查实验结果在证据价值上的意义，应当根据实验所解决的问题作出具体分析。一般而言，根据肯定性结果，通常只能作出推测性的结论；而根据否定性结果则可以得出确定性的结论。比如，如果侦查实验结果表明嫌疑对象具有作案时间，但不能因此肯定该嫌疑对象就是犯罪嫌疑人，只能说明该嫌疑对象嫌疑上升；反之，如果侦查实验结果表明某嫌疑对象不具备作案的时间条件，则至少可以肯定该嫌疑对象没有直接作案。需要注意的是，有的侦查实验所解决的问题，只能为分析判断案情，确定侦查方向和范围提供依据，而不能作为证明案件事实的证据。

实践中，侦查实验结果还可以分为单义性结果和多义性结果，前者是指实验验证得出的结论是形成案件事实中某种结果的唯一性原因，后者是指实验验证得出的结论只是原因之一。因此，对于侦查实验结果的运用，还应区别这两种情形。

最后需要强调的是，侦查实验的结果即使具有合法性和可靠性，也不能作为证明案件的唯一依据，而应当结合案情，特别是要结合其他证据进行综合判断。实践中，既要合理适度

发挥侦查实验结果的作用，也要充分认识和审慎应对其局限性。

复习与拓展

（1）侦查实验的概念。

（2）侦查实验的分类。

（3）侦查实验的意义。

（4）侦查实验的基本规则。

（5）侦查实验的程序要求。

（6）侦查实验结果的运用。

（7）侦查实验的目的有哪些？

（8）如何组织侦查实验的实施？

（9）如何评断侦查实验结果？

（10）侦查实验的相似条件主要考虑哪些因素？

延伸阅读

（1）马忠红：《刑事侦查学》，中国人民公安大学出版社2014年版。

（2）刘涛，杨郁娟：《侦查措施》，中国人民公安大学出版社2015年版。

（3）米双鹏：“侦查实验笔录的审查与运用——对办理的一起污染环境案的思考”，载《中国检察官》2018年第12期。

（4）王清琪：“论侦查实验制度”，湖南师范大学2018年硕士学位论文。

（5）胡骁：“论我国侦查实验制度的完善”，广东财经大学2018年硕士学位论文。

（6）田蕊：“利用侦查实验分析作案工具”，载《刑事技术》2017年第5期。

（7）邹继芸，高敬恒：“网络犯罪中侦查实验方法的探讨”，载《网络安全技术与应用》2017年第4期。

案 例 讨 论

某年10月20日凌晨2时整，E市刑警大队值班员接到矿务局保卫处电话报称：10月19日晚12时许，某煤矿保卫科值班人员常×发现副科长刘××的抽屉被撬开，经检查：原放在抽屉内的“五四”式手枪1支（枪号6371356）、子弹20余发、武装带1条被盗走。接到报案后，刑警大队有关人员立即赶赴现场，并对现场进行了实地勘验和现场访问。

现场位于某煤矿办公楼三层东侧第二间保卫科内。东靠人武部、西靠团委，该楼为单面楼，保卫科房间为两明一暗，外两间为办公室，套间为值班室。靠办公室北墙西窗并排的两张办公桌，西为科长所用，其南抽屉挂锁被撬开，抽屉内物品翻动不大；东为外勤所用，无异常。靠办公室北墙东窗并排的两张办公桌，东为内勤所用，无异常；西为技术员所用，其中，南两抽屉合锁的挂锁不见，抽屉内物品翻动不大。靠办公室南窗并排的两张办公桌，东为副科长刘××所用，其中间抽屉的挂锁被撬开，抽屉内原有“五四”式手枪1支、子弹20余发、武装带1条均不见；南边抽屉未锁，内有现金300余元。西为外勤所用。由于案发后已有8人进入现场，地面及桌面痕迹遭到严重破坏，仅在3个被撬办公桌上发现有椭圆形、“冖”形两种撬压痕迹。地面上提取的5种鞋印，经与现场有关人员比对，均是案发后进入现场的相关人员所留。在办公桌上提取的4枚指印，经与进入现场的人员比对，只有在该保卫科技术员王××桌上提取的两枚未被排除，故判断这两枚指纹可能是犯罪嫌疑人所留。

现场访问中，首先访问了副科长刘××和值班员常×后得知：10月19日早8时许，刘××准备到局保卫处送一份材料，便将手枪锁入自己的办公桌中间抽屉内（三抽桌），当时只有本科的值班员常×在场。16时许，刘××回矿区后到保卫科见抽屉锁完好，手枪仍在。18时许，值班员常×从宿舍来到矿区内，与警卫李××一起在矿内巡逻。19时许，常×送雨衣到保卫科拉开办公室内电灯，然后锁上门又继续去巡逻。20时15分许，常×到保卫科去拿电筒，由于其对象许×（本矿工人）怀孕即将临产，不便单身回家，准备下班后到保卫科值班室睡觉，因而常×离开保卫科时未锁门。21时15分后，许×下班到保卫科，当她到科长办公室桌上拿报纸时，发现桌旁椅子上放着一挂锁，当时认为也许是忘了锁抽屉，她看完桌上的一封检讨书后，便到内间值班室睡觉去了。21时40分左右，常×到保卫科锁上门离去。23时30分，常×和李××一起来到保卫科，在刘××的办公桌上吃夜餐。当常×快吃完饭时，突然发现刘××的抽屉挂锁被撬开，又发现科长、技术员的抽屉均被撬开。随后常×报告了副科长刘××，刘××来到保卫科，发现自己的“五四”式手枪及子弹20余发等已被盗走。

另据该煤矿副矿长张××介绍：“19日晚，我到俱乐部看电视《父女之间》，看完第一集后，因下小雨，便跑回办公楼，到一楼调度室转了一圈，出来后见二楼会议室、三楼保卫科均亮着灯，于是又到二楼会议室看电视。在楼梯口处见一陌生人已行至一楼中间平台处，那人走得很慢，我上到二楼后便赶上了他，他又继续往三楼走去了。”经对当晚到过办公楼的37个人进行调查，只有该陌生人查无下落。

现场勘查后，对访问和勘查中涉及的问题，欲进行侦查试验，以证实以下问题：

（1）副矿长张××看完电视后，在办公楼梯口遇见陌生人的具体时间。

（2）许×21时15分下班，其步行到达保卫科的具体时间。

第九章

控制赃物

| 本 | 章 | 要 | 点 |

本章主要介绍控制赃物的策略方法。首先介绍了控制赃物的概念和控制赃物的基本法律程序及原则；其次介绍了犯罪嫌疑人处置赃物的常用手段方法；再次介绍了控制赃物的策略方法和赃款赃物的追缴方式；最后介绍了追缴赃款赃物的国际合作。通过对本章的学习，应当对控制赃物的概念、控制赃物的途径和方法有一个全面的理解；较为熟悉地掌握犯罪嫌疑人处置赃物的方式方法；灵活选择控制赃物的方法和途径；注意控制赃物和收缴赃物过程中的相关规则；对追缴赃物的国际合作有一个初步的了解。

第一节 相关法条及解读

在2018年修订的《刑事诉讼法》中，第二编第二章“侦查”中规定了“搜查”“查封、扣押物证、书证”等众多侦查措施，但并没有将“控制赃物”单独列出。在2020年修订的《公安机关办理刑事案件程序规定》第八章中，也对“搜查”“查封、扣押”等在内的侦查活动进行了具体的规定，但也没有单独将“控制赃物”作为侦查措施之一。

在《刑事诉讼法》中，与赃款赃物有关的法条规定于其第三编第三章“第二审程序”中。《刑事诉讼法》第245条规定了“对查封、扣押、冻结物品的处理”，根据该规定，公安机关、人民检察院和人民法院对查封、扣押、冻结的犯罪嫌疑人、被告人的财物及其孳息，应当妥善保管，以供核查，并制作清单，随案移送。任何单位和个人不得挪用或者自行处理。对被害人的合法财产，应当及时返还。对违禁品或者不宜长期保存的物品，应当依照国家有关规定处理。对作为证据使用的实物应当随案移送，对不宜移送的，应当将其清单、照片或者其他证明文件随案移送。人民法院作出的判决，应当对查封、扣押、冻结的财物及其孳息作出处理。人民法院作出的判决生效以后，有关机关应当根据判决对查封、扣押、冻结的财物及其孳息进行处理。对查封、扣押、冻结的赃款赃物及其孳息，除依法返还被害人的以外，一律上缴国库。司法工作人员贪污、挪用或者私自处理查封、扣押、冻结的财物及其孳息的，依法追究刑事责任；不构成犯罪的，给予处分。

虽然《人民检察院刑事诉讼规则》《最高人民法院关于适用<中华人民共和国刑事诉讼法>的解释》（以下简称《刑诉司法解释》）中也有多个法条对赃款赃物进行了规定，但并非从侦查措施角度，在此不再赘述。

值得一提的是，2018年修订的《刑事诉讼法》规定了特别程序，即犯罪嫌疑人、被告人逃匿、死亡案件违法所得的没收程序，这是对之前追缴赃物程序的有力补充。《刑事诉讼法》第298~301条规定了该程序的适用案件、启动方式、审理及其结果、终止等。《人民检察院刑事诉讼规则》第512~533条、《刑诉司法解释》第507~523条详细规定了该特别程序。

第二节 控制赃物概述

一、控制赃物的概念

赃物是犯罪嫌疑人犯罪所得之物。贪利已成为犯罪嫌疑人实施犯罪的一个重要原因，多数刑事案件都直接或间接地与经济利益有关，因此，也都有赃物存在。赃物具有各不相同的使用价值和存在形态。它既可以反映出犯罪嫌疑人实施犯罪的动机、目的，以及犯罪嫌疑人的兴趣和需求，又可以通过其数量，结合运赃方式和犯罪时间等，推断出实施犯罪的犯罪嫌疑人的人数。由于赃物持有者多系犯罪嫌疑人或是与犯罪嫌疑人有着直接和间接联系的人，因此，控制和发现赃物顺迹追踪犯罪嫌疑人就成为侦查工作的一条基本思路。

所谓控制赃物是指侦查机关在侦查有赃物可查的刑事案件时，为发现赃物的隐藏、转移、销售、毁灭、使用等而采取的侦查措施。这项侦查措施主要适用于有赃物的刑事案件，如盗窃、抢劫、诈骗、走私、伪造等案件。它不同于对赃物的搜查，因为控制赃物不仅仅是直接查获赃物的措施，而且还可以通过控制赃物存放的地点、流通的渠道及交易的处所，从较为广泛的领域为侦查破案提供线索和证据，甚至直接抓获犯罪嫌疑人，破获案件。

二、控制赃物的意义

控制赃物是长期的侦查基础业务和具体案件侦查措施的有机结合。涉及财物的刑事案件一旦发生，侦查机关通常应当迅速部署控制赃物，并以此作为侦查的主要途径。就具体案件的侦查而言，控制赃物是作为侦查措施而存在的。但从全局侦查的角度，控制赃物是一项重要的侦查基础业务，需要建立专门的控制队伍和控制网络，运用专门的控制手段。因此，控制赃物不仅仅在具体案件的侦查中发挥功能，而且也贯穿于侦查的基础业务建设的始终，具有广泛的意义。

（1）直接破案。对有赃物可控制的案件，通过对犯罪嫌疑人及其住处和有关场所的严密控制，可以在犯罪嫌疑人销售、转移、毁灭和使用赃物的过程中，人赃俱获，从而直接破案。

（2）发现线索。在侦查过程中，案件线索是与案件有关的一切情况和信息。这些情况与信息依附于人、事、物，并通过其反映出来。侵财型或贪财利型案件的犯罪嫌疑人在实施犯罪后，大多有将赃物进行伪装、隐藏、转移、销售的过程，并且不可避免地在处置赃物的过程中与人、事、物发生联系，这种联系往往可以成为侦查的线索。因此，对赃物的滞留场所和流通渠道严密控制，即使不能直接抓获犯罪嫌疑人，也可以有效地发现侦查线索，并顺迹侦查从而发现犯罪嫌疑人。

（3）获取证据。赃物是揭露和证实犯罪的物证。犯罪嫌疑人实施犯罪后隐藏、转移、销毁和毁灭证据的活动经查证后也是证据。同时，伴随着犯罪嫌疑人处置赃物的活动还会产生一些其他方面的证据，而这些证据大多可以通过控制赃物直接或间接获得。

（4）挽回损失。通过控制赃物，及时、有效地追缴犯罪所得，可以为国家或个人挽回部分或全部损失，而且可以通过返还赃物这一环节教育群众，密切侦查机关和人民群众的关系，进一步激发群众同犯罪作斗争的积极性。

（5）提供犯罪资料。控制赃物所获得的信息材料，如犯罪嫌疑人处置赃物的手段和方法，可以反映出犯罪嫌疑人犯罪的规律和处理赃物的特点。通过对这些材料进行整理和分析，不仅可以使控制赃物的措施更具有针对性和有效性，而且还可以丰富侦查情报资料的建设。

三、控制赃物的基本法律程序及原则

1.控制赃物的基本法律程序

目前国内针对控制赃物还没有具体的法律条文规定，但因为控制赃物是刑事案件侦查中一项重要的侦查措施，因此可以参照其他侦查措施的实施，依照相关法律、法规执行。依据我国《刑事诉讼法》及《公安机关办理刑事案件程序规定》，对犯罪案件采取各种侦查措施，应由有侦查权的县、市以上公安机关，以及由省、市、自治区公安厅（局）授权行使侦查权的公安（保卫）处、科实行。根据公安工作实际需要，基层派出所要为上一级公安机关侦查部门对本管区发生的刑事案件进行调查侦查工作，提供信息资料和一切可能的协助，因此，也可以按规定同侦查人员一样使用某些一般性的侦查措施。除以上规定的机关、部门外，其他没有侦查权的公安保卫组织不能单独实施侦查，但应协助配合侦查工作。在实行侦查措施时，要依照法律程序和公安部有关规定，严格履行报审批准手续。特别是实行秘密措施和技侦手段时，必须执行依程序向上级呈报审批的具体规定，获得批准后方可使用。任何侦查措施的实施都不能侵犯公民的人身权、财产权和民主权等合法权利。

2.控制赃物的原则

（1）依法性原则。这一原则就是按照法律、法规的规定行使侦查权，任何一种侦查措施的实施，都不能与法律、法规的规定相抵触。

（2）战机性原则。就是遵循实施侦查措施的时间紧迫性和及时性的原则。目标赃物一旦确定之后，控制赃物的侦查措施部署就要及时，组织落实措施的行动要迅速，侦查措施实行的周期要短，侦查措施的反馈要快捷。只有这样才能做到用兵神速，快查快办，速战速决，充分发挥控制赃物的效能。控制赃物本身就有很强的时间性，贻误战机，不仅失去了其使用价值，而且会给整个案件的侦查带来严重后果。

（3）针对性原则。针对性的含义就是遵循实施赃物控制要坚持因情制宜、因案制宜、因人制宜的原则。即指因不同的赃物类型，因不同赃物的情况，采用与之相适应的不同的控制方法。针对性的另一含义是采用侦查措施的机动性和灵活性。机动性就是采用的控制方法要随着侦查工作情况的变化而随时加以调整；灵活性就是不以固定不变的控制模式和千篇一律的控制方法对待各种复杂、千变万化的赃物情况，防止在使用赃物控制措施的思想方法上的主观性、片面性。

（4）优选性原则。是指侦查人员在实施赃物控制的活动中，坚持对几种可能采取的控制方法进行最佳选择的原则。优选是一个从比较到决断的侦查决策过程，是使用赃物控制措施的关键步骤。优选的重要根据是赃物控制措施的可行性和最优性。可行性，是指侦查部门的人力、物力，以及赃物所处环境、社会基础等各方面的条件，最有利于所选择的控制措施的实施；最优性，是指要选择代价最小，风险最低，取得的效益最大的赃物控制措施。

（5）综合性原则。是指在同一刑事案件的侦查中，根据实际情况和现有条件，坚持充分发挥有关各种赃物控制措施的优点。综合性原则与优选性原则并不矛盾。优选，并不等于只选择一种控制方法与措施。此外，优选主要是指在相似或相同情况的赃物控制中优选。综合性主要是指从多角度、多渠道、多功能等方面，发挥各种赃物控制方法及措施在侦查工作中及其在各个环节上的功能，以提高打击犯罪的综合效益。每一种控制方法都不是万能的，都有它的局限性。各项控制措施的综合运用能够扬长避短，互为补充，相辅相成。

第三节　处置赃物的制约因素及方法

犯罪嫌疑人实施犯罪后对赃物的处置并无固定的模式，但要受着各种因素的制约。由于对赃物的处置涉及多个环节，因此，处置的方法也多种多样。

一、犯罪嫌疑人处置赃物的制约因素

1.犯罪动机

犯罪动机是指犯罪嫌疑人实施犯罪的内心起因。犯罪嫌疑人通过犯罪获取赃物的动机多种多样，如贪图享受、生活所迫、泄愤报复、博取他人欢心等。犯罪动机不同，犯罪嫌疑人

对赃物的处置方法也不同，如为贪图享受而获取的赃物，大都是被犯罪嫌疑人挥霍使用；为博取他人欢心而获取的赃物，犯罪嫌疑人一般会采用赠与的方式送给特定的人员。

2.赃物的特性和特征

不同的赃物有着不同的特性，如使用价值、使用方式。有些赃物需通过变卖、套取等环节后才能实现其经济价值，如存折；有些赃物则可以直接被犯罪嫌疑人消费和使用，如日常生活用品。

不同的赃物也有着不同的特征，如数量、体积、明显标志。处理数量和体积大的赃物难度相对较大；同样，处置有明显标志或有特定用途的赃物时也容易被发现。

3.犯罪嫌疑人的条件

由于犯罪嫌疑人客观上存在着个体差异，尤其是智能方面各不相同，因此，对同类赃物或同一赃物，不同的犯罪嫌疑人也会有不同的处置方法。如流窜犯由于有丰富的反侦查经验，往往在甲地获取赃物，乙地处理赃物；智能较高的犯罪嫌疑人在实施犯罪后，如遇侦查风声较紧、控制严密之时，往往对赃物进行隐藏而不急于处置。

4.侦查工作的力度

犯罪嫌疑人实施犯罪获取赃物后，如果侦查工作力度较大，尤其是调查摸底和对赃物的搜寻工作力度影响较大时，犯罪嫌疑人常常通过隐藏、转移、抛弃或毁灭等方式来割断赃物与自身的联系。而侦查工作较为松懈，尤其是控制措施不严密时，犯罪嫌疑人则会将赃物挥霍使用或销售变卖来实现赃物的经济价值，达到其犯罪的目的。

二、犯罪嫌疑人处置赃物的主要方法

犯罪嫌疑人通过犯罪获取赃物后，都有采取各种手段对赃物进行处置的过程。对赃物处置的目的，一方面是满足犯罪嫌疑人的非法要求，使其获取一定的物质利益；另一方面是通过对赃物的处置，割断赃物与自身的直接联系，从而逃避侦查。犯罪嫌疑人处置赃物的主要方法有以下五种。

1.销售赃物

销售赃物是指犯罪嫌疑人通过销售变卖，将赃物兑换成为现金，以便挥霍、藏匿和逃避侦查。在当前市场经济的条件下，犯罪嫌疑人销售赃物的方法越来越多，也越来越狡诈。

（1）异地销赃。犯罪嫌疑人将犯罪获取的赃物转移至远离其居住地或发案地的地方进行销售变卖，旨在利用时间上和地点上的差异，造成销赃地和案件管辖地的分离，从而逃避侦查控制。

（2）低价销赃。犯罪嫌疑人将一些高价赃物以低廉的价格销售给买主，目的是将赃物迅速脱手，尽快离开销赃场所，避免被发现或招致怀疑。

（3）物色买主，暗中销售。犯罪嫌疑人在不法交易场所或公共复杂场所暗中物色买主，讨价还价后将买主带至赃物隐匿点成交。

（4）化整为零，小量多次销售。有些案件中，犯罪嫌疑人获取的赃物是大量的成批或成套的同类物品，如成批的布料、服装、工业原材料、仪器设备零部件，如果这些物品一次出售，容易招致行业管理部门或群众的怀疑。因此，犯罪嫌疑人往往将赃物分成若干份，分次以较小的数量出售，以免被发现和查获。

（5）消除或改变赃物特征后销售。有些赃物原有特征明显，销售时易被人们识别发现，犯罪嫌疑人多在销售前设法将这些特征消除或改变。

（6）伪造身份，冒名顶替销售。有些赃物的销售在特定的交易场所进行，需要出具证明销售者身份的证件，犯罪嫌疑人为此常设法借用、盗用他人的身份证件或利用伪造、变造的证件在旧货交易市场、寄卖商店和典当行等公开销售赃物。

（7）利用他人代销赃物。为防止暴露，犯罪嫌疑人往往一般不公开出面销售赃物，而是寻找相关人员代销，如利用专门从事“窝赃”“销赃”的窝主进行销售，利用他人经商之便代为销赃等。

2.隐藏赃物

犯罪嫌疑人在实施犯罪后，有时并不急于销售、转移、使用赃物，而是将赃物隐藏起来，再相机处理。如果系本地人犯罪，赃物大多隐藏在家中、办公地点或住地周围有隐藏条件的地点，或假借各种名义存放在亲戚、朋友处。如果系流窜犯罪，赃物往往寄存在车站、码头的寄存处或隐藏在某一寄居处或窝点内。

犯罪嫌疑人隐藏赃物的原因多种多样，有的是为了窥探侦查机关侦查控制工作的动向，等待时机，伺机处理；有的则是为了打探和掌握市场行情，伺机销售；有的是惧怕犯罪后会受到法律的严厉制裁，因而将赃物隐藏以留下“退路”。一般而言，犯罪嫌疑人隐藏赃物需要在他人的协助下才能完成，这是发现隐藏赃物线索的一个有利条件。

3.转移赃物

转移赃物是犯罪嫌疑人的犯罪心理决定的。犯罪嫌疑人手持赃物总是惊恐不安，总要考虑如何将赃物转移到安全地方。促使犯罪嫌疑人转移赃物的因素有：一是由于侦查工作力度加大而使犯罪嫌疑人，尤其是单位内部的犯罪嫌疑人转移赃物；二是有的犯罪嫌疑人惧怕亲朋好友或有关群众发现或察觉其犯罪事实而转移赃物；三是流窜犯罪嫌疑人因不便携带而将赃物通过邮局或车站寄、托运回家。

有的犯罪嫌疑人把犯罪后获取的赃物作为礼品，无偿赠送给亲朋好友或其他关系人。还有的犯罪嫌疑人实施犯罪获取赃物后，由于惧怕受到侦查打击和法律制裁，而主动将赃物抛出，秘密地将赃物放置于较为显眼的地方，企图希望侦查机关在查获赃物后放弃对犯罪嫌疑人的查找工作。

4.毁灭赃物

毁灭赃物是犯罪嫌疑人实施犯罪后处置赃物的一种惯用手法，其目的是通过毁灭赃物来割断其与案件的内在联系。一般而言，犯罪嫌疑人毁灭赃物的目的有两个，一是通过犯罪获取赃物的目的是报复被害人，获取赃物后即毁灭赃物；二是转移侦查工作视线，逃避法律制裁，如在私仇杀人案件和奸情杀人案件中，犯罪嫌疑人为了掩盖其与被害人的特定因果联系，而故意将现场的某些物品拿走后毁灭，以制造图财杀人的假象。

毁灭赃物从某种意义而言即毁灭了揭露证实犯罪的重要物证。但是，毁灭赃物不可能不暴露出任何迹象，不可能不遗留任何痕迹。通过勘验获取的犯罪嫌疑人毁灭赃物的痕迹往往是证明其犯罪的新物证，经过调查获取的犯罪嫌疑人毁灭赃物的迹象或过程又成了证明处理赃物的重要证据。

5.挥霍使用赃物

赃物都有使用价值，犯罪嫌疑人实施犯罪获取赃物的主要目的之一就是挥霍享受。有些赃物，如现金、日用生活消费物品等，犯罪嫌疑人往往挥霍使用。

对于赃物的挥霍使用，侦查一般难以控制，但可以通过深入的调查工作，发现犯罪嫌疑人在犯罪后经济上的反常现象和行动上的反常迹象，进而发现和查获赃物。

第四节 控制赃物的策略方法

一、控制赃物的重点范围

控制赃物的范围是指犯罪嫌疑人销售、挥霍、使用、转移、隐藏和销毁赃物所要涉足的行业和场所。控制赃物的重点范围主要是依据犯罪嫌疑人处置赃物的规律和特点而确定。

1.特种行业

特种行业是治安学中的概念，主要是指饭店业、旅馆业、废旧物品收购业、修理行业和刻字印铸业等，这些行业是犯罪嫌疑人吃、住、销经常驻足的场所。

2.公共复杂场所

公共复杂场所是指车站、码头、机场、影剧院、娱乐场所、货物集散地等。这些场所既是犯罪活动的多发之地，又是犯罪嫌疑人转移赃物、挥霍享受的地方。

3.重点地区

重点地区主要是指治安情况较为复杂的地区，如赌博、吸毒、地下色情娱乐场所；以收购、销售赃物为业的人员集中的地区；犯罪嫌疑人聚集的地区；城郊接合部及治安死角地区等。这些地点常涉及赃物的挥霍、销售、收购、转移等活动。

4.金融机构和商贸交易场所

金融机构主要是指银行、外币兑换场所、证券交易场所等；商贸交易场所是指商场、集市以及自发形成的地下黑市交易场所等。金融机构和商贸交易场所常常是赃物的兑换、隐藏、转移、销售所要涉及的场所。

二、控制赃物的基础业务建设

控制赃物既是一项有效的侦查措施，又是侦查机关基础业务建设的重要组成部分。控制赃物能否有效实施，在很大程度上取决于控制赃物的基础业务建设工作。侦查机关应在治安、交通运输、物资交易、金融、工商行政管理、税务等管理部门的密切配合下，切实做好控制赃物的基础业务建设。

（一）建立控制赃物的情报网络

1.控制赃物情报网络的布建

控制赃物情报网络应根据犯罪嫌疑人处置赃物的一般规律，并在服务于上一级情报网和协调邻近及相关地区情报网的基础上布建。犯罪嫌疑人处理赃物常涉及的场所都是控制赃物情报网络的布建范围。控制赃物情报网的基本要求是网络化、系统化，即应多层次、多渠道，点面结合，连成一体，形成疏密相宜的收集情报的整体。

就地域而言，控制赃物情报网络的布建应注重条块结合，从实际需要出发，确定情报网的范围。在规划和协调方面，统筹安排，统一规划，以便能充分而恰当地运用各种力量和各项措施，适应侦查工作的实际需要。

2.控制赃物情报的类型

按照情报的基本属性，控制赃物情报可以分为三种不同的基本类型。

（1）线索型控制赃物情报。这是能为控制赃物提供线索的一类情报。这类情报是具体的控制赃物行动的前提和基础，尤其是对预谋严密、行动隐蔽的销赃活动的控制，具有十分重要的作用。线索型控制赃物情报属于动态情报，具有模糊性、易变性的特点，需要透过诸多模糊的现象，进行跟踪对比、分析判断，方能认识其实质。

（2）资料型控制赃物情报。资料型控制赃物情报是为现行案件和积压的未破案件提供查缉线索的情报，是一种静态型情报。控制赃物情报网络通过存储可疑物品的流向、交易方式、交易双方的基本情况等资料，不仅可以提供控制赃物的线索、方向和范围，还可以提供并案侦查的依据。

（3）预测型控制赃物情报。这是为涉及赃物犯罪趋势提供的犯罪统计数据、情况报告、典型调查，以及同赃物犯罪活动相关的政治、经济、文化、教育及其他诸因素的社会情报。预测型控制赃物情报包括线索型和资料型两类情报的有关内容，同时也包括控制赃物策略实施过程中的反馈信息，是制定控制赃物战略性决策的情报。

3.控制赃物情报的收集范围

控制赃物情报网应当根据侦查机关及有关部门的要求，结合侦查工作的具体情况，从以下方面收集情报。

（1）涉及赃物犯罪对策情报。这类情报资料主要包括：已破获的涉及赃物的犯罪案件材料；控制赃物的措施和方法；赃物鉴定和辨认识别资料；研究和反映控制赃物经验教训的著述等。

（2）有关控制赃物的通缉通报资料。这类情报资料包括通缉令、协查通报、失物招领启事、寻物启事、犯罪嫌疑人处理情况通告等。

（二）组建控制赃物的专门队伍

由于涉及赃物的刑事案件在整个刑事案例中所占的比重大，而且控制赃物所涉及的行业和范围越来越广泛，因此，控制赃物的任务越来越繁重，传统的单兵作战式的控制赃物方式已越来越不适应侦查工作的客观需要，迫切需要在侦查机关内部建立专门的控制赃物队伍。

专门的控制赃物队伍的主要任务是针对犯罪嫌疑人处置赃物涉及面广、随机性强、隐蔽化程度高的特点，认真研究犯罪嫌疑人处置赃物的规律特点，合理布建秘密力量，广泛协调与有关行业和部门的关系，把控制赃物的措施落到实处。同时，加强控制赃物工作的基础业务建设，对有关的赃物情报资料及时查证，为侦查破案工作提供有效服务。

（三）组建区域协作的联合控制赃物网络

为了打击流窜犯罪，我国侦查机关在总结同犯罪作斗争的经验基础上，已经建立了东北、华北、东南、中南、西南、西北的刑侦协作区以及长江沿线、津沪杭、京广、陇海等治安联防线，形成了打击流窜犯罪的网络。控制赃物可以依托和利用这些区域性的阵地控制网络，根据赃物的流向规律和特点，以侦查机关控制赃物的专门队伍为纽带，组建区域性的联合控制赃物网络，其主要任务包括以下几方面。

（1）交流交通沿线、赃物通道区段之间的控制赃物情况和经验；

（2）协调控制赃物的统一行动；

（3）相互提供涉及赃物犯罪活动的情报资料，互通信息；

（4）根据相互提供的有关情报资料，发现并案线索，开展联合并案侦查；

（5）加强侦查机关与铁路、公路、水上运输、民航、交通部门的配合，强化阵地控制。

三、控制赃物的一般方法

控制赃物的一般方法，主要依据案件性质，被控制赃物的属性、数量、价值及其有无明显特征，以及侦查对象的情况和所在的单位、住址、人际交往关系等决定。

（一）对隐藏赃物的发现

（1）对发案不久，已发现嫌疑有据的对象，可以在正面突击审查时，运用搜查措施发现隐藏的赃物。

（2）在侦查过程中发现了重点嫌疑对象，经过一定的批准程序，可运用秘密搜查措施发现隐藏的赃物。

（3）在现场勘查过程中，扩大搜索范围，必要时使用警犬追踪，发现犯罪嫌疑人隐藏的赃物。侦查人员以化装身份或委托他人的方式深入有关场所进行侧面观察，发现隐藏的赃物。

（二）对转移赃物的控制

在侦查中控制犯罪嫌疑人转移赃物一般有两种做法：一种是有明显的犯罪嫌疑对象时，根据案件侦查需要，采取跟踪守候监视的方法，在犯罪嫌疑人转移赃物的过程中寻找时机，人赃俱获。另一种是尚无明显的犯罪嫌疑对象或分析系流窜犯罪时，侦查机关可充分利用联防卡口、巡逻盘查等措施，对携带有可疑物品或形迹可疑的人进行盘问。另外，还可以利用秘密力量贴靠犯罪嫌疑人，设法了解犯罪嫌疑人转移赃物的时间、地点，然后组织力量选择相关地点拦截。

（三）对销售赃物的控制

1.及时印发赃物协查通报，请求各有关地区、行业和有关部门协助控制

涉及赃物的刑事案件发生后，如果财物损失较大，赃物特征比较明显，侦查机关应在初步查清财物损失情况后，迅速向有关地区、有关单位以及自己建立的控制网络发出赃物协查通报，在赃物协查通报上详细写明赃物的种类、数量和特征，必要时可附上该物品的照片。赃物协查通报一般不向社会公开，发放的行业范围和地区范围都应有针对性。

2.依靠治安、工商、税务、海关、边防等职能部门，在公开的职能管理中发现和控制赃物

对于特种行业，应依靠公安机关的力量，通过日常的治安行政管理工作，加强对犯罪嫌疑人销售、转运、隐藏和使用赃物活动的控制；对于各种贸易场所，应依靠工商、税务、城管、卫生防疫等部门的行业管理发现和控制赃物；对于走私、贩毒、拐卖人口等过境犯罪，侦查机关则应同海关、边防检查部门密切配合，在出入境关口等发现犯罪线索，查获赃物和犯罪嫌疑人。

3.依靠有关行业职工，组成城市控制赃物的网络

城市控制赃物的网络是区域性控制赃物网络的基础和组成部分，它主要是依靠有关行业职工，由“三道防线”构成。

（1）车站、码头、机场。这些场所是犯罪嫌疑人进出某地的必经场所，同时也是部分犯罪嫌疑人进行联络接头、交易和物色买主、转移赃物的场所，是控制赃物的第一道防线。根据这类场所的特点，控制的一般方法有以下几种。

第一，发动行业内部职工对旅客中的可疑人员进行监视，发现赃物线索；第二，利用售票员、检票员、乘务员、安全检查员的工作便利，通过观察、询问和行李检查等发现赃物线索；第三，组建由地方侦查机关和铁路、民航、交通运输行业侦查机关组成的联合查缉队伍，负责通缉通报的查控和堵截、查缉犯罪嫌疑人；第四，布置一定力量，主动出击，发现和控制犯罪嫌疑人的活动。

（2）市内公共交通工具和公共复杂场所。市内公共交通工具、公共复杂场所的共同特点是人员流动量大、成分复杂、聚散短暂、活动多种多样、进出自由方便。其中，市内公共电汽车、出租车是犯罪嫌疑人在市区内活动，如运送赃物、进入或逃离本地、挥霍享受常利用的交通工具。市内公共复杂场所，如集市贸易、娱乐场所、商场、繁华地段等，则多是犯罪嫌疑人寻找销赃机会，和对象、接头联络，进行交易和挥霍享受的场所。这类场所涉及面广，情况复杂，控制难度大。侦查机关应以公开和秘密手段相结合，依靠这些场所的从业人员和布建的秘密力量，利用犯罪嫌疑人在这些场所活动较多，以职业身份不易引起犯罪嫌疑人察觉的有利条件，观察、打探可疑情况，及时将可疑情况报告给侦查机关。

（3）旅店业。旅店是流窜犯罪分子落脚藏身及藏匿赃物的场所。由于住店旅客来源广泛，成分复杂，互不相识，流动性大，因此控制的难度较大。

对旅店业的控制，在具体方法上，要依靠旅店业的从业人员及秘密力量严格地把好住宿登记验证关、服务观察关和进出店存取物品关。侦查人员还应经常向旅店业从业人员和秘密力量通报控制赃物情况，传授发现和识别赃物的具体方法。

4.组织基层治安保卫组织和治安积极分子，严密控制犯罪嫌疑人场外销赃

为了逃避侦查打击，部分犯罪嫌疑人获取赃物后，不到有关场所去销售赃物，而是到处兜售，常规方法难以控制。因此，侦查机关应当依靠基层治安保卫组织和治安积极分子，对那些易于销赃的居民区、公共复杂场所、非法交易市场等，实行分片包干、责任落实的方法，严加控制。

5.布置秘密力量，进行重点控制

普遍控制要和重点控制相结合。对于犯罪嫌疑人经常销赃的重点场所和地区，侦查机关应布置足够数量的秘密力量进行控制，发现可疑物品后立即报告。对于重大和特别重大的案件，如有具体的控制目标和控制范围，侦查机关应运用专案特情和情报特情开展活动，以便控制发现赃物。在有条件的情况下，侦查人员还应带领被害人及有关知情人到重点地区和场所对赃物进行寻查辨认。

6.严密控制隐藏、购销赃物窝点

在涉及赃物的犯罪较为严重的地区，违法人员尤其是犯罪嫌疑人员集中的地段、地下色情娱乐场所和赌博窝点、部分特种行业等场所，常常会形成购销赃物的窝点。这些窝点内，销赃人员、购销人员、赃物购销中间人及其他违法人员聚集，是赃物线索较为集中的地方。这些窝点一经查明，侦查机关可在治安、工商、城管等部门的配合下，从控制赃物的实际需要出发，分以下三种情况分别处置。

（1）对于现实危害严重，人员活动情况极为复杂，难以有效控制的窝点，在查清其基本情况并掌握一定证据后，予以彻底摧毁，并加大宣传力度，以震慑犯罪嫌疑人，压缩犯罪嫌疑人处置赃物的阵地。对抓获的可疑人员要认真深入地进行审查，对可疑线索要及时组织力量顺迹追查。

（2）对于犯罪嫌疑人较为集中，但是能够有效控制的窝点，侦查机关可暂时不予触动，而是通过秘密的监视控制，发现并监控其中进行购销赃物的重大犯罪嫌疑对象，待其前来购、销赃物时，在不惊动其他犯罪嫌疑人的前提下，将其秘密捕获，然后通过对捕获的犯罪嫌疑人的审讯，查清案情。如果侦查机关的缉捕行动未被暴露，则该窝点一般可继续保留，以通过对其的监视控制发现更多的和更重要的犯罪嫌疑人。反之，若该窝点已不宜保留或已无保留的价值，则应及时予以摧毁。

（3）对于部分隐藏较深、关系复杂和案情重大的窝点，可以依法派遣秘密力量或精干的侦查人员打入其内部，在外线的监控配合下，查清其内部情况、犯罪成员、往来关系等，寻机以公开的方式予以彻底摧毁。

第五节 赃款赃物的追缴

一、追缴赃款赃物的概念

所谓追缴赃款赃物，是指司法机关对于犯罪嫌疑人违法所得的赃款赃物予以追缴或者责令退赔的行为。追缴赃款赃物不仅是获取证据的重要途径，而且是扩大办案效果的重要方法。

二、追缴赃款赃物的方法

1.通过搜查发现和获取赃款赃物

采用搜查措施发现和获取赃款赃物，是案件侦查中追赃的常用方法。侦查人员可根据侦查中发现的线索、群众的举报、犯罪嫌疑人的交代及侦查人员自己的分析判断，对可能隐藏有赃款赃物的场所依法进行各种形式的搜查。

在具体进行搜查时，要做到时机准、行动快、检查细。如果发现赃款赃物已经转移的，应扩大搜查范围或进行突然的重复搜查。

2.根据获取的书证提供的线索追缴赃款赃物

在案件侦查实践中，有的犯罪嫌疑人出于种种原因，将赃款赃物隐藏在外地亲友处，一旦案发，彼此间往往会通过书信、电话进行联系；有的犯罪嫌疑人会对赃款赃物隐藏转移的地点、具体去向进行记载。由此，侦查人员可对扣押的记录本、邮件、电报等进行分析判断，以判明赃款赃物的具体去向，并以此为线索追缴赃款赃物。

3.通过讯问犯罪嫌疑人查明赃款赃物的具体去向

犯罪嫌疑人对于赃款赃物的具体去向是最清楚的。在讯问的过程中，侦查人员应对犯罪嫌疑人进行积极退赃、减少实际损失与罪责之间关系的教育，促使犯罪嫌疑人如实供述赃款赃物的具体去向。

4.动员犯罪嫌疑人的家属、亲友交出赃款赃物

犯罪嫌疑人的家属、亲友或多或少地享用了不法所得带来的利益，而且也往往知道赃款赃物的下落，甚至有的本身就是窝赃者。动员犯罪嫌疑人的家属、亲友交出赃款赃物，是案件侦查中一项非常重要的工作。由于犯罪嫌疑人的家属、亲友往往与侦查人员之间存在对立情绪，不愿意与侦查人员配合，因此，侦查人员应对其讲明窝赃与主动退赃的利害关系，促使其端正态度，权衡利弊，做出趋利避害的选择。同时，侦查人员还要对犯罪嫌疑人社会关系中同他较亲密的人进行侧面调查，以全方位、多层次的角度查清赃款赃物的具体去向。

5.冻结银行存款，扣押财产

冻结银行存款、扣押财产是追查赃款赃物时采用的扣押物证、保全诉讼证据的一种常用且行之有效的方法。这一方法有利于发现和保全诉讼证据，并可能促使犯罪嫌疑人被迫交出赃款赃物，使被害人的经济损失得到不同程度的弥补。

除此之外，对于携款潜逃的犯罪嫌疑人，在进行追捕时，应兼顾追赃。对于犯罪嫌疑人将赃款赃物借予他人、赠送他人或用于行贿、投资入股的，侦查人员也必须查明情况，逐一追缴。对于犯罪嫌疑人已将赃款赃物挥霍殆尽，或用于购置房产、高档消费用品的，原则上应以购置品或犯罪嫌疑人的其他个人财产抵赃退赔，或者勒令其筹款退赔。追缴赃款赃物具有强制性，如追缴受阻，可强制扣押赃款赃物。

三、追缴赃款赃物应注意的问题

1.追缴赃款赃物应迅速及时，积极主动

赃款赃物作为一种证据，对于查明犯罪事实是十分重要的。因此，犯罪嫌疑人总是千方百计地隐藏、转移赃款赃物。追缴赃款赃物若错过时机，不仅会使侦查工作陷入被动，而且不易于挽回经济损失。一般而言，在立案审查时，就应当注意发现和控制赃款赃物的具体去向。对于犯罪嫌疑人已经交代了赃款赃物具体去向的，应迅速追缴，防止节外生枝。对于已经存入国外银行或者已经携款外逃的，应结合其他侦查措施的使用，迅速追缴。

在追缴赃款赃物的过程中，不得因为犯罪嫌疑人已经受到了刑罚处罚而放弃追赃；也不得因为犯罪嫌疑人不交代赃款赃物的具体去向而放弃对隐藏赃款赃物地点的发现和赃款赃物的追缴；更不得因为赃款赃物的持有人是领导干部，或者是对侦查人员具有某种影响或制约的人物而不敢依法追缴赃款赃物。

2.追缴赃款赃物应依法进行

追缴赃款赃物应贯彻我国刑法规定的罪责自负原则，以及民事法律规定的有关精神，维护被害人、犯罪嫌疑人家属及其他公民的合法权益。非赃款赃物不得任意扣押、追缴。对于应当追缴的赃款赃物，必须按规定制作《收缴赃款赃物通知书》一式二份，其中一份交被收缴人。对于应予追缴不得退还或者无法退还的，应依照有关规定上缴国库。对于查没的财产，应制作《没收财物决定书》，填写《没收财物清单》一式二份，分别交被没收人和附卷

备查。同时，不得以任何形式为经济纠纷当事人追款讨债；不得滥用职权，随意冻结企业的流动资金，逼企业还债。除此之外，严禁采取非法方式扣押人员，更不得以扣押人质的方式追缴赃款赃物。

第六节 追缴赃款赃物的国际合作

近年来，国家不断加大对经济犯罪、腐败犯罪的打击力度，通过“猎狐”行动、“天网”行动追逃经济犯罪、贪污贿赂犯罪的嫌疑人、被告人，效果凸显。但是在追逃过程中，容易走向一个误区，即重点放在抓捕犯罪嫌疑人，忽视了对赃款赃物的追缴。如果赃款赃物追缴不到位，同样不能说追逃工作是成功的，因为追赃与追逃同等重要。而在追赃过程中，也面临着重重困难。如果能落实《刑事诉讼法》规定的“犯罪嫌疑人、被告人逃匿、死亡案件违法所得的没收程序”（本章第一节已经讲述）以及“资产共享”机制（本节重点讲述），势必能突破追赃瓶颈，开拓追缴赃款赃物国际合作工作的新局面。

一、国际追赃的必要性

境外追逃是指主管机关将逃往境外的犯罪嫌疑人、被告人抓获并移送回国的行为，而境外追赃是指主管机关对犯罪嫌疑人、被告人转移至境外的赃款赃物（违法所得的一切财物）进行追缴的行为。境外追逃与追赃是一个事物的两个方面，两者相辅相成，缺一不可。

一些执法人员往往认为只要能把犯罪嫌疑人、被告人抓到，送回国并对其审判，追逃工作就算完成。但实则不然，犯罪嫌疑人、被告人除自身逃到境外以外，绝大多数还会将财产同步转移，如果不将这些财产（违法所得）追缴回国，则不能算追逃成功。这说明，追赃理应是追逃工作的必要延伸。只有将犯罪嫌疑人、被告人追回，同时将违法所得追缴到位，整个追逃追赃任务才算圆满告终。退一步讲，积极开展追缴和返还资产的国际合作，还可以消解犯罪嫌疑人在境外生存生活的物质基础，挤压其生存空间，迫使其回国自首或被强制遣送回国，从而实现以追赃促追逃的效果。

二、国际追赃的途径

在司法实践中，直接请求境外警方协助、通过刑事司法协助提出追赃请求、在开展引渡合作的同时提出追赃的请求、由被害人在境外直接提起民事诉讼、“由境外执法部门独立启动刑事诉讼程序，促使犯罪嫌疑人或被告人自行退赃”等都是进行追赃的方法与手段。其中，由被害人在境外直接提起民事诉讼、“由境外执法部门独立启动刑事诉讼程序，促使犯罪嫌疑人或被告人自行退赃”主要涉及被害人、境外执法部门、犯罪嫌疑人或被告人单边行为，而合作成分占主导的便是直接请求境外警方协助以及通过引渡、刑事司法协助来提出追赃请求。在这三种方法中，需要被请求国的大力配合。在实践中，被请求国配合除了依法（如双边或多边条约）外，还会追求一定的利益，这个利益就是追缴财产中的一部分，表达出“资产共享”的意愿。

“资产共享”是指通过境外警方与刑事司法协助、引渡成功追赃后，可以由直接或间接参与追赃活动的国家分享追缴的犯罪资本（违法所得），这是国际反腐败斗争中常见的做法，目的是鼓励各国积极参与追赃协助。所以，我们不能指责其他国家或地区在追赃过程中唯利是图，没有利益就不合作，一方面，他们在工作中确实付出了努力，消耗了人力、物力、财力，得到一部分利益用于补偿是可以理解的；另一方面，双边或多边条约中也确有相关规定，这符合国际惯例。

从经济学角度来看，司法不仅要讲求公平、公正，还要追求效率、效益。就被请求国而言，经济利益刺激不仅促进自身愿意主动协作，还能提高协作的效率；就请求国而言，如果不进行“资产共享”，对方工作积极性或许会受到影响，但若得到了对方的积极协助，追赃工作进展会显著加速。这是公平、公正与效率、效益之间的平衡。

从法学角度来看，美国、英国、澳大利亚、欧盟与其他国家或地区签署的协议中有专门对追赃过程中“资产共享”的规定，国（区）内法也不乏此种规定。澳大利亚作为犯罪嫌疑人、被告人青睐的目的国之一，其国内有《犯罪收益追缴法》，该法中的“资产共享”条款直接表明：在帮助其他国家成功追缴资产后，澳方有权对被没收的资产实行共享。《联合国打击跨国有组织犯罪公约》和《联合国反腐败公约》都明确认可这一做法。《联合国反腐败公约》第57条“资产的返还和处分”第4款规定，在适当的情况下，除非缔约国另有决定，被请求缔约国可以在依照本条规定返还或处分没收的财产之前，扣除为此进行侦查、起诉或审判程序而发生的合理费用；第5款规定，在适当的情况下，缔约国还可以特别考虑就所没收财产的最后处分逐案订立协定或可以共同接受的安排。《联合国打击跨国有组织犯罪公约》第14条“没收的犯罪所得或财产的处置”规定，就没收事宜采取行动后，某缔约国根据本国法律或行政程序，经常地或逐案地与其他缔约国分享这类犯罪所得或财产或变卖这类犯罪所得或财产所得款项。

显然，通过国际合作成功追缴犯罪资产后，可以直接或间接参与开展扣押、冻结或者没收犯罪资产活动的有关国家之间的资产共享，有益于调动被请求国的积极性，这种“资产共享”也是符合法律规定的，于法相符，于理相合，于情相通。在犯罪资产追缴的国际司法合作中，不必刻意回避“资产共享”问题，反而要正视它。在追缴境外资产的问题上，应该倡导建立更加灵活的机制，在双方合作的整体框架下，建立追缴海外腐败资产的利益分享机制。也就是说，建立“资产共享”机制是十分必要的。

三、国际追赃的合作实践

我国对在国际合作中追缴的犯罪资产的费用分担和资产共享问题缺乏明确规定，因此有学者提出应在制定《国际刑事司法协助法》时加入专门的章节作详细说明。建立我国境外追逃工作中的“资产共享”机制以加强合作刻不容缓。但是，我们应该如何构建呢？或许我国与加拿大签署的协定是一个良好的开端。

2013年6月，我国与加拿大谈判签订《中国政府和加拿大政府关于分享和返还被追缴资产协定》，这是我国就追缴犯罪所得对外缔结的第一个专门协定。该协定生效后将对中加两国腐败犯罪资产的追缴和返还提供更有利的双边法律依据。加拿大是外逃犯罪嫌疑人、被告人青睐国之一，这一协定的签署有助于作为范本供参考。根据该协定，对于没有或无法认定所有人的犯罪所得资产，如走私、贩毒获得的赃款，缔约一方将在没收后，与另一缔约方按一定比例分享有关资产。分享前提条件是另一缔约方为促成没收提供了协助或合作，该协助是宽泛意义上的，包括情报提供、行动便利、法律或司法协助，分享比例则由合作方贡献的大小决定。所以说，合理共享追缴的资本是签订追赃专门协定的基础，专门协定中要严格界定分享的条件和范围。

在具体落实时，“资产共享”的比例是一个值得商讨的问题。在美国，“资产共享”被具体化，没收资产的比例取决于其主管机关在协助与合作中做出的“贡献”大小：比较重大的协助与合作，分享比例高达百分之五十到八十；较大的协助与合作，分享比例为百分之四十到五十；仅仅是提供便利，分享比例一般在百分之四十以下。由此观之，美国法律规定的分享比例颇高。而在澳大利亚《犯罪收益追缴法》中没有明确的比例规定，分享比例取决于多重因素，如犯罪行为造成的实际损失、请求国提供证据的作用等，较为灵活。相比而言，在一个大的框架协议下，采取双方商定并个案签署“资产共享”比例也实为可行。

当然，“资产共享”机制还需要有配套措施以辅助其建立与落实。例如，根据《刑事诉讼法》之“犯罪嫌疑人、被告人逃匿、死亡案件违法所得的没收程序”规定，并仿照欧盟成员国签署的协议之做法，需要确立以“违法所得的没收程序”为主体的多元资产追回机制，进一步发挥主管机关（警察机关、检察机关）在腐败犯罪境外追赃工作中的主要职能作用和主渠道作用（联络官），组建一支专门的境外追赃的跨部门、跨区域的高素质队伍。

与此同时，还需要坚持原则性和灵活性相结合的方针，采取务实的办法，从而最大限度地维护国家利益。原则性问题包括国家主权原则、充分保障被害人权益原则、充分保护被害人和财产原合法所有人利益原则。一方面，所有机制的建立与落实都是建立在国家主权至上基础上的，离开了这一原则，包括“资产共享”在内的做法就毫无意义；另一方面，保护被害人与财产原合法所有人利益意味着“资产共享”的“资产”不能包括他们的资产，“共享”的应当是除他们资产外的其他资产。由此看来，在我国现有条件上建立并落实“资产共享”机制是切实可行的。

复习与拓展

（1）追缴赃款赃物的基本原则是什么？

（2）赃款赃物的追缴方式是什么？

（3）如何看待公安机关在实践中对赃款赃物及其追缴、退赃措施的误解和滥用？

（4）如何规范赃款赃物的控制和追缴？

（5）如何开展追缴赃款赃物的国际合作？

延伸阅读

（1）郭晓彬：《侦查策略与措施》，法律出版社2000年版。

（2）黄风：《贝卡利亚及其刑法思想》，中国政法大学出版社1987年版。

（3）冯英菊：《赃物犯罪研究》，中国政法大学出版社2000年版。

（4）肖军：《境外追逃追赃国际合作研究》，法律出版社2016年版。

案例讨论

案例1

某年9月18日，中华人民共和国成立以来最大的馆藏文物盗窃案发生在A市博物馆，早上8点工作人员开门时，发现展品不见，工作人员没有开展馆的门，保护了现场，并迅速闭馆，不接待游人。通过现场勘验，发现犯罪分子撬开了8件展柜，盗走70件文物（均为明清宫廷用的），含32件玉器、38件瓷器，其中一级文物7件、二级文物52件、三级文物7件等。犯罪分子戴手套用玻璃刀作案。8个报警器被红布盖起来。查出入口发现，玻璃窗打开，犯罪分子从墙上玻璃窗进入现场。盗窃后原路逃跑。对中心现场勘验时，发现了痕迹，即展柜上有一个"脸印"以及地上的脚印；也发现了物证，即留在报警器上的红布以及票夹、玻璃刀等。

在调查访问时，重点问到值班情况、昨晚异常情况。有值班人员说，凌晨2点多钟警犬乱叫。部分职工说到，9月16日决定把警犬拴住，9月17日职工大会宣布这个情况，职工大会由本馆人员参加，没有外馆人员，所以大家对拴狗都清楚。

问题：

你认为此案应从何处入手继续开展侦查工作？运用什么侦查措施能找到失窃的文物，并将其追缴回来？

案例2

B市公安局缉毒大队接特情反映，有一伙外地贩毒人员在该市中转、贩卖冰毒，不仅数量巨大，并且涉及菲律宾和我国台湾地区的毒品犯罪嫌疑人。经过研究，缉毒大队认为案情重大，决定要“放长线、钓大鱼”，要求在查明情况后，力争将毒贩一网打尽。缉毒大队派出侦查员通过特情广泛搜集线索，通过吸毒人员设法贴靠、接触毒贩，并由侦查员化装成买主与毒贩周旋，同时请求市局行动技术部门对获取的有关线索进行监控。在侦查中，化装成买主的侦查员提出要购买40公斤冰毒，最后和毒贩谈妥以每公斤2.5万元人民币的价格成交。三个月后的某日20时，林某、陈某某两名贩毒人员在××酒店1208房与化装的侦查员进行毒品“交易”时，被当场查获，缴获冰毒40千克，毒资96万元人民币以及两人所携带的手机等。民警将两名毒贩的手机作为收缴的赃物，关机后锁入装毒资的手提箱内，押解毒犯于23时30分离开了酒店。据酒店女服务员次日讲，当日凌晨零时到早晨8时曾经听到1208房内电话铃多次振响，但无人接听。讯问中，两名毒犯拒不交代有关贩毒的情况。三天后，该市公安局缉毒大队根据两名毒犯交代的情况，派员赶赴C省D市抓捕在该地等候的毒犯，但毒犯已逃逸，现正在通缉中。

问题：

本案采用收缴赃物的措施是否合法？在实施收缴赃物的措施中有无问题？如有问题，正确的做法是什么？

第十章

查询、冻结

| 本 | 章 | 要 | 点 |

本章主要介绍查询、冻结的基本概念、法律依据、法律原则和策略方法。通过本章学习，应当对查询和冻结这两种措施的概念、使用范围等有全面掌握，熟悉查询和冻结的法律程序和策略方法，在实践中能根据案件情况灵活运用查询和冻结措施，同时也应注意保障相关人员和相关单位的合法权益。

第一节 查询、冻结概述

一、查询与冻结的概念

我国《刑事诉讼法》第144条规定，人民检察院、公安机关根据侦查犯罪的需要，可以依照规定查询、冻结犯罪嫌疑人的存款、汇款、债券、股票、基金份额等财产。有关单位和个人应当配合。查询、冻结是查明犯罪嫌疑人财产的一种手段。随着社会的发展和金融活动的增加，犯罪嫌疑人的财产形态也发生了很大的变化，因此，查询、冻结的范围也在原来基础上增加了债券、股票、基金份额等新的内容。这既有利于了解犯罪嫌疑人的财产状况，证实犯罪和惩罚犯罪，同时也有助于为国家、集体、个人挽回合法的经济损失，维护国家、集体的经济利益和公民个人的财产权益。

1.查询的概念

查询是世界各国常用的一种侦查措施，特别是经济发达国家，由于金融工具发达，信用制度健全，货币的结算、支付大多不以现金形式，而通过金融票据等。因此，在侦查经济领域犯罪时，通过查询存款、汇款、债券、股票、基金份额等，往往能取得好的效果。

在我国法律工作中，查询是指人民法院、人民检察院和公安机关依法向银行等金融机构查阅和调取与案件有关的个人或单位的银行存款、汇款和债券、股票、基金份额等其他有关会计资料的一项侦查活动。查询是调取证据的方法之一，其主要对象是个人或者单位、机关、团体在银行等金融机构内存款的数额以及资金往来情况。另外，与案件有关的会计资料和公司申请开户资料也在查询之列。

2.冻结的概念

冻结是公安机关根据侦查犯罪的需要，依法通知银行、金融和邮政部门等暂时停止支付犯罪嫌疑人或单位存款、汇款，暂时停止交易和结算债券、股票和基金份额等的一种侦查方法。

在理解上述概念时，有以下三点需要明确。

（1）“犯罪嫌疑人的存款、汇款、债券、股票、基金份额”既包括以犯罪嫌疑人名字进行的存款、汇款、债券、股票、基金份额，又包括将涉嫌的赃款以其假名、化名或家属、亲友名义进行的存款、汇款、债券、股票、基金份额。在存款、汇款方面，既包括存进、汇进的款，又包括取出、汇出的款；既包括查询时还在犯罪嫌疑人账户上的款，又包括在一定时期内犯罪嫌疑人账户上存进、取出的整个流动状况涉及的款。在债券、股票、基金份额方面，既包括犯罪嫌疑人账户上的现有情况，也包括案发前后一段时间内犯罪嫌疑人账户的变动情况。

（2）“与案件有关的单位的存款、汇款、债券、股票、基金份额”，其中有的属于犯罪嫌疑人所有或持有。这里又可以分成两种情形：一是单位犯罪案件中单位作为非自然人犯罪嫌疑人所有的存款、汇款等；二是利用单位账户进行转账，留存于单位账户中的犯罪嫌疑人的款项。因此，《人民检察院刑事诉讼规则》第216条规定，查询、冻结与案件有关的单位的存款、汇款、债券、股票、基金份额等财产的办法，适用查询、冻结犯罪嫌疑人存款、汇款、债券、股票、基金份额等财产的有关规定。

（3）查询的对象，根据《人民检察院刑事诉讼规则》第212条的规定，包括银行、其他金融机构（如信托公司、融资中心等）和邮政部门。是否包括期货公司和证券公司，司法解释没有列入。笔者认为，这些公司可以而且应当作为查询的对象，因为在当前投资渠道多样化的情况下，较多的犯罪嫌疑人会将赃款用于投资，而不用于存银行取息。但是，由于这些公司不是从事信贷业务，而是投资中介，故在这些公司查询到的款项人民检察院不可能冻结，而只能采取扣押措施。

二、查询与冻结的基本法律程序及原则

根据《人民检察院刑事诉讼规则》的规定，查询、冻结犯罪嫌疑人和与案件有关的单位的存款、汇款，适用本规则第212条至第215条的规定。因此，对照《人民检察院刑事诉讼规则》第212条至第215条的规定，对存款、汇款进行查询、冻结的，应适用以下程序。

（1）人民检察院根据侦查犯罪的需要，可以依照规定查询、冻结犯罪嫌疑人的存款、汇款、债券、股票、基金份额等财产，并可以要求有关单位和个人配合。

查询、冻结前款规定的财产，应当制作查询、冻结财产通知书，通知银行或者其他金融机构、邮政部门执行。冻结财产的，应当经检察长批准。

（2）犯罪嫌疑人的存款、汇款、债券、股票、基金份额等财产已冻结的，人民检察院不得重复冻结，可以轮候冻结。人民检察院应当要求有关银行或者其他金融机构、邮政部门在解除冻结或者作出处理前通知人民检察院。

（3）扣押、冻结债券、股票、基金份额等财产，应当书面告知当事人或者其法定代理人、委托代理人有权申请出售。

对于被扣押、冻结的债券、股票、基金份额等财产，在扣押、冻结期间权利人申请出售，经审查认为不损害国家利益、被害人利益，不影响诉讼正常进行的，以及扣押、冻结的汇票、本票、支票的有效期即将届满的，经检察长批准，可以在案件办结前依法出售或者变现，所得价款由人民检察院指定的银行账户保管，并及时告知当事人或者其近亲属。

（4）对于冻结的存款、汇款、债券、股票、基金份额等财产，经查明确实与案件无关的，应当在3日以内解除冻结，并通知财产所有人。

第二节 查询的方法

当前，邮政部门体系单一，故查询、冻结相关财产比较简单，而金融机构则因从业机构庞杂多样，业务网点星罗棋布而使查询、冻结相关财产较为复杂。当前，各类各级银行金融机构电脑联网已十分普及，从而为查询、冻结相关财产带来了有利条件。

查询一般有两种方法。一种是拉网式的查询。这种查询工作量大，效率低，效果差。另一种是有针对性、有重点地查询。这种查询工作量小，效率高，效果好。因此，应当尽量采用第二种查询方法。只有在采用第二种方法无果的情况下，才采用第一种方法。要做到有针对性、有重点地查询，一般可从以下两个方面入手。

一、从发现犯罪嫌疑人的存款线索入手

发现犯罪嫌疑人的存款线索的主要途径有以下几种。

（1）通过搜查发现存款线索。有效的搜查，不仅可能查获存单，有时还能通过查看犯罪嫌疑人及其家属的信件、笔记本、日记和写有数字、代号的字条，发现存款的线索。

（2）通过讯问犯罪嫌疑人及其家属、子女发现存款线索。犯罪嫌疑人及其家属、子女往往是存款行为的实施者，他们对赃款的去向一清二楚，因此，要善于抓住犯罪嫌疑人及其家属、子女企盼得到从宽处理的心理，运用谋略，加强政策攻心，促使其坦白交代赃款去向。同时，也要关注具体案件中犯罪嫌疑人的特殊关系人，如情人等，这些人员可能被犯罪嫌疑人利用进行财产隐匿或转移。

（3）通过调查有关知情人发现存款线索。有些有心人特别是与犯罪嫌疑人有特殊关系的人，有可能对犯罪嫌疑人存款的大致地方有所了解，因此，通过分析犯罪嫌疑人的社会关系网，有重点地进行调查了解，可能会有所收获。

（4）从犯罪嫌疑人掌握的他人身份证等线索入手，利用实名制条件进行查询。某些案件

中，犯罪嫌疑人可能会通过一些不法途径获取与案件毫无关联的其他人的身份证信息办理相关账户，隐匿转移非法财产。因此在办案过程中应注意发现搜集非犯罪嫌疑人及其亲友的身份信息，并以此为实名制查询的基础开展工作。

二、从分析犯罪嫌疑人的存款方位入手

要根据趋利避害的心理，通过分析不同金融机构信誉的高低、利率的高低、风险的大小、网点的多少（网点多就方便）、服务态度的优劣、离家的远近等情况，分析犯罪嫌疑人会将赃款存于哪个金融单位或储蓄所，以此决定查询的重点或顺序。

第三节 冻结的方法

一、冻结的具体实施

以公安机关为例，根据《公安机关办理刑事案件适用查封、冻结措施有关规定》，在侦查工作中需要冻结财产的，应当经县级以上公安机关负责人批准，制作协助冻结财产通知书，明确冻结财产的账户名称、账户号码、冻结数额、冻结期限、冻结范围以及是否及于孳息等事项，送交银行业金融机构、特定非金融机构、邮政部门、证券公司、证券登记结算机构、证券投资基金管理公司、保险公司、信托公司、公司登记机关和银行间市场交易组织机构、银行间市场集中清算机构、银行间市场登记托管结算机构、经国务院批准或者同意设立的黄金交易组织机构和结算机构等单位协助办理，有关单位应当在相关通知书回执中注明办理情况。

冻结存款、汇款、证券交易结算资金、期货保证金等资金，或者投资权益等其他财产的期限为6个月。需要延长期限的，应当经作出原冻结决定的县级以上公安机关负责人批准，在冻结期限届满前5日以内办理续冻手续。每次续冻期限最长不得超过6个月。

冻结市场价格波动较大或者有效期限即将届满的债券、股票、基金份额等财产的，在送达协助冻结财产通知书的同时，应当书面告知当事人或者其法定代理人、委托代理人有权申请出售、如期受偿或者变现。如果当事人或者其法定代理人、委托代理人书面申请出售或者变现被冻结的债券、股票、基金份额等财产，不损害国家利益、被害人利益、其他权利人利益，不影响诉讼正常进行的，以及冻结的汇票、本票、支票的有效期即将届满的，经作出冻结决定的县级以上公安机关负责人批准，可以依法在3日以内予以出售或者变现，所得价款应当继续冻结在其对应的银行账户中；没有对应的银行账户的，所得价款由公安机关在银行专门账户保管，并及时告知当事人或者其近亲属。

解除冻结的，应当在3日以内制作协助解除冻结财产通知书，送交协助办理冻结的有关单

位，同时通知被冻结财产的所有人。有关单位接到协助解除冻结财产通知书后，应当及时解除冻结。

二、解除冻结的条件

具备下列情形之一的，应解除冻结犯罪嫌疑人的存款、汇款：

（1）经过侦查，查明被冻结的存款、汇款与本案无关；

（2）经过侦查，查明被冻结的存款、汇款虽与本案有关，但不是本案的赃款，也不是进行犯罪活动的资金；

（3）经过侦查，查明被冻结的存款、汇款系本案赃物，需要依法将赃款发还被害人或被害单位，或需要作其他处理；

（4）人民检察院认为犯罪嫌疑人具备不起诉的条件，对犯罪嫌疑人作出不起诉决定；

（5）人民法院判处犯罪嫌疑人无罪。

复习与拓展

（1）查询、冻结存款、汇款的基本原则和程序。

（2）查询、冻结债券、股票、基金份额的策略方法。

（3）发现犯罪嫌疑人存款、汇款、债券、股票、基金份额线索的方法。

（4）2012年《刑事诉讼法》将查询、冻结的范围扩大到债券、股票、基金份额的立法背景。

（5）对债券、股票、基金份额与对存款、汇款的查询、冻结在具体操作上的差别。

（6）查询、冻结财产的监督审查机制。

（7）经济犯罪案件中，查询、冻结财产对于开展诉讼活动的意义和价值。

（8）实名制背景下如何有效发现和利用线索准确获知犯罪嫌疑人的存款、汇款、债券、股票和基金份额等财产状况。

延伸阅读

（1）冯英菊：《赃物犯罪研究》，中国政法大学出版社2000年版。

（2）高铭暄：《新型经济犯罪研究》，中国方正出版社2000年版。

（3）马海舰：《刑事侦查措施》，法律出版社2006年版。

（4）刘少军："金融性财产冻结的权益冲突与分配研究"，载《中国政法大学学报》2017年第3期。

（5）侯伟："论我国刑事诉讼涉案财物处置程序"，青岛大学2016年硕士学位论文。

第十一章

通缉、通报

| 本 | 章 | 要 | 点 |

通缉、通报都是侦查机关协同作战过程中法定、公开的侦查措施。侦查活动中运用通缉、通报的目的是查询犯罪嫌疑人的行踪，并将其缉捕归案，但二者在适用对象、管理权限以及实施主体等方面存在区别。本章首先介绍了通缉、通报的基本法律程序及原则；其次介绍了通缉、通报的概念；最后介绍了通缉、通报的实施要点。通过对本章的学习，应当全面了解通缉、通报的概念；熟悉通缉、通报的运用方法；掌握通缉、通报的相关法律规定。

第一节 相关法条及解读

一、通缉的法律程序

1.通缉的启动条件

对于在逃的、应当逮捕的犯罪嫌疑人，可以适用通缉措施。《刑事诉讼法》第155条规定："应当逮捕的犯罪嫌疑人如果在逃，公安机关可以发布通缉令，采取有效措施，追捕归案。"《人民检察院刑事诉讼规则》第232条规定："人民检察院办理直接受理侦查的案件，应当逮捕的犯罪嫌疑人在逃，或者已被逮捕的犯罪嫌疑人脱逃的，经检察长批准，可以通缉。"《公安机关办理刑事案件程序规定》第274条规定："应当逮捕的犯罪嫌疑人在逃的，经县级以上公安机关负责人批准，可以发布通缉令，采取有效措施，追捕归案。"

2.通缉的主体只能是公安机关

通缉是一项法定的侦查措施，只有公安机关才有权适用。《刑事诉讼法》第155条明确规定，各级公安机关在自己管辖的地区以内，可以直接发布通缉令，即适用通缉的主体只能是公安机关，这是因为通缉本身是执行逮捕的继续，而执行逮捕权为公安机关专属。因此，人民检察院在办理自侦案件中，如需通缉犯罪嫌疑人的，人民检察院应当将通缉通知书和通缉对象的照片、身份、特征、案情简况送达公安机关，由公安机关发布通缉令，将犯罪嫌疑人追捕归案。

3.通缉的主要形式是发布通缉令

通缉的主要形式是发布通缉令。通缉令是可以采取有效措施将被通缉人追捕归案的法律依据。也就是说，根据通缉令，任何公民都有权利和责任将被通缉的犯罪嫌疑人扭送到公安机关、人民检察院和人民法院。为此，为便于在运用通缉措施中贯彻专门机关与群众工作相结合的侦查原则，通缉令既可以发往各地的公安保卫部门、国家机关、企事业单位、人民团体，又可以进行公开张贴，以达到广而告之的效果，便于人民群众积极参与。

4.通缉令的法定范围

通缉令必须由县（市、区）级以上公安机关发出，其他任何机关不得自行发布通缉令。各级公安机关在自己管辖的地区以内，可以直接发布通缉令；超出自己管辖的地区，应当报请有权决定的上级公安机关发布。对于通缉令发布的范围是某个地区还是全国，应根据案件的具体情况而定。在全国范围内发布通缉令，必须由公安部决定和发布。在侦查实践中，为了减少工作环节，也可采取商定互相授权的方式，联防协作区内可以直接发布通缉令。通缉令的发送范围，由签发通缉令的公安机关负责人决定。

在侦查实践中，通缉令通常发布至以下地区。

（1）犯罪嫌疑人逃跑可能经过的车站、码头、机场以及其他主要道口。

（2）犯罪嫌疑人可能出现的地点。这主要是指与犯罪嫌疑人有一定社会关系的地区，如某地有犯罪嫌疑人的亲友等，以及可以作为犯罪嫌疑人隐藏、居住的地区，如宾馆、饭店等。

（3）预计可能捕获在逃犯罪嫌疑人或罪犯的地区。

二、通报发布的法律程序

通报属于查缉性措施，也属于非诉讼性措施。根据我国有关法律、法规的规定，通报是公安机关内部的协查文书，必须由县级以上公安机关发布。县级以上公安机关在自己管辖的地区以内，可以直接发布通报；需要在省、市、自治区范围内发布通报的，由省、市、自治区公安厅（局）领导批准，由公安厅（局）刑侦部门发布；需要在全国或部分省、市、自治区发布通报的，报请公安部批准，由公安部刑侦局发布；需要在国际范围发布通报的，由国际刑警组织中国国家中心局通过国际刑警组织事务总局发布。同级公安机关之间也可以相互发布，但是涉及地区范围较大的重大案件应当报请上级公安机关发布。

根据公安部《关于建立刑事犯罪通缉通报制度的通知》相关规定，应当建立重要刑事犯罪的通报制度。对以下三类刑事罪犯、案件、线索，由公安部发布通报：①跨省流窜的犯罪分子（包括在逃案犯）；②需要由全国或有关省、市、自治区协助查破的流窜犯罪案件，协助查控的枪支和重要赃物、罪证，协助查找的无名尸体等；③境内外勾结的走私、贩毒、盗卖文物、伪造票证等重大线索，境外黑社会组织和刑事犯罪分子渗入活动的线索，境外对我国进行走私、贩毒、伪造票证等犯罪活动的组织、集团的情况。通报的发布范围，由签发通报的公安机关负责人决定。在发通报前要尽量把涉及的地区和范围了解清楚，判断准确，减少盲目性。没有目标地到处滥发通报，不但会给接收单位增加负担，而且还达不到应有的效果。

第二节 通缉、通报概述

一、通缉、通报的概念

1.通缉的概念

通缉是县级以上公安机关为了通令缉捕应当逮捕而在逃的犯罪嫌疑人、罪犯，以通缉令的形式，通告辖区公安机关以及其他有关部门予以协助的一种查缉罪犯的紧急侦查措施。通缉令是由公安机关发布的通缉在逃犯罪嫌疑人、罪犯的命令，是可以采取有效措施将被通缉人追捕归案的法律依据。对于在逃犯罪嫌疑人、罪犯而言，通缉令犹如一道“催命符”，可以让其无处藏身，无处遁形。

通缉是我国法定的侦查措施之一，应当逮捕的犯罪嫌疑人、罪犯如果在逃，公安机关可以发布通缉令，采取有效措施，将其追捕归案。通缉令也是一种重要的追逃措施。

2.通报的概念

通报，是公安机关之间通告有关犯罪情报、交流信息，请求协助发现、调查、控制有关犯罪线索、证据和犯罪嫌疑人的一项侦查措施。通报有助于广泛开辟侦查线索来源，特别是在智能犯罪、流窜犯罪日益增多和侦查机关警力、财力紧张的情况下，通过发布通报，可以使特定范围内的有关部门组织专门力量或结合自己的日常工作，有针对性地进行调查、侦查，从而提高效率。通报也是各地侦查机关之间加强横向联系的纽带，通过通报，侦查机关可以了解外地的犯罪动态，从中发现应当并案侦查的案件，加强各地侦查机关的协作。此外，通报也是收集犯罪情报信息的重要途径。

通报属于公安机关的内部文件，用于横向联系，一般不向群众公开。向群众公开，要写明公布的范围和要求，其他情况只能用通告。通报一般不公开张贴，也不向社会公布，如果需要有关地区公安机关向当地群众公布有关情况，应在通报中写明需要公布的范围和要求。通报的具体形式包括侦查协作网络平台、电话、传真、函件、电子邮件等。

二、通缉、通报的作用

（一）通缉的作用

通缉是通令缉捕在逃犯罪嫌疑人的有效措施，它属于紧急措施的范畴。在侦查中，通缉具有很重要的作用，概括起来有以下四个方面。

1.适时发布通缉令，有利于抓住战机，及时破案

侦查的终极目的是获取证据，并将犯罪嫌疑人缉拿归案，唯有此，才能实现刑事诉讼的目的。通缉令的适时发布，可以有效地调动有关地区及广大人民的整体力量协同作战，这既弥补了负责案件侦查的公安机关受各种因素如人力、物力限制所造成缉捕力量的不足；又可以使在逃的犯罪嫌疑人处于一种无法隐藏的境地，有利于及时地发现和抓获犯罪嫌疑人，特别是在现场勘查阶段或侦查初期，如果能抓住犯罪嫌疑人外逃不远、处于一种惊魂不定的状态、无法有效地构筑反侦查的防线、无法从容地销赃和隐藏的有利时机，发布通缉令，就可以及时有效地缉捕犯罪嫌疑人，有效地缩短发现、缉捕犯罪嫌疑人的时间，节省大量的人力、物力，特别是在发布通缉令的同时，配合追缉堵截等措施，将更有力地推动案件侦查的进程。犯罪嫌疑人一经抓获，即可通过审讯、辨认、调查访问等多种措施，进一步查明事实真相，获取犯罪证据，使侦查、起诉、审判、执行等诉讼程序顺利进行。

2.适时发布通缉令，可以有效地防止新的犯罪发生

出于潜逃后生存的需要，或为了倾力逃跑或隐匿，犯罪嫌疑人可能继续实施犯罪，特别是一些自知罪行严重的亡命之徒，更可能在潜逃期间疯狂实施犯罪，这些都将给社会治安带来潜在的重大危害。适时发布通缉令，特别是有针对性地向犯罪嫌疑人有可能销赃、藏身的地区发布通缉令，一方面，可以迅速地形成一种强大的进攻态势，使犯罪嫌疑人处于一种风声鹤唳的境地，敲山震虎，从而震慑犯罪嫌疑人，使其收敛犯罪活动，不敢再次犯罪。另一方面，各有关地区和部门在接到通缉令后，既可以有效地启动各项预防措施，加强有关部位的预防，消除可能有利于犯罪嫌疑人重新犯罪的条件和途径，使犯罪嫌疑人无法重新犯罪；又可以有针对性地组织缉捕，使犯罪嫌疑人早日落网，从根本上消除可能的犯罪隐患。同时，通缉令在有关地区部门的发布，公开张贴，可以对广大公民起到预警作用，既可以使他们做好防范准备，免遭犯罪的侵害，又可以有效地获得群众的帮助，使专门工作与群众工作结合起来，有力地推动缉拿犯罪嫌疑人工作的进展。

3.及时发布通缉令，可以有力地打击和防范流窜犯罪

改革开放、社会主义市场经济的建立促进了经济的发展，人、财、物的大流动，现代化的交通、通信的发展不仅可以给经济的发展、人民的生活带来极大的方便，也同样给流窜犯罪分子采用跨大区域以流窜的方式进行犯罪带来了极大方便。在新形势下，过去行之有效的条块结合、以块为主的侦查管理模式已明显无法适应犯罪的这种变化，与之相伴的是犯罪防范控制机制机能的相对滞后，各种犯罪机会令人防不胜防，许多犯罪嫌疑人不难寻找到犯罪的合适机会。因此，要有效地解决打击和控制流窜犯罪中的各种难题，仅靠各地区各自为战是难以实现的，而通缉侦查措施的广泛运用，能使犯罪嫌疑人、犯罪规律特点的信息及时地得以传递，从而协调各地的警力，共同作战，这对于查获和打击流窜犯罪具有重要意义。

4.对于刑事犯罪情报信息建设而言，通缉令亦是一种犯罪情报信息的重要来源

通缉也是侦查机关交流和传递情报信息的方式之一。对通缉令所反映出的犯罪情报信息的整理、储存、研究和利用，已成为许多地区侦查机关重要的日常业务工作内容。通过实施通缉，可以在各地之间及时传递相关犯罪情报信息。有效地利用犯罪情报信息，是侦查机关打击流窜犯罪的重要手段之一。

（二）通报的作用

1.通报是请求协助协查、广辟侦查线索来源的有效方法

由于犯罪手段日趋智能化，流窜作案突出，使许多案件发生后，犯罪现场虽然存在，但许多现场要么不明显，要么勘查的价值不大，通过常规的现场勘查，往往不能从中获取有价值的侦查线索；加之犯罪嫌疑人往往采用跨区域或甲地作案、乙地销赃、丙地藏身等手段实施犯罪和对抗侦查，使过去诸如摸底排查等行之有效的发现侦查线索的方法的作用受到限制，这种在地域上有限制的方法也往往很难发现侦查线索。另外，由于经费的紧张，派出大量的人员外出进行调查工作，显得很不现实。通过发布通报，通报范围内的有关部门或专门组织，或结合自己的日常业务工作，有针对性地进行调查，就可能发现有关的重要情况和线索。这广泛地开辟了线索的来源，对于提高侦查工作效率，减少不必要的工作量及人力、财力的消耗都具有重要意义。

2.通报工作是侦查机关之间加强横向联系的纽带

在新形势下，随着各地之间经济、文化交流活动的日益加强，犯罪也呈动态性的趋势。近年来，流窜犯罪、城市流动人口犯罪日益突出，旅客列车、汽车、轮船上的盗窃、抢劫、诈骗犯罪日益猖獗，跨国的贩毒、走私、诈骗犯罪活动也层出不穷，犯罪所涉及的对象和范围远远地超出了某一个地区的管辖区域，跨越了省界甚至国界。面对这种情况，如果不加强各地侦查机关的横向联系，没有上级侦查机关的协调和外地侦查机关的密切配合，单凭某一地区的侦查机关单兵作战，其在管辖区域外的侦查活动很难顺利而有效地进行，侦查机关在日益动态性的犯罪面前也只能束手无策。通报是加强各地侦查机关的横向联系，有效发挥现有的人力、物力、财力效能，增加侦查机关整体作战能力的重要手段和有效方法。通报工作能够起到传递犯罪信息的功效，因而它能使各地侦查机关了解外地的治安情况、犯罪动态，掌握打击和控制犯罪的主动权。通报工作能够沟通各地案件的有关情况，从中发现可以串联在一起的相同类型的案件，有利于有关地区的侦查机关共同展开并案侦查。同时，通过对通报的查证工作，也可以加强各地侦查机关在工作上的协调和配合。

3.通报工作是收集犯罪情报信息的重要途径

通报中包含有刑事案件，犯罪嫌疑人，犯罪规律、特点，犯罪手段和特征及犯罪侵害目标等许多有价值的情况。这些情况既是犯罪的动态情报，是侦查工作的重要依据，同时又是颇具研究价值的犯罪情报信息。把已经查实的通报储存归档，对日后审查惯犯、累犯有重要作用。通过对这些资料的研究，可以总结出许多对侦查、防范控制工作具有指导意义的规律。许多暂时没有查实的通报，通过整理归类、存档，则成为继续发现有关犯罪线索的对照依据。

三、通缉、通报的异同

通缉与通报尽管都属于查缉犯罪嫌疑人的侦查措施，但二者之间既存在联系，又有区别。正确区分二者的不同，是正确使用两种措施的前提。

1.通缉、通报的联系

通缉与通报之间存在一种相互配合的关系，主要体现在以下三个方面。

（1）通缉发布后又发现新情况的，可以补发通报。

（2）对于通缉中不易暴露的情况，也可在发布通缉时，用通报的形式，一并发往有关地区，这既做到了内外有别，又保证了有关机关有效地进行查缉工作。

（3）通过通报查明情况后，进行通缉。

2.通缉、通报的区别

（1）发布范围不同。通缉令是人民群众参与查缉犯罪嫌疑人的法律依据，它需要广大人民群众的积极参与配合，因此，它可以对外张贴。通报是公安机关内部通力合作、协同破案的一种有效方法，它一般都是发布至有关地区的公安机关内部，不对外张贴。

（2）目的不同。通缉是为了缉捕犯罪嫌疑人；通报是为了与各地公安机关互通情报或请求某些协助。

（3）适用对象不同。通报的适用范围广，通缉只用于查缉已潜逃的、应予逮捕的犯罪嫌疑人；而通报除了用于查缉在逃的、应予逮捕的犯罪嫌疑人以外，还可用于查缉尚未确定逮捕的犯罪嫌疑人，在这种情况下使用通报通常只知道其外貌特点、作案手段、携带的赃物等一般情况，而不知道他的真实姓名和地址。对潜逃的重大犯罪嫌疑人，在未确定逮捕之前，不宜使用通缉手段，必要时可以向有关地区公安机关发布通报，请求协助查缉。可见，通缉与通报两者适用的对象是不同的。准确区分二者的不同，是正确使用两种措施的前提。

第三节 通缉的实施要点

一、通缉的对象

实践中，并不是针对所有在逃的犯罪嫌疑人都发布通缉令进行追捕，有的案件中使用通缉令，而有的案件中不使用通缉令，不同案件中使用通缉令的时间也有早有晚。这主要是因为有的案件由于保密需要，不能公开追捕犯罪嫌疑人；有的案件时机不成熟，不能轻易实施通缉。如果不分青红皂白，随意使用通缉令，可能不但达不到效果，还会对警力造成较大的牵制和浪费。当然，这也意味着通缉并不是缉捕在逃犯罪嫌疑人的唯一措施，不一定每个案件都会用到通缉令。

只有在案侦中出现身份已经被查清，有逮捕必要而在逃的犯罪嫌疑人，才可以考虑使用通缉将其追捕归案。所以，侦查实践中需要发布通缉令的，一般是去向不明的重大、特大案件的犯罪嫌疑人，或者在服刑、关押期间逃跑越狱的罪犯，他们或者是罪行严重，或者是可能继续犯罪，对社会治安有很大危害，应当有针对性地发布通缉令，以获得有关地区、部门和广大公民的协助。

根据《刑事诉讼法》第155条的有关规定，通缉只能适用于在逃的、应当逮捕的犯罪嫌疑人。根据《刑事诉讼法》第81条的有关规定，对有证据证明有犯罪事实，可能判处十年有期徒刑以上刑罚的，或者有证据证明有犯罪事实，可能判处徒刑以上刑罚，曾经故意犯罪或者身份不明的，应当予以逮捕。从以上规定中我们可以看出，通缉是针对特定对象而采取的侦查措施。通缉的发布在适用对象上应既包括应当依法逮捕，而下落不明的犯罪嫌疑人；又包括已被依法执行逮捕，羁押期间又逃跑的犯罪嫌疑人。具体说，通缉的对象需要满足三个方面条件。

（1）被通缉的人必须是犯罪嫌疑人、被告人；

（2）该犯罪嫌疑人、被告人具备《刑事诉讼法》规定的应当逮捕的条件，即有证据证明实施了犯罪行为，可能判处徒刑以上刑罚；

（3）该犯罪嫌疑人、被告人的身份已经基本查明且本人下落不明。

只有以上三方面条件同时具备的犯罪嫌疑人、被告人才构成通缉对象。除此以外，均不能使用该措施。对于那些尚不够逮捕条件的一般违法犯罪人员和未决定拘捕的犯罪嫌疑人，尽管他们已外逃，也不能采取通缉的方法。

归纳来看，通缉的对象是应当逮捕的在逃犯罪嫌疑人，但从广义上理解，通缉的对象还包括被告人。在司法实践中，通缉的对象通常表现为以下几种：第一，已依法决定逮捕而逃跑或下落不明的犯罪嫌疑人；第二，已依法决定拘留而逃跑或下落不明的现行犯或者重大嫌疑人；第三，已被依法拘留、逮捕后从羁押场所逃跑的犯罪嫌疑人、被告人；第四，在依法押解途中或讯问期间逃跑的犯罪嫌疑人；第五，在依法取保候审、监视居住期间逃跑的犯罪嫌疑人、被告人；第六，已经判刑，在服刑、关押期间越狱逃跑的罪犯。

二、发布通缉令前的调查工作

凡事预则立，不预则废。通缉前的准备工作是否充分，直接影响和决定通缉令的内容是否可靠，决定了通缉的可能性和可操作性。在每一次通缉令发布前，侦查人员应当做好以下准备工作。

（1）查明被通缉人的全部社会关系。查明了被通缉人的社会关系，就能明确通缉令的发布方向，以便有重点、有目的地布置查缉工作。被通缉人的社会关系主要包括其亲友、同事、同学和同案犯及其姓名、住址，以查明被通缉人在出逃前是否表示过要前往某地，或流露过其他行动计划。获取这些情况主要通过向被通缉人的亲友、邻居、所在单位及其他知情人等进行调查访问来获取，必要时还可考虑搜查通缉人的住所或与之有关的场所。

（2）确认被通缉人的近照、衣着特征和体貌特征。如果没有这些信息，或者这些信息不够明确，通缉令发出后，一个从未与被通缉人有过任何交道的人无法在茫茫人海中发现嫌疑对象。所以，应当尽量收集最能真实反映被通缉人特征的近期照片，通过询问知情人、分析研究被通缉人的近期照片、利用犯罪现场痕迹或遗留物品等准确挖掘其衣着特征和体貌特征。

（3）获取被通缉人的指纹及DNA信息。这些信息，既是有关人员发现被通缉人的线索，也是及时核准被通缉人身份的重要依据。如果不充分利用好这类信息，有时就会给侦查工作带来较大被动。

三、通缉令的主要内容

1.通缉令的种类

不同级别的通缉令由不同级别的公安机关发布；不同级别的公安机关经负责人批准，可以根据案件的具体情况及在逃人员的社会关系、逃向等决定在本辖区范围内发布或报请上级公安机关在更大范围内发布；其他任何机关不得自行发布通缉令。实践中，常用有三种通缉令。

（1）A级通缉令。这是为了缉捕公安部认为应在全国范围重点缉捕的在逃人员或逃跑的犯罪嫌疑人而发布的命令，主要适用于情况紧急、案情重大或突发恶性案件，由公安部在全国范围内发布。

（2）B级通缉令。这是公安部应各省级公安机关的请求而发布的缉捕在逃人员的命令，由公安部在全国范围内发布。

（3）省级、地（市）级、县（市）级普通通缉令。这是由县以上各级公安机关在自己的管辖区域内直接决定发布的缉捕在逃人员的命令，但应报上级公安机关备案。这类通缉令可以抄发友邻协作地区，也可采取商定互相授权的方式，在联防协作区内直接发布通缉令。如果要在超出自己管辖的地区通缉在逃人员，则应当报请有权决定的上级公安机关发布。

2.通缉令的格式及主要内容

通缉令应按规定的格式制作，在内容上应力求具体，简练明确，使人一目了然；在语言表述上应规范，通俗易懂，以便有关机关及广大人民群众协助查缉（见附件11.1）。

（1）标题部分。包括题目（通缉令）和发文字号。

（2）正文部分。主要包括以下内容。

①案件的基本情况。包括案件的性质、发案时间、地点及简要的案件情况以及犯罪的手段、方法，实施了何种犯罪，造成了何种后果，逃跑的方向和方式。

②被通缉人的基本特征。这是通缉令的主要内容，应详细描述。主要应写明以下情况：被通缉人的姓名（包括姓名、绰号）、性别、年龄、籍贯、职业、住址、逃走时的衣着打

扮、体貌特征。描述被通缉人的体貌特征，应从其身高、体型、头型、发型、颜、眉、鼻、眼、嘴、下颌、耳、肩、身等方面，依次进行描述；对各种通常外露的、容易引人注意和易于识别的特征（如斑痣、痕迹、残疾、文身等），应重点具体、形象地描述。对于照片中不能反映的动态特征（如讲话口音、地方习惯、特殊的嗓音、行走的特殊姿势等），要力求加以准确、具体、通俗易懂地描述，以便于识别。

③被通缉人出逃时携带物品的特征。如果已知被通缉人出逃时带有某种物品，应将物品数量、种类及特征在通缉令中加以具体准确的描述。特别是对那些随身携带武器的被通缉人，一定要尽力详细地注明武器的种类、型号、数量等有关情况，以提高查缉人员的警惕性，有针对性地采取措施。

④通缉的工作要求及联络方法。要明确提出查缉工作的要求，要求有关地区在接到通缉令后如何开展工作，缉捕犯罪嫌疑人时应该注意的问题。同时，要写明发布通缉令单位的联系方法和具体的联络地址，包括邮政编码、电话号码、传真号码等。

（3）附件。一般包括被通缉人的照片、随身携带物品或工具照片、指纹照片等。

（4）结尾部分。包括发文单位（应加盖公章）及发布日期。

附件11.1　通缉令（样本）

通缉令

×公缉[201×]41号

各区县（市）公安（分）局：

201×年8月2日晚，犯罪嫌疑人刘×以借东西为由，进入张×家，持自制手枪将张×一家三口杀害，抢走现金10万元及部分首饰。案发后，刘×畏罪潜逃。刘×，男，29岁，A市B村人，身份证号（略），无业，身高：172厘米，体格健壮，平头，方脸，眼睛较大，双眼皮，皮肤较黑，左耳根处有一红色疤痕，四川口音。逃走时上身着黑色套装西服，脚穿黑色皮鞋。请各地公安机关立即部署查缉，抓获后速报A市公安局刑警大队。

联系人：李××；联系电话：1359864××××。

附件：犯罪嫌疑人刘×的照片、指纹照片。（略）

×××公安厅

201×年×月×日

3.通缉令的发布形式

通缉是公安机关依法使用的法律性措施，一般情况下只由县级以上公安机关在自己的辖区内部发布，利用内部传真、网上追逃系统、查控网络、递送、邮寄等方式向下发布；案情重大、情况紧急的，要采用电话、传真等手段快速下达，向基层侦查、治安控制力量布置实施。如果是犯罪嫌疑人有可能逃往境外的，需要在边境口岸采取边控措施，则应当由县级以上公安机关负责人批准后层报省级公安机关或公安部批准，办理边控手续。

通缉令除了在公安机关内部自上而下进行发布，是否可以在公安机关外部发布呢？当然可以，只不过可能在形式和方法上有些变通。为了在运用通缉措施中贯彻专门机关与群众工作相结合的侦查原则，通缉令既可以发往各地的公安保卫部门、国家机关、企事业单位、人民团体，又可以视情节采用公开张贴、通告、会议传达的方式，或利用电视、广播、网络、报刊等新闻媒体向社会各界发布，以达到广而告之的效果，发动广大群众协助发现被通缉人。所以，为了更好地发动群众，提高通缉的效果，实践中发布通缉令的方法还在不断创新，近年来“扑克牌通缉令”、悬赏追逃等方法的运用就是很好的创新范例。

在侦查实践中，通缉令通常发布至以下地区：一是犯罪嫌疑人逃跑可能经过的车站、码头、机场以及其他主要道口。二是犯罪嫌疑人可能出现的地点。这主要是指与犯罪嫌疑人有一定社会关系的地区，如某地有犯罪嫌疑人的亲友等，以及可以作为犯罪嫌疑人隐藏、居住的地区，如宾馆、饭店等。三是预计可能捕获在逃犯罪嫌疑人或罪犯的地区。

在侦查实践中，通缉令通常发布的形式包括以下几种。

（1）应当逮捕的犯罪嫌疑人如果在逃，公安机关可以发布通缉令，采取有效措施将其追捕归案。各级公安机关在自己管辖的地区以内，可以直接发布通缉令；超出自己管辖的地区，应当报请有权决定的上级机关发布。

（2）追捕被通缉或者批准、决定逮捕的在逃的犯罪嫌疑人、被告人，经过批准，可以采取追捕所必需的技术侦查措施。

（3）县级以上公安机关在自己管辖的地区以内，可以直接发布通缉令；超出自己管辖的地区，应当报请有权决定的上级公安机关发布。通缉令的发送范围，由签发通缉令的公安机关负责人决定。

（4）通缉令发出后，如果发现新的重要情况可以补发通报。通报必须注明原通缉令的编号和日期。

（5）为防止犯罪嫌疑人、被告人逃往境外，需要在边防口岸采取边控措施的，应当按照有关规定制作边控对象通知书，经县级以上公安机关负责人审核后，层报省级公安机关批准，办理边控手续。需要在全国范围采取边控措施的，应当层报公安部批准。对需要边防检查站限制犯罪嫌疑人人身自由的，需同时出具有关法律文书。紧急情况下，县级以上公安机关可以出具公函，先向当地边防检查站交控，但应当在7日内补办交控手续。

（6）通缉令、悬赏通告可以通过广播、电视、报刊、计算机网络等媒体发布。

（7）有关公安机关接到通缉令后，应当及时布置查缉。抓获犯罪嫌疑人后，应当迅速通知通缉令发布机关，并报经抓获地县级以上公安机关负责人批准后，凭通缉令羁押。原通缉令发布机关应当立即进行核实，并及时依法处理。

（8）犯罪嫌疑人、被告人自首、被击毙或者被抓获，并经核实后，原发布机关应当在原通缉、通知、通告范围内，撤销通缉令、边控通知、悬赏通告。

4.通缉令的处置

（1）接到通缉令的公安机关要采取相应的布控措施，进行必要的部署，将通告内容传达至各基层单位，以便各基层单位在日常工作中发现犯罪嫌疑人。公安部通过传真或公安机关内部系统网络，会在1小时内将通缉令发至各省公安厅，包括被通缉人的姓名、性别、年龄、体貌特征、近期清晰照片等相关内容，在12小时内就会传到派出所、治安、巡逻、监所等部门的每一名侦查人员手中，这些单位会在最短时间内完成对犯罪嫌疑人涉及的关系及可能隐藏的落脚点完成架网布控，部署对辖区外来人口集中的出租房屋、中小旅店进行摸排，在重点路口设卡盘查、巡逻蹲守等。目前在一些通信系统较先进的地区，这个速度会更快，通缉令在30分钟左右即可下发至二级指挥系统。

（2）非案件管辖公安机关在发现可疑对象并进行盘查后，应当区别情况采取相应的措施。①对于被通缉的犯罪嫌疑人，应即通知通缉令发布机关，并凭通缉令羁押。②对于未被通缉的犯罪嫌疑人，在以继续盘查、拘传进行控制的同时，立即与通告发布机关联系。在接到通告发布机关委托执行拘留、逮捕的函件后，即对犯罪嫌疑人执行拘留、逮捕。继续盘查、拘传时限届满仍未接到通告发布机关委托执行拘留、逮捕函件的，应即释放。③对于在日常工作中发现的犯罪嫌疑人，要与网络上的查缉通告进行比对。

（3）补充或撤销，在原发布范围内进行。

5.制作通缉令的注意事项

（1）被通缉人的信息要准确、细致、全面，利于查缉。对被通缉人的体貌特征、携带物品特征的描述要准确、详细、规范；人像、指纹、物证照片要清晰，对惯犯、累犯、流窜犯应同时报送十指指纹及其作案手段、现场物证照片等。

（2）不应发布通缉令的情况。犯罪嫌疑人的罪行不构成逮捕条件的，或者只知道犯罪嫌疑人外貌、作案手段及携带物品，但不知道真实姓名的，不得对其发布通缉令，而只能经法定审批程序后向有关地区发布协查通报。

6.接到通缉后的缉捕

有关公安机关接到通缉令后，应当采取有效措施及时周密布置查缉，控制好被通缉对象可能出入或隐藏的地方，发动群众提供线索，组织力量进行围、追、堵、截。其他单位和公民应当积极协助公安机关查缉被通缉对象。抓获被通缉对象后，有关机关应当迅速通知发布通缉令的公安机关，并报请抓获地县级以上公安机关负责人批准后，凭通缉令羁押。发布通缉令的公安机关应当立即进行核实，并及时依法处理。

四、通缉的基本流程

通缉的基本流程为：确定通缉对象—调查通缉对象情况—确定发布范围和方式—分级审批—发布通缉—布控缉拿—逮捕—撤销通缉。

1.通缉的决定主体

各级公安机关在自己管辖的地区以内，可以直接发布通缉令；超出自己管辖的地区，应当报请有权决定的上级机关发布。人民检察院自侦或直接受理的案件，应当逮捕的犯罪嫌疑人如果在逃，或者已被逮捕的犯罪嫌疑人脱逃的，经检察长批准，可以作出通缉的决定。

2.通缉令的发布

（1）通缉令的发布范围。县级以上公安机关有权向自己管辖的地区发布通缉令。向管辖地区以外发布，应该将通缉令原稿，连同详细案情材料、清晰的照片或附件样品报送上级公安机关发布。通缉令一般以文书的形式，利用传真、递送、邮寄等方式向下发布。案情重大、情况紧急的，要采用电话、传真等手段快速下达。必要时还可利用公开张贴或报刊、有线广播、地方电视等媒体发布，发动广大群众协助发现通缉对象。发布通缉令需经公安机关负责人批准。各级人民检察院需要在本辖区内通缉犯罪嫌疑人的，可以直接决定通缉需要在本辖区外通缉犯罪嫌疑人的，由有决定权的上级人民检察院决定。人民检察院应当将通缉通知书和通缉犯的照片、身份、特征、案情简况送达公安机关，由公安机关发布通缉令，追捕归案。国家安全机关、军队保卫部门和监狱需要通缉犯罪嫌疑人或脱逃罪犯的，也要商请公安机关发布通缉令。

（2）通缉令的分级发布制度。公安部发布通缉令实行分级制度。A级通缉令是缉捕公安部认为应该重点缉捕的在逃人员或逃跑犯罪嫌疑人；B级通缉令是公安部应各省级公安机关请求而发布的缉捕在逃人员或逃跑犯罪嫌疑人的命令。

3.通缉令的补发

通缉令发出后，如果发现新的重要情况，可以补发通报。通报必须注明原通缉令的编号和日期。

4.通缉令的撤销

被通缉的犯罪嫌疑人或脱逃罪犯自首、被抓获、死亡或者被错误通缉的，经核实后，发布通缉令的公安机关应当在原通缉范围内及时撤销。

五、通缉的辅助形式

1.悬赏通告

悬通告赏是指公安机关为了发现重大犯罪线索，追缴涉案财物和证据，查获犯罪嫌疑人，以通缉令、通告的形式，通过广播、电视、报刊、网络等媒体向社会公开发布，要约案件知情人提供线索和证据，并承诺支付相应报酬的一项特殊性侦查措施。悬赏通告能够调动广大人民群众的积极性，协助侦查机关获取重要涉案证据和有价值的案件线索，及时、快速破案，同时节省大量的警力、物力和财力，从而有效地提高公安机关打击刑事犯罪、维护社会治安的能力。

2.边控通知

边控通知是按照《公安机关办理刑事案件程序规定》第278条的规定，需要对犯罪嫌疑人在口岸采取边控措施的，应当按照有关规定制作边控对象通知书，并附有关法律文书，经县级以上公安机关负责人审核后，层报省级公安机关批准，办理全国范围内的边控措施。需要限制犯罪嫌疑人人身自由的，应当附有关限制人身自由的法律文书。紧急情况下，需要采取边控措施的，县级以上公安机关可以出具公函，先向有关口岸所在地出入境边防检查机关交控，但应当在7日以内按照规定程序办理全国范围内的边控措施。

3.网上追逃

公安机关以其内部的计算机网络通信技术及其“在逃人员信息系统”为查询比对工具，对所在地的异地人员和当地的其他人员等有关人员进行身份认证，与“在逃人员信息系统”上的逃犯名单进行比对核查，以确定有关人员是否就是在逃人员。其特点是能够实现逃犯资料共享、条件组合查询、快速检索比对，使各地公安机关能够既立足本地查缉本地在逃人员，又能放眼全国，使外地在逃人员难逃法网。

第四节 通报的种类与适用

一、通报的种类

通报不同于通缉，它是公安侦查机关内部广辟侦查线索来源，加强工作联系，协同配合作战的一种重要的侦查措施。它的适用范围较广，内容也比较灵活。侦查中，在需要查明不知名尸体身份、查找失踪人员、查控赃物、查证案件线索、扩大线索来源、加强犯罪防控时，可以使用侦查通报。如果相关内容需向群众公开，一般要改为通告形式发布。侦查部门使用的通报可以分为两大类：一类是请求有关地区协助开展调查、控制的通报；另一类是通告犯罪动态信息的通报。具体包括以下五种。

1.不知名尸体协查通报

（1）适用条件：部分案件在侦查过程中，经过现场勘查、尸体检验和组织现场周围群众辨认尸体或者通过媒体发布寻人启事后仍不能确定死者身份的，为了查清死者的有关情况，以利于顺利开展侦查活动，需要向有关地区发出不知名尸体协查通报，请求有关单位协助查明死者身份、生前居住或工作的地点。这是侦查不知名尸体案件一项不可缺少的措施。

（2）主要内容：包括案件发生、发现的时间、地点和主要经过，死者的性别、年龄、身高、发型、身体外表特征，生前是否患有某种疾病、受过某种创伤或做过外科手术，衣着的式样、质地、花色和新旧程度，以及随身携带的物品的种类、数量和特征等，并附上死者的全身照片和衣物照片。对于较重要的特征，还应附有该特征的特写比例照片，并注明该特征的部位。如果尸体已高度腐败或发现的是碎尸块，面容无法辨认，应通过法医检验确定死者的性别、年龄、身高，以及大致的死亡时间。对尸体或尸块上发现的各种有辨认价值的特征，尚未腐烂的头发、假牙、衣物、首饰等方面的特征应详细准确地描述，以便于失踪人员亲属和知情群众辨认。

（3）使用范围：主要发往死者生前可能生活或活动区域所在地公安机关。

2.赃物协查通报

通过向有关地区发布赃物协查通报，及时、严密地控制涉案赃物，有助于防止犯罪嫌疑人销售、使用赃物，避免因某些赃物流失而危害社会治安；有助于发现犯罪嫌疑人的线索，尽快抓获案犯。

（1）适用条件：有的案件财物损失较大，赃物、赃款的特征又很明显，或某种赃物流失在社会上，对治安有一定的危害性，为了严密控制犯罪嫌疑人销售、使用赃物，通过赃物发现犯罪嫌疑人的线索，可使用赃物协查通报。

（2）主要内容：简要叙述案情，重点描述赃物种类、数量、特征。如果赃物种类复杂、数量较多，还应在通报后面附上赃物清单。对于只有失主知道的某些暗记，应专门作出准确的描述。有些赃物构造特殊、复杂，不易准确描述，或者赃物是不常见的物品，还应同时附上该类物品的照片。

（3）使用范围：主要发往赃物可能流转的有关地区公安机关。

3.案情协查通报

对某些久侦不破的疑难案件，或者很可能是外地人、流窜犯罪团伙作案的案件，可以向邻近地区和作案人可能流窜作案的交通沿线地区发布案情协查通报，请求他们关注类似案件，发现可疑线索，协助破案。

（1）适用条件：在某些重大案件尚未侦破，或未破案件可能是流窜犯罪案件、系列犯罪案件，需要有关地区的公安机关、侦查机关配合查找相关线索，扩大在侦案件的线索来源时使用。

（2）主要内容：主要包括案件发生的时间、地点、犯罪嫌疑人侵害的对象以及犯罪手段的特点，赃物的种类、数量和特征，犯罪团伙的成员和活动情况等。如果犯罪嫌疑人在现场留有指印、足迹或工具痕迹，且具备鉴定条件，应在通报中附上痕迹放大照片，并说明勘查鉴定时对该痕迹所作出的判断。如果犯罪嫌疑人的人身特征有所暴露，通报还应对犯罪嫌疑人的体貌特征加以描述，如果有条件，还可以附上犯罪嫌疑人的照片、犯罪痕迹及其他物证的照片等。

（3）使用范围：主要发往犯罪嫌疑人可能流窜地区及友邻地区的公安机关。

4.刑情预警通报

（1）适用条件：主要适用于上级公安机关将刑事犯罪活动新的规律和可能发展蔓延的趋势等情况及时通报下级或友邻各级公安机关、侦查机关，进行预警，提请有关地区的公安机关在部署工作、研究对策时提前防范，并协助寻找线索，缉捕重大犯罪嫌疑人。

（2）主要内容：主要对近期的刑事案件发案情况进行研判，分析总结带有预警性的犯罪规律、特点，犯罪手段特征及犯罪侵害目标等有价值的情报。刑情预警通报通常是指上级侦查部门将一段时期内刑事犯罪的规律特点、手法、趋势等重要情况及时通报给下属各级侦查部门，供其部署侦控工作、研究防范对策时考虑。此外，当发生严重暴力犯罪案件后，对可能效仿作案的地区或者犯罪嫌疑人可能潜逃、前往继续作案的地区发出犯罪动态信息通报，提醒有关地区的公安机关引起重视，做好防范预警工作，并协助查寻案件线索，缉捕犯罪嫌疑人。

（3）使用范围：主要发往犯罪可能发展蔓延地区的公安机关。

5.犯罪嫌疑人协查通报

该种通报通常适用于以下两种情况：一是犯罪嫌疑人潜逃，尚未确定对其逮捕而不宜使用通缉措施时，可向其可能逃亡的地区发出协查通报，请求当地侦查部门在其可能落脚藏身的区域协助查找；二是对已经拘留、逮捕的可能系流窜作案的犯罪嫌疑人，尚未查明其真实身份时，可以根据其口音、衣着和携带物品的特征判断其身份与惯常活动区域，然后向有关地区发出协查通报。

第五节　通缉、通报的落实与管理

通缉、通报是现代侦查工作中一项非常有效的查缉犯罪嫌疑人的侦查措施，但通缉、通报作用的发挥，关键在于接受单位如何去落实和管理。一旦查得结果，要及时通知查缉单位或报上级公安机关。发布通缉、通报的公安机关，在通缉、通报发出后，除继续抓好有关案件的侦破工作外，也要做好本身的查控工作。通缉对象在本地区藏匿，或者逃走后又窜回本地的情况并不少见，所以不能发出通缉、通报后就坐等外地提供情况，忽视或放弃本地的工作。

制作通缉、通报应做到事实清楚，用语规范，文字简明，照片清晰；在描述人或物的特征时，除注意整体、全面、准确地刻画外，更要注意反映人或物的特殊特征，给查控工作提供更好的条件。制作通缉、通报用语必须使用公安部制定的《刑事犯罪信息管理代码》中的规范语言。

通缉、通报的落实和管理，主要应做好以下几项工作。

一、发布机关要慎重使用通缉、通报

对发布机关而言，要慎重使用通缉、通报。是否在侦查中运用通缉、通报的侦查措施，必须根据案件的性质和侦查工作的实际需要，严格按照有关法律、法规的规定办理。

（1）在通缉、通报发布的地区和范围方面，应尽可能做到有的放矢，注重实际效果，防止盲目发布。

（2）应当注意保守侦查工作秘密，不能用明码电报或普通信函发布通缉、通报，凡涉及国家机密、保密单位、重要人物、涉外事务，通缉、通报在行文上应尽可能回避，以免泄露机密和造成不良的政治影响或外事影响。

（3）发出通缉、通报后，如获悉新的情况，可以继续发通缉、通报或其他相应的文书，以补充前面所发的通缉或通报的内容，以使接到通缉或通报的侦查机关进一步明确案情或有关情况，减少不必要的工作量。

（4）案件破获或犯罪嫌疑人被查获，或因其他原因，不再需要有关地区继续就此案予以协查，应及时发出撤销通缉或通报的通知，以免浪费人力、物力。撤销通缉或通报，应在原发布范围内进行。

二、接收机关要树立“全国一盘棋”思想

对接收机关而言，要树立“全国一盘棋”思想，责成专门队伍、专门人员落实。

（1）凡上级或外地侦查机关的重要通缉、通报，要在24小时内印发、转发至有关地区、单位、部门，并督促落实，其中线索比较准确的、重大犯罪嫌疑人在当地有社会关系的，应直接派员进行调查，或依靠有关派出所和单位保卫部门布置控制。

（2）凡外地侦查机关派人直接调查重大线索、追捕犯罪嫌疑人的，应抽出相应的力量，积极配合工作。

三、基层民警要具体落实相关工作

对基层民警而言，要具体落实相关工作要求。基层单位和基层民警接到通缉或通报后，应在最短时间内落实通缉或通报的有关要求，结合日常工作完成布控和防范工作。具体来讲，一般要落实以下几项工作。

（1）要在重点人群聚集处、治安复杂场所、犯罪嫌疑人涉及的关系点及可能隐藏的落脚点架网布控；

（2）对外来人口聚集区、出租房屋、中小旅店等治安复杂场所展开摸排；

（3）在重点区域、重要部位、重要路段和卡口设卡盘查、巡逻、蹲坑守候；

（4）凡要求查证的线索必须逐一查证，及时回复查证情况；

（5）加强对通缉、通报情况的研判，结合日常工作加强发现、比对工作；

（6）注意运用各种侦查信息资源进行关联、比对、发现；

（7）抓获被通缉对象或获取重大情况后，应立即通知原通缉令、通报发布机关，抓获通缉对象可凭通缉令羁押。

复习与拓展

（1）通缉、通报的基本原则。

（2）通缉的基本条件和实施程序。

（3）公安机关实施通缉、通报的依据与现实必要性。

（4）发布通报的法律程序。

（5）刑情预警通报的主要内容。

（6）通缉、通报的落实和管理应做好哪几项工作？

延伸阅读

（1）黄风：《贝卡利亚及其刑法思想》，中国政法大学出版社1987年版。

（2）冯英菊：《赃物犯罪研究》，中国政法大学出版社2000版。

（3）高铭暄：《刑法专论》，高等教育出版社2002年版。

（4）高铭暄：《新型经济犯罪研究》，中国方正出版社2000年版。

（5）刘涛，杨郁娟主编：《侦查措施》，中国人民公安大学出版社2015年版。

（6）马忠红：《刑事侦查学》，中国人民公安大学出版社2014年版。

案例讨论

苏湘渝系列持枪抢劫杀人案件中的通缉通报工作

某年1月6日上午，江苏省南京市下关区一银行发生持枪抢劫案。一男性犯罪嫌疑人持枪打死某公司提款人，抢走19.99万元现金后逃窜。经侦查，公安部确认犯罪嫌疑人与重庆、长沙持枪抢劫杀人案系同一人。该嫌犯自2004年在重庆作案后，已身背7条人命。该系列案已被公安部定性为“苏湘渝系列持枪抢劫杀人案”。2012年8月10日上午9点34分，此案案犯在重庆沙坪坝区某银行储蓄所门前实施枪击抢劫，当时造成一死两伤。后警方查证明确：案犯系周克×，男，1970年2月6日出生，汉族，初中文化，重庆市沙坪坝区井口镇××村人，身高1.67米。

同日，公安部发布A级通缉令在全国范围内缉捕该犯罪嫌疑人。8月14日凌晨6时50分，在公安部统一指挥下，经过重庆等地公安机关连续数日艰苦奋战，犯下累累罪行的公安部A级通缉犯周克×在重庆沙坪坝区××桥被公安民警成功击毙。至此，苏湘渝系列持枪抢劫杀人案件成功告破。

此案虽已成功告破，但此案所反映出的与通缉通报工作相关的有些情况，应当引起特别关注和思考。

（1）周克×于2005年10月，在云南曲靖宣威火车站被查获非法持有“五四”式手枪1支、子弹6发，被昆明铁路法院判刑3年，于2008年4月出狱。在其服刑期间，公安机关多次发布带有其视频图像或模拟画像的协查通报，但都未将其反映出来。这是什么原因造成的呢？

（2）在公安部发布A级通缉令之前，警方曾接到群众反映，周克×可能与苏湘渝系列持枪抢劫杀人案有关。接此线索后，警方曾派人查证此线索，接触了周克×的家人，但并未有任何结果。破案后证实，自警方此次调查后，周克×知道自己已经遭警方怀疑，便消失得无影无踪。由此，引出一个问题，即对于通缉中群众提供的线索到底应当如何查证？

（3）在此案长达8年的侦破过程中，警方在历次通报和通告中多次选用犯罪嫌疑人作案时的视频图像或模拟画像在社会上张贴、在各种媒体上公开播放，反复发动群众提供线索，但每次都没有反映出有价值的线索。破案后证实，这些视频图像或模拟画像又与周克×的形象十分相似。这到底是什么原因造成的呢？

（4）此案中周克×及其女朋友经常通过网络、媒体查找和搜索有关本案的情况，从而开展反侦查。如周克×在媒体上了解到警方的通缉令上描述有“右上唇有一块泛白胎记”这一特征后，就曾让其女朋友买口红为其化妆。这一情况对于警方公开案情有什么样的启示呢？

第十二章

视频侦查

| 本 | 章 | 要 | 点 |

视频侦查是侦查主体利用图像采集设备所记录的与案件有关的影像资料，对案件发生、发展过程进行动态分析及研判，从中发现与案件有关的人、物的特征及其运动轨迹，为查缉犯罪嫌疑人提供范围、方向指引，为查明案件事实提供线索、证据支持的一项专门活动。其已成为继刑事技术、行动技术、网侦技术后侦查活动的又一重要支柱。本章从法律和技术两个层面着手，在梳理视频侦查相关法规、标准的基础上，对包含视频来源及编码、视频封装格式、视频监控系统在内的视频侦查相关基础知识进行了对应阐述。此外，从案件现场出发，重点介绍了视频现场勘查技巧、视频侦查的常用战法，以及反视频侦查的应对举措。

第一节 视频侦查业务流程

常态而言，以接报警、立案为起点，可将视频侦查活动的全环节分为案情分析、视频获取、视频分析研判、信息管理共享四个阶段，如图12-1所示。

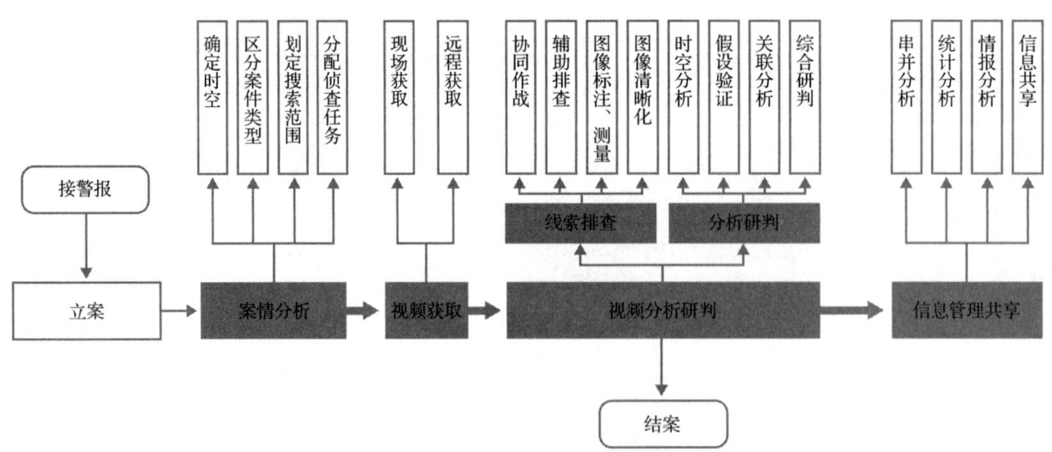

图12-1 视频侦查业务流程

一、案情分析

该阶段的主要任务包括但不限于：确定事（案）件发生时间、地点；分析确定案件类型，以便有针对性地采取对应侦查方法；运用包括警用地图、公开的电子地图初步确定搜索的范围，根据初步确定的范围，在地图上展示具体的监控点分布图，并对搜索范围内的监控点进行信息标注（包括但不限于监控点所属单位、联系人、联系方式、摄像头覆盖范围等信息），形成视频资源的初步分布图，为视频提取的工作人员提供提取依据；安排相应工作人员的办案任务。

二、视频获取

视频获取看似简单，但若操作不当，极易导致证据因“真实性”存疑而丧失作证资格。如常见的视频数字摘要值（哈希值）产生变化、调取的视频文件时间产生变化、翻录形成的视频的作证资格问题等。因而，无论是现场获取，还是远程获取（包括联网下载、网络传输），均应严格遵循电子数据取证规则的要求。

三、视频分析研判

依托获取的视频，视频分析研判主要围绕涉案人员、涉案车辆、其他涉案物品展开。主要任务包括人身或物品特征标记、测量、分析及身份的相似性（同一性）判断，人物活动轨迹的顺查、倒查，模糊图像的清晰化处理，伪装、虚假信息的查证，等等。在此基础上，对应尝试构建证据链，重建事（案）件发生、发展过程。

四、信息管理共享

信息管理共享是从情报工作角度提出的要求。在“两抢”类案件、盗窃类案件、接触式诈骗案件等侦查过程中，犯罪嫌疑人的作案特点往往具有“共通性”，因而结合对犯罪嫌疑人的“画像”，可考虑串并案件、扩大战果。此外，从预测角度分析，及时总结既往案件的特点，建成类案数据模型，对于及时发现犯罪、查证犯罪，极为必要。

第二节 视频现场勘查

视频现场勘查，是指事（案）件发生后，侦查人员基于案情分析结果，依据划定的时空范围，于中心现场或关联现场，围绕视频监控系统依法进行的视频资源查找发现、提取固定、分析研判、调查访问，以及视频分布图绘制等专项工作。其与传统接触式犯罪的现场勘查在程序方面具有相通之处，同样包含现场勘查准备、现场保护、现场勘查的实施三项主要内容。相对于传统犯罪现场勘查而言，视频现场保护相对简单，主要强调摄像头位置、状态的稳定性，视频资源的留存，以及视频自身的原始性。鉴此，本节重点就视频现场勘查的准备和实施展开介绍。

一、视频现场勘查的准备

1.人员准备

按照统一组织、分工负责、协同高效、权责明确、能力匹配的总要求，可将参与视频现场勘查的人员主要分为组织指挥人员、视频提取固定人员、视频分析研判人员、现场勘查保障人员四类。

（1）组织指挥人员，对现场勘查工作总负责，系现场勘查工作的核心力量。其主要工作职责是对案情进行全面深入分析，事先为视频提取固定人员提供“视频资源分布图”，以便为现场勘查工作提供时空范围、勘查重点，并能够根据案件发生发展适时调整现场勘查工作方案。因而，在现场能力层面一般需要其着眼全局，让视频现场勘查工作始终服务于案件侦查工作的中心。此外，最好还应具备能够洞察出视频潜在信息、关联信息的职业素养。

（2）视频提取固定人员，系视频资源的查找者、证据的固定者。因而熟悉现场环境、视频资源具体分布位置，熟知视频作为证据的法律需求，自然就成为选任此类人员的重要衡量指标。此类人员一般由辖区民警兼任，负责对现场及周边监控分布、交通状况等情况进行实地勘验，提取视频，查看录入视频以及视频存档等工作，同时需将各监控视频的类型、位置、视角、拍摄范围、与标准时间的误差等信息及时提供给视频分析研判人员。

（3）视频分析研判人员。此类人员主要负责排除和确定嫌疑图像，梳理犯罪嫌疑人轨迹，分析、确认犯罪嫌疑人、车和物的去向、落脚点，绘制监控分布图，对模糊图像进行清晰化处理，伪装图像的分析研判等工作。通常从具备一定视频研判经验的人员，或从视频图像处理技术人员中选任。

（4）现场勘查保障人员。具体又可分为技术保障人员和其他保障人员两类。主要负责现场勘查过程中的通信保障、设备保障，以及相关视频图像的梳理存档及查证等工作。

2.工具准备

从对各监控位置的准确定位、现场勘查过程的可溯性、数据下载的高效性、数据存储的安全性角度考虑，在开展视频现场勘查前，必须准备好相应的定位测量设备、视频下载（镜像）设备、数据存储设备、数据完整性校验工具、图像采集设备、接线和专用五金工具。

（1）定位测量设备。主要用于确定现场勘查的经纬度坐标，标定坐标点、轨迹，测量监控探头间、建筑物间的距离。常用设备包括手持GPS、激光测距仪等。

（2）视频下载（镜像）设备。具体又可分为视频下载设备、镜像设备两类。视频下载设备，如明景视频快速下载器[1]，其兼容当前大多数DVR和IP摄像机，可以进行三维测量和色彩复原，支持直连下载和网络下载，并能提供案件管理、视频智能分析等功能。诸如此类的设备可有效规范视频下载过程，降低取证不规范导致“瑕疵”出现的概率。镜像设备，主要用于存储介质如硬盘数据的物理备份。

（3）数据存储设备。通常可选择优盘、硬盘进行数据存储。至于硬盘的容量大小，可根据具体情况考虑。在此需强调，在现场勘查前必须保障存储设备工作正常、存储空间充足。

（4）数据完整性校验工具。其往往系镜像设备内置工具，主要用于下载数据、镜像数据的哈希值计算、校验。但是，在不考虑制作数据镜像的情况下，建议单独置备。

（5）其他设备。在视频现场勘查前，一般还需准备包含数码相机、数据线、网线、硬盘拆卸五金工具等在内的图像采集工具、接线和五金工具。

3.规范性文件准备

参照《公安机关办理刑事案件电子数据取证规则》的规定，视频现场勘查前应准备的规范性文件包括但不限于《电子数据现场提取笔录》《电子数据提取固定清单》《扣押清单》《调取证据通知书》《电子数据侦查实验笔录》等。

二、监控探头的查找、定位与标注

监控探头的查找、定位，是视频现场勘查顺利进行的前提。查找时应坚持全面查找、在确定的范围内区分查找的原则，选择使用手持地图进行查找、以案发现场为中心向外拓展查找、依托时空跨越假设查找、多侦结合接力查找等方式进行监控探头的查找。继而对应标注各监控探头的类型、使用单位、性质、位置、视角、间距、盲区范围等信息。

1.监控探头的查找

查找确定范围内的监控探头时，一是要做到滴水不漏、全面查找；二是要分清是需要模糊查找，还是精确查找。在查找监控探头时，除关注常规探头外，还应考虑诸如电子警察、雷达测速点、ETC、治安卡口等配套的监控探头，以及群众自行架设的监控探头，做到全量查找，有的放矢。对于为后续工作提供线索、无须得出明确结果的模糊查找，如运动轨迹、大致外貌特征查找，只需从监控探头中找到前后衔接的大致信息即可；对于能够有效对接位置、行为人身份信息查证的精确查找，如接打电话、车辆号牌、存取款、住宿、进超市购物等画面，必须加以重点关注。

谈及具体实施，可考虑采用以下四种方法进行监控探头的查找。

（1）使用手持地图查找。此种方法既可适用于空间跨度大、探头分布密度高、工作量相

---

1. 明景视频快速下载器，是北京明景科技有限公司研发的一款警用在线视频采集装备，具备对各个常用厂家监控 DVR、NR 进行视频快速采集下载的功能。

对较大情况下的查找，也可用于有地图资源支持的一般案件。采用此方法查找，可有效保障查找得到的探头信息的准确性，提高工作效率。若直接使用统一的一份电子地图的情况下，还可考虑通过在线协同编辑的方式进行信息汇总。

（2）以案发现场为中心向外拓展查找。该方法是现场勘查过程中最常使用的方法，根据实际情况可选择顺查、倒查的方式向外扩展。

（3）依托时空跨越假设查找。对于行为人时空变化非正常的情况，如逗留、去向不明的情况，可围绕异常事件进行假设分析（如停留购物、谈话等），圈定异常事件的时空范围，深入查找相应的摄像头，进而获取与案件有关的线索、证据。

（4）多侦结合接力查找。在监控探头查找过程中，有时由于监控盲区、行为人的反侦查导致监控探头查找受限，此时就要转变办案思路，可通过技侦、网侦、数侦，多侦配合，利用多侦协同所提供的位置信息，反向查找相应位置的监控探头。

2.监控探头的定位、标注

监控探头的定位、标注与查找同时进行，系现场视频分布图绘制的重要数据来源。在发现监控探头并对其进行定位时，可使用PGIS、公开发行的纸质地图（如行政区划图、交通示意图等）、公共电子地图、犯罪现场图、建筑设计图、消防路线图、建筑物内部结构图等进行定位。需强调，无论使用何种地图进行定位，必须保证素材的一致性。此外，对于一些结构复杂但设施相对完备的商场、酒店、景区，建议选用数据反映准确的建筑内部结构图或监控布局图进行定位。

在对监控探头进行标注时，首先，需标注各探头的类型（公安、非公安监控）、使用单位、位置、视角，针对系统内监控探头的标识信息与实际不符的情况，要进行及时修正；其次，要标注监控探头的性状，确定其属于枪机、球机哪一类型，是固定探头还是移动探头，各监控探头之间的位置关系（必要时可精确测量），是否存在监控盲区；再次，在提取固定视频的同时，需补充标注提取的视频的画面时间与标准时间的误差；最后，在播放查看视频的同时，补充标注视频的视场范围、画面记录的目标（人、车、物品）的出现时间、运动方向、行为次序等信息。

三、视频的提取固定

根据查找、定位得到的监控探头，办案人员在提取固定所需时间段内监控视频时，应根据视频来源的不同，有针对性地采取相应的提取固定方法。

1.视频监控系统录制的视频的提取固定

提取固定时，首先，应了解视频监控系统的品牌、型号信息，如属于非主流产品，务必注意配备专用播放器以及视频转码工具；其次，要注意了解和记录视频监控系统的授时机制，以及监控视频系统时间与标准时间（在中国一般是指国家授时中心提供的标准北京时间）间的误差；再次，提取的视频的时间长度、通道应根据案件具体情况适时调整、补充；

最后，提取方法可选择利用USB接口进行下载、利用DVR/NVR的网卡接口连接笔记本电脑联网下载、使用快速视频下载器（拷贝器）联网下载、在监控主机视频文件下直接拷贝等。

2.车载监控视频系统录制的视频的提取固定

提取固定时，应了解该系统的基本信息，核对系统授时机制、系统时间与标准时间的误差。对于此类视频，提取固定时，可采用从前端拆卸车辆硬盘录像机存储介质，进而制作数据镜像的方式，也可采用从后台下载的方式。

3.行车记录仪、智能终端、便携式数码相机/摄像机录制的视频的提取固定

对于行车记录仪、智能终端、便携式数码相机/摄像机录制的视频，在提取固定视频时，除了解来源、录制设备基本信息、系统授时机制、系统时间与标准时间误差外，建议采用将设备的存储介质取出后制作数据镜像保存。如果录制设备存储介质容量大、存储介质因录制设备系统权限设置（如手机在未root/越狱的情况下）难以制作镜像的，也可选择直接拷贝的方式进行视频的提取固定。

4.提取固定视频时的注意事项

从视频后续的侦查运用、证据审查认定角度考虑，提取固定视频时，务必注意以下四方面问题：一是录制视频的设备系统时间的校准，这对于后期视频分析和追踪工作，以及侦查实验至关重要。二是数据的完整性校验。对于制作形成的镜像文件或者直接拷贝形成的视频备份文件，办案人员在提取固定视频时应计算其哈希值，以证明取得的视频未经后期编辑、修改。三是内容的核查。提取固定视频过程枯燥，时间过长时容易产生疲劳，有些时候容易出现视频提取固定不全、文件损坏的情况。因此，建议在提取到视频后再次核对视频调取是否完全，文件是否可正常打开。四是视频播放、转码软件的拷贝。当前，虽有不少“万能”播放器可实现对不同监控视频文件的解码播放，但由于各视频监控系统提供商的视频编码技术存在差异，使用“万能”播放器有可能导致无法解码、解码不正常、画面丢帧等现象，因而建议在提取固定视频时，应一并调取专用播放器、转码软件。

四、现场视频分布图的制作

现场视频分布图，作为视频现场勘查记录的重要组成部分，是运用制图学原理和方法，借助符号和文字说明，记录与事（案）件相关空间中视频分布位置、类型、角度、范围等信息，以及反映人、车、物状态及其相互关系的平面图。现场视频分布图的类型包含现场视频分布比例图、现场视频分布示意图两种。一般以绘制平面示意图为主。

1.现场视频分布图绘制原则

根据《GA/T 1017—2013 现场视频分布图编制规范》规定，绘制形成的现场视频分布图，一是要完整反映现场视频摄像机点位的位置、拍摄方向；二是要准确反映画面中主要相关人、车、物的具体位置和相互关系；三是文字说明要简明、准确；四是图形要布局合理、重点突出、画面整洁、标示规范。

2.绘制内容

无论是比例图还是示意图，绘制的内容均应包含：现场位置，摄像机位置和拍摄方向，校准后的标准时间（北京时间），人物、车辆、主要物体及其运动轨迹，方向指示标记，图例，绘制单位，绘图日期，绘图人。不同之处在于，比例图除绘制上述内容外，绘制内容还包括测量方法、比例尺；而示意图除绘制前述内容外，绘制内容还包含相关点的路程信息。

3.图例使用要求

绘制现场视频分布图常用的图标如表12-1所示。

表12-1 现场视频分布图图标示意

序号	名称	图标
1	中心现场	⊗
2	方向指针	(指北针符号)
3	比例尺	1 2 3 (刻度尺)
4	公安监控点枪机	[公] i，i表示摄像机编号
5	公安监控点球机	(公) i，i表示摄像机编号
6	非公安监控点枪机	[非] i，i表示摄像机编号
7	非公安监控点球机	(非) i，i表示摄像机编号
8	移动拍摄点	[移] i，i表示摄像机编号
9	拍摄方向	<
10	人	◇人 i，i表示序号
11	车辆	◇车 i，i表示序号
12	物品	◇物 i，i表示序号
13	视频可见轨迹	━━━▶
14	分析判断轨迹	▪▪▪▪▶
15	目标停顿	+i秒，i表示停顿时间

4.注意事项

首先，绘制现场视频分布图时，应单独绘制表格，对监控探头安装的位置、类型、使用者、提取的时间段、校正时间（用±X秒表示）、各监控探头间距离进行说明，对应制作《现场视频基本情况表》；其次，绘图时要以不同颜色对地图上标示的相关人、车、物品进行区分；再次，基于提高视频分析和追踪效率需要，建议交由相关办案人员，使用内置有电子地图的单警用移动终端，对现场视频信息进行分布式标注，并及时将标注的信息上传指挥部，实现信息的及时汇总和流转。

五、视频分析与追踪

1.视频分析

视频分析是利用获得的视频，分析事（案）件发生时间、性质，从中发现确定犯罪嫌疑人、物显在和潜在信息，继而寻找破案线索以及证据的过程。涉及的分析内容包括：涉案人、车、物品的辨识；犯罪嫌疑人外貌静态特征、动态特征、特殊标记特征、衣着特征、特定行为，以及行为人间关系分析；车辆号牌、其他外表结构特征、车内物品、驾乘人员特征等的分析；物品结构特征、物品与持有者关系、基于物品的痕迹物证的分析研判等。

（1）案发时间分析。常态而言，如果获取的监控视频中直接记录了事（案）件发生过程，则其画面经校准后的时间就是案发时间。若获取的视频未直接记录事（案）件发生过程，一般可以通过犯罪嫌疑人出入建筑物的时间、犯罪嫌疑人随身携带物品的变化、被害人的消失时间、监控设备被破坏的时间、画面的光线（阴影）变化等来分析确定案发时间。

（2）事（案）件性质分析。在特定案件中，如杀人案件、盗窃、“两抢”案件中，犯罪嫌疑人行为要素的不同，罪与非罪、触犯的罪名、量刑也可能不同，作为行为客观记录的视频资料，对于事（案）件性质分析至关重要。实践中，诸如正当防卫与因过失致人死亡的查证、激情杀人与预谋杀人的证明、拾得遗失物与盗窃的区分、抢夺与抢劫的认定，等等，都可能涉及视频的运用。

（3）涉案人员分析。一是犯罪嫌疑人的分析确定。实践中，能够直接看到犯罪嫌疑人影像的，直接锁定并从中筛选清晰的人像备用即可。对于无法直接看到作案时犯罪嫌疑人影像的，可考虑以案发时间为基准进行搜索确定，如通过受害人遭尾随的画面、受害人追赶相关人员的画面、周边群众对于异常事件的反应来锁定犯罪嫌疑人。对于视频画面模糊的，还可考虑通过侦查实验或来去路线上的视频进行补强。二是犯罪嫌疑人外貌特征、动态特征、特殊标记特征、衣着配饰特征的分析。具体包括：头面部特征、解剖学特征、体态分析，身高、步态特征的测量、分析，体表裸露部分有无伤疤、文身等特殊标记，生理结构有无先天缺陷和/或后天病变。对于犯罪嫌疑人伪装作案的情况下，办案人员可考虑分析犯罪嫌疑人常穿（戴）的鞋子、首饰等其他易被疏忽的物品，以及相对稳定的动作习惯。三是特定行为分析，如接打电话、移动支付、手机上网、住宿、乘车、驾车、丢弃物品、反侦查等行为动作，为技侦、网安、刑事技术部门等提供线索、证据。四是人员间关系分析，包括犯罪嫌疑人与受害人的关系，各犯罪嫌疑人在团伙的地位、扮演的角色等。五是犯罪嫌疑人的初步画像。基于前述信息的分析汇总，初步形成包含犯罪嫌疑人生理特征、心理特征、职业特征、地域特征等在内的犯罪画像。

（4）车辆特征分析。对于犯罪嫌疑人在作案过程中乘坐过公共交通工具，一般可通过车辆号牌直接进行查证。针对有自驾交通工具作案的，在确定了车辆与犯罪嫌疑人有关联后，单就视频本身而言，应首先注意区分车辆有无悬挂号牌。就犯罪嫌疑人驾乘的未悬挂号牌的涉案车辆，可充分利用车辆类型、颜色、四周形态、车辆保险及年检标志、车内摆放物品、内饰等进行分析。对于犯罪嫌疑人驾乘的车辆悬挂号牌的，很可能存在伪造、套用号牌的情况，因而前述特征的分析同等重要。

（5）物品特征分析。一是要确定物品与犯罪嫌疑人的关系，分析视频记录物品到底属于携带物品、现场临时取用物品、非法取得的物品、丢弃物品、遗失物品中的哪一类；二是对物品结构特征的分析及测量；三是若发现犯罪嫌疑人有丢弃物品的行为或遗失物品的现象，要注意潜在的指印、DNA等痕迹物证信息的挖掘。

2.视频追踪

基于单个、多个视频的分析，围绕特定目标，沿目标来去路线，建立沿线视频的联系，扩线构面，深挖线索，重建目标的运动轨迹，即为视频追踪。为保障追踪的顺利、有序开展，办案人员在视频追踪过程中应注意以下几种情况。

（1）视频画面时间的校准。时间校准对于事件排序、估算目标在下个或上个探头中的出现时间，以及目标后期可能的运动轨迹至关重要。因而，开展视频追踪前必须做好时间校准工作。

（2）视频追踪有正向追踪（目标去的方向）和逆向溯源（目标来的方向）之分。办案人员可根据案件实际情况选择其中的一种或两种同时进行。

（3）追踪前详细了解案件情况，细致、全面地分析目标的特征，并牢记目标的特征，以确保追踪的准确性。

（4）针对被追踪目标未能正常出现在下一个监控点的情况，在虑及交通状况影响的前提下，需注意对目标临时逗留、落脚点进行深入分析判断。

（5）追踪时如遇画面模糊、目标在画面中的位置距离探头较远的情况，可选择目标附近的参照物来反向查证目标的去向。

（6）在追踪过程中遇到监控盲区时，可根据实地的道路情况，适当扩大搜索范围，也可考虑与技侦、网安、数侦部门的接力配合。

六、现场勘查的汇报与检视

1.现场勘查信息汇报

现场勘查工作组应将包含现场视频分布图、现场照片、目标图像等在内的信息制成汇报材料，向案件负责人汇报踏勘现场、现场调查走访的情况；犯罪嫌疑人的清晰图像、人身特征、特定行为动作、可能的落脚点；涉案车辆的清晰图像、结构特征；人、物的运行轨迹；以及上述信息向相关部门的报告、反馈情况等。

2.现场勘查工作的检视

在现场勘查信息汇报的同时，现场勘查应及时梳理先前工作中存在的问题，在检视犯罪嫌疑人查证的经验与不足的同时，还需审视工作程序、技术方法、工具设备、团队协作等层面的优缺。对于可能影响证据作证资格的瑕疵问题，务必在该阶段消除或补正；对于工具设备层面存在的问题，需及时上报；对于办案思路、团队协作方面的优点和不足，需引起足够的正视，因为经验和教训同等重要。

第三节 视频侦查的常用方法

一、早期的十大基本方法

在“天网工程”建设初期，办案人员侦查实践中总结出了诸多技战法，但在基本方法层面，较具代表性的方法大致有十种，具体如图12-2所示。

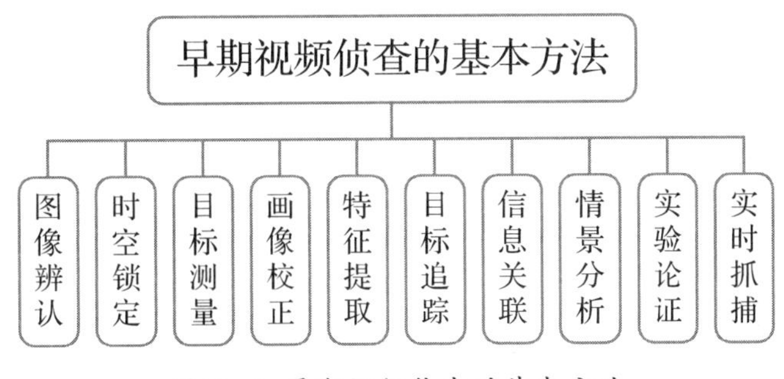

图12-2 早期视频侦查的基本方法

（1）图像辨认法，是指利用视频监控图像中犯罪嫌疑人的人像和物像（如人、车、随身携带物品等）， 在判定的侦查区域内开展辨认工作，从而寻找犯罪嫌疑人或嫌疑交通工具、物品的一种方法。

（2）时空锁定法，是指根据视频监控录像记录的时间，逐一与标准时间对比、校正后得出准确时间，并依据该准确时间，连贯各监控点间的时空关系，锁定犯罪嫌疑人所有动作的确切时间与空间，以此刻画犯罪嫌疑人人数、作案的全过程和犯罪嫌疑人所应具备的条件的一种方法。

（3）目标测量法，是指通过视频监控画面，用专门的方法测判犯罪嫌疑人的身高、物品大小，确定相关排查条件的一种方法。测量时可选择从视频中选取单帧或多帧清晰的目标，继而建立坐标系进行测量，也可选择通过现场侦查实验的方式测量。

（4）画像校正法，是指监控图像所反映的犯罪嫌疑人面部特征不清晰、有明显变形或仅有侧面图像时，根据监控图像所反映的犯罪嫌疑人动态过程、引起模糊和变形的规律，或结合目击者的描述，借鉴模拟画像技术、人像组合方法，对监控图像中犯罪嫌疑人的正面特征进行分析校正，给出犯罪嫌疑人的正面面貌，提供图像辨认的一种方法。

（5）特征提取法，是指把视频监控录像中，目力难以分辨的与案件相关的信息特征，运用图像处理技术提取出来，确定可供排查的嫌疑对象的种类和个体特征，从而缩小侦查范围的一种技术方法。如车辆的类别、特定区域的显现处理，犯罪嫌疑人的体貌特征、衣着打扮、随身携带物品的辨识等。目前侦查实践中，基于计算机视觉、人工智能技术的应用，利用智能视频监控系统，技术层面已能够实现人、车、物信息的快速提取。

（6）目标追踪法，是指从视频监控录像中发现犯罪嫌疑人后，根据犯罪嫌疑人的外貌、衣着、车辆等可供辨认的特征，在监控中寻找、追踪犯罪嫌疑人的轨迹，进而确定犯罪嫌疑人的行走路线和落脚点，缩小侦查范围的一种方法。该方法又可具体分为连线追踪和圈踪拓展两种方式，前者适用于犯罪嫌疑人来去方向明确的情形，后者系针对犯罪嫌疑人行踪不明而提出。

（7）信息关联法，是指从视频监控图像中确定犯罪嫌疑人后，根据其在活动过程中反映出的接打电话、上网、住宿、乘坐交通工具等可深查的情况，及时进行信息关联，拓展查证渠道的一种方法。

（8）情景分析法，是指办案人员依据对案情的研究，分析犯罪嫌疑人进出现场时可能经过的路线、衣着和携带物品的变化情况、可能使用的交通工具、作案后为销赃等可能会去的场所等要素，结合现场和相关区域周边的交通情况，查看相应处的监控录像，进而发现犯罪嫌疑人的一种方法。

（9）实验论证法，是指通过现场勘查、调查访问后，侦查人员在相同地点和环境条件下，模拟犯罪嫌疑人的动作、随身物品，根据各监控点图像间的对比，论证犯罪嫌疑人的作案过程、穿着特征、携带物品和交通工具等信息的一种方法。

（10）实时抓捕法，是指通过人机互动的方式，由监控人员在实时观察监控录像时发现犯罪或是根据已发案件情况，根据犯罪嫌疑人的行动轨迹，直接利用各监控点锁定、跟踪、搜寻犯罪嫌疑人，并即时通知有关部门现行抓获犯罪嫌疑人的一种方法。随着通信技术的发展、图像分辨率的提高，以及人工智能技术的深入运用，异常行为的自动识别、目标检测与追踪、自动报警、任务自动推送等，在不远的将来，将会成为视频侦查的主流方法。

二、当前的两大类方法

按视频侦查依托的信息来源渠道的不同，总体上可将当前视频侦查的方法分为以视频图像为主的侦查和视频图像与其他信息联查两大类。

1.以视频图像为主的侦查

以视频图像为主的侦查，从适用情景、指导价值层面考虑，又可将该方法分为个案意义上的图像扩面侦查法、并案意义上的视频图像关联侦查法、模式意义上的基于子事件分析的视频图像串查法。

（1）个案意义上的图像扩面侦查法，又称个案图像扩面侦查法。围绕视频图像本身，着眼（案）事件发生发展的时空轨迹和逻辑顺序，围绕目标（人、车、物品）、痕迹物证、特殊行为、生理需求、行为人的反侦查行为，采用顺查、逆查、假设验证等多种方式所开展的调查活动，即是个案图像扩面侦查法。

第一，以人外在静态特征、动态特征为主的侦查。侦查过程中，作为行为实施者的人必定是案件调查的核心。在视频图像中，人外在的静态特征（体貌、衣着、配饰）、动态特征（步态、其他习惯性动作）或多或少都有直观的反映，因而常常被作为首选的查证目标。查证时，既可选择犯罪嫌疑人作为目标，也可选择被害人，还可选择与目标同行的人员，实践中可按照“谁清晰、谁明确、谁优先”的原则筛选。当然，有选择的人员查证也可“分组同时进行”。

第二，以车为主的侦查。因车辆在案件中出现概率高、图像不易遮蔽、查证相对容易，因而围绕车进行的视频侦查，是实践中最常使用的一种方法。与目标人的选择相类似，选择目标车辆时，可选择公共交通工具，也可以选择犯罪嫌疑人自驾车辆，还可选择被犯罪嫌疑人骑（开）走的车辆。对于车辆悬挂有真实号牌的，可直接利用车的查证实现对人的追查。若遇车辆未悬挂号牌，伪造、遮挡号牌，套牌的情况，可适当扩大侦查的时空范围，在追踪过程中利用可能出现的相关人员重新悬挂、更换真实号牌反向求证等方法进行查证。

第三，以物品为主的侦查。此种方法通常适用于人/特征影像不清晰/完整，或者物品特征明确、稳定出现的情况。使用时选择包含背包等在内的犯罪嫌疑人随身携带物品，或选择被侵害的物品均可。

第四，以痕迹物证为主的侦查。当视频画面中发现犯罪嫌疑人有丢弃、遗失的物品（如烟头、喝过的饮料瓶、相关票证），人体排泄物，行走在松软的道路上等有可能留下相应痕迹物证的情况下，办案人员可考虑以特定痕迹物证为条件进行信息碰撞。

第五，围绕特定行为的侦查。在视频分析查证过程中，若发现行为人有较为特定的行为，如异常停留、与其他人员长时间的交流等，可选择以此为突破点进行深入侦查。对于犯罪嫌疑人注意是否存在踩点、作案过程中的配合等。至于其他人员的行为，需结合对应的时空条件进行假设验证。

第六，围绕人的生理需求的侦查。饮水、就餐、住宿、排泄系所有正常人的基本生理需求。侦查过程中，如果视频侦查断线、犯罪嫌疑人去向不明，可考虑围绕行为人在视频中的消失点，结合当时的时空条件，进行大胆假设验证，从中挖掘有用信息。

第七，围绕反侦查行为展开的侦查。针对行为人回避监控探头、人身伪装、伪装车辆、破坏监控探头等反侦查行为，侦查过程可对应采用犯罪画像、选择不易改变的习惯、视假为真、真假碰撞、增加搜索的时空范围等策略展开侦查。

（2）并案意义上的视频图像关联侦查法。针对同一个或同一伙犯罪主体在不同时空环境下所实施的一种、多种犯罪实施合并侦查，即为并案侦查。它是应对系列犯罪、流窜犯罪、职业犯罪、有组织犯罪的有效措施。能否实现并案侦查、准确证明犯罪嫌疑人的同一性，则取决于证明犯罪嫌疑人信息的特定性程度。据此，在不考虑反侦查变量、偶发因素影响的情况下，一般可将并案侦查所依据信息的特定程度从低至高大致排序为：一是作案时空、环境选择上是否相似、相同或具有规律性；二是案件性质、侵害对象的相似、相同程度；三是作案方法、工具、作案习惯的相似、相同程度；四是现场遗留痕迹物证的特定程度；五是人身特征的相同与否。作为客观记录事件发生、发展过程的视频图像，显然对于并案侦查有着重要价值。根据并案侦查依据的信息来源，对应可将视频侦查分为：一是依托图像所反映的人的外在静态特征、动态特征的相似、相同性的并案侦查；二是依托图像所反映的交通工具的相似、相同性的并案侦查；三是依托图像所反映的携带物的相似、相同性的并案侦查；四是依托图像所反映的带走物的相似、相同性的并案侦查；五是依托图像所反映的遗弃物的相似、相同性的并案侦查；六是依托图像所反映的痕迹物证的相似、相同性的并案侦查；七是依托图像所反映的人的行为方式的相似、相同性的并案侦查。前述七种方法的具体使用，鉴于前文“个案意义上的图像扩面侦查法”已有介绍，不再赘述。

（3）模式意义上的基于子事件分析的视频图像串查法。任何一个事件的发生、发展，系由诸多子事件构成，而这些子事件，又可分为更小片段。每个子事件的片段又对应特定的时间节点。若诸多子事件片段有对应的证据证明，依时序逻辑按子事件片段—子事件—事件的分析逻辑，实现事件的重构，即为子事件分析。子事件分析的证明逻辑系呈“点—线—面—环—事”的倒置结构。视频侦查时，子事件分析的一般程序是：首先，全面勘验现场，充分调查访问；其次，基于现勘和调查访问等结果，深入分析案情，得到可能存在的子事件；再次，基于子事件证明的视频图像资料的查找，分析其中蕴含的子事件片段，并寻找证据加以证明；复次，对子事件最大限度的证明；最后，按时序逻辑进行整个事（案）件的重构整合。

基于子事件分析的视频图像串查，根据思维模式的不同，又可分为以时间轴进行子事件分析的视频图像串查，依事件要素进行子事件分析的视频图像串查，以及依行为关系要素进行子事件分析的视频图像串查三类。依据现场勘查获得的图像信息、调查访问等获得的信息，在时间校准的前提下，将各视频监控点记录的信息进行拓展，从中搜寻、固定特定时刻（段），因行为人的具体行为所形成的显在、潜在碎片信息，再按时间轴进行串联整合，重构事件，即为以时间轴进行子事件分析的视频图像串查；依事件要素进行子事件分析的视频图像串查，即是通过视频现场勘查、调查访问获得的信息，围绕人、车、物品等要素进行分类列表，通过信息之间的碰撞，来深化对子事件的认知，进而求证各要素之间的关联关系，最终实现对整个事件重构之目的；依行为关系要素进行子事件分析的视频图像串查，是根据现场勘查、调查访问等获得的信息，基于已知行为来推测分析犯罪嫌疑人可能存在的行为，通过信息碰撞、汇集，打通行为要素间的逻辑链条，进而求得行为序列的解构，最终实现对事件中行为人的行为重构的一种侦查模式。

2.视频图像与其他信息联查

视频图像与其他信息联查，是扩展线索、分析重建事件发生发展过程的重要手段。通常用到的信息包括通信信息、资金信息、住宿信息、上网信息、交通信息、外卖信息、物流信息等。

（1）视频图像与通信信息联查。通信信息，作为人与人之间交流的重要通道，特别是人手一部手机成为现实的当下，已成为查证行为人身份信息的重要手段。案发前的联系策划、作案过程中的沟通、作案后的逃离隐匿等，无不需要通信的保障。可以说，在视频侦查过程中，无论是在案件符合诉讼法规定的技术侦查的适用条件的情况下图侦与技侦的结合，还是侦查过程中图侦与网安的结合，往往是案件取得重大突破的关键。

实际应用过程中，若图侦人员通过视频判断出目标人员有接打手机的行为，可通过基站位置+时间+通话者身份识别代码等方式来反查目标的身份信息。此外，实战运用时，办案人员可能会遇到包含犯罪嫌疑人同时拥有两部以上手机、在作案过程中未随身携带手机、在作案前后更换了手机、使用公用电话进行通信、搭建无线电台进行通信等反侦查行为的存在。针对个体同时拥有两部以上手机的情况，办案人员应在区别常用与非常用、生活手机与工作手机的情况下，考虑不同手机识别代码在特定时间段内轨迹的相同特点等进行串查；就作案时未随身携带手机的情况，图侦人员可考虑从案发前后的图像中获得突破；就行为人作案前后更换手机的情况，图侦人员在话单分析时可采用对端分析的方式进行追查；至于使用公用电话进行通信的情况，现目前较为少见，但若出现，可通过对端号码追查、调查访问等进行信息扩展；对于自建无线电台进行通信的情况，其本身就呈现出与其他案件不同的特点，因而围绕这一特征进行反向思考、假设、验证，也可使案件取得突破。

（2）视频图像与资金信息联查。侦查实践中，视频所能记录的与“资金”流动有关的图像往往集中于各金融网点，特别是银行的ATM机。虽然目前移动支付、转账已成为“资金流”形成的重要方式，但从安全角度考虑，现金直接交易由于后台无记录，因而在现在和未来依然是行为人进行资金流转的重要方式。对于二者的联查，选择从图像到卡片或从卡片到图像均可，但需强调，侦查时应务必注意可能出现的无关银行卡信息、账户从启用到发案期间低频使用、资金流量较大但账户余额少等异常账户的发现。

（3）视频图像与住宿信息联查。旅宿业属于特种行业之一，根据治安管理的相关要求，登记核验身份系住宿前必须完成的事项，这就为鉴别犯罪嫌疑人的身份提供了有利条件。另外，目前绝大多数宾馆出入口、大堂、电梯、楼道都可能安装有视频监控，因而行为人在场所内和场所周边的活动，必然会留下对应的视频图像，以人、车、物品等展开查证自然就成为可能。此类方法对于外来人员跨区域流窜犯罪的侦查极为有效。实践中，可通过住宿信息、高危人群信息、公共交通信息整体分析研判，实现对犯罪嫌疑人的精准定位，但在住宿信息分析无果、侦查断线的情况下，需特别关注洗浴场所、网吧，以及“短租”平台的查证。

（4）视频图像与上网信息联查。与2000~2010年相比，十年期间，随着我国公共互联网设施的更新换代，网速不断提高、网络资费明显下降，诸多用户都可以在“不限流”的情况下选择使用手机上网。另外还可以选择公共场所的免费WiFi上网,过去集中在“网吧”上网的热潮业已退去。针对这种变化，WiFi热点+设备Mac+设备识别代码扩展查证，目前已成为查明目标身份、行为的重要方法。

（5）视频图像与交通信息联查。需要说明，这里的交通信息主要包含四类信息：一是行为人乘坐公共交通的信息；二是行为人驾、乘、租、借、购置、偷盗、未经登记的车辆的交通信息；三是交通违法信息；四是交通卡口、收费站、检查站信息。围绕视频监控，从行为人的来去路线上，结合高危人群信息等，获得特定时段本地航班、列车的终点、始发信息，可进一步扩展得到行为人的图像、持有的移动电话、同行人员、携带的物品等信息；行为人驾驶、乘坐的作案时所使用的车辆图像，有可能得到车辆行进的GPS信息、关系人、购置车辆时的取款影像资料、案发前车辆被盗的影像资料等信息；交通违法信息有可能反映出车辆违法时刻的影像资料、图片，对应可能获得包含车辆、车内人员的图像资料，以及逃离路线信息等；卡口、收费站、检查站有可能进一步拓展出行为人的影像资料、ETC交易信息等。

（6）视频图像与外卖信息联查。随着外卖行业的兴起，通过一部手机，利用对应的App实现网上下单、快送直达的点送餐模式，显然已被公众特别是中青年人所接受。利用外卖信息，可以进一步扩展得到行为人落脚点的位置、在落脚点活动的视频图像，以及同户居住的人员等信息。

（7）视频图像与物流信息联查。当前，因电子商务普及而飞速发展的物流业，在为大众带来便利的同时，也为不法分子提供了逃避侦查打击的重要手段。从违法犯罪的发现角度分析，发收人地址不详、重量与品名不符、数量与大小矛盾的寄递物品，是侦查人员需要关注的重点；再从犯罪的实施角度，采用物流渠道寄递物品，通过人、货分离可对抗司法证明；另从侵害行为实施后的销赃角度剖析，物流显然可以快速、安全地将物品运至异地销赃。因而，无论何种类型的案件，但凡涉及不法物品流转的，很多时候都可能涉及物流信息的查证运用，而物流信息反向可为图侦提供更多的线索、证据。因而，建议办案人员在盗窃、“两抢”类、制售违禁物品等犯罪侦查过程中务必注意物流信息的查证、应用。

第四节 反视频侦查的侦查应对

犯罪嫌疑人或相关行为人在预谋、实施犯罪以及侦查过程中，基于掩盖犯罪真相之目的，对侦查活动进行干扰，就可能做出相应的反侦查行为。从侦查办案角度分析，侦查人员所期望的是没有反侦查行为，而从犯罪嫌疑人的角度考虑，其所希望的是自己的行为不被发现。这种犯罪嫌疑人与侦查人员的博弈、对抗，在给侦查活动制造障碍的同时，也间接推进了侦查主体侦查技能的提高。因而，围绕反视频侦查的手法展开研究，对于视频侦查十分必要。

实践中，常见的反视频侦查手段有：行为人自我伪装，针对涉案车辆进行伪装，选择监控盲区作案，破坏监控设备，修改、删除视频图像等。

一、行为人自我伪装及其应对策略

（1）针对头、面部进行伪装及其应对策略。在视频人像身份识别过程中，最常使用的就是人的头、面部特征，因而不少案件中，行为人都会选择遮盖其头、面部。根据伪装程度的不同，可将针对头、面部的伪装分为整体伪装和局部伪装两类。整体伪装时，行为人常选择穿戴面具、安全头盔的方式进行。二者相较，穿戴安全头盔进行头、面部伪装的行为更加隐蔽，但这种伪装又提示驾（乘）摩托车可能性的存在，因而，应对此种反侦查行为，侦查主体可适当扩大视频追踪范围，通过车、物品等渠道的扩面侦查来进行人的追查。局部伪装的道具常见的有衣服、雨伞、帽子、口罩、眼镜、扇子、包、手掌等。应对此种伪装，可选择调阅案前踩点、案后逃离过程中的视频进行接力侦查。

（2）针对衣服物品的伪装及其应对策略。常见的伪装手法包括但不限于个体在作案前后换穿衣服，多人穿着“同种类”的衣服，减少随身物品的携带或不随身携带诸如背包等大件物品。针对前述伪装手法，侦查主体可考虑相对不易频繁更换的“鞋”、人体动态特征、其他信息联查的方式进行应对。

（3）伪装性别及其应对策略。因性别是摸底排查最为基本的条件，为转移侦查视线，一些行为人在作案时可能会通过头发、衣服、衣着配饰、随身携带物品的伪装来掩饰自己的真实性别。对此，办案人员在分析视频图像过程中，对人的性别分析一定要结合行为人的动作特点、体力、身高等进行全面分析，确定是否可能存在此类伪装现象。

（4）伪装行走动作及其应对策略。人的行走动作特点，特别是步态特点，各有不同的表现，这是由人的生理结构和后天的训练作用所决定的，因而人进行长时间伪装行走的概率极低。所以，实践中常见的伪装行走动作特点，往往局限于中心现场。对此，侦查主体可从关联现场中寻求突破。

二、针对涉案车辆进行伪装及其应对策略

视频侦查过程中，针对涉案车辆进行伪装的手段包括不悬挂车牌、遮盖号牌、套牌、悬挂假牌等。实践中，选择不悬挂车牌进行伪装，多集中于利用燃油摩托车、电动摩托车实施作案的情况。套牌行为，根据针对对象是否特定，可界分为一般性套牌和特定性套牌两类。一般性套牌是指通过盗窃、购买等方式，获得并悬挂已经颁发给其他非特定车辆的号牌的行为；特定性套牌包含套用自己的其他车辆号牌，以及其他同款、同颜色车辆号牌的情况。悬挂假牌，由于智能视频监控在交通管理中的应用，机动车特别是汽车悬挂假牌被查获的概率增大，导致其使用具有一定的时效性，往往可能伴随有多张假牌混用、真假混用等情况出现。实践中，针对前述几类涉车伪装行为，侦查主体可结合交通违法图像、车辆外表结构形态、车内人员及物品特征进行串查。

三、选择监控盲区作案及其应对策略

众所周知，视频监控点不可能全区域无缝衔接，因而监控盲区必然存在。此外，对于特定区域的单个、少量监控点而言，监控探头的安装高度、角度、朝向、各监控探头间的距离决定了探头记录的范围，只要认真观察，就可发现监控的盲区。实践中，若侦查人员在案发现场周边、可能的来去录像上均未发现行为人有效图像资料的情况下，就需要考虑行为人是否存在有意躲避监控的行为。在此基础上，再考虑分析案发前周边区域是否存在可疑人员，

以及是否存在熟人作案或内部人员作案等可能。

四、破坏监控设备及其应对策略

根据破坏的具体对象的不同，可将破坏监控设备的手法分为针对前端设备的破坏、针对供电和传输线路的破坏、针对后台显示和控制设备的破坏。针对前端设备的破坏，常见的有遮盖摄像镜头、改变摄像镜头方向、暴力破坏三种；针对供电和传输线路的破坏，包括破坏供电线路、破坏无线或有线传输线路三种情况。需强调，若办案过程中发现行为人在作案过程中能够精准区分、判断监控的传输线路，侦查主体应考虑行为人有无踩点、是否为熟人作案的可能，以及行为人技能条件的刻画；针对后台显示和控制设备的破坏，以关闭系统、暴力破坏设施最为多见。对此，可利用行为人案前踩点过程中的图像、关联现场图像等进行线索、证据扩展。

五、修改、删除视频图像及其应对策略

对于主流监控系统而言，前端采集的图像在传输到后台后，通常交由专人进行集中保存管理。因而，对于视频图像的删除、修改，一般的行为人很难实现。当然，对于一些小型视频监控系统，视频图像就存储在控制主机特定目录下的情况，删除、修改视频图像就变得相对容易。实践中，若高度怀疑有前述行为存在，在排除从后台调取的数据被修改、遭故意删除的前提下，管理人员、犯罪嫌疑人的行为技能条件应成为侦查主体考虑的重点。

视频侦查过程中，侦查主体有可能遇到如前所述的各类多样的反侦查行为，反侦查程度的高低，与犯罪嫌疑人对侦查活动的了解、是否先前受到打击处理、文化水平、是否接受过专业教育、自身所从事的职业等因素相关，因而反侦查行为自身就可为犯罪嫌疑人的人身刻画提供相应线索。所以，在深挖发现、联想扩展、大胆假设、科学验证的侦查思维指引下，只要仔细勘查现场、结合调查访问以及案件具体情况，从中发现异常征象、换位思考、视假为真、真假碰撞，肯定可以对抗干扰，实现案件的侦破。

总体而言，侦查主体在视频侦查过程中，如遇行为人的反侦查，应首先研究行为人的反侦查手段，从中深挖线索。再根据个案反侦查手段的不同，提出具体应对的方案。实践中，办案人员可视假为真，以假证真，多维思考，运用视频图像和其他信息的碰撞，进行假设验证，串线扩面，最终实现对案件真相的求解。

复习与拓展

（1）视频现场勘查，应事先制备好哪些规范性文件？

（2）视频现场勘查过程中，视频提取固定的注意事项。

（3）现场视频分布图的绘制原则与绘制内容。

（4）当前视频侦查的主要方法有哪些？

（5）试举一例，解释个案意义上的图像扩面侦查法的具体运用。

（6）并案意义上的视频图像关联侦查的具体方法。

（7）结合一实例，阐释基于子事件分析的视频图像串查法的使用。

（8）视频图像与其他类型信息（选择具体一类信息即可）联查的技巧。

（9）视频侦查中，如何应对行为人的自我伪装？

（10）视频侦查中，如何应对涉案车辆的伪装？

（11）结合一实例，提出在缺少视频监控的情况下，侦办此案的具体思路。

延伸阅读

（1）公安部科技信息化局：《视频图像信息应用技战法汇编（一）》，中国人民公安大学出版社2017年版。

（2）公安部科技信息化局：《视频图像信息应用技战法汇编（二）》，中国人民公安大学出版社2018年版。

（3）谢贤能：《视频侦查工作手册》，中国人民公安大学出版社2016年版。

（4）杨洪臣，李苑：《视频侦查技术》，中国人民公安大学出版社2015年版。

（5）高文，赵德斌，马思伟：《数字视频编码技术原理（第二版）》，科学出版社2018年版。

（6）［美］ Rafael C. Gonzalez， Richard E. Woods：《数字图像处理（第三版）》，阮秋琦等译，电子工业出版社2017年版。

第十三章

追缉堵截

本 章 要 点

追缉堵截是指在确定犯罪嫌疑人已经逃跑后，及时组织力量，沿其可能逃跑的方向和路线循迹追踪、缉捕和拦堵、截获的紧急措施，尤其适用于案发不久、犯罪嫌疑人未及逃远之时及时抓获犯罪嫌疑人，防止犯罪嫌疑人逃避侦查、及时破案。实施追缉堵截的前提条件是案件发现及时，侦查人员赶赴现场迅速，犯罪嫌疑人未及逃遁、有易于识别的特征。在这个前提下，只要具有特征条件、时空条件、方向条件中任一条件的，均应开展追缉堵截。通过本章的学习，能够理解追缉堵截的概念，明确追缉堵截的条件，掌握追缉堵截的方法，了解追缉堵截的组织实施。

第一节 追缉堵截概述

追缉堵截是一项危险性大、牵涉面广、往往需要动用多警种联合作战的侦查措施。在实施追缉堵截时，必须根据有关规定“因地制宜，因时制宜”。例如，《中华人民共和国海关法》（以下简称《海关法》）规定，进出境运输工具或者个人违抗海关监管逃逸的，海关可以连续追至海关监管区和海关附近沿海沿边规定地区以外，将其带回处理。这一规定明确了海关在缉私过程中实施追缉的地理范围和权限，为海关有效开展缉私活动提供了保障。

一、追缉堵截的概念

追缉堵截，是指对逃跑的犯罪嫌疑人，根据其逃跑的方向和路线，组织力量进行跟踪追捕和设卡堵截的一种紧急侦查措施。这种措施一般适用于案发不久、犯罪嫌疑人未及逃远之时。在侦查的其他阶段，当发现重大犯罪嫌疑人逃跑时，只要犯罪嫌疑人的人身、交通工具、逃跑方向和路线等特征明确，具备追缉堵截的条件，应立即实施。追缉堵截包括追踪、缉捕和拦堵、截获两个方面的行动。

追缉，也称“追捕”，是公安机关对正在逃跑的重大犯罪嫌疑人、被告人和罪犯，沿其逃跑的方向和路线，及时组织力量追踪缉捕的一项紧急侦查措施。

堵截，是指组织力量在犯罪嫌疑人逃跑过程中可能经过的路口、关卡进行设卡堵截，以堵住犯罪嫌疑人的去路。堵截作为一项侦查措施在具体运用上可分为两种：一种是日常工作中的堵截。它是刑事侦查业务部门组建起来的堵卡网点和各道防线（在交通要道口、城乡接合部、检查站、机场、车站、码头等处建立的堵卡点和特设的堵卡网点）的侦查力量，通过昼夜值班、巡逻、盘查、审查等方法，发现、拦堵和截获犯罪嫌疑人的一项经常性措施。另一种是临时性的堵截。它是在追缉某一个或某一些身份明确的逃犯的过程中，根据追缉措施的具体要求，组织一定的侦查力量或有关堵卡网点的力量，拦堵和截获缉捕对象的紧急侦查措施。日常工作中的堵截与临时性的堵截这两种措施是经常结合运用的。

追缉和堵截根据条件有时可以单独使用，有时也可以合并使用。

二、追缉与堵截的关系

追缉和堵截两项措施在实践中是一种紧密结合、相互配合的关系，往往同时并用，相辅相成。一方面，组织力量寻迹追捕；另一方面，将逃跑的罪犯或犯罪嫌疑人突出的外貌特征、携带物品等特点迅速通知有关的路口、车站、码头、空港、固定的常规哨卡等关口，布置力量，进行拦截。“外逃者，内追外堵；内窜者，外追内堵”，形成相互配合、前后夹击之势，使被追捕的犯罪嫌疑人成为瓮中之鳖。

任何一项追缉行动都离不开堵截措施。在追缉方向上设卡堵截，可以阻断犯罪嫌疑人逃跑的去路。没有追缉方向上的堵截，犯罪嫌疑人很容易逃出侦查视线，难以达到追缉目的。同样，堵截行动往往都是以追缉措施为前提的。否则，单方面的堵截很可能劳而无功，成为无效行动。

在侦查实践中追缉与堵截往往同时采用，因而习惯上被合称为“追缉堵截”。

三、追缉堵截的作用

追缉堵截是防止犯罪嫌疑人逃避侦查、及时破案的有效措施。有效的追缉堵截的具体作用体现在以下几方面。

（1）追缉堵截可以及时抓获犯罪嫌疑人，提高破案速度。抓获犯罪嫌疑人是破案的标志，通过追缉堵截，可以迅速抓获犯罪嫌疑人，减少其自杀或外逃的机会，防止犯罪嫌疑人外逃，加快破案速度，尽快将其绳之以法，以有力地维护社会主义法制的尊严。

（2）追缉堵截可以防止犯罪嫌疑人毁灭证据。犯罪嫌疑人在作案后的逃跑过程中，由于时间仓促，其所携带的犯罪工具、赃款、赃物及身上粘附的犯罪痕迹还来不及藏匿、脱手或销毁，因此可以防止犯罪嫌疑人毁证。所以，及时成功地追缉堵截可以抓获犯罪嫌疑人并在其身上查获这些犯罪证据。

（3）追缉堵截可以有效防止犯罪嫌疑人继续作案，危害社会。犯罪嫌疑人在犯罪后如果得不到及时的打击、处理，其犯罪心理将会进一步强化；同时，由于犯罪经验的积累、犯罪能力的提高，其很有可能实施新的更为严重的犯罪，侦查难度也相应加大。通过追缉堵截，可以及时抓获犯罪嫌疑人，使其受到法律制裁，防止其继续实施犯罪，危害社会。

（4）追缉堵截可以减少国家和人民群众的财产损失。通过追缉堵截，可以在犯罪嫌疑人处理赃款、赃物之前将其抓获，从而减少国家和人民群众的财产损失，减少对社会的危害。

（5）追缉堵截可以促使侦查部门完善基础工作，提高快速反应能力和整体作战能力。通过追缉堵截，侦查部门可以及时发现基础工作和制度建设方面的不足与漏洞，加以堵塞，加强安全防范工作。由于追缉堵截的时效性和机动性很强，而且常常涉及多部门、多警种、跨地区的联合作战，因此追缉堵截的实施既是侦查部门快速反应、统一指挥、协调配合的体现，也是各部门、各警种、各地区在快速反应、统一指挥、协调配合方面的锻炼、检验，有助于提高破案率和侦查队伍的快速反应能力。

第二节 追缉堵截的运用条件

追缉堵截是一项危险性大、牵涉面广、往往需要动用多警种联合作战的侦查措施。追缉堵截并非任何案件侦查或者案件侦查的任何阶段都适用，必须根据案件的需要和可能而决定是否使用。追缉堵截一般是在处置严重暴力犯罪初期或案件发生不久、犯罪嫌疑人逃离现场不远、侦查人员赶赴现场迅速时使用。在侦查的其他阶段，若及时发现重大犯罪嫌疑人逃跑，尚未消除其易于识别的特征、尚未远逃或成功隐匿，且具有以下条件之一者，也应组织追缉堵截。

一、特征条件

特征条件是指犯罪嫌疑人在作案和逃跑过程中所暴露出来的体貌特征和携带物品特征等，这是采取追缉堵截的基本条件。只要侦查人员到达现场，发现以下情况之一，即满足特征条件，可以采取追缉堵截措施。

（1）体貌特征。这主要是指犯罪嫌疑人的性别、年龄、身高、体态、口音、五官长相、生理上的突出特征、稳定的人身特征及在犯罪过程中形成的新的附加特征等；还包括犯罪嫌疑人的衣着特征，如衣服是否破损、身上是否沾有血迹、身体是否受伤等。犯罪嫌疑人受伤或衣着附加特征比较明显，行动反常，易于识别。因此，侦查人员在向被害人、目击者及其他有关人员询问了解犯罪嫌疑人的人身形象时，既要注意了解犯罪嫌疑人的原有特征，也要注意了解其在犯罪过程中形成的附加特征，这样才能全面把握犯罪嫌疑人的形象特征，准确发现和识别追缉堵截的目标。

（2）携带物品特征。这是指犯罪嫌疑人携带物品的种类、名称、数量、体积、质量、规格、颜色、特殊磨损、标记、暗记等。它包括作案工具和赃款、赃物两个方面。如犯罪嫌疑人携带的赃物、工具或其他物品数量较大，赃物特征比较明显。掌握这些特征有助于从物的方面发现和识别追缉堵截的目标。

（3）犯罪嫌疑人使用的交通工具特征。这是指犯罪嫌疑人在作案和逃跑过程中使用了交通工具，且从该交通工具中暴露出来的特征等。如车辆的型号、名称、牌照、新旧程度、颜色、款式等。犯罪嫌疑人盗、抢或驾、乘车辆等交通工具有一定标志，易于识别。

二、时空条件

时空条件是指犯罪嫌疑人作案后逃跑至侦查部门决定采取追缉堵截措施的时间间隔或逃离的空间范围，有无采取紧急性措施的时空条件。以下几种情况视为满足时空条件。

（1）从发生案件到侦查人员到达现场的时间间隔不能太长。这个时候犯罪嫌疑人逃跑时间不长，逃离现场不远，可以在充分考虑其最快逃跑速度的基础上，划定追堵的范围，判明逃跑方向，迅速布置警力追堵。

（2）虽然犯罪嫌疑人逃跑时间较长，但由于受照明条件、交通条件和地理环境以及查缉对象自身受伤等因素制约，其仍未逃远或尚在可控范围内，可以采取追缉堵截措施。

（3）现场交通状况不复杂，地形、地物不复杂，人流量、车流量不大，人员构成比较单一。这种环境下，犯罪嫌疑人不易躲藏，犯罪嫌疑人的体貌特征比较容易识别，有利于采取追缉堵截措施。因此，要注意根据现场周围的交通情况，分析犯罪嫌疑人可能借助何种交通工具逃跑，以便确定追缉堵截的方法。人流量或车流量较大不利于实施追缉堵截。

三、环境条件

环境条件，是指犯罪现场及其周围的地理环境、地形、地物以及犯罪嫌疑人的逃跑方向、路线等条件。如果地形、地物复杂，有利于隐蔽，而且道路和分叉口较多，或者建筑物密集、树木茂盛、有大面积高农作物等，这种环境有利于犯罪嫌疑人藏身匿迹而不利于实施追缉堵截。如果地形、地物不太复杂，不利于隐蔽，而且道路和分叉口较少，容易发现犯罪嫌疑人的行踪，对实施追缉堵截比较有利。因此，侦查人员到达现场后，要注意观察和分析现场及其周围的地理环境，注意根据现场痕迹和有关人员反映的情况准确分析、判断犯罪嫌疑人逃跑的方向和路线，以确定是否采取追缉堵截措施，以及制定追缉堵截的具体实施方案。

四、痕迹条件

痕迹条件，是指犯罪嫌疑人在案发现场及逃跑过程中遗留下的，能够反映出其逃跑方向和路线的各种痕迹、物品等条件，如成趟的脚印、滴落的血滴、洒落的物品、倒伏的植物等。这些能够反映出犯罪嫌疑人逃跑方向和路线的痕迹、物品是实施追缉堵截的有利条件，也是实施追缉堵截的方法和途径。如利用成趟的脚印进行步法追踪，利用犯罪嫌疑人留下的体味进行警犬追踪等。

五、方向条件

方向条件是指犯罪嫌疑人逃跑的方向、路线是否明确。若有下列条件之一的，即视为具备方向条件，可以组织追缉堵截。

（1）受害人、目击者等知情人员能明确指认犯罪嫌疑人逃离方向或路线的。

（2）犯罪嫌疑人在现场或逃跑过程中遗留下能够反映出其逃跑方向和路线的各种痕迹、物品的。如现场留下的足迹、步法、车辆轮印、牲畜蹄迹、警犬嗅源等可以帮助判明犯罪嫌疑人的逃离方向或路线。

（3）犯罪嫌疑人盗、抢或驾、乘车辆，逃离线路、方向较为固定的。

（4）根据犯罪嫌疑人犯罪过程中或作案前后的言行所表露及心理特点等情况能够分析判断其逃离方向或路线的。

需要注意的是，上述若干实施追缉堵截的条件是相互联系、紧密结合在一起的，不能孤立地看待。如犯罪嫌疑人逃跑时间长，体貌特征和携带物品特征不明显，且所处环境复杂，人流量和车流量大，逃跑方向、路线不明确的，不宜实施追缉堵截。如果所处环境复杂，人流量和车流量大，但犯罪嫌疑人体貌特征或携带物品特征明显，逃跑方向、路线明确的，可以实施追缉堵截。如果犯罪嫌疑人逃跑时间比较长，但环境单纯，交通不发达的，可以实施追缉堵截。总之，要综合考虑实施追缉堵截的各方面条件，以便作出正确决策。

在追缉堵截过程中，以上条件可能随时会发生变化。因为犯罪嫌疑人为了逃避打击，可能会结合自己的犯罪性质、犯罪后果、社会关系、人生经历及感知的追缉堵截情况，在逃窜期间变换逃跑路线和方向。因此，在追缉堵截过程中，不断判断犯罪嫌疑人逃跑的路线和方向是一个非常重要的环节。侦查人员一定要随时结合追缉堵截工作进展情况，分析犯罪嫌疑人在特征条件、时空条件和方向条件等有无变化，从而决定是否需要变换或修正追缉堵截的方向或范围。

第三节 追缉堵截的方式

一、追缉堵截的基本形式

由于追缉堵截是一种形式多样、灵活机动的侦查措施，根据敌我双方的不同条件及客观外部因素，追缉堵截力量组织形式有所不同，也就形成了不同的追缉堵截形式。当然，各种追缉堵截形式并不能截然分开。事实上，追缉堵截形式在实践中十分灵活多变。在每次追缉堵截中，几种形式往往会交替使用和综合运用。实践中常见的追缉堵截形式有以下六种。

1.迎面堵截

采用这种形式进行追缉堵截，前提是犯罪嫌疑人体貌特征明显暴露，逃跑的路线比较明确，变动的可能性较小。如犯罪嫌疑人驾（乘）机动车辆沿某条公路逃跑；侦查人员已确切掌握犯罪嫌疑人逃跑路线和目的地，且没有惊动犯罪嫌疑人；犯罪嫌疑人逃跑的沿途留有相应痕迹、物品或警犬的嗅源较好等。此种形式要根据犯罪嫌疑人逃跑的路线和踪迹，一方面组织力量尾随其后追缉，另一方面在其逃跑的前方布置力量，设卡堵截。

2.迂回包抄

此种形式主要适用于明确犯罪嫌疑人的逃跑方向，但由于道路交叉纵横无法判断其具体逃跑路线，或者估计犯罪嫌疑人可能施展声东击西、拐弯兜圈的伎俩，而侦查部门又有快速迂回的行动条件时。在这种情况下，侦查人员不可能无限制地分兵尾随追缉，或没有条件采取常规的循迹追踪，则应利用快速交通工具迅速迂回到犯罪嫌疑人逃跑方向的前方设卡堵截；同时，又有重点地分兵追缉，以防犯罪嫌疑人途中藏匿或在关卡前回逃。

3.设卡搜捕

当案发在城市街区，而城市内部街巷纵横交叉，通行不便，建筑物密集，人员流量大，便于犯罪嫌疑人逃跑藏匿，同时犯罪嫌疑人潜逃不久、尚未逃离该地区时，可以采用此形式。此种情形下，侦查人员常常难以准确判断犯罪嫌疑人逃跑的方向、路线及地点，同时又为了不惊扰群众，引起混乱，许多有效的辅助措施不能利用，追缉堵截的条件较差。主要应先行布置力量在城市外围所有的交通要道、车站、码头、港口设关卡堵截，关好大门，形成“关门打狗”之势； 同时在市区内组织发动各有关方面的力量，采取多种形式查寻、搜捕。城市固有的特点便于侦查人员掩护自己的行动，在市内搜捕应以秘密、智取为基本形式。

4.合围包剿

在追缉堵截过程中，确认犯罪嫌疑人已经隐藏在一个明确的地点，或被逼入一个较小的区域范围内，可采取此形式。此形式主要分两步走：第一步，缉捕人员应迅速四散分开，抢占有利地形，堵住进出通道，将犯罪嫌疑人包围起来。 第二步，待合围包剿包围圈形成后，逐步缩小包围圈，将犯罪嫌疑人捕获或迫使其自动放弃反抗。

5.驾车追堵

遇犯罪嫌疑人驾（乘）机动车辆逃跑、车辆特征比较明确时，应当立即组织驾车追堵。此时，应尽快通过调查走访、查询公安信息系统等查明车辆的特征、可能逃跑的方向、车载的人员和物品、油箱的存油量等基本情况。同时，迅速通知各交通要道设卡堵截，并派出机动车辆搜寻、发现目标。

6.立体追堵

如遇犯罪嫌疑人在逃跑中不断更换交通工具，驾车、驾船、爬乘列车逃离，有条件时，可以选用此形式。这种追缉堵截方式是一种地面、海面追堵与空中侦查指挥相结合的立体化方式，通过使用现代化的海、陆、空交通运输工具，使地面、水面的追缉堵截和空中的观察控制及指挥高度紧密地结合起来，把犯罪嫌疑人控制在一个特定的空间范围内，或始终将犯罪嫌疑人的行踪纳入追捕人员的视线内，最后将其捕获。

空中观察控制犯罪嫌疑人，对地面（水面）人员进行指挥调度主要使用小型直升机。通过无线电通信，把犯罪嫌疑人逃跑的方向和路线、藏身的地点、使用的交通工具、携带的物品和武器以及犯罪嫌疑人的体貌特征、衣着变化等情况，通告给地面（水面），指挥地面追捕人员的行动，或在必要时协助调度追缉力量。地面（水面）的追捕人员则根据空中观察了解的情况，有方向、有目标地接近犯罪嫌疑人，或在逃跑的前方准确地布置堵截围捕。

二、追缉堵截的具体方式

无论采取何种追缉堵截形式，都必须选择以下一种或几种具体方式实施，这样才能保证警力分工落到实处，从而有效发现犯罪嫌疑人的踪迹。

1.单向尾追

犯罪嫌疑人体貌特征明显时，追缉人员可根据犯罪嫌疑人逃跑的方向和路线，直接进行尾追。追缉时要注意吸收认识或见过犯罪嫌疑人特征的人协助，有条件的可以利用警犬追踪。如果侦查人员在驾车尾追中发现目标，可迅速超车堵住犯罪嫌疑人的去路，迫使其减速或停车，从而抓获犯罪嫌疑人。

但是，犯罪嫌疑人可能会随时改变行动方向，那么就要在追缉的同时，对可能与犯罪嫌疑人相遇的知情人进行访问，进一步了解犯罪嫌疑人的逃跑方向和路线，这样边追踪边调查，可使追缉的方向和路线保持正确，并不断接近犯罪嫌疑人所处的位置。另外，边追边访也是对初始判断的检验和修正。

2.多线策应

如果犯罪嫌疑人的逃跑方向和路线不是唯一的，而是有多种可能，那么就要从犯罪嫌疑人可能逃跑的多个方向进行追缉和堵截，同时向多个方向派出警力。在必要时可以互相策应，有的线路上的警力可以迂回到犯罪嫌疑人逃跑方向和路线的前方或周围堵截，形成包围之势。

3.化装追缉

为了不暴露追缉人员的身份和行动意图，避免打草惊蛇，追缉人员可以隐蔽身份，以恰当的行动方式沿着犯罪嫌疑人的逃跑方向和路线进行尾随追赶。特别是对于犯罪嫌疑人持杀伤性武器、盗抢或驾（乘）机动车逃跑的，原则上应最大可能地采取化装追缉方式，即使来不及化装必须公开追缉的，也应追而不缉，等待战机。

4.接力追缉

有时为了不暴露侦查意图，在尾随追赶犯罪嫌疑人的过程中，有时需要交替追缉力量，以此追缉力量接替彼追缉力量，以化装追缉力量接替公开追缉力量。特别是在追缉车辆过程中，为防止犯罪嫌疑人对固定尾随的车辆引起警觉，只要有条件，就尽可能地不断交替变换车辆，接力追缉。

5.设卡堵截

根据犯罪嫌疑人逃跑的方向和路线，布置前方力量进行设卡堵截。此种方式要以地理环境、交通状况、道路分布、人员流动等因素为依据，在犯罪嫌疑人逃跑方向上的常设卡点或临时选建卡点部署警力，卡前、卡中、卡后全面布控，公秘结合，动静结合，有效发现并堵截试图冲卡、避卡、混卡人员。设卡堵截的关键是能够把犯罪嫌疑人的体貌特征及其他特征，及时、准确地通知前方堵截人员，使堵截人员能够准确地加以识别。

特别是设卡堵截犯驾（乘）机动车辆罪逃跑的犯罪嫌疑人时，由于犯罪嫌疑人驾乘机动车辆易于闯关，危险性大，在各交通要道设卡堵截时一定要科学选择截停地点和截停方式，截停时要合理分工，安全接近。在目标不明确时，追缉拦截人员可直接拦截检查或以交通安全检查、货物检查、道路稽查、道路维修、限速限行、事故求救等借口拦截检查过往车辆，观察识别车辆疑点，注意车上人员的动向。特别要注意观察汽车牌照的位置是否合适、牢固，挂牌的方式、状态及车辆型号与牌照所显示内容是否一致，开车人或乘车人对警察的出现是否表现出反常现象，车辆型号、颜色、牌照等特征是否与被通缉协查的车辆特征相似或一致等。当然，目标明确时，也可以设置路障、强行命令停车等直接拦截检查。

对暴力犯罪嫌疑车辆的拦截一般要以拦截检查卡点为中心，在其前后一定距离分别设置观察识别卡、堵截卡，形成公秘结合、相互策应的三道卡点，卡前、卡中、卡后全面布控。当犯罪嫌疑人驾车冲卡时，应及时利用路障、爆胎钉、防闯器等截停方式，使其无法通过；或击坏犯罪嫌疑人所驾车辆的轮胎、油箱；或利用警车为掩护，迫使其停车。截停后，不要急于登车，要命令车上人员不许动，确保能够看见其双手，采取正确的方式接近车辆，合围捕获车上人员。

6.定点堵截

在犯罪嫌疑人的可能落脚点，布置隐蔽守候力量进行定点堵截，以便堵截查缉潜逃来此的犯罪嫌疑人。采用此种方式的关键是犯罪嫌疑人的特征要搞准，识别要正确，伪装、化装要严密、逼真，不能让犯罪嫌疑人发现。守候人员要根据现场具体环境的要求进行化装，包括衣着打扮、说话口音、携带物品等均应与化装的角色相符。

7.寻查堵截

寻查堵截是在犯罪嫌疑人可能出没活动、落脚藏身的地点和场所布置查缉力量，以游动方式寻找、发现、查获犯罪嫌疑人；也可以在这些地点、场所建立临时掩护点，如化装成小商小贩、三轮车夫或修鞋、修伞、收购废品等人员，进行定点寻查守候，发现、堵截和缉捕犯罪嫌疑人。

8.伏击堵截

伏击堵截是在犯罪嫌疑人经常活动或连续发生同类案件的地区，选择隐蔽的地点，派查缉人员埋伏、发现、堵截、缉捕犯罪嫌疑人。

9.监视控制

在犯罪嫌疑人可能逃往的地区，采取公开和秘密相结合的方法，进行监视控制，查缉犯罪嫌疑人。例如，加强对公共复杂场所（车站、码头、旅店、商场等场所）的控制，发现、堵截和缉捕犯罪嫌疑人。

10.围捕堵截

在追缉堵截犯罪嫌疑人的过程中，如果发现犯罪嫌疑人已经逃至某个建筑物内或一片山林中，就应迅速抢占有利地形地物，将犯罪嫌疑人包围起来，然后进行围剿、搜查和缉捕。在包围过程中，必须特别注意根据不同的地形、环境情况迅速严密合围，及时疏散包围圈内及周围群众、机动车辆，转移贵重财物和危险物品，以免造成人员伤亡或物质重大损毁，甚至让犯罪嫌疑人劫持人质或实施破坏，撞网突围。在围剿时，可派少量精干的缉捕人员进入圈内紧逼或相机突袭，同时辅之以必要的掩护牵制措施和宣传攻势，提高突袭成功的概率，或迫使犯罪嫌疑人投降就擒。对于使用杀伤力和破坏威力较大的武器来顽固抵抗的犯罪嫌疑人，为避免人员伤亡及国家、集体、公民个人财产的重大损毁，应及时采取有效措施，速战速决。

第四节 追缉堵截的实施

一、追缉堵截的步骤方法

侦查实践表明，只要抓住有利时机，正确运用追缉堵截措施，通常就可以人赃俱获，有时可以防止和避免发生新的、更严重的犯罪后果。为了正确地组织实施追缉堵截措施，应当注意采取正确的策略方法。

1.认真、迅速地做好追缉堵截的准备工作

侦查人员到达现场，或接到紧急情况通报后，首先应及时通过事主、被害人或目击群众了解案情，掌握犯罪嫌疑人的基本情况、突出的体貌特征及因实施犯罪而形成的新特征。如犯罪嫌疑人的人数、年龄、面部特征、身高、体型、发型、衣着、口音、携带物品（包括赃物、犯罪嫌疑人自带的物品）特征和数量，以及犯罪嫌疑人受伤、沾染血迹、泥土或其他物质的情况。其次应仔细观察和牢记犯罪嫌疑人留在现场的足迹或车辆痕迹，并根据痕迹特征对鞋的种类、车辆类型和犯罪嫌疑人的人身特征作出尽可能准确的判断。同时应准备好追缉所必需的交通、通信工具和武器。在组织力量时，最好吸收能指认犯罪嫌疑人或辨认赃物、犯罪工具的人参加，如果被追缉的是已知的犯罪嫌疑人，在条件具备时，还应当带上该犯罪嫌疑人的近期照片，以便在追缉途中让群众识别和提高堵卡人员盘问的目的性。

2.正确选择追缉的路线、方式

组织追缉堵截时，要根据被害人、事主及知情群众提供的情况，犯罪现场痕迹，以及遗留物及其他有关情况，对犯罪嫌疑人逃跑的方向、路线，迅速作出判断，组织力量，进行有针对性的追缉堵截。

在追缉过程中要注意观察沿途是否有可供判断犯罪嫌疑人逃跑方向和路线的痕迹、物品。对与犯罪嫌疑人有关的痕迹、物品的出现或突然消失、中断都要认真分析判明原因。对犯罪嫌疑人抛弃的物品，应根据物品的种类、特征、发现的地点和犯罪的动机、目的进行分析，查明其是因为犯罪嫌疑人仓皇逃跑无意失落，还是犯罪嫌疑人为减轻负担、消除识别特征而对携带物品舍弃的结果，或者是犯罪嫌疑人为迷惑追缉人员故意扔在同自己逃跑方向不一致的路上。面对上述情况，如果难以作出准确的判断，应考虑分兵追缉，同时报告指挥人员。

追缉过程中，还应注意访问群众。对于群众提供的情况，要随时加以对照分析，对于重要的情况还应及时报告指挥人员及参与追缉堵截的其他侦查人员。如果群众提供的可疑人员在着装上有差别，要考虑犯罪嫌疑人是否已变换衣着打扮；如果群众提供的可疑人员在附近消失了，要考虑犯罪嫌疑人是否隐藏在附近，或者追缉的方向、路线出现了偏差；如果犯罪嫌疑人身负重伤，在追缉过程中还应注意访问沿途的医院、卫生所及医药商店等单位。追缉过程中除了应进行认真的调查访问、观察分析可疑迹象外，还应注意利用多种手段配合追缉行为。如利用步法追踪技术、警犬搜寻等，以提高追缉方向的准确性。

3.堵截行动应力争有关部门的配合

堵截出逃的犯罪嫌疑人，要注意取得车站、码头、旅店、饭馆等单位职工群众的密切配合。侦查人员应将追缉对象的体貌特征、携带物品等情况，及时通告他们，让他们利用工作之便，对可疑人员进行观察。在堵截过程中，既要注意根据案情需要布建临时卡点，也不能忽略常设性卡点的作用。同时其他部门设置在路边的站点也可以作为堵截犯罪嫌疑人的依托和隐蔽处所，如因时、因地、因案地假借城市卫生、税收、收缴过路和过桥费、限运物资设置检查站点，对过往车辆、行人进行正面或侧面的观察、检查。

4.堵截行动应注意动静结合

堵截行动不能成为一味被动的静守，堵截的范围也并非一成不变，根据案情的变化，堵截卡点不仅应及时做出相应调整，堵截范围也可以做局部延伸。堵截的同时，还应派出一定的力量组成机动巡逻队、流动观察暗哨，以便发现关卡前隐蔽藏身、绕道回避、乔装打扮或隐藏物品的可疑人员。有时，犯罪嫌疑人侥幸蒙混过关后，由于紧张的心情松弛下来或因为后怕，也往往表现出反常的迹象，如加速离开关卡所在地、不再做伪装行为、抛弃乔装所用的物品等。所以，也不能忽略对过关后可疑人员的观察。

5.周密设计，严防犯罪嫌疑人行凶拒捕

追缉堵截犯罪嫌疑人，尤其是持有枪支或其他武器的犯罪嫌疑人，应随时警惕其可能行凶拒捕、劫持人质强闯关卡。侦查人员应当做到周密设计、措施落实、统一指挥和多方配合。追缉行动中要充分发挥攻心战术的作用，既要力争迅速擒获犯罪嫌疑人，又应注意不要打草惊蛇，导致被动。必要时还应暂时放松对犯罪嫌疑人的围追紧逼，或佯顺其意，以缓和对峙的紧张局面，麻痹犯罪嫌疑人，寻找突袭捕获的机会。

在堵截守卡中，遇有持枪犯罪嫌疑人，常常会发生堵截人员的伤亡事件，其主要原因在于“敌暗我明”。双方交火前的准备，通常犯罪嫌疑人较主动和充分；而堵卡人员多只有一般性准备，不可能针对每个目标随时做好应战的充分准备。因而，犯罪嫌疑人多是先试图蒙混过关，若行为败露则先发制人，抢先使用暴力。因此，堵截活动应尽可能以秘密的形式为主，设法以其他身份和名目为掩护，隐蔽堵卡的真实意图。

6.盘查可疑人员应讲究策略方法

对追缉堵截中发现的可疑人员，应及时认真地进行盘问审查。盘问审查时应当特别注意策略方法。有条件时，应在有关部门的配合下，以其他身份或名目进行盘查，尽量隐蔽盘查的真实意图，以免引起被盘查人的怀疑和不满。对于可疑人员，在未取得可靠证据之前，不要轻易拘捕，而应根据已有材料设法以其他手段进一步查清疑点。对于已取得可靠证据的犯罪嫌疑人，抓捕时也要讲究方式、方法，以免犯罪嫌疑人乘隙脱逃，或激化成不必要的搏斗或枪战，造成人员伤亡和物资毁损。

二、追缉堵截的基础工作

追缉堵截是一项多兵种、多种力量及多种手段综合运用的侦查措施，而不是一种临时的应急措施或权宜之策。因此，加强有关的基础工作建设，是追缉堵截成功的重要保证。

1.建立专门的堵截力量

追缉堵截是一项机动性、紧迫性及对抗性很强的侦查措施。因此，绝不能寄希望于有了情况才临时凑合力量参加行动。各大、中城市都应创造条件，在反暴防暴专门队伍的基础上，强化警种合成理念，推进全天候巡防网络建设，多警种警力联合，一警多能。遇有情况，保证能及时以足够的力量出击，真正达到“招之即来，来之能战，战之能胜”的要求。鉴于追缉堵截的特殊要求，还要有一支由年轻力壮、身体素质好，具有擒拿格斗、射击、武装泅渡、驾驶等专门技能以及熟悉本地街道布局、地形、地物的人员组成的专门队伍。为了提高追缉堵截的效率，力求达到制伏、生擒犯罪嫌疑人的最佳效果，追缉堵截人员应有较好的交通、通信工具，以及较完备的“硬制伏”和“软制伏”武器系列。

2.建立疏密适宜的堵截网点

追缉堵截的成效如何，同堵截网点的选择有直接关系。实施追缉堵截固然要根据不同的案情，具体的地形、地物临时布建堵卡点，但常设性堵卡点亦是追缉堵截中不可缺少的依靠力量。各大、中城市要利用巡防体系中的网格化布警优势，在城乡接合部、交通要道口、车站、码头、空港等区域，建立常设的固定堵卡点，实现追缉堵截措施的快速发动。堵卡点应配备必要的通信联络设备和交通工具。各地还要根据本地实际情况，把辖区内的地区划出若干个地理层次，建设若干条堵截防线和多层次的包围圈。同时，侦查机关亦应同有关部门充分协商，了解其因业务需要设立的各类站点的具体位置、作用，以便一遇紧急情况，即可立即借用。

3.制定科学的追缉堵截工作预案

对于追缉堵截工作，要实现紧急情况下多兵种、多举措、多部门统一行动，快速反应，离不开各大、中城市公安机关日常的相关工作部署与组织演练。因此，有条件的地方，必须制定科学的追缉堵截工作预案，对组织领导、指挥决策、信息传递、卡点设置、警力组织与调遣、行动装备保障、主要工作举措、应急方式等作出明确的规定，提出具体的要求。针对追缉堵截对象的个体差异，将追缉堵截工作预案分为若干级别，以有利于根据不同情况采取不同的追缉堵截对策。在此基础上，定期或不定期组织有关单位和人员进行模拟演练，一方面可以适应实战需要，实现高度协同；另一方面可以不断发现问题，调整完善工作预案。

4.加强情报信息的积累与利用

建设一套为现实斗争服务的情报信息档案，对于追缉堵截的业务基础建设而言是十分重要、不可缺少的内容。各大、中城市对区内车站、码头、空港、交通要道、城乡接合部、山林、江河湖口等重要区域、路口，要安装视频监控系统，随时掌握和监控人员流动情况；要组织专人进行实地考察，制成追缉堵截线路图和地形地貌图，把关键部位在图上标示清楚，并随着情况的变化而随时对地图、线路图进行相应的改绘；要对外地来的通缉、通报情报信息加以严格的分类整理、储存待查；要由专人负责定期调查本地旅店、信托、寄卖、娱乐等行业，了解掌握经营情况及可疑迹象，以便应对紧急情况的发生；要广泛收集巡防网络的实时治安动态信息，为追缉堵截提供重要参考。

三、追缉堵截合成作战机制建设

在犯罪持续高发、传统侦查工作不足日益凸显和现代科技手段深化普及应用的社会背景下，公安机关提出了“合成战”的战略思想和工作目标。追缉堵截与“合成战”均具有快速反应、整体性和协调性的特质，基于“合成战”与追缉堵截的高度同质化，要不断推进追缉堵截合成作战机制建设，促进整合资源、研判情报，理顺各方关系。

1.打破警种壁垒，强化追缉堵截的协调性

“合成战”的核心要素之一是“同步上案”，即实现各种警务资源和要素的有机合成，做到责任捆绑、无缝衔接、一体化运作。“合成战”要求打破警种界限，实现刑侦部门与其他警种的合成作战。在公安机关内部警种分工越来越细的情况下，刑侦、刑技、技侦、网安、交巡、派出所等各个警种之间的协作配合还处在磨合期，只有打破警种和部门壁垒，突出合成作战，形成整体合力，才能促进公安机关打击犯罪工作向纵深开展。

2.采取扁平化指挥，提高追缉堵截的快速反应性

作为侦查实战的中枢环节，指挥效率的高低与指挥效果的好坏，直接关系到追缉堵截活动的成败。所谓扁平化指挥，是指变层级指挥为直接指挥、变多头指挥为统一指挥，在集中

统一指挥的前提下运用信息技术手段，实现高效指挥、快速反应的一种动态指挥体系。扁平化指挥的特征主要有三点：一是以统一指挥为前提，将业务部门的专业实战类指挥权与勤务工作类指挥权、业务指导类指挥权分离，由指挥中心统一指挥，突出指挥中心的综合实战功能和龙头地位。二是以减少层级为关键，由指挥中心直接指挥实战岗位，实行"点对点"指挥，减少中间环节，缩短反应时间，避免因指挥层级过多而造成的指令传递偏差，为快速处置争取主动权。三是以快速反应为目标，发挥扁平指挥指令传递快、反应速度快的优势，及时处置突发事件，实现快速准确打击现行犯罪的目的。

3.重视科技运用，扩大追缉堵截的效能

科学技术手段既是合成作战的重要依托，也是追缉堵截实施中不容忽视的力量。实施追缉堵截时，需要利用刑事科技手段，对犯罪嫌疑人在现场留下的足迹、步法、车轮印、牲畜蹄迹等与犯罪有关的印迹进行分析判断，划定追缉方向和范围；在追缉堵截过程中还需要通过高清卡口视频信息、车辆GPS定位信息、网络预警平台甚至手机基站信息等技术手段对路线和范围进行修正或核实。可以说，科学有效地运用技术手段，对于追缉堵截这一常规侦查措施发挥打击犯罪的效能有至关重要的影响。

4.树立良好意识，强化追缉堵截的责任

一是全局意识，主要针对行动中的"各自为战"现象而言。树立"合成战"理念，发挥团队精神，摆脱由发案地民警孤军作战的尴尬局面，摒弃"肥水不流外人田"的错误想法，真正在追缉堵截中发挥协作优势，形成合成作战。二是责任意识，主要针对"事不关己，高高挂起"的现象而言。追缉堵截要求各民警变被动行为为主动行为，充分履行各自职能，充分发挥参战的自觉性、主动性和积极性。三是安全意识，主要针对追缉堵截中盘查、清查等环节易出现的问题而言。追缉堵截的对象具有极高的人身危险性，大部分都携带有致命器械，警察在盘查可疑人，清查不熟悉的屋、房等时，应牢固树立安全意识，严格遵循搜索战术战法，通过协作保护自身及战友安全。此外，还需要建立完善倒查机制，保证指令的贯彻落实。追缉堵截工作的开展不能仅仅依靠警察的自发性和自觉性，对于工作中的疏忽大意、得过且过也不能放之任之，应引入竞争激励和责任倒查机制，奖罚分明，推进工作的顺利开展。

复习与拓展

（1）追缉堵截中如何判断犯罪嫌疑人的逃跑方向？

（2）怎样追缉堵截暴力犯罪嫌疑车辆？

（3）怎样理解追缉堵截中的"公秘结合"？

（4）如何才能更好地发挥视频监控系统等信息技术在追缉堵截中的作用？

（5）怎样夯实追缉堵截的基础工作？

（6）如何提高追缉堵截中的合成作战水平？

（7）公安机关实施追缉堵截的依据与现实必要性。

延伸阅读

（1）陆才俊："论追缉堵截的临战处置"，载《湖北警官学院学报》2008年第1期。

（2）宫晓东："视频监控在侦查破案中的应用"，载《公安教育》2014年第2期。

（3）郑晓均：《侦查策略与措施》，法律出版社2010年版。

（4）马海靓：《刑事侦查措施》，法律出版社2006年版。

（5）孙延庆：《侦查措施与策略》，中国民主法制出版社2007年版。

案例讨论

某年12月27日上午10时许，三名歹徒窜入A市某偏僻邮政银行，用刀具等威逼两名当班的职工跪于地上，抢走现金两万余元，并用凳子砸伤一名职工后扬长而去。受害人立即用电话报警，公安机关接报后迅速赶到现场。据受害人反映，三名歹徒中有一名身高约1.8米，脸上许多粉刺；还有一名个矮，同伙叫其为华仔，口音为本地口音。

问题：

本案应采取什么措施开展侦查，为什么？

第十四章

缉捕逃犯

本章要点

本章在分析了缉捕逃犯的相关法律法规、基本概述、犯罪嫌疑人逃跑的心理特点和活动规律以及国际合作等基本理论问题的基础上，从查寻和缉捕两个阶段分别阐述了查缉逃犯的具体策略方法。

缉捕逃犯是公安机关一项重要的侦查措施，是各级公安机关重要的基础业务之一，更是新形势下公安机关打击犯罪、确保社会长治久安的一项重要举措。从某种程度上来说，缉捕逃犯工作也是检验公安机关有无“战斗力”的一项重要标准。因此，为了实现社会长治久安和人民安居乐业，进一步加强和巩固缉捕逃犯工作显得意义重大。

缉捕逃犯是一项法律性强的侦查措施，根据《刑事诉讼法》第155条规定，应当逮捕的犯罪嫌疑人如果在逃，公安机关可以发布通缉令，采取有效措施，追捕归案。各级公安机关在自己管辖的地区以内，可以直接发布通缉令；超出自己管辖的地区，应当报请有权决定的上级机关发布。这是我国以法律的形式明确规定对于在逃人员的缉捕可以通过发布通缉令的方式开展，从而使缉捕逃犯有法可依，有效地保障缉捕工作的合法性。

第一节 缉捕逃犯概述

近年来，随着我国改革开放的不断深入，经济全球化和社会信息化进程的不断加快，人、财、物大流动社会环境逐步形成，为犯罪分子逃避法律制裁提供了许多便利的条件，使他们隐藏在社会的其他角落，躲避侦查变得更加容易，缉捕逃犯工作成为各级公安机关迫切需要解决的重要难题之一。经过各级公安机关的不懈努力，虽然已经将一部分在逃人员缉拿归案，极大地削弱了犯罪分子的嚣张气焰，但是由于各类逃犯数量逐年增多，在逃人员反侦查能力越来越强，一定程度上影响了各级公安机关打击违法犯罪的成效，给社会治安带来了严重的威胁，缉捕逃犯工作正面临理论与实践的双重挑战。

一、缉捕逃犯的概念

缉捕逃犯，是指公安机关采取相应措施，将逃跑的犯罪嫌疑人或者脱逃人员缉捕归案，使其接受诉讼处理或法律制裁的一项侦查措施（或称“追逃”工作）。

二、缉捕逃犯的种类

“逃跑的犯罪嫌疑人或者脱逃人员”应当包含以下两层含义。

（1）潜逃犯，即狭义上的在逃人员，是指实施了犯罪行为，应受刑罚处罚，公安、司法机关已经立案侦查而潜逃的犯罪嫌疑人员。侦查中所讲的“在逃人员”一般多指狭义上的逃犯，实践中追捕最多的在逃人员也属于这类逃犯。潜逃犯可以分为职务犯罪潜逃犯和一般刑事犯罪潜逃犯，即分别为检察机关管辖案件的潜逃犯和公安机关管辖案件的潜逃犯。

（2）脱逃犯，是指已经被依法判处管制、拘役、有期徒刑、无期徒刑、死刑，从看守所、监狱等监管场所脱逃的罪犯。从实践工作范围的角度出发，已经批准拘留、逮捕，在拘留、逮捕实施前闻风而逃，或被拘留、逮捕后脱逃的被告人也应当属于追逃工作的范围。对于脱逃犯，一般由监狱警察、公安以及武警三方警力共同追捕。

三、缉捕逃犯的意义

刑事侦查部门侦查破案的根本目的在于揭露和证实犯罪，缉获犯罪嫌疑人，高效率地履行侦查职责。如果犯罪嫌疑人不能被抓获并接受诉讼处理，刑罚的功能就无法实现。为此，公安部在追逃新机制中明确规定：严格执行“犯罪嫌疑人或主要犯罪嫌疑人已经抓获”的破案标准。公安机关在破案统计、破案成绩考核、刑警中队等级评定等工作中坚持犯罪嫌疑人或主要犯罪嫌疑人或犯罪集团作案的首要分子和主要实施犯罪的犯罪嫌疑人已经抓获的破案标准，把缉捕在逃犯罪嫌疑人作为侦查工作的一项重要任务。

由于种种原因，总会有一部分犯罪嫌疑人作案后畏罪潜逃，成为社会治安稳定的潜在隐患。为了给社会主义现代化建设提供一个良好的社会环境，各级公安机关侦查部门必须强化缉捕逃犯工作，其必要性在于以下三个方面。

1.有利于建立良好的社会治安秩序

良好的社会治安秩序是社会安定的前提，是经济建设和人民安居乐业的保障，是构建社会主义和谐社会的必然要求。切实维护社会稳定，必须坚持依法治国，坚持不懈地打击犯罪，确保社会稳定大局，从根本上实现社会安定有序。近年来，随着各类违法犯罪活动的不断出现，严峻的犯罪形势危害着整个社会的安定局面。因此，公安机关必须正确认识打击刑事犯罪的重要性，正确分析犯罪的形势和危害，积极采取及时有效的打击犯罪的措施；务必加强追逃工作和打击犯罪力度，将在逃人员绳之以法，坚决不让在逃人员逍遥法外，从而更好地维护法律的严肃性和权威性，提升人民群众满意度和安全感，推进社会治安治理和经济建设目标的实现，建立良好的社会治安秩序。

2.有利于有效遏制刑事犯罪案件的发生

现阶段，我国刑事案件频发，大部分在逃犯罪嫌疑人都有过屡次作案的前科，他们既狡诈又有犯罪经验，在逃跑过程中，他们极有可能进行二次作案，给社会经济发展和人民群众财产安全造成极大的破坏。我国各地、各级公安机关作为打击犯罪、维护社会稳定的主力军，面对新形势下的犯罪活动，务必坚持加强追逃工作力度的方针，树立主动出击的侦查理念，主动侦查，攻坚克难。近年来，我国各地、各级公安机关通过加强追逃工作，成功侦破了一系列重特大刑事案件，缉拿了一大批在逃人员，追缴了一大批赃款赃物，有效地遏制了刑事案件发案率的大幅上升，打压了在逃人员再次犯罪的势头，切实保障了人民群众的生命财产安全。

3.有利于整体上扭转刑事侦查工作的被动局面

刑事侦查是国家依据法律赋予公安机关的一项特殊权力，是运用各种侦查措施、方法和刑事科学技术同刑事犯罪作斗争的一项专门工作，是针对已然实施完成的犯罪活动的回溯性调查活动。没有犯罪行为就没有侦查活动，而且绝大部分侦查活动都滞后于犯罪活动，追逃工作亦是如此。因此，侦查人员在追逃过程中，务必采取积极侦查的工作方针，坚定追逃破案的信心，积极发挥主观能动性，综合运用各种侦查措施和手段，积极为追逃工作寻找追逃线索，扩展追逃途径，努力提高追逃破案效率。缉捕逃犯，将其缉拿归案，既可以有效防止刑事犯罪案件的增多，又可以查破其在逃跑期间实施的犯罪案件以及侦破其以前犯下的积案，从根本上扭转刑事侦查工作的被动局面。

第二节 逃犯的心理特征及其活动规律

缉捕逃犯实际上是公安机关与在逃人员进行缉捕与反缉捕、侦查与反侦查的心理较量过程。在实践工作中，把缉捕逃犯工作做好，必须掌握在逃人员的心理特征以及其活动规律。在追逃的过程中，在逃人员存在明显的心理特征和活动规律，他们的心理特征和活动规律受当时的社会、政治、经济、文化及个人思想意识等方面因素影响，并随着这些因素的变化而不断变化，具有显著的阶段性特征。因此，不同犯罪类型的在逃人员、不同年龄阶段的在逃人员、不同出逃阶段的在逃人员，都有其各自不同的心理特征和活动规律。

缉捕逃犯工作是一项艰巨的任务，客观正确地分析在逃人员的心理特点、掌握在逃人员活动的一般规律，是侦查部门制定和实施追逃策略的前提和基础。所有科学合理的追缉措施都必须建立在对在逃人员心理特征与活动规律认识的基础之上，因此，必须加强对在逃人员心理特征和活动规律的研究。

一、逃犯的心理特征

1.畏罪心理

畏罪心理是犯罪嫌疑人作案后，害怕被公安机关抓获并受到法律制裁的一种基本的心理状态。畏罪心理的产生是由于犯罪嫌疑人实施犯罪后，其内心斗争十分激烈，在强烈的罪责压力和法律震慑力共同作用下而产生的心理，是在逃人员初期普遍存在并影响其潜逃行为活动的一种心理状态。畏罪心理的出现会促使犯罪嫌疑人千方百计地逃避法律制裁，这既是犯罪嫌疑人在出逃前的一般心理状态，也是促使其主动投案自首的心理动力。在缉捕逃犯过程中，侦查人员一定要充分利用这一心理特征，根据实际情况，具体问题具体分析，灵活采取相应的追逃措施缉捕逃犯，达到抓捕在逃人员的目的。然而，需要注意的是，不同的人畏罪心理反应程度不同。侦查人员在利用在逃人员畏罪心理采取追逃措施的同时，一定要避免刺激到在逃人员，在逃人员受到外界刺激或干扰时，畏罪心理极易转化为其他心理特征，从而使追逃工作前功尽弃，给追逃工作带来不必要的影响，使追逃工作陷入僵局。

2.盲目心理

在逃人员在出逃前期，由于对公安机关的追逃措施和缉捕方案不够了解，认知尚处于模糊状态。因此，在出逃过程中，在逃人员容易产生盲目心理，他们对“前途”一片茫然，对“生活”不知所措，为了逃避法律的制裁，他们如同“无头苍蝇”一样，四处乱窜，盲目逃亡，这就是盲目心理的真实写照。正是由于这种心理的存在，使犯罪嫌疑人的异常行为表现得非常明显。盲目心理主要集中体现在初次犯罪后潜逃的在逃人员身上，通常情况表现为：①无太多潜逃经验，面对逃跑后的生存，显得迷茫而又紧张；②行为举止比较慌张，不知道逃跑的方向和路线；③没有周详的逃跑计划，往往容易暴露自己。相比之下，惯犯、累犯则表现得比较沉稳，一般表现为：异常行为少，有周密的潜逃计划，往往凭借作案经验和生活习惯来逃脱公安机关的围追堵截。

3.亲和心理

人是一种典型的社会性动物，人与人的相处显得格外重要，社会中每一个独立的个体都不可能完全脱离他人的存在而存在，也正是因为人的这一基本属性，没有任何亲朋好友的在逃人员是无法继续生存下去的。一般情况下，在出逃过程中，一方面，在逃人员会选择关系比较近的亲属或者自认为比较安全的其他社会关系人作为投靠对象，试图在这些复杂的社会关系人群中找寻继续生存下去的动力和方法，为下一步出逃争取更多时间，为制定周全的逃跑计划赢得“喘息”机会；另一方面，在逃人员通过这些社会关系人与家人取得联系，设法打听案件进展和侦查动向等消息，从而寻求物质和精神上的双重庇护，为他们继续逃跑做准备。在追逃工作实践中，公安机关一定要利用好在逃人员的亲和心理，利用在逃人员的各种关系人进行追逃，使追逃工作朝着有利于缉捕在逃人员的方向发展。

4.犹豫心理

绝大多数在逃人员由于缺乏长期逃亡的思想准备，往往在出逃过程中表现出提心吊胆的心理状态。因此，在追逃的相持阶段，在逃人员思想往往会出现较大的波动，产生不同程度的犹豫、后悔等心理状态。面对公安机关的打击，在逃人员往往想法较多，或不敢与家人见面、与朋友联系；或有过投案自首争取宽大处理的想法，但又犹豫不决；或有过继续逃亡的准备，但又放心不下家庭的犹豫心理。此时，对于初犯的在逃人员，如果侦查人员能够及时掌握他们这一心理状态，并加以正确引导，追逃工作可能会取得意想不到的突破，促使在逃人员投案自首。而对于惯犯，犹豫心理出现的可能性较小，他们反而会因为一时的逃脱而强化继续犯罪的欲望，最终危害社会安定，威胁人民群众安危。因此，在追逃过程中，侦查人员除了必要的追逃之外，还应当注意防范惯犯在逃人员继续实施犯罪的行为发生。

5.侥幸心理

这是在逃人员常有的心理特征之一，即一方面惧怕失败而被抓，另一方面又自我安慰能够逃避法律制裁。根据心理学的解释，所谓侥幸心理是指偶然地、意外地获得利益，或躲过不幸的一种心理状态。在逃人员侥幸心理一般形成于实施犯罪后以及潜逃过程中。心理学研究表明，侥幸心理是人的本能意识，是一种趋利避害的冒险性的投机心理，这种心理反映在人们的各种思维活动中。通常情况下，侥幸心理只是一种潜意识，不足以支配在逃人员的行为活动，但是当在逃人员的自控能力不强时，这种潜意识得到孕育膨胀以后，就会引发冲动。在实践工作中，经过一段时间的逃亡，在逃人员与侦查人员有过一番博弈之后，在逃人员心理状态发生变化，焦虑、恐惧的心理开始降低，侥幸心理上升。在逃人员自认为逃过了这一阶段的追捕行动就躲过了“风头”，公安机关就会不再追究他们的犯罪行为，以期逃避法律惩罚。更有甚者，为了达到长期躲藏的目的，一部分在逃人员怀着侥幸心理开始寻找就业机会，开始另一段生活，他们为了安定地藏匿下去，往往隐姓埋名，与人和善，尽量避免与他人发生正面冲突，以求自保。因此，侦查人员应该抓住在逃人员侥幸心理的特征，对一些重点场所进行阵地控制，抓捕试图寻找或已经参加工作的在逃人员。

二、逃犯的活动规律

为了尽快解决追逃工作中存在的问题，将在逃人员抓捕归案，分析总结在逃人员在潜逃期间的活动规律显得尤为重要。通过总结追逃经验，分析出在逃人员在潜逃过程中具有下列明显的活动规律。

1.外逃方式的计划性

一般潜逃过程中，在逃人员多以累犯、惯犯、流窜犯、团伙犯罪为主。由于这部分在逃人员多有违法犯罪前科，具有较强的反侦查意识和较多的逃避打击办法。通常情况下，这部分在逃人员在作案前，首先会对自己的逃跑路线、逃跑方式、逃跑方向、逃跑工具等进行周密的部署，以便在作案后能够及时有效地实施潜逃行为。这类在逃人员（这里特指惯犯、流窜犯、团伙犯等）与初次作案的在逃人员相比，他们的出逃计划更加周密、更加全面。因此，他们在外逃方式上具有计划性和周密性的特征。此外，侦查部门应当注意，在追逃过程中，突发型犯罪案件一般不具备外逃方式计划性的特征。

2.躲藏窝点的秘密性

通常情况下，在逃人员具有躲藏窝点秘密性的活动规律。这主要体现在两方面：一方面，随着城乡一体化进程的加快，流动人口不断涌入城市，在逃人员一般会选择远离大城市的城乡接合部和交通欠发达的山区、矿区、乡村等地区进行藏匿，因为这些地区存在地形复杂、交通闭塞、远离城市、警力资源不足等因素制约，有利于在逃人员隐藏；另一方面，为了混淆侦查人员的视线，在逃人员通常认为“最危险”的地方就是“最安全”的地方，他们往往就地隐藏，藏身于本地治安状况较差、流动人口较多、人员管理较复杂的城中村、建筑工地、小旅馆、出租房等场所，由于这些场所一直以来疏于管理，属于灰色地带，往往成为在逃人员就地隐藏的首选地点。

3.生存方式的多样性

迫于生存的压力，在逃人员一般会在出逃过程中寻找一份工作，以便能够继续生存。一般情况下，在逃人员对于工作的选择首要考虑两个基本因素，即安全性因素和隐蔽性因素。他们大多不考虑工作环境的优劣、劳动的强度等因素，多喜欢选择流动性大、管理与查控较松散的行业进行工作。一部分在逃人员依靠体力劳动维持生计，多在建筑工地、货运场所、搬家公司等以出卖体力劳动为谋生手段。此外，如果在逃人员在作案前拥有一技之长，他们在选择工作上很大程度会受到以前工作习惯的影响，依靠自己原有的技术手段来选择从事的职业，如驾驶员、厨师、修理工等服务工种。

4.情感联络的普遍性

由于在逃人员作案潜逃后，普遍存在社会亲和心理，他们必然会在出逃过程中与家人或朋友取得联系，寻求帮助。因此，在逃人员的活动具有情感联络的普遍性。在逃人员与家人或朋友存在不同程度的联系，其中以电话、手机联系为主，书信、短信、电子邮件联系为辅；也有一部分在逃人员会直接潜逃回家与家人见面。例如，在突发性案件中，在逃人员在案发前没有出逃准备，或者准备不充分，在作案后往往会返回家中，寻求家人的帮助；在非突发性案件中，大多数在逃人员在逃亡相当长一段时间以后，自认为风声已过，便会就近寻找一个相对隐蔽的地点安顿下来，设法与家人见面，从而取得联系。

5.反侦查能力的狡诈性

反侦查能力是在逃人员在不断逃亡过程中慢慢培养出来的一种对抗侦查的能力。在追逃过程中，反侦查能力的狡诈性常表现为：第一，在逃人员善于发现和利用社会上的各种资源，研究公安机关的各种追逃方法；第二，借助网络通信技术的便利，观察和监视侦查部门的各项追逃行动，遇到“严打”和统一专项行动，就立即转移到其他地方藏匿；第三，在逃人员利用社会上制售假证的便利，制作假的身份证，从此隐姓埋名，将自己隐藏得更深；第四，在逃人员经常装聋作哑，把自己伪装成一名残疾人，以此逃避侦查部门的追逃视线。

综上所述，分析和掌握在逃人员逃跑、藏匿的规律和特点，有利于及时发现在逃人员的线索，扩大追逃范围；有利于采取相应追逃措施，提高追逃工作效率；有利于掌握追逃工作的主动性，保障追逃工作顺利开展。

第三节 查寻逃犯的策略方法

一、查寻策略与缉捕策略

1.查缉的基本情形

一般而言，查缉首先要确定对象。查缉的对象，是有犯罪嫌疑的人和现行犯。在确定对象后，再根据对象所在地点是否明确，决定是否查寻其所在地。如果犯罪嫌疑人所在地明确，则无须查寻，可根据情况确定是否需要缉捕。对于应当拘留、逮捕的犯罪嫌疑人，以及经传唤没有正当理由不到案的犯罪嫌疑人，则需要缉捕；对于尚不足以拘留、逮捕的犯罪嫌疑人和未经合法传唤的犯罪嫌疑人，一般不必缉捕。如果犯罪嫌疑人所在地不明，则需要对其进行查寻，以发现和确定其所在地；在明确犯罪嫌疑人的所在地后，再根据犯罪嫌疑人涉嫌罪行的轻重、是否携带武器，以及其所在地的地形、结构、人员分布等情况，采取相应的缉捕措施将其缉获。

查缉行动在实践中有以下几种情形。

（1）先查后缉。即先查明犯罪嫌疑人所在地点后进行缉捕，这是最常见的查缉形式。

（2）查而不缉。查明只需传唤的犯罪嫌疑人所在地后，并不需要缉捕而予以传唤即可。

（3）不查即缉。已经明确缉捕对象的所在地，无需查寻即实施缉捕的情形。如在确定需要缉捕的犯罪嫌疑人后即知其所在地的情况下进行的缉捕，就属于这种情形。职务犯罪侦查实践中，对要案犯罪嫌疑人的缉捕多属此种情形。在偶遇犯罪嫌疑人和现行犯时实施缉捕，也属于不查即缉的情形。

2.查缉策略的基本分类

查缉策略就是侦查机关为查获犯罪嫌疑人在查缉过程中运用的策略。查缉过程由查明犯罪嫌疑人所在地和缉捕犯罪嫌疑人两部分组成，因此，可以将查缉策略分为两大基本类型。

（1）查寻犯罪嫌疑人的策略。查寻犯罪嫌疑人的策略，也称查寻策略，是指查寻查缉对象所在地过程中运用的策略。查寻逃跑的犯罪嫌疑人在实践中也称为追逃，因此，查寻策略也称为追逃策略。

查明犯罪嫌疑人的所在地并不直接决定缉捕的方式、方法，而只确定缉捕的地域范围或地点，因而具有不依附于缉捕策略的独立性。

（2）缉捕犯罪嫌疑人的策略。缉捕犯罪嫌疑人的策略，也称缉捕策略，是指在对查缉对象实施抓捕过程中运用的策略。在对查缉对象进行缉捕前，有时候需要对犯罪嫌疑人的技能、人数、是否携带武器、缉捕地点的地形与结构、人员分布、有无危险物品等情况进行调查。这些情况和犯罪嫌疑人涉嫌罪行的轻重等情况，直接决定着缉捕的方式、方法。因而，对这些情况的调查不宜作为查寻策略的内容，而应纳入缉捕策略的范围。否则，缉捕策略便失去了决策的基础和依据。

3.查寻策略和缉捕策略的关系

（1）查寻策略是缉捕策略的基础和先导。侦查实践中，绝大多数犯罪嫌疑人在作案后都会外逃，在这种情况下，只有通过一定的查寻策略查明犯罪嫌疑人所在地后，才能实施缉捕策略。

（2）缉捕策略是查寻策略的归宿。不通过缉捕策略将犯罪嫌疑人抓获，查明犯罪嫌疑人所在地便失去了意义。

（3）查寻策略和缉捕策略在查缉过程中往往前后相继实施。这种前后相继实施有两种情形：一是犯罪嫌疑人潜逃后，先通过了解其亲友关系、运用技术侦查措施等途径查明其所在地，然后根据情况再行部署实施缉捕。二是查明犯罪嫌疑人所在地后即转入缉捕。如在寻查、辨认、追缉、堵截过程中，一旦发现犯罪嫌疑人，即应对其采取相应的缉捕策略。在前一种情形下，查寻策略和缉捕策略的区分十分明显。但在后一种情形下，查寻策略和缉捕策略的区分并不明显。

二、查寻犯罪嫌疑人的主要策略方法

查寻犯罪嫌疑人，主要是指在侦查过程中明确了犯罪嫌疑对象的基本情况但却不知其行踪的情况下，为了尽可能将其抓获归案而采取的发现其踪迹的查缉方法。实际上，查寻犯罪嫌疑人就是追逃的中心任务。实践中追逃工作的主要任务就是查明犯罪嫌疑人的所在地并将其缉捕。根据公安部关于破案条件的规定，破案的基本条件之一就是要将犯罪嫌疑人或主要犯罪嫌疑人抓获归案，因此，追逃工作已经成为侦查机关的一项经常性的基础业务工作。

随着社会的发展，人、财、物的流动进一步加大，犯罪智能化水平越来越高，犯罪嫌疑人反侦查能力越来越强，侦查机关查寻犯罪嫌疑人行踪的难度也不断加大。追逃既是侦查工作的重要组成部分，也是一个难点。为此，现代侦查中，必须综合运用多种措施和手段查寻犯罪嫌疑人的行踪，为成功缉捕明确目标。

（一）对犯罪嫌疑人的关系人进行调查监控

潜逃犯罪嫌疑人的关系人包括犯罪嫌疑人的家庭成员、亲戚朋友及其他社会关系三个层次。犯罪嫌疑人潜逃前可能会向其亲人、密友透露潜逃方向的信息，甚至会征求他们的意见；潜逃后，出于生理、心理的需要，往往会与其亲人、密友联系，甚至躲藏到亲友家里。即使关系人不确切知道犯罪嫌疑人的潜逃地，也会根据他们对查寻对象的了解，为判断潜逃地提供有效的情况。有些关系人经做工作后可能会与侦查机关合作，如同案犯罪嫌疑人、有证据证明查寻对象曾与其有过联系的人和查寻对象的家人。

因此，在具体的查寻工作中，首先必须展开全面调查，尽可能地全面查明犯罪嫌疑人的各种社会关系。查找犯罪嫌疑人社会关系的主要方法有：查阅查寻对象的档案，询问查寻对象家人、同事、邻居，讯问同案犯罪嫌疑人，分析所获的能反映查寻对象交往关系的材料，等等。在调查查寻对象的关系人时，最好将掌握的关系人逐一列表，分析关系人与查寻对象的亲密程度，从中确定重点关系人。调查监控关系人的常用方法有以下五种。

1.外围监控法

外围监控法是指动员重点关系人的邻居、同事等协助侦查机关了解查寻对象是否与关系人交往的监控方法。在工作和日常生活中，关系人的邻居、同事、单位传达室工作人员（如门卫）、家属区治安值班人员等，都可能了解关系人的交往情况，因此，他们是协助侦查机关监控关系人交往关系的重要依靠力量。对这些人的选择既要考虑他们是否有监控的条件，又要考虑他们是否愿意协助侦查机关监控。对于愿意协助的，要交待任务和方法。

2.特情监控法

特情监控法是指选建特情监视重点关系人的交往情况并伺机套取查寻对象潜逃地情况的监控方法。适合作为特情的主要有重点关系人的邻居、同事及查寻对象的其他亲友。对于确有选建特情进行监控必要的，要按特情工作规定选建专门特情。特情在监控中的主要任务有以下三种。

（1）观察、了解关系人的交往活动，从中发现查寻对象的踪迹；

（2）以串门、喝酒、下棋等名义进入关系人住宅进行观察，以发现有关查寻对象的情况；

（3）以闲聊、酒后吐真言等方式套取查寻对象潜逃地的情况。

3.技术侦查监控法

技术侦查监控法是指运用技术侦查措施监控重点关系人交往情况的监控方法。对重点关系人进行监控的主要技术侦查手段有通信监控、窃听和邮件检验。

4.外线监控法

外线监控法是指侦查人员对于可能与查寻对象有交往的重点关系人进行跟踪盯梢、守候监视，以发现查寻对象踪迹的监控方法。外线监控法的适用对象是有迹象表明与查寻对象有往来的重点关系人。

5.直接调查法

直接调查法是指直接询问关系人是否知道查寻对象潜逃地情况的调查方法。直接调查时，要注意发现和利用矛盾。

（二）在犯罪嫌疑人可能藏身落脚地架网布控

该架网布控主要是指对查寻对象可能落脚藏身的公共场所进行的布控，这种布控可称为查寻性布控。查寻对象在潜逃过程中，需要衣、食、住、行，布控所针对的就是其衣、食、住、行的公共场所。它们包括车站、码头、机场的广场，候车、候船、候机的场所，列车、轮船，商场、闹市区、市场，旅馆、饭店，歌舞厅、录像厅、游艺厅、影剧院、洗浴场所等。对犯罪嫌疑人的关系人进行监控实质上也是架网布控的一个方面，但它与对公共场所进行的布控又有所不同。架网布控的主要方法有三种。

1.从业人员布控

布置公共场所的有关从业人员协助查寻潜逃犯罪嫌疑人。从业人员布控可以采用开会布控和个别布控两种方法。

（1）开会布控是指召集有关公共场所的负责人集中进行布控，主要适用于需要严密布控、涉及场所多的重大案件潜逃犯罪嫌疑人。

（2）个别布控是指对查寻对象可能涉足的公共场所以个别方式进行的布控，主要适用于涉及场所不多的情形和需要重点布控的场所。进行布控时，必须交待任务和相应的工作方法及发现可疑对象后的联系办法。

2.特情布控

按疏密适度原则架设特情监控网络，布置特情在公共场所查寻潜逃犯罪嫌疑人。特情监控网络包括整个辖区公共场所监控网（面上监控网）和具体场所监控网（点上监控网）两个基本层次。指挥特情布控时，首先要充分运用已有的阵地控制力量。在阵地控制力量不够的时候，调配其他特情力量进行布控。

3.基层治安组织布控

架网布控离不开群众的支持和配合，对于犯罪嫌疑人可能涉足的地区，要积极发动布控范围内的群众参与，特别要注意充分发挥治安积极分子的作用。必要时，可以通过发布悬赏通告，调动广大群众参与布控。

（三）针对犯罪嫌疑人及其关系人的通信联络进行技术查控

随着社会的发展，人与人之间的联系方式也在不断更新。由于利用现代技术进行通信联系具有快捷方便、机动灵活的特点，人们越来越多地依赖于各种现代技术和通信工具进行联系。当前，依赖于现代通信技术和计算机技术产生的各种通信联络手段已经成为人与人之间交往必不可少的重要手段。同样，其也是犯罪嫌疑人在犯罪或潜逃过程中与外界进行联络的重要手段。而各种通信技术手段由于具有相当高的技术含量，技术处理过程十分复杂，一般犯罪嫌疑人只要使用了这些技术手段，就难以隐藏踪迹。这些技术手段既为犯罪嫌疑人提供了便利，同时也为侦查、缉捕工作提供了可资利用的条件。因此，针对犯罪嫌疑人及其关系人的通信联络进行技术查控，是现代侦查中一个崭新的手段方法，在有效查明犯罪嫌疑人的行踪方面具有不可替代的作用。针对犯罪嫌疑人及其关系人的通信联络进行技术查控的主要方法有以下两种。

1.通信工具查控

现代通信工具主要有固定电话、移动电话、寻呼工具等。在电信部门、技侦部门的配合下，可以对犯罪嫌疑人或其关系人的通信工具本身进行跟踪、定位，可以对其通信数据进行分析、梳理，查明其活动踪迹。

2.网络查控

随着现代网络技术的发展，出现了各种各样的网上联络手段或工具，如电子邮件、网上聊天、网上寻呼、网络游戏、网络留言等。犯罪嫌疑人利用这些手段或工具进行联络，必须以某个特定IP地址进入网络，其在网络上的活动信息必定会在网络相应部位留下踪迹。因此，在电信、网监、技侦部门的配合下，可以利用各种专用设备和软件在网上开展适时监控、扫描、跟踪、追踪、数据分析，通过查找IP地址，发现犯罪嫌疑人的活动踪迹。

（四）开展网上追逃

相对于传统的追逃而言，网上追逃是指将在逃人员录入全国在逃人员数据库，由全国各地公安机关立足本地、立足本岗、立足本职，结合日常业务工作开展网上比对、查询，抓获全国在逃人员的一项侦查措施。

1.网上追逃概述

自改革开放以后，我国人、财、物流动规模空前，犯罪嫌疑人外逃十分普遍且抓获难度大大增加。为适应同犯罪作斗争的需要，公安部于1998年开始建设“金盾工程”，目的是实现科技强警，提高公安工作信息化水平。在此基础上，建立了全国违法犯罪信息中心（CCIC），主要包括常住人口信息系统、流动人口信息系统、指纹自动识别系统、全国在逃人员信息系统、被拐卖妇女儿童信息系统、被盗抢机动车信息系统等，各地公安机关将相关数据录入相应信息系统，供全国公安机关共享。

全国公安机关以公安机关内部的计算机网络通信系统为平台，以全国在逃人员信息系统为查询比对工具，侦查、治安、户政、交警等诸警种合成作战，在检索、查询、比对工作中发现的可疑人员和在逃犯罪嫌疑人的身份资料，进行身份认证，以发现并缉获在逃犯罪嫌疑人。

网上追逃是随着计算机技术和互联网的发展而开创的一种追逃方式，它畅通了逃犯信息的交流渠道，能迅速发现、核查、比对在逃人员，大大缩短了追逃的时间和空间，比传统的追逃方法更迅速、更准确、更有效，不仅节约了办案经费，提高了工作效率，而且形成了“全国一盘棋”的格局。其特点是借助现代技术手段，实现了逃犯信息资料共享、条件组合查询、快速检索比对，极大地拓宽了查询、比对的范围，克服了时间、空间对公安机关的制约，解决了人工查询难查、漏查的问题，大大提高了追逃工作的效率，改变了追逃工作模式，使各地公安机关的追逃模式由原来的“走出去抓本地逃犯”转变成了“立足本地抓全国逃犯”， 使各地公安机关能够既立足本地查缉本地在逃人员，又能放眼全国，使外地在逃人员难逃法网。目前，检察机关对职务犯罪嫌疑人的追逃也是依托公安机关的网上追逃系统进行。

2.全国在逃人员信息系统

全国在逃人员信息系统是网上追逃的基础。网上追逃主要依据的数据库是全国在逃人员数据库。

（1）全国在逃人员信息系统的对象。根据公安部规定，以下三种人员必须上网。

①已经办理了刑事拘留、逮捕等法律手续的在逃人员，必须在一个月内上网。

②看守所脱逃的在逃人员，必须随时上网。

③案情重大、紧急、情况特殊的在逃人员，经县级以上公安机关负责人批准，可以先行上网，然后补办刑事拘留、逮捕手续。

（2）在逃人员上网信息的主要内容。上网逃犯信息应当包括以下内容。

①基本情况，包括姓名、别名、绰号、性别、民族、文化程度、家庭住址、照片、体貌特征、身份证号码。

②血缘、学缘、地缘、业缘、网缘、情缘、狱缘、酒缘关系情况。

③性格特点、爱好嗜好、心理素质、前科劣迹情况。

④移动、固定电话号码，QQ号码以及电子邮箱等。

⑤案件性质、简要案情，包括作案方式、作案工具、作案手段、带走赃款赃物及个案特点。

⑥现场勘查中提取的痕迹物证及证据情况。

⑦法律手续等资料。

⑧其他情况，如奖金等。

上网在逃人员的情报信息情况要求真实、准确、可靠，确保上网情报信息的质量。

3.网上追逃的主要方式

目前，网上追逃有网上查询和网上比对等方式，网上比对是网上追逃的核心内容。具体来讲，针对不同的对象，网上追逃有不同的方式。

（1）从已有对象入手。对于在看守所、拘留所、强制戒毒所等地的收押人员，以及抓获的现行违法犯罪人员，将其身份核实后，上网进行查询、比对，以认证上述人员的身份。这种方式的主要流程为：已有对象—身份核实—网上比对—身份认证。

（2）从工作中发现的嫌疑对象入手。对于在集中行动、巡逻盘查、设卡堵截、专项清查行动中发现的可疑人员，将其身份资料上网查询、比对，查证其是否为网上逃犯。这种方式的主要流程为：发现嫌疑对象—查验身份证件—网上比对—身份认证。

（3）从工作中占有的名册入手。对于常住人口、暂住人口，以及宾馆、旅店、招待所内的流动人口，利用已经占有的登记簿册中的基本项目、照片等资料上网查询、比对，以查证其是否为网上逃犯。如经确认，予以缉捕；如名册对应的人员已经离开，则寻迹追踪。这种方式的主要流程为：占有名册—网上比对—调查核实—全力缉捕。

4.网上追逃的具体方法

（1）将治安查询系统中暂住、流动人口信息与全国在逃人员信息系统进行比对。针对一些在逃人员混杂在暂住人口中的特点，公安机关可以运用暂住人口信息管理系统对在逃人员进行查缉。将暂住人口信息与在逃人员信息交叉比对，已成为追逃工作中应用最广泛、最有效的方法之一。特别要注意利用旅馆、出租屋、建筑工地等重点场所的暂住人口、流动人口等信息，从中发现在逃人员。

目前，我国有些地区自主开发研制了应用升级版暂住人口信息管理系统，该系统具有实时录入、自动定时生成固定统计数据，自动下载全国在逃人员信息系统，通过发送手机短信向侦查人员报警等功能。可以预见，升级版暂住人口信息管理系统必将在追逃领域发挥更大作用。

（2）将抓获对象与全国在逃人员信息系统进行比对。将所有抓获的犯罪嫌疑人、留置对象、传唤对象，以及到公安机关办理机动车辆牌照、驾驶证或转籍人员中的嫌疑人员，经核实身份后，与全国在逃人员信息系统进行查询比对。

（3）将旅客信息与全国在逃人员信息系统进行比对。为拓宽比对的信息量，可以携带笔记本电脑到长途汽车站、火车站，将嫌疑乘客的姓名、身份证号码直接与全国在逃人员信息系统进行查询比对。

（4）将旅馆业信息系统与全国在逃人员信息系统进行比对。运用旅馆业信息抓捕流窜作案的上网在逃人员是网上追逃的一个重要途径。目前，各地刑侦部门相继研制开发了网上缉控预警库工作系统，以加强对在逃人员和负案嫌疑对象的缉捕力度，从而有效地控制高危人员的活动轨迹，大大提高了工作成效。

要将缉控预警库工作站设于基层刑警中队，由当日值班人员负责每日多次上网管理操作比对，处理有关报警信息。有条件的地方还可通过开通手机短信报警系统，做到比对报警的实时性。

（5）在押人员信息系统与全国在逃人员信息系统进行比对。由于一些看守所、监狱等关押场所未及时将在押人员与全国在逃人员信息系统查询核实，因此，容易出现在押人员系其他单位、其他案件上网在逃人员而未被确认的情况。针对这种情况，应及时利用计算机数据库软件，把全国在逃人员信息系统与看守所、监狱等在押人员信息系统进行交叉比对，在各监管场所查获在逃人员。

（6）网上指纹比对。运用指纹信息系统主要有两种方法：一是将在现场勘查过程中提取的现场指纹与指纹库的指纹进行自动比对（顺查）；二是将犯罪嫌疑人的捺印指纹与指纹库的指纹进行自动比对（倒查）。

（7）将在逃人员信息与民航、金融、工商、通信等部门或单位收集建立的社会信息等进行比对。要充分发掘全国在逃人员信息系统与社会信息系统的比对渠道。侦查部门要加强与社会各界、各部门的协调合作，通过多方位、多渠道收集各类信息资源，拓宽网上追逃的信息比对范围，将侦查触角延伸到社会各类信息系统，如劳动力市场管理系统、银行账户系统、社会保险信息系统、企业工商注册登记系统、民航售票信息系统等，实现广泛交叉比对。

5.网上追逃机制

从1999年7月我国公安机关在全国范围内开展网上追逃以来，网上追逃取得了重大战果和显著成效，各地公安机关采取了许多好做法，积累了不少经验。目前，已经建立的网上追逃工作机制主要有以下几种。

（1）严格执行“犯罪嫌疑人或者主要犯罪嫌疑人已经归案”的破案标准。要认真贯彻《公安部关于修改刑事案件破案标准的通知》（公通字〔1998〕1号）的精神，在破案统计、侦查部门破案成绩考核、刑警中队等级评定等工作中都要严格执行这个破案标准：一人作案的犯罪嫌疑人必须抓获；两人以上共同作案的，主要犯罪嫌疑人必须抓获；犯罪集团作案的，首要分子和主要实施犯罪的犯罪嫌疑人必须抓获。要把缉捕在逃人员作为侦查办案工作的一项重要任务，坚决纠正“重破案、轻追逃”的错误倾向，采取有力措施，切实提高侦查破案水平，及时抓获更多的犯罪嫌疑人，减少在逃人员的产生。

（2）及时上网、修改、撤销、删除在逃人员信息。对于符合公安部规定的三种人员必须上网。在逃人员信息上网要经县、区（含）以上公安机关侦查办案部门负责人审批。各级刑侦部门要随时掌握网上在逃人员的信息，省级公安机关刑侦部门负责上网在逃人员情况变化时的信息删改工作和抓获核实后的信息撤销工作。

逃犯信息上网后，办案人员应进一步收集该人员的信息，发现原信息有误、原信息不详细、需要增加信息时，由办案单位提出意见经领导批准后，在网上进行修改或撤销。

本地逃犯在外地被抓获后，抓获地要立即通知立案单位传送相关法律手续，立案单位要在24小时内确认并向抓获地传送法律手续。同时原则上应当在10日内安排人员持《移交接收证明》将逃犯押解回来。依法由抓获地打击处理的，立案单位应提供原案件材料。

逃犯已经被抓获归案的，要在网上核准、完善该人信息的基础上，填写《在逃人员信息撤销表》，在3日内经县级以上公安机关领导批准后完成撤销信息工作。

（3）实行“追逃奖励”制度。每抓获一名网上在逃人员，立案地公安机关要奖励抓获单位或个人500~1000元，案情重大、紧急的，可以视情提高奖励金额。奖励金额要标注在上网在逃人员信息中。在本地区、本市辖区内抓获本地的上网在逃人员原则上不予奖励。逃犯被外地抓获后，立案地必须兑付奖金。

对抓获公安部A级通缉令中的被通缉人或者提供关键线索的有功单位或个人，由公安部给予奖励，奖励金额在通缉令上标明；对抓获公安部B级通缉令中的被通缉人或者提供关键线索的有功单位或个人，由申请发布通缉令的省级公安机关给予奖励，奖励金额由省级公安机关确定，并在通缉令上标明。对防逃意识强，犯罪嫌疑人到案率高，防止在逃人员产生的单位和个人；对抓逃工作成绩突出的单位和个人，要根据有关规定给予奖励和表彰。

（4）实行“破案追逃责任制”和“倒查追究制”。要把破案、追逃的责任，落实到每个办案单位和每个侦查人员身上，谁办的案件，谁就要对该案在逃人员的查缉工作负责到底。

办案单位和侦查人员要负责收集在逃人员的资料并及时上网，保管好在逃人员的证据档案，随时掌握查缉工作进展情况。

对抓获的重大在逃人员要认真分析研究其潜逃、藏匿的情况，从中发现查缉在逃人员工作中存在的问题和漏洞，并对有关责任人员实行倒查责任追究。对因侦查工作失误造成犯罪嫌疑人外逃的，对应上网而未上网丧失抓捕时机造成犯罪嫌疑人外逃久抓未获的，对在逃人员在辖区内长期隐藏没有及时发现的，对虚报成绩骗取奖励或荣誉的，对配合协助外地抓逃不力或乱收费的，要严肃追究相应责任。

6.网上追逃的主要问题

网上追逃存在的问题主要表现在以下几方面。

（1）网上追逃意识不强；

（2）在逃人员信息不上网或不及时上网；

（3）上网在逃人员信息质量不高；

（4）抓获上网在逃人员后不及时撤销或不撤销信息。

7.深化网上追逃的主要思路

（1）进一步落实网上追逃的指导思想。网上追逃的指导思想是“立足本岗、全警参与、贯彻于日常工作”。按照这一指导思想，要采取措施推进各警种及全体民警在日常工作中经常性地开展网上追逃工作。如治安部门和派出所要对在逃人员可能藏匿的区域和部位进行清查，加大对外来人口、暂住人口、流动人口的清查，在人口登记管理、户籍管理、旅店业管理、治安管理、清查、整治工作中发现可疑人员及时上网比对；交警、巡警等警种要加大巡逻、盘查密度，强化控制，在巡逻、处警、守卡、交通管理工作中发现过往可疑人员全部上网比对；监管部门对拘留所、看守所、戒毒所等场所的在押人员要逐一进行比对，发现隐藏在这些场所的在逃人员；侦查部门要经常对外地上网的本地籍逃犯进行下载，统一组织查缉或在办理刑事案件中注意比对；出入境管理部门在办理出入证件时要随时上网查询比对，发现可疑人员和逃犯；等等。

日常工作中，发现符合以下条件的对象均应上网查询比对：①公安机关审查的所有犯罪嫌疑人；②治安案件中接触的所有违法人员；③看守所、拘留所、强制戒毒所、收容教育所等场所内的所有人员；④社会盲流人员；⑤巡逻守卡中发现的可疑人员；⑥在公安机关办理各种证照的可能疑人员；⑦其他在工作中接触到的可疑人员。

（2）加紧整合各种信息资源。随着我国社会信息化发展程度的提高，网上追逃工作必须充分利用各种信息资源。要将“全国在逃人员信息”与违法人员信息、监管场所收押人员信息、偷私渡人员信息、重点人口信息、刑嫌人员信息、申请出境人员信息、外来暂住人员信息、旅店业住宿人员信息、驾驶员信息、特种行业从业人员信息、指纹自动识别系统等公安内部信息系统进行交叉比对查询，拓宽追逃思路。要将公安内部信息系统与购票、求职、存汇款等社会信息系统进行交叉比对，整合各种信息资源，实现资源共享。

（3）进一步提高网上追逃的科技化水平。网上追逃要先后经历三个发展阶段，即规范化建设阶段、信息化建设阶段、科技化建设阶段。经过近几年的发展，我国网上追逃规范化建设已经基本实现，信息化建设也取得了一定的成果。当前和今后一个时期，我国网上追逃将在进一步提高信息化水平的基础上，加强网上追逃科技化建设。在全国范围内建设以公安部一级计算机网络为中心，以省（市、区）二级计算机网络和县（区、市）三级计算机网络为骨干，以基层科（所、队）四级计算机网络为信托的覆盖全国、四通八达的计算机网络运行系统，开发功能强大的智能化软件和便携式查询终端，最终将人工智能与计算机智能结合起来，实现网上追逃的智能化、自动化、信息化、科学化。

（五）其他常规侦查措施

当然，还有一些常规侦查措施对查寻犯罪嫌疑人也具有一定作用，如追缉堵截、通缉、通报、边境控制、搜查、通告等。

第四节 缉捕逃犯的策略方法

缉捕是缉捕人员在发现犯罪嫌疑人后，以言语、徒手动作或警械、武器等工具，作用于犯罪嫌疑人的心理和身体，使其不愿、不知、不敢、不能对抗缉捕而自愿或被迫到案的方法。

缉捕行动主要有袭捕、诱捕、围捕等基本战术形式。这几种战术形式适用条件各不相同，但由于缉捕行动具有突变性和复杂性，这几种战术形式在实战中有时难以完全区分，经常相互渗透、相互转化，产生各式各样的灵活战术和战斗样式。

一、袭捕

袭捕，又称突袭缉捕，是指发现缉捕对象后，在其落脚藏身之地或者行进途中寻找恰当时机，在其来不及反应的情况下，乘其不备，突然贴靠将其制服的缉捕方式。突袭缉捕主要适用于不便采取设套缉捕，但准确掌握其落脚藏身之地或者行动规律，且在其住地或行进途中进行抓捕不会影响案件侦查的缉捕对象。

（一）袭捕的主要方法

1.守候袭捕

守候袭捕，也叫预伏突袭，是指缉捕人员预伏在缉捕对象必到或必经之地，待其出现时即突然进行抓捕的突袭缉捕方式。守候袭捕主要适用于已经准确掌握缉捕对象的落脚藏身之地或行动规律，并且在其藏身之地、必经之地抓捕无碍侦查的情况。守候袭捕的基本要领有以下几方面。

（1）选择预伏地点。预伏地点的正确选择是守候袭捕成功的关键。选择室内预伏，至少要满足两个条件：一是要具备隐蔽进入的条件。如果不能隐蔽进入，则达不到伏击的目的。二是室内抓捕不存在有碍侦查的情形。如果对缉捕对象的抓捕需要保密，就不宜在其办公室或居住地抓捕。选择室外预伏，主要考虑缉捕对象是否必经某地、是否具备便于贴靠和控制缉捕对象的条件。

（2）缉捕人员进入预伏地点不能引起周围人的注意。如在办公室预伏可以在单位领导、同事配合下伪装成办事人员进入预伏地点。

（3）预伏与外围跟踪守候相结合。预伏在抓捕地点的缉捕人员一般分成抓捕、警戒两组力量进行部署。为准确掌握缉捕对象的动态，可结合运用跟踪、守候措施。为避免因预伏过久而出现偶尔的松懈，应在预伏地点周围设置预警人员，负责预警、外围警戒和接应。在缉捕对象接近预伏地点时，及时向抓捕组通报；在缉捕对象进入预伏地点后，由抓捕人员突然实施抓捕，预警人员的职责即转为警戒；如果抓捕失败，警戒人员转而负责追缉、堵截。

（4）预伏突袭时优先选择人力—警械方式抓捕。只有在此方式难以实施时，才考虑是否采取火力—警械方式抓捕。人力—警械方式抓捕，是指缉捕人员首先徒手钳制缉捕对象的肢体，然后使用约束性警械对其予以控制的抓捕方式。常用的人力—警械方式有两侧钳制、前后夹击等方式。火力—警械方式，是指缉捕人员首先使用火力控制缉捕对象的行为，并表明自身身份，命其听从指令，然后以警械约束其肢体的抓捕方式。

2.跟踪袭捕

跟踪袭捕是指缉捕人员跟踪缉捕对象到适当的地点后，突然贴靠并进行抓捕的突袭缉捕方式。跟踪袭捕主要适用于两种情形：一是在发现缉捕对象时，缉捕人员力量不够，需要等待增援力量；二是发现缉捕对象的地点不便进行抓捕。跟踪袭捕的基本要领有以下几方面。

（1）选择缉捕地点以便于贴靠和控制缉捕对象为原则，一般选择人员往来不多、可供缉捕对象逃跑的路线少的地点。

（2）抓捕前要按抓捕和策应两个小组进行分工。

（3）在跟踪过程中要进行伪装，防止引起跟踪对象的警觉，如伪装成行人。

（4）抓捕多采用前后夹击、以后为主的方式。负责前位夹击的缉捕人员在快到达预定的抓捕地点前即超过缉捕对象，然后折回实施夹击，也可采取两侧钳制式。

（5）策应人员在跟踪时，尽量分布在正后、侧后位；实施抓捕时，立即在外围形成对缉捕对象的包围圈。抓捕成功后，策应人员即负责疏通道路和外围警戒。

3.借故袭捕

借故袭捕是指缉捕人员以适当的身份和理由接近缉捕对象后，伺机突然进行抓捕的突袭缉捕方式。借故袭捕主要适用于不便实施跟踪缉捕，也无预伏条件的缉捕对象，多用于入室抓捕。借故袭捕的基本要领有以下几方面。

（1）接近缉捕对象的身份和理由要合情合理，能够取得缉捕对象的信任。借故入室一般可以公共事业单位、计生、社区服务等部门的工作人员上门抄表、调查，或者以有关单位的工作人员到办公室联系业务等为由。在室外可以通过制造车祸、故意打架创造机会接近缉捕对象。

（2）选准抓捕时机。借故袭捕，只要缉捕人员一接近缉捕对象，就应当采取行动。因此，缉捕人员应制造各种机会主动贴靠、接近缉捕对象，如让其填表、签名等，分散其注意力，伺机抓捕。如果出现缉捕对象一直处于高度戒备状态，缉捕人员无法接近或缉捕对象始终面对缉捕人员且其手始终不离口袋等情形，则应暂时放弃抓捕。

（3）借故接近的警力一般二人即可，人数多会引起缉捕对象怀疑。其他缉捕人员应隐蔽在可能的出入口或外围进行警戒、策应。

4.强行袭捕

强行袭捕是指在室内的缉捕对象并无防备的情况下，缉捕人员以突然、猛烈、强行的战斗动作，突然强行进入室内进行抓捕的突袭缉捕方式。强行袭捕主要适用于尚未警觉但缉捕人员无法入室的缉捕对象。由于强行袭捕具有较大的破坏性和危险性，对于可以适用跟踪袭捕、预伏袭捕、借故袭捕的缉捕对象，应尽量避免强行袭捕。强行袭捕的基本要领有以下几方面。

（1）强行进入方法主要有开锁、踹门、破窗。

（2）进入口应选择在既容易破坏和进入，又离缉捕对象最近的部位。不容易破坏的部位，不能在实施破坏行为后立即进入，必定惊动缉捕对象。离缉捕对象较远的部位，即使一经破坏就能进入，由破坏到接近或贴靠缉捕对象的时间差，将给缉捕对象进行抵抗提供时间条件。

（3）要根据缉捕对象的顽抗能力，选择强有力的手段，一招制敌，将其制服、抓捕。采用火力打击时，要配备精良武器，并注意把握火力掩护和火力的控制限度。

（二）袭捕的实施步骤

1.摸清情况，制定方案

袭捕行动是一种主动进攻的战术形式，在调查摸底、掌握情报、准备战斗及实施战斗的全过程中都可占有主动。因此，要注意摸清情况，如缉捕对象人身特征、手中的武器、落脚点、活动规律、周围环境等。根据掌握情况，制定正确的行动方案，做好充分准备，确保袭捕成功。

2.力量组织与分工

一般有一名现场指挥员亲临现场直接指挥。缉捕力量分为抓捕组、策应组各一个。可根据缉捕对象人数、手中的武器灵活确定人数。一般袭捕一名对象，抓捕组配二人，策应组配二至三人。抓捕组负责接敌、袭击、抓捕缉捕对象；策应组负责周围控制，防止缉捕对象逃跑，防止其他同伙攻击缉捕人员。一旦发生误会要说服群众，控制现场，帮助抓捕组将缉捕对象押离现场。

3.行动实施

（1）抓捕组接到行动命令后，要利用周围环境，隐蔽地靠近缉捕对象，迅猛地予以制服抓捕。每一名缉捕对象，由两名缉捕人员从其两侧夹持或按倒，并迅速上铐、搜身。

（2）策应组要选择和占领有利位置，仔细观察周围环境。当抓捕组开始袭击缉捕对象时，策应组要迅速靠近，控制现场并协助抓捕，防止其他同伙攻击抓捕组人员，必要时要进行火力掩护或火力封锁。

（3）在缉捕对象藏身场所袭捕的，要全面搜索现场，获取犯罪证据后迅速撤离。

（三）袭捕的注意事项

（1）摸准情况，确保袭捕对象准确无误。袭捕行动目的性强，其成功与否，依赖于情况是否摸得清、摸得准。因此，特别强调在行动前要开展仔细的调查摸底工作，尽可能把缉捕对象的有关情况摸清、摸准。

（2）选好时机，力争达成战斗的突然性。既要通过掌握大量情况，分析选择时机；又要根据情况的变化，随机应变，灵活应战，把握好战机。

（3）以快制胜。快攻、快抓、快撤，是袭捕成功的关键。因此部署要迅速，行动要快捷，动作要猛烈。

（4）参战力量间要搞好协调配合。包括指挥员与战斗员之间、各参战小组间、单兵之间的战术、站位、技术等方面的配合与协调。良好的协调配合是以快制胜的前提，是达成战斗突然性的关键。

二、诱捕

诱捕又称设套缉捕，是指以引诱、制造借口等方法将缉捕对象诱出不便缉捕地点或诱入预伏地点，以便在缉捕对象不知或者来不及反抗的情况下将其抓捕的缉捕方式。

诱捕的基本原理是缉捕对象存在被引诱的心理基础，如贪利心理、好色心理、交往心理、好奇心理等。诱捕就是利用缉捕对象的上述心理，引诱其前往或者路过预设的缉捕地点，从而实施缉捕。

设套缉捕的适用对象是出于缉捕的有效性和安全性及侦查的需要等考虑，不便在其工作、居住地和其他场所进行缉捕的对象。如住宅养有看门狗的缉捕对象，就不适合进入其住宅实施缉捕；对于共同犯罪案件中需要先行缉捕的犯罪嫌疑人，一般不适合去其工作单位进行缉捕。

设套缉捕与突袭缉捕的根本区别在于，后者在抓捕前的过程中缉捕人员并未影响缉捕对象的行动；而前者通过设计圈套故意干预和影响缉捕对象的行动，使其在抓捕前的行动向有利于缉捕的方向发展。

（一）诱捕的主要方法

1.直接诱捕

直接诱捕是指侦查人员利用缉捕对象的心理，以某种身份或借口，直接将缉捕对象诱离不利于缉捕的环境或诱入预伏地点伺机缉捕的方法。直接诱捕的常用方法有以下几种。

（1）示利引诱。缉捕人员根据缉捕对象的生活习惯、从业活动、违法犯罪等具体情况，进行相应的化装，改变身份，编造事由，靠近联系，引诱缉捕对象上钩，随机抓捕。通常可以利用推销、直销等身份接近缉捕对象，示之以利，使之心动，然后以看货、交货等名义诱使其到指定的地点实施缉捕。

（2）无中生有。缉捕人员以与缉捕对象冲撞、辱骂等为借口制造纠纷，诱其就范。缉捕人员要按制造纠纷、主持公道和策应三项职责做好分工。制造纠纷后，有人前来主持公道，建议纠纷双方前往派出所等处所评理。待缉捕对象进入预伏地点后，即行缉捕。如果缉捕对象不按照预定计划前往预伏地点，则由策应人员跟踪或者采取其他方法缉捕。

（3）编造借口。缉捕人员根据缉捕对象的近况，编造比较合理的借口，把缉捕对象引诱到预定场所，如声称有人叫其接电话、外面有人找等。

（4）商请配合。通过缉捕对象所在单位或其上级机关的领导，以工作需要为借口将缉捕对象调到预定的地点。常用的借口包括出差、开会、领导谈话等。在某些共同犯罪案件侦查中，对于暂不需要或者现有证据不足以对缉捕对象的同案犯罪嫌疑人采取拘留、逮捕措施，且对缉捕对象的拘捕需要对其同案犯罪嫌疑人保密时，可通过单位领导指派缉捕对象出差，将其调至适当的地方进行缉捕。开会、领导谈话等借口主要适用于职务犯罪案件犯罪嫌疑人的缉捕，尤其是对那些配有枪支或者有警卫人员的犯罪嫌疑人，一般都需要以此借口将其与警卫人员分离，以便实施抓捕。

2.间接诱捕

间接诱捕是指在不便于直接诱捕的情况下，侦查人员利用各种间接关系将犯罪嫌疑人诱出或诱入特定场所后，再伺机进行抓捕的方法。

（1）制造假象。通过缉捕对象身边的群众或关系人散布虚假消息、制造假象，诱敌出笼，如托其关系人传递口信、打电话等。

（2）虚留生路。缉捕人员根据缉捕对象戒备心较强的特点，故意制造放松抓捕的言论或行动，有意制造错觉，欲擒故纵，虚留生路，使缉捕对象麻痹，而在缉捕对象可能出没的路径、场所设伏守候，寻机抓捕。如有时为了引出主犯，可以通过破案留根或放出从犯诱其出笼。

（3）设置诱饵。缉捕人员根据缉捕对象的情况，针对其最大需求，巧设诱饵，利用有关人员进行贴靠，取得缉捕对象的信任后，诱其上钩，将其捕获。一般来讲，可以从以下几类人员中选择诱饵：一是同案犯罪嫌疑人。只要同案犯罪嫌疑人愿意与缉捕人员合作、缉捕对象并不知其已被缉捕、与缉捕对象有交情或利益关系，就可以用其调动缉捕对象。二是缉捕对象的其他关系人，如亲人、朋友、情人等。在这些人中选择诱饵时，主要考虑合作的可能性大小和缉捕对象对其信任度的高低。三是特情人员。活动能力强的特情在侦查人员的指挥下，可以根据缉捕对象的人际关系、心理活动等情况进行贴靠，只要在取得缉捕对象的信任后，就可以将其引诱到预定场所。

（二）诱捕的实施步骤

1.摸清情况，选择战术形式

缉捕人员在全面摸清缉捕对象个人情况、社会关系、活动规律的基础上，认真分析研究其近期各方面活动情况和心理上强烈的需求，选择投其所好的引诱方法以及与之相适应的战术形式，选定引诱人员和行动的时间、地点等。要超量估计可能出现的变化，制定应变措施，确保诱捕成功。

2.力量组织与分工

各力量小组可视情况确定人员数量，一般可分为三个小组，即引诱组、抓捕组、机动组。诱捕一名缉捕对象时，缉捕力量一般由三至五人组成。若为五人，可分为引诱组一人、抓捕组二人、机动组二人，指挥员由其中一人兼职。引诱组负责引诱缉捕对象到预定的场所。抓捕组负责在预定地点实行抓捕。机动组负责抓捕时的警戒和援助、抓捕后的撤离及紧急情况的处置等。

3.行动实施

（1）引诱组根据选定的引诱方法，灵活、自然、逼真地将缉捕对象引诱到预定场所。

（2）抓捕组要自然、隐蔽地进入预定场所，细致观察周围情况。当缉捕对象被引诱到来时，要注意观察其动态。时机成熟时，抓捕人员从两侧突然靠近，将其双手牢牢抓住或将其绊倒，迅速搜身、上铐。

（3）机动组随时注意抓捕组的动态。当看到或听到抓捕组开始行动时，要迅速采取接应方法，帮助抓捕、撤离或采取应变措施。

（三）诱捕的注意事项

（1）要全面了解诱捕对象情况，特别是要认真分析其心理需要。因人而异，因案施策。

（2）善于用谋，随机应变。诱捕的关键在“诱”字，诱法得当，事半功倍。如何诱得好，关键又在于“谋”。缉捕人员要按需设饵、投其所好、随机应变、诱其上钩。常用的谋略有引蛇出洞、赶鸟出笼、调虎离山、诱敌深入、张网以待等。

（3）内紧外松，秘密行动。诱捕行动一旦在某个环节上露出破绽，即告失败。因此整个行动过程要秘密、自然。在行动中缉捕人员及选择的诱饵要善于伪装，在着装、语言、举止等细节上都要认真考虑，不能出现破绽。

（4）周密控制，严防“反水”。在间接诱捕时，使用的特情或其他关系人要可靠；要采取控制措施，防止其违背原有意图或“反水”向缉捕对象通风报信。

三、围捕

围捕是缉捕人员在收集到缉捕对象可能出现在某地的有关情报后，对缉捕对象藏身、活动的场所进行包围、抓捕的缉捕方式。

围捕是一种典型的对抗性缉捕方式。除非对抗性缉捕已经在所难免，否则，缉捕行动应该尽可能选择袭捕、诱捕等先发性缉捕方式。在追赶、拦截、巡查、设卡盘查等情形下发现缉捕对象和偶遇缉捕对象等情况下，如果缉捕力量不占绝对优势，不能立即制服缉捕对象，应当尽可能避免采取对抗性缉捕策略，而运用先发性缉捕策略进行缉捕。围捕多用于不具备袭捕、诱捕条件或袭捕、诱捕失败后敌我双方形成对峙的情形。

（一）围捕的主要战术形式

1.围而捕之

围而捕之是围捕行动常用的战术形式，是缉捕人员针对一般的缉捕对象进行的包围、抓捕，可分为先围后捕、围捕同步等具体形式。

2.围而歼之

围而歼之是围捕战斗的特殊形式，是缉捕人员针对持枪、持爆炸危险物品的缉捕对象，将其藏身场所包围，在无法接敌或迫降的情况下，进行火力打击，达到使其失去抵抗能力的目的。

3.围而逼之

围而逼之是在缉捕对象占有有利地形，且无法被直接抓捕或歼灭的情况下，将其包围后，采取喊话攻心、武力威胁的方式，逼其投降或交出人质。

4.围三缺一

围三缺一是指为将缉捕对象包围在便于缉捕的地点或路段，截断通往繁华地段和复杂地形的道路，虚留逃路或逼其逃离有利地形，在逃离途中或到另一藏身场所后将其抓捕、歼灭。

（二）围捕的主要步骤方法

以下关于围捕行动的基本步骤反映的是最复杂、最典型的围捕行动的主要过程。实际上，并不是每一次围捕行动都必须经历这些步骤。在围捕行动的任何一个步骤中，只要犯罪嫌疑人放弃反抗或被抓捕，围捕行动即告结束。另外，在围捕行动中，有时这些步骤难以完全区分，有些步骤有时可能还会同时进行。

1.准备

围捕是对抗性强、危险性大的行动。缉捕人员接到情况报告后，要以最快的速度了解缉捕对象的情况，如犯罪情况、人身特征、性格特点、携带物品及凶器，以及是否扣有人质及其藏身、活动场所的环境等。

在力量组织方面，确定一名现场指挥员，负责现场指挥，及时收集各小组行动情况，随时向上级汇报或向行动小组通报情况。设置三至四个包围小组，负责从不同方向向中心进行包围。各小组人数可根据围捕范围、缉捕对象人数及携带的凶器灵活确定，一般每组不得少于二人。规模较大的围捕行动，还要组织警戒组和机动组。警戒组负责疏散群众，维护周围秩序。机动组负责处置紧急状况，协助抓捕，武力掩护，控制制高点及实施打击。

另外，还要做好物质条件准备工作，如交通工具、通信工具、武器配备等。

2.包围

在缉捕对象逃跑过程中以及逃入可以藏身的建筑物、山林、高秆作物庄稼地等地点后，缉捕人员应当尽可能对缉捕对象或其逃入的地点形成包围之势。在包围时要特别注意截断通往繁华地段和复杂地形的道路。

包围有明围、暗围、明围与暗围相结合三种方法。明围就是以缉捕人员着制式服装、设置警戒线、手持枪支等明确表示包围意图的方法进行的包围。暗围则是以隐蔽方法进行的包围，主要是为了转移缉捕地点、避免激怒劫持人、有效疏散人群、控制现场。明围与暗围相结合是指以公开力量与秘密力量相结合实施的包围。

当现场指挥员下达围捕的命令后，各小组迅速按预定方案到位，开始行动，利用地形、地物，迅速形成包围圈。当缉捕对象逃入或者躲藏于建筑物之中时，缉捕人员不能“一窝蜂”全部跟进，而要根据不同情况做出包围部署。遇缉捕人员紧追逃入建筑物的缉捕对象，其来不及反击或者躲藏，或躲藏行为处于缉捕人员视野时，应当派员立即跟进，同时部署机动力量对建筑物进行包围；遇只知缉捕对象在建筑物中，其余情况不明时，应先部署包围，同时弄清建筑物的结构，及时调整包围力量。

野外场所一般适用明围方法，其基本过程与对建筑物的包围相同。

3.搜索

包围圈形成后，应当尽快组织疏散、转移无关人员和易燃、易爆等危险物品，必要时还需要切断水、电、气。同时要向熟悉情况的人了解建筑物结构或地形特点，了解便于躲藏的部位、地点和暗道。然后按一定的顺序对包围场所进行搜索，逐渐缩小包围圈；有条件的话，要争取在搜索中缉捕犯罪嫌疑人。

组织搜索应当分组进行，对单个缉捕对象的搜索每组至少二人。对建筑物的搜索一般从入口处开始向两端、逐个房间推进，同时在通道处设警戒人员；每搜索完一个楼层，封锁一个楼层。有多个入口且有条件的，可以从多个入口同时推进。入口处的选择以安全、方便进入为原则，门、窗户、阳台甚至其他孔洞等都可能选为入口。

对野外场所的搜索，如缉捕力量足够，一般分为警戒组、搜索组、机动组。警戒组负责封锁现场，切断缉捕对象逃窜通路，对逃跑的缉捕对象进行抓捕，疏散群众，维护现场秩序等；搜索组负责按照行动方案，选定的行动方式、路线进行搜索，发现、抓捕缉捕目标；机动组负责处置紧急状况，协助搜索组对重点部位进行搜索，在制高点控制缉捕目标，准备武力掩护、打击等。对野外场所的搜索，可以整个以包围圈为起点向中心推进，也可以从包围圈的某一边开始平行推进，还可以从某一点开始扇形推进。如果包围圈太大，搜索力量不足，可以运用分片搜索方法压缩包围圈。有条件时，应当使用红外夜视仪、警犬等延伸搜索力量。

在搜索中，如果出现缉捕对象持有危险物品、劫持人质等现实危险时不能盲目推进。

4.施加心理影响

被包围的缉捕对象在暗处，缉捕人员在明处，搜索无法顺利推进时，应首先考虑向缉捕对象喊话，对缉捕对象施加心理影响，劝告缉捕对象放弃抗拒。施加心理影响的主要方式有以下几种。

（1）依法感召。依法感召就是运用缉捕对象的趋利避害、避死求生心理，引导其放弃继续抗拒，随缉捕人员到案。实施依法感召，关键要把握两点：一是选择喊话人。喊话人由职务较高的缉捕人员担任，一般不宜由缉捕指挥员充当；喊话人在喊话时应首先表明自己的身份、职务。二是阐明缉捕对象面临的形势和抗拒缉捕在法律上的后果。喊话时语气要坚决，阐明形势、答复缉捕对象提出的问题和条件时，要援引法律的规定和政策的精神；如果缉捕对象并不确切知道自己的犯罪行为造成的后果，应运用模糊语言，不告知其真相，必要时也可借机欺骗，使其认为自己的罪行并不严重而接受缉捕人员的引导。

（2）情感软化。如果依法感召不起作用，可以进行情感软化。情感软化就是运用缉捕对象对父母、子女、配偶或者异性朋友的关心、牵挂之情，动摇其继续顽抗的决心。情感软化的前提是充分了解其家庭和社会关系，找准其最牵挂、感情最深的人。情感软化最好采取直接劝诫法，由缉捕对象最牵挂或者最信任的人直接出面劝诫，切忌将与缉捕对象有过节的人作为劝诫人。缉捕人员要指挥劝诫人，劝诫人要以其与缉捕对象之间的深厚感情为基点，劝诫缉捕对象为了最牵挂的人，选择对自己和最牵挂的人最有利的行为——放弃抗拒而随缉捕人员到案。有时，也可由缉捕人员利用缉捕对象对其父母、子女等的关心、牵挂之情进行劝诫。

（3）分化瓦解。对于涉嫌共同犯罪的缉捕对象，可以根据不同缉捕对象在共同犯罪中所起作用的不同，引导涉嫌罪行较轻的缉捕对象主动投降争取宽大处理，并由此孤立主犯，使主犯认识到大势已去而放弃继续抗拒。分化瓦解应首先从胁从犯入手；在没有胁从犯时，应选择从犯。鼓励胁从犯、从犯投降的理由，主要是根据他们涉嫌犯罪的情况，指出其应该承担的法律责任不值得他们抗拒缉捕。如果他们与主犯之间有恩怨，则可借题发挥；如果缉捕对象之间的关系不甚密切，还可以鼓励胁从犯、从犯以扭送主犯的方式立功，以便争取更有利的处理；必要时，可以将已到案的同案犯罪嫌疑人押至缉捕现场向某个特定的缉捕对象喊话，以增强分化瓦解的力度和可信度。

5.谈判

在对缉捕对象施加心理影响过程中，如果缉捕对象回话并提出条件，单方喊话则转化为谈判。对于劫持人质、持枪、持爆炸物品负隅顽抗的缉捕对象，在包围圈形成后，应当尽量争取通过谈判使其放弃对抗或制造缉捕机会。

劫持人质案件中，谈判是使人质安全获释和缉捕犯罪嫌疑人最基本的方式和首选的方式。谈判的基本步骤方法如下。

（1）谈判前的准备。主要包括了解劫持事件的基本情况和谈判人员的选择与分工。劫持事件的基本情况是指劫持人、被劫持人的姓名、性别、数量；劫持人是否持有枪支、爆炸物品；劫持地点的地形、交通；所在建筑物的结构、通道，以及是否有易燃、易爆等危险物品及其存放位置；劫持的原因等情况。这些情况一定程度上决定着谈判的内容。谈判人员的选择与分工，是谈判成功的重要条件。谈判人员主要由警察组成，必要时可以吸引心理学家、劫持人的亲友参加。选择谈判人员的主要条件包括：一是具有较强的应变能力；二是具有极强的心理承受能力；三是具有较强的语言能力。谈判人员一般按组长、主谈员、辅谈员和其他辅助人员等进行分工。

（2）建立良好的心理接触和对话基础。主谈员首先要介绍自己和辅谈员的身份，接着说明自己的立场是与劫持人共同协商解决问题的办法，为其提供帮助，不是与其为敌；同时要求劫持人谈谈自己的情况，选择这种方式解决问题的理由等。如果劫持人没有做出回应，则婉转地指出僵持下去并不能解决任何问题，希望其认清形势。如果劫持人做出回应，说明对话的心理基础已然建立。

（3）引导和倾听犯罪嫌疑人的倾诉。在建立对话基础后，应当先寻找犯罪嫌疑人感兴趣的话题与其对话，引导其倾诉或让其倾诉，包括让其发泄不满，谈判人员对此应当细心倾听。一方面了解其思想动态，另一方面可以为相机解救人质和强攻赢得时间和机会。如果劫持人不愿倾诉而直接提条件，应当先劝告其释放人质和投降，明确告知劫持人释放人质、停止对抗是最明智的选择。如果劫持人坚持自己所提的条件，谈判则转入讨论条件的阶段。

（4）讨论条件。谈判人员根据劫持人提出的条件与其进行讨价还价。讨论条件一般应当遵循以下两项基本原则和五项基本规则。两项基本原则包括：一是充分利用讨价还价拖延时间，“拖延时间常常是最好的策略”。二是无论对方提出什么条件，都要始终围绕释放人质、投降进行开价。五项基本规则包括：一是对劫持人在不投降前提下提出的任何要求，都不能予以明确拒绝和立即答应。二是对合法且有利要求，也要提出交换条件。三是对非法或不利要求，要表明无法满足要求以使其主动降低要求，如不愿降低要求则转为讨论满足要求的时限。谈判人员切不能主动帮劫持人提出新要求或提出新时限，以免陷入被动。四是只能提供劫持人所要求的东西，而不能主动提供其要求以外的任何物品。五是讨价还价过程中的欺骗应当控制在谈判结束前劫持人无法查明真相的范围内。

（5）结束谈判。在解救出所有人质以前，谈判人员永远不能结束谈判，即使谈判陷入僵局，也要尽一切努力重新开启另一轮谈判。人质未救，谈判不止。警方结束谈判的方式只能是行动，即突袭解救人质、强行进攻，而不能由谈判人员向劫持人提出结束谈判。

6.强行进攻

一般来讲，从围捕一开始就要着手做好强攻的准备。对于经依法感召、谈判后拒不投降的缉捕对象，在需要且可能的情况下，实施强行进攻，以将其缉获归案或者击毙。强攻的方法包括警戒攻击法和武器攻击法。前者是指在非立即致缉捕对象死亡不可的情形下，使用催泪弹、震荡弹、麻醉弹等制服性警械进行的攻击。只要制服性警械足以制止缉捕对象继续实施危害行为，就应当首先选用制服性警械进行攻击。武器攻击法，是指使用枪支、弹药等致命武器进行的攻击。武器攻击法可以致缉捕对象受伤，也可以致其毙命。在精度射击中，如果击伤缉捕对象足以制止其继续实施危害行为，应当首先选择击伤而不是击毙。

（三）围捕的注意事项

（1）要合理部署警力。在行动过程中，人员构成要合理，指挥、劝降、抓捕等力量要精心选择，科学搭配；警力部署要科学，要注意明暗结合、固定与机动相结合；在包围中还要注意抢占有利地形、地物，保证火力配置恰当。

（2）实施包围应尽量做到迅速隐蔽。要在犯罪嫌疑人来不及反应的情况下，隐蔽、迅速地形成多层包围圈，控制住关键部位，让其无路可逃。

（3）注意战斗进程和战斗动作的协同。在行动中要做到分工明确、信号明确、标志明显、联络办法可靠，保证指挥部、战斗小组、单兵彼此间的联络通畅、协调配合准确，充分发挥整体作战能力。

（4）灵活运用各种战术。在运用攻心战术时，有时要开展政治攻势，软硬兼施；有时要有意识地拖延时间，争取机会；有时要有意识地使用欲擒故纵战术，在其逃跑中寻找缉捕机会；在迫不得已时才使用强攻战术，即使使用强攻战术，也要继续喊话分散其注意力，采取声东击西、多点进攻等方法进行。

（5）随机合法地使用武器警械。行动中要寻找最佳位置部署神枪手，为强攻做好准备。在强攻中，若条件允许，还可以使用催泪弹、强光弹，甚至利用警犬扑咬犯罪嫌疑人。

（6）牢固树立安全意识。围捕行动中出现任何伤亡事故或重大财产损失，都是一次失败的行动。行动中要注意疏散群众，避免群众被误伤或被劫为人质；要排除一切可能的危险或干扰因素，如关掉建筑物的水、电、气设施，防止出现事故；缉捕人员自身也要善于利用地形、地物作掩护，相互配合要默契，避免行动中发生误会而出现自伤事故。凡是有人质的围捕行动，必须将人质安全放在第一位。

四、选择实施缉捕战术的基本原则

由于各种缉捕战术形式各有利弊，适用条件也有一定的差异，并且每种战术形式的实施方法多种多样。在选择实施缉捕战术时要遵循以下基本原则。

1.以隐蔽行动为主，公开行动为例外

所有战术的实施及战术动作的实现应当尽可能隐蔽地进行，不要惊动缉捕对象，有时甚至连周围群众也不要惊动。只有这样，才能保证缉捕行动的突然性。只有在隐蔽失败或不具备隐蔽实施条件时才公开实施有关战术及战术动作。

2.以智取为主，武装缉捕为例外

任何战术的实施都是非常灵活的，没有固定的套路。要保证各种缉捕战术方法的生命力，必须充分发挥缉捕人员的主观能动性，在每次行动、每次行动的各个环节中都要结合案件的具体情势，因时、因地、因情部署、实施具体战术行动，充分体现缉捕过程的策略性，提高缉捕效率。

3.以非对抗方式为主，对抗方式为例外

任何缉捕行动从本质上来讲，都是敌我双方的一种对抗。但是，从缉捕的过程来看，有时缉捕行动一开始就出现明确对抗，有时犯罪嫌疑人来不及对抗就被抓获归案。一旦出现正面对抗，缉捕难度和缉捕可能付出的代价就会增大。因此，缉捕行动中应当尽量选择非对抗方式，在缉捕过程中尽可能避免或迟延对抗，从中获取战机，缉捕犯罪嫌疑人，这样可以最大限度地确保安全。只有对抗性缉捕已经在所难免时，才选择对抗方式进行。

4.以非杀伤性方式为主，杀伤性方式为例外

在缉捕过程中，使用杀伤性方式容易造成不必要的人员伤亡，给侦查工作带来不利，有时即使合法击毙犯罪嫌疑人可能也会为查清案件事实带来被动；另外，法律对杀伤性方式的限制较为严格，缉捕过程中现场情况千变万化，有时能否合法使用杀伤性方式难以判断，也会给缉捕工作带来不利。因此，在缉捕中应当优先考虑非杀伤性方式，采取人力—警械方式缉捕。只有在难以实施此方式时，才考虑是否采取火力—警械方式缉捕。

5.以优势力量为主，平势或弱势警力为例外

缉捕行动过程具有复杂性和突变性，从理论上讲，任何缉捕行动都应当至少部署警戒、抓捕、机动警力，只有在警力上形成优势，才能适应缉捕的需要。同时，缉捕行动在实施抓捕时，要求缉捕人员应当在第一时间有效控制住缉捕对象的双手，使其失去反抗的可能，这也要求有足够的优势警力才能最大可能地实现。所以，在警力不足时，不要轻易采取行动，可以在跟踪、守候中调遣力量，待有足够的警力优势后再伺机行动。当然，在某些特殊情况下，确有成功缉捕的可能性时，也可以以少胜多、以弱胜强。

第五节 缉捕逃犯的国际合作

2014年7月22日，公安部召开电视电话会议，部署集中开展缉捕在逃境外经济犯罪嫌疑人的专项行动，即“猎狐2014”。“猎狐2014”专项行动的启动，标志着我国缉捕逃犯国际合作（境外追逃工作）进入一个新阶段。我国开展境外追逃专项行动，有利于打击跨国犯罪，提高国际执法能力，增强涉外刑事管辖效力，对经济犯罪嫌疑人外逃起到威慑作用。

一、缉捕逃犯的国际合作现状及成效

近年来，随着我国“猎狐2014”“猎狐2015”“天网行动”等境外追捕在逃经济犯罪嫌疑人（包括外逃国家工作人员和党员、涉及腐败案件的其他外逃人员）的专项行动相继展开，境外追逃工作初见成效。

截至2014年12月31日，“猎狐2014”专项行动共抓获境外在逃经济犯罪嫌疑人680名，

其中缉捕归案290名、投案自首390名，抓获总数相当于2013年全年抓获总数的4.5倍。此外，从涉案金额来看，在被抓获的经济犯罪嫌疑人中，涉案金额达到千万元以上的有208名，超过亿元以上的有74名；从潜逃时间看，在被抓获的犯罪嫌疑人中，潜逃时间在5年以上的有196名，潜逃10年以上的有117名，其中潜逃境外时间最长的达22年之久。截至2015年5月31日，在"猎狐2015"专项行动中，全国各级公安机关共抓获在逃境外经济犯罪嫌疑人214名，其中通过缉捕归案的人数为136名（含引渡3名），通过劝返的人数为78名，属于涉贪腐案件的人员27名，专项行动取得了重大阶段性战果。[1]

综上所述，当前我国境外追逃工作硕果累累，追逃力度空前强大，抓捕数量、质量较往年有大幅提升。特别是党的十八大以来，劝返、遣返愈发成熟，引渡不断加码加力，外逃人员纷纷落网。最新数据显示，截至2018年11月30日，我国已先后从120多个国家和地区追回外逃人员4997人，其中党员和国家工作人员1015人，追回赃款105.14亿元人民币，"百名红通人员"56人。[2] 近年来，我国不断加强境外追逃追赃工作，彻底粉碎了经济犯罪嫌疑人妄图逃避法律制裁的幻想，从根本上维护了我国法律的尊严，保障了国家的政治利益，为国家和人民挽回了巨大的经济损失。

二、缉捕逃犯的国际合作的主要途径

缉捕逃犯的国际合作的主要途径有四种：一是通过国与国之间签订引渡条约，建立引渡制度；二是在《联合国反腐败公约》等国际公约的框架下开展境外追逃；三是加强国际警务合作；四是潜逃犯罪嫌疑人或犯罪分子因非法入境而被驱逐出境，并遣返回国。由于各国的司法制度不同，操作程序也没有统一的规则，因此，在实践工作中，应该根据本国与犯罪嫌疑人逃往国签订条约、刑事司法协助条约及国际公约来具体操作。结合我国自身情况，一般可以采取以下措施开展缉捕逃犯的国际合作。

1.通过国际刑警组织实施境外缉捕逃犯

我国在境外追逃过程中，通常通过国际刑警组织发布红色通缉令，实施国际通缉。国际通报是指"不同国家与地区的警察机关之间，通过国际刑警组织的协调，相互协助对方查缉犯罪嫌疑人的一种专门的书面文书"。其中红色通缉令，又叫逮捕通缉令，是国际通缉中唯一得到大部分国家认可用来临时性羁押犯罪嫌疑人等待进一步引渡处理的世界性范围内的通报。一般情况下，红色通缉令的发布实施途径有两种：首先，由各成员国国家中心局向国际刑警组织总部提出申请发布红色通缉令的请求，再由总部向所有成员国转发"红色通缉令"，实施境外追逃；其次，如果已经清楚犯罪嫌疑人外逃的国家和具体区域时，可直接联

1.德丽娜尔·塔依甫，张尧. 论境外潜逃预警机制的构建[J]. 铁道警察学院学报，2015,6:34.

2.党的十九大以来，反腐败斗争压倒性胜利是如何形成的[EB/OL].http://www.81.cn/jwgz/2019-01/06/content_9397102.htm，2019-03-24.

系该国国家中心局，并向该国发出协查、缉捕逃犯的请求，将犯罪嫌疑人缉拿归案。“猎狐2014”专项行动启动以来，以公安部为首的各级公安司法部门积极开展境外追逃工作，积极协调国际刑警组织发布红色通报28个，先后派出境外追逃工作组32个，涉及全球40多个国家和地区，实现了在非洲、南太平洋、西欧等地的新突破，境外追逃工作取得良好成效。

2.通过引渡协议实施境外缉捕逃犯

引渡制度是一项重要的国际司法协助制度，也是打击跨国犯罪重要的法律保障。引渡是专门针对外逃犯罪嫌疑人或犯罪分子的法律制度，是国家与国家之间移交境外在逃人员的一种正式法律形式。具体来说，引渡是指一国应他国的请求，将在其境内被外国指控为犯罪嫌疑人或者已经宣判的人移交该外国审判或处罚的法律形式。引渡的目的是将境外在逃人员抓捕回国，接受本国审判和刑罚处罚。引渡的主体必须是国家，分别是以下三类：犯罪嫌疑人或犯罪分子本人所属国；犯罪行为发生地国；受害国。引渡制度以包含引渡条款的国际条约、国际公约以及相关国内立法为法律依据。但是，在国际法中并没有规定被请求国家必须引渡的义务，所以在没有引渡协议的情况下，被请求国可以直接拒绝请求国的引渡请求；在两个国家签订了引渡条约的情况下，引渡就成了一种国际义务，没有正当理由被请求国不能随便拒绝请求国的引渡申请。2000年12月28日《中华人民共和国引渡法》的颁布实施，为我国公安司法机关处理境外追逃工作提供了重要的法律依据。

3.通过“移民法遣返”实施境外缉捕逃犯

截至2014年，我国已经与超过35个国家签订了双边引渡条约，但是碍于法律、外交等因素，与美国、加拿大等部分西方发达国家之间尚未签订双边引渡条约，建立正常的引渡合作关系。如何在无引渡合作关系的前提下实现境外追逃，成为摆在我国公安司法机关面前的又一难题。结合我国实际情况，在无引渡合作关系的前提下，我国公安司法机关积极采取“移民法遣返”实现境外追逃，使“移民法遣返”这一替代性措施广泛运用于境外追逃工作中。所谓“移民法遣返”，是“指一国通过遣返非法移民、驱逐出境等方式将外国人遣送至对其进行刑事追诉的国家，无论作出遣返或驱逐决定的国家具有怎样的意愿，这在客观上造成与引渡相同的结果，因而也可被称为‘事实引渡’”[1]。然而，这一替代性措施也有例外和限制性规定。根据国际公约和一些国家移民法的规定，当犯罪嫌疑人或者犯罪分子被遣返回国后可能因为种族、宗教、政治等因素受到迫害时，被请求国不得将任何人遣返回国；当犯罪嫌疑人或者犯罪分子被遣返回国后可能遭受酷刑或刑讯逼供时，同样不适用“移民法遣返”。

4.通过“异地追诉”实现境外缉捕逃犯

当利用引渡条约和“移民法遣返”实施境外追逃遇到障碍时，我国公安司法机关要敢于创新，打破固定思维模式的束缚，树立一种宏观的国际合作观念，积极借助国外法律制度的优越性对境外在逃人员实行“异地追诉”，使犯罪嫌疑人在国外接受当地法律的制裁。通过

1.黄风．境外追逃的四大路径[J]．人民论坛，2011,31.

"异地追诉"实施境外追逃，可以产生两方面的作用：第一，在藏匿地国家接受法律制裁，避免逃犯逍遥法外，给境外在逃犯罪分子带来巨大的震慑力；第二，加强了国际司法合作与交流，为进一步将犯罪嫌疑人或者犯罪分子遣返回国创造了有利的法律条件。

5.通过"劝返"实施境外缉捕逃犯

通过"劝返"实施境外追逃，是我国公安机关、检察机关在开展境外追逃工作实践中摸索出的一种新型的境外追逃措施。"劝返"是通过说服教育的方式，在逃犯发现地国家司法机关的配合下，动员潜逃的犯罪嫌疑人或犯罪分子自愿返回国内接受追诉的引渡或遣返的替代措施。一般情况下，"劝返"工作要求办案机关和办案人员具备较高的谈话技巧、丰富的法律知识和良好的心理素质，这样才能更好地开展说服教育活动，成功"劝返"潜逃犯罪嫌疑人或犯罪分子。此外，在利用"劝返"实施境外追逃的同时，我国应该尽快以法律的形式明确境外追逃中自首的认定标准，从而使我国在境外追逃工作中开展"劝返"工作时更加有法可依，彰显中国法律的包容性，消除潜逃人员回国后的顾虑，鼓励境外潜逃的犯罪嫌疑人或犯罪分子回国自首。

综上所述，我们务必加强国际警务合作，建立国际司法合作机制；加大财政投入，完善境外追逃经费保障机制；努力培养一批懂法律、精外语的境外追逃专门人才，提高办案人员的业务水平；加快大数据时代的情报信息建设，为境外追逃工作信息化提供全方位的保障。同时，要努力在工作实践中积极探索其他境外追逃措施，使境外追逃工作多层次、多元化发展。

复习与拓展

（1）缉捕逃犯的基本概念。

（2）在逃人员的种类。

（3）在逃人员的心理特征和活动规律。

（4）查寻犯罪嫌疑人的主要策略方法有哪些？

（5）开展网上追逃的具体方法有哪些？

（6）缉捕境外在逃人员国际合作的基本途径。

（7）大数据时代对查缉犯罪嫌疑人的影响。

（8）缉捕境外在逃人员面临的难点及对策。

（9）新时代如何丰富缉捕在逃人员的措施和策略？

延伸阅读

（1）刘涛，杨郁娟：《侦查措施》，中国人民公安大学出版社2016年版。

（2）马忠红：《刑事侦查学》，中国人民公安大学出版社2014年版。

（3）袁小萍：《追逃理论与实务》，中国人民公安大学出版社2007年版。

（4）张宏业：《追逃技战法》，群众出版社2012年版。
（5）马海舰：《刑事侦查措施》，法律出版社2006年版。
（6）马忠红：《情报主导侦查》，中国人民公安大学出版社2006年版。
（7）公安部人事训练局、前卫体协编：《查缉战术》，群众出版社2000年版。
（8）陈刚：《信息化侦查教程》，中国人民公安大学出版社2012年版。
（9）张尧："从'猎狐2014'专项行动看我国境外追逃工作的困境与措施"，载《湖北警官学院学报》2015年第2期。

案例讨论

某年10月5日晚10许，福建省B市万益山庄别墅酒店，一名中年男子来到总台登记住宿。总台服务员熟练打开居民身份证检验仪，将身份证内容扫入电脑。该男子办好手续后，住进307号客房。此时，距该酒店数公里远的市公安局，一台电脑正发出"嘀嘀"的警报：李××，男，37岁，晋江市人，特大经济诈骗犯，在逃；入住万益山庄别墅酒店307房。民警们迅速出击，将尚在睡梦中的李××缉捕归案。

问题：

本案中公安机关主要采取了哪几项侦查措施？这些侦查措施在本案中发挥了什么作用？请简要评价这些侦查措施的现实意义与价值。

第十五章

刑事特情

| 本 | 章 | 要 | 点 |

刑事特情是指由侦查机关领导和指挥的，用于侦查刑事案件、搜集犯罪情报、发现和控制犯罪活动的隐秘力量。刑事特情有着悠久的历史渊源，是为适应同犯罪作斗争的需要逐步产生和发展起来的。刑事特情工作必须遵循相关基本原则，有着特定的选建方法、程序和运用策略。

第一节 刑事特情概述

一、刑事特情的概念

刑事特情是指由侦查机关领导和指挥的，用于侦查刑事案件、搜集犯罪情报、发现和控制犯罪活动的隐秘力量。这一概念具有以下四种含义。

（一）刑事特情只能由侦查机关建立和使用

根据我国刑事诉讼法和有关法律的规定，我国具有侦查权的侦查机关有公安机关、人民检察院、国家安全机关、军队保卫部门、监狱等。刑事特情作为侦查工作的一项基础业务，其建立和使用的权限只能属于上述有侦查权的各侦查机关。除此之外的其他一切机关、团体、企事业单位和个人都无权建立和使用刑事特情。

（二）刑事特情只能用于犯罪的侦查和控制工作

侦查工作的主要任务是揭露和证实犯罪，因此，作为侦查工作重要基础业务和专门手段的刑事特情只能为侦查工作的基本任务服务，即只能用于犯罪的侦查和控制工作。在任何情况下，都不能在党派内部和国家机关内部事务中使用刑事特情，也不能将刑事特情用于解决民间纠纷和商贸活动。但是，当某些党员、干部的行为构成犯罪，并成了犯罪嫌疑人，出于侦查工作的需要，经过一定的批准程序，可以使用刑事特情对其进行侦查和控制。

（三）刑事特情是同犯罪作斗争的一支隐蔽力量

刑事特情作为侦查机关的一项基础业务和专门手段，其一切活动都以“隐蔽”为主要特征。诸如对刑事特情的物色和建立是在秘密状态下进行的，对其领导和管理实行的是单线联系的方式，刑事特情之间不允许有工作上的相互接触和往来。刑事特情的活动之所以采取隐蔽的形式，是为了更有效地同犯罪作斗争。正是这种隐蔽形式，使得刑事特情能够深入到刑事犯罪活动的阵地，面对面地与犯罪分子接触，监控犯罪分子的活动，有效地获取侦查线索和犯罪证据。

（四）刑事特情不是侦查机关的工作人员

刑事特情，从其工作的任务和方法来看，其近似于侦查机关的侦查人员。但是，刑事特情是侦查机关秘密吸收的，来自于社会的各个方面。吸收刑事特情的条件，不是按照侦查人员应具备的标准，而是依据同犯罪作斗争的实际需要。刑事特情的身份有多种多样，有的是一般群众，有的是违法人员，甚至是犯罪分子。他们一旦被侦查机关停止使用，就不再与侦查机关发生任何工作上的关系。因此，刑事特情不是侦查机关的正式工作人员。

二、刑事特情的历史渊源

刑事特情有着悠久的历史渊源，它是为适应同犯罪作斗争的需要逐步产生和发展起来的。

（一）中国古代的刑事特情

中国刑事特情的最早历史渊源应属中国古代的“用间”。根据史料记载，夏朝就有秘密深入到异国内部进行“间谍”活动而得胜的事例。公元前6世纪，齐国人孙武所著的我国现存最早的军事著作《孙子兵法》中的第十三篇“用间篇”专门论述了“用间”的策略方法，并将之归结为乡间（利用故国乡里的人进行间谍活动）、内间（收买敌方官吏从事间谍活动）、反间（收买或利用敌方派来的间谍为我所用）、死间（故意制造或泄露假情报给敌方的间谍）、生间（派间谍到敌方去侦察，再返回来报告情况）五种“用间”形式。

军事领域的“用间”迅速为社会生活的其他领域所接受和采纳，尤其是在侦查领域得到了广泛的运用。到了汉代，“用间”便成为侦查工作中的常规方法。史料记载，汉宣帝时，义纵为定襄太守，“猾犹民夷为治”，唐人颜师古注：“百姓有素豪猾为罪恶者，今畏纵之严，反为吏耳目，助治公务以自效。”到了明清，侦查中运用特情的手段更为普遍，最为发达。明朝时，与其特务式的侦查方法相适应，在其特务式侦查机关东厂下雇用了大量的流氓地痞（“京师亡命”）作为耳目，帮助侦缉犯罪。“京师亡命”各处刺探情报，报告给“档头”，“档头”视事大小，付给酬金，即“买起数”，这就是史称“打事件”的侦缉方法。这一方法对近代及北洋政府和国民党政府的侦缉方法也产生了广泛而深远的影响。

（二）新民主主义革命时期的刑事特情

我国人民民主专政政权的刑事特情工作始于第二次国内革命战争时期的锄奸保卫工作。当时的锄奸保卫部门在秘密状态下吸收了一批政治觉悟高、思想进步的积极分子为隐蔽力量，专门用于对敌斗争的各种安全防御工作，但这些成员的名称并不是“特情”，而是被称为“网员”或“保卫员”。

解放战争时期，为了适应侦查和搜捕潜藏的特务工作的需要，“网员”或“保卫员”的吸收不只是局限于“积极分子”，还广泛有条件地控制使用了一批特务分子和其他敌对分子，并收到了较好的效果。全国解放前夕，随着革命胜利的发展，安全保卫工作也趋于完善，并且对“隐蔽力量”进行了有组织、有领导的整顿，取消了原“网员”“保卫员”的名称，正式将隐蔽力量定名为“特情”。

（三）新中国刑事特情工作的发展

1.新中国刑事特情的初建工作

新中国成立后，刑事特情作为同敌对势力作隐蔽斗争的重要手段受到了高度重视。1950年9月，全国第一次治安工作会议后，特情工作开始应用于刑事侦查，并称其为“刑事特情”。会议决定，为慎重起见，首先在全国城市由刑事侦查部门布建特情，特情的吸收对象主要是犯罪分子，应用的策略是“以毒攻毒”。随着对刑事犯罪斗争的不断深入，刑事特情在使用范围上也逐渐扩大。

1953年9月，在第二次全国民警治安工作会议的决议中，提出了“有计划、有重点地针对专案和在复杂地区、场所、特种行业、重大嫌疑分子周围建立特情。并可在犯罪集团、敌对阶层及社会游民阶层中，建立一定数量可能为我利用的分子，并应加强掌握和控制”。这一决议为刑事特情在使用范围上指出了明确的方向。从此，刑事特情分为专案特情和控制特情两类。

1955年2月，在全国第一次刑事侦查工作会议上，将刑事特情建设提高到了侦查基础业务的高度，提出了“大胆放手、稳步发展”的特情发展方针，并正式将刑事特情分为专案特情、控制特情和情报特情三大类。1963年，公安部下达的《刑事侦察工作细则（试行）草案》中，对刑事特情建设的原则、分类、吸收对象和刑事特情的领导、管理、使用及建立联络网点等作了规定。刑事特情工作被纳入了法制化的建设轨道。

2.刑事特情的取消阶段

1965年，在“极左”思潮的影响下，公安部的主要负责人坚持只要依靠群众，不要专门工作的错误思想，不顾同犯罪斗争的客观现实的需要，武断地作出了“刑事特情和据点一概不搞了，原有的全部取消”的决定。1966年，“文化大革命”开始后，公检法被砸烂，公安机关的专门工作被诬蔑为“神秘主义”“孤立主义”，侦查工作被称为“三头（狗头、指头和镜头）挂帅”，刑事特情工作被视为“资敌通敌”，特情人员成为“反革命的别动队”。一大批特情人员和从事特情工作的侦查人员受到了猛烈的冲击和残酷的迫害。在很长的一段时间内，刑事特情工作在侦查工作中基本销声匿迹。

3.刑事特情的恢复和发展阶段

1973年，公安部下达了《关于刑侦耳目建设的通知》，重新肯定了刑事特情的作用。1978年的第三次全国治安会议和1979年全国刑事侦查工作座谈会上，提出了进一步解放思想、大胆放手地加快建设特情。1980年9月，公安部在北戴河召开了刑侦耳目（刑事特情）座谈会，对刑事特情建设中的若干问题进行了专题研讨，并拟定了《刑事特情工作细则（草案）》。1981年3月，公安部下达了《刑事特情工作细则（试行办法）》，对特情建设作了全面而又具体的规定，如规定县公安局有权吸收、建立刑事特情；取消了农村不建立特情的规定；增加了在刑事诉讼中对刑事特情保护的内容等。

1984年8月31日，公安部根据刑事特情在侦查中存在的问题和犯罪活动的新情况，在反复征求意见的基础上，经全国侦察工作会议的讨论和修改，正式下达了《刑事特情工作细则》，这是刑事特情工作发展进程中的第一个正式法规性文件。它的实施，标志着我国刑事特情工作进入一个新的历史时期。

与此同时，在改革开放新的历史条件下，国家安全机关、人民检察院、监狱、军队保卫部门、海关等犯罪侦查机关根据各自侦查工作的具体情况，都广泛开展了特情工作的基础业务建设，并在侦查工作中发挥了重要作用。

三、刑事特情的分类

根据不同的标准，刑事特情有不同的分类。

（一）根据刑事特情所担负的任务分类

1.专案特情

用于协助侦查机关侦查已立案的重、特大案件的刑事特情是专案特情。专案特情主要用于刑事案件侦查中对犯罪集团、犯罪团伙的内线侦查和对犯罪分子的内线贴靠，其任务是调查和了解侦查对象的犯罪活动情况，获取侦查线索和犯罪证据，同时监视和控制侦查对象的活动。具体而言，专案特情的任务包括以下几方面。

（1）调查和了解侦查对象的犯罪意图、犯罪计划和犯罪同伙情况；

（2）调查和了解侦查对象已经实施的犯罪的过程、赃物和其他犯罪证据的处置方法及逃避打击的手法；

（3）获取犯罪证据和鉴定比对样本材料；

（4）防范和控制侦查对象的现行犯罪活动；

（5）配合有关侦查措施和手段的顺利实施。

2.控制特情

控制特情是指在一定的活动阵地上发现和掌握犯罪分子犯罪活动的特情。这类特情一般有固定的活动范围，有公开的职业作掩护，多在特种行业、重点地区、复杂场所、边缘结合地带、交通要道等犯罪分子易于涉足的场所发现和控制犯罪活动。其具体任务包括以下几方面。

（1）在特种行业、复杂场所、交通运输工具、集贸市场、边防口岸等进行阵地控制，发现犯罪分子及其犯罪活动；

（2）对犯罪分子的活动进行调查和监视；

（3）在修理行业、废旧收购行业、黑市交易场所等发现和获取赃物及其他犯罪证据；

（4）发现和控制被通缉的在逃犯罪分子。

3.情报特情

情报特情是指专门用于搜集犯罪情报的刑事特情。情报特情多无具体的案件和人员目标，也没有固定的活动范围，但多具有流动性职业，其主要任务包括以下几方面。

（1）搜集犯罪分子的内部情况，掌握犯罪内幕；

（2）了解犯罪动态和犯罪活动发展的趋向；

（3）发现预谋犯罪线索，防范犯罪危害结果发生。

（二）根据刑事特情的身份分类

1.基本群众中物建的刑事特情

基本群众通常指的是遵纪守法的广大公民。他们是侦查机关同犯罪作斗争的主要依靠力量，具有同犯罪作斗争的主动性和积极性，能够有效地配合侦查机关的侦查活动。但基本群众中物建的刑事特情的活动能力存在着许多方面的局限，他们多数不熟悉犯罪规律和特点，不具备接近犯罪分子的条件。因此，侦查机关及其侦查人员在对该类刑事特情进行启发教育的同时，要采取各种措施提高他们发现和识别犯罪分子的能力，提高其工作效率。

2.有过违法行为的人和受过打击处理的犯罪分子中物建的刑事特情

有过违法行为的人是指行为已违法，但不及追究刑事责任的人员；受过打击处理的犯罪分子是指刑满释放的人员。这两类人员都属身有劣迹者，他们虽在社会总人口中所占的比例较小，但由于分布广泛，具有发现和接近犯罪分子的有利条件，一旦愿意为侦查机关工作或者能为侦查机关控制，往往能在同犯罪作斗争中发挥特殊的作用。

3.现行犯罪分子中物建的刑事特情

现行犯罪分子是指正在实施犯罪时或在犯罪后及时被抓获的犯罪人。现行犯罪分子具有熟悉和了解犯罪集团或犯罪团伙内部情况的条件，有些本身就是犯罪集团、犯罪团伙的成员，容易取得其他犯罪分子的信任。使用这类成员作为特情，不仅能迅速、全面地掌握犯罪集团、犯罪团伙的内幕，了解其犯罪计划，而且能在犯罪集团、犯罪团伙内部制造矛盾，起到“离间”的功效。但对这类人员，必须在掌握充分确凿的犯罪证据的基础上，使其认罪服法后严格控制使用。

刑事特情还有很多其他的分类方法，如依据刑事特情的活动区域，可分为境内刑事特情和境外刑事特情，或者城镇刑事特情和农村刑事特情；依据使用刑事特情的方式，可分为愿意为侦查机关工作的刑事特情和被侦查机关控制使用的刑事特情；依据刑事特情的年龄，可分为青年刑事特情、中青年刑事特情和老年刑事特情等。

第二节 刑事特情工作原则

刑事特情工作的原则是刑事特情建设中必须遵循的标准和准则，它是由刑事特情工作的特点决定的，贯穿于刑事特情的选择、领导、教育、保护和使用的全过程。

一、需要与可能原则

需要与可能原则是指刑事特情工作必须从同犯罪作斗争的客观需要出发，结合侦查机关所具备的条件，全面而又综合的考虑。

（一）刑事特情工作必须充分考虑到同犯罪斗争的需要

无论是从同犯罪作斗争的大局出发，还是从具体刑事案件侦查的实际出发，刑事特情工作都必不可少。也就是说，开展刑事特情工作是发现侦查线索、获取犯罪证据、发现和控制犯罪分子、提高侦查效率的客观需要。从这个意义而言，要大力发展刑事特情。但是，在具体的刑事案件侦查中，或者是某一具体的部位和场所，是否需要使用刑事特情，则要视具体情况而定。一般而言，建立和使用每一个具体的特情，都要有明确的目的和要求。使用刑事特情的面不能随意扩大，凡依靠群众和基层组织能达到侦查目的的，就不能使用刑事特情。

（二）刑事特情工作的建设和发展要全面顾及侦查机关所具备的主客观条件

首先，侦查机关要具备开展刑事特情工作的现实可能性。也就是说，侦查机关应该具备一定数量和素质的侦查人员，这些侦查人员在业务上可以领导和指挥刑事特情，熟悉刑事特情工作的策略方法。只有这样，刑事特情工作才能有序而又有效地进行。

其次，要有符合刑事特情基本条件的人员可供侦查机关选择。刑事特情要完成搜集犯罪情报、控制犯罪活动阵地、发现侦查线索和犯罪证据的特定任务，必须具备一些特殊的条件，如活动能力、发现和识别犯罪的能力等。虽然这些能力可以培养，但在具体的侦查情势下，尤其是在情况紧急时，若无合适的人员可供侦查机关选择，刑事特情工作也只能是一句空话。

在刑事特情工作中，需要与可能是一对矛盾统一体。一方面，从同刑事犯罪作斗争客观实际出发，需要建立大批的刑事特情；另一方面，侦查机关受其人力、物力和财力的局限，刑事特情工作发展又受到制约。侦查机关应该从实际出发，摆正主客观位置，平衡和协调好二者的关系，既不能不顾“需要”，又不能盲目发展。

二、积极慎重、隐蔽精干原则

（一）积极慎重

积极慎重是指在刑事特情工作中，既要提高对刑事特情工作重要性的认识，解除思想束缚，放下包袱，大胆放手地建立和使用刑事特情，又要谨慎认真地进行调查研究，严格掌握法律和政策，讲究刑事特情的质量，注重刑事特情工作的实际效率。积极和慎重是刑事特情工作的两个方面，二者不可偏废。

（二）隐蔽精干

1.隐蔽精干的含义

隐蔽精干是指已被发展的刑事特情在工作中，一方面不能暴露身份，另一方面要精明强干。所谓隐蔽，就是要求刑事特情要有合适的掩护身份和掩护方式，遮掩得当，对有关特情工作的情况守口如瓶。所谓精干，就是要求刑事特情遇事要沉着冷静，机敏果敢，具有随机应变和适应复杂情况的能力。

2.隐蔽精干的要求

（1）个别吸收，即刑事特情的选择和建立只能单个进行。侦查人员在选建刑事特情的过程中，无论是与刑事特情接触和谈话，还是正式履行手续，都只能个别进行。绝不允许集体吸收刑事特情，更不允许集体谈话、宣誓。

（2）单线领导，即刑事特情只能接受侦查机关一条线的领导。也就是说，在每一级侦查主体中，只能是由有直接隶属关系的一至两名侦查主体领导一名具体的刑事特情。刑事特情只能成为一个侦查机关的特情，也只能接受一个侦查机关一条线的侦查人员的领导。

（3）刑事特情间不能发展横向联系。刑事特情不能发展刑事特情，刑事特情不准领导刑事特情，刑事特情不能组成小组并在相互知晓身份的情况下协同进行工作。

三、绝对保密原则

刑事特情工作需要绝对保密，这是保守工作秘密的基本要求，同时也是保证刑事特情工作正常开展和保证刑事特情人身安全的客观需要。

绝对保守秘密，对于从事刑事特情工作的侦查人员而言具有广泛的意义。侦查人员对刑事特情的选择、吸收、领导、教育、使用、保护，刑事特情工作的部署、规划、经验总结、情况报告及刑事特情工作的据点、档案资料都属于保密的范围。侦查人员必须具有高度的保密观念，对刑事特情工作中所获得的情况资料要定期进行整理，按规定进行归档或注册销毁，任何时候都不得以任何借口向外提供和透露有关刑事特情工作的情况，包括不能向新闻媒体提供有关刑事特情的情况，不能向外公开刑事特情这一专有名称等。

绝对保密原则要求刑事特情人员在汇报、通信、联络等工作中要严格遵循有关保密的规定。除向有关领导和侦查指挥人员反映情况外，刑事特情不能向任何人包括亲朋好友透露有关刑事特情工作的情况，更不能暴露身份。刑事特情更应注重自我保护，在与侦查人员联络时应一律使用规定的代号和暗语。

四、统一规划、合理布建原则

（一）统一规划

统一规划是指侦查机关在刑事特情的发展上要根据犯罪活动的规律和特点，结合本地区、本部门的具体情况，有计划、有目的地开展刑事特情工作。刑事特情工作作为侦查的一项专门业务，涉及诸多方面，包括侦查机关自身的人力、物力、财力、选建的刑事特情及相关单位和部门，因此，必须要有统筹安排，刑事特情的建设既要有长远的规划，又要根据同犯罪作斗争的实际情况，不断地调整刑事特情工作的重点。

统一规划要求刑事特情的领导机关和领导人员在广泛调查研究的基础上，充分发扬民主，制定出一定时期内刑事特情工作的发展规划和工作目标，并采取切实可行的措施具体落实。

（二）合理布建

合理布建是指侦查机关要根据犯罪活动的基本特点，尤其是犯罪分子食、住、行、销的特点，充分、有效地调动已选建的各类刑事特情，使其形成发现和控制犯罪活动的网络。

合理布建要求侦查机关对刑事特情网络的建设要达到守口把关、成网成线、利于作战、便于指挥的要求，并经常根据本地区犯罪活动的变化规律，分析侦查控制工作的薄弱环节，及时发现工作漏洞和失控的地区、场所，及时调整刑事特情的布局。

第三节 刑事特情的选建

刑事特情的选建是刑事特情工作的第一道程序，它是指侦查机关的侦查人员根据刑事特情工作的要求和刑事特情的条件，选择一定的人员，进行培养、考察进而正式吸收为刑事特情的一系列工作。刑事特情的选建工作关系到刑事特情其他工作能否顺利有效地进行，因此，其有着特别重要的意义。

一、刑事特情应具备的条件

为了保证刑事特情的质量，将某些人员吸收为刑事特情，必须有一定的标准，这些标准就是刑事特情应具备的条件。公安部颁发的《刑事特情工作细则》第9条规定：“刑事特情应当具有能够发现和接近犯罪分子，有一定的活动能力，并愿意为我工作的条件，或具有为我控制使用的条件。”这一规定明确了刑事特情应该具备的三个基本条件。

（一）刑事特情应具备能够发现或接近犯罪分子的条件

能够发现或接近犯罪分子是刑事特情应当具备的首要条件，这是由建立刑事特情的目的和任务决定的。

1.能够发现犯罪分子的条件

能够发现犯罪分子是指刑事特情应当熟悉和了解犯罪活动的规律和特点，善于观察发现疑人、疑事，发现犯罪分子及其犯罪活动。

一般而言，犯罪活动都具有隐蔽性的特点，这是由犯罪的社会危害性和应受惩罚性决定的。随着社会的进步和科技的发展，犯罪手段越来越狡诈，犯罪分子的活动越来越隐蔽。要达到刑事特情服务侦查工作的特定目的，发现犯罪分子是首要条件。发现犯罪分子的条件受到多种因素的制约，对于刑事特情工作而言，主要包括以下因素。

（1）刑事特情工作的场所和部位是否是犯罪分子经常涉足的场所和部位；

（2）刑事特情是否熟悉和了解犯罪的手段和方法，以及犯罪活动的规律和特点；

（3）刑事特情是否掌握了识别和发现犯罪分子的要领和方法。

2.能够接近犯罪分子的条件

能够接近犯罪分子是指刑事特情应当具有靠近犯罪分子或打入犯罪集团、犯罪团伙内部开展调查取证的途径和方法。

接近犯罪分子比发现犯罪分子更为困难和复杂。可以说，接近犯罪分子是发现犯罪分子的继续和深化。发现犯罪分子多是根据一些犯罪分子所暴露的外部或表面情况，但要获取犯罪分子的内部情况，尤其是犯罪集团、犯罪团伙的内部情况，则需要靠近犯罪分子，或深入到犯罪集团、犯罪团伙的内部开展工作。是否具备接近犯罪分子的条件，主要取决于以下因素。

（1）刑事特情是否与犯罪分子有特定的关系，如亲朋好友、同事或领导；

（2）刑事特情是否与犯罪分子有较长时间的交往和接触；

（3）刑事特情是否与犯罪分子有相同的兴趣爱好或经历等；

（4）刑事特情是否与犯罪分子有合乎情理的交往机遇。

发现和接近犯罪分子的条件虽然受到多种因素的制约，但是，这一条件可以由侦查机关或侦查人员培养、提高或创造而获取。在选建刑事特情时，不能要求选建对象一开始就具备很强的发现和接近犯罪分子的能力。要根据刑事特情的具体任务，充分地发挥刑事特情的特长。

（二）刑事特情应具备一定活动能力的条件

具备一定的活动能力，是指刑事特情应当具备完成特定调查和控制任务的能力。根据刑事特情工作的目的和特点，刑事特情应具备以下能力。

1.识别能力

识别能力，即识别犯罪分子活动的能力。就其内容而言，刑事特情对犯罪分子的识别能力应该包括两个方面。一方面是对犯罪分子的识别，诸如从某人的言谈举止、随身携带物、活动情况分析判断其是否具有犯罪嫌疑。另一方面是对物的识别，即判断某一物品是否与犯罪有关，如某物是否伪造、某物来源是否合法等。控制特情多应具备这方面的能力。

2.控制能力

控制能力，即控制犯罪分子活动的能力。控制能力也有多方面的含义，如控制犯罪分子经常涉足的地区和场所的能力，影响和控制犯罪分子的能力，控制犯罪分子活动、制止其预谋犯罪的能力，等等。

3.随机应变能力

随机应变能力，即在复杂的情况下，灵活有效地完成任务的能力。刑事特情在活动中，经常会遇到意想不到的问题，需要应付犯罪分子的各种考验。如何在错综复杂的环境下机敏应付，往往是刑事特情工作成败的关键。

4.交往能力

交往能力，即与各种各样的人交往的能力。刑事特情要获取侦查线索和犯罪证据，不仅要与犯罪分子交往，而且要与其他各种各样的人，包括犯罪分子的关系人交往。刑事特情是否善于交往，在交往的过程中是否表现出有诚意、守信誉，在很大程度上决定了刑事特情的工作能力。

（三）刑事特情应具备愿意为侦查机关工作或能为侦查机关控制的条件

1.愿意为侦查机关工作的条件

愿意为侦查机关工作是刑事特情从其内心出发，愿意积极主动地为侦查机关打击犯罪活动的工作出力。尽管刑事特情在为侦查机关工作中要付出一定代价，冒着一定的风险，但他们有些基于同犯罪作斗争的积极性和主动性，有些在侦查人员的教育和帮助下，真心实意地加入到侦查机关同犯罪作斗争的行列。基本群众中物建的刑事特情大多在此列。

2.能够为侦查机关控制的条件

能够为侦查机关控制是指选建的刑事特情因有犯罪的“把柄”为侦查机关掌握，而不得已为侦查机关工作。在犯罪分子中选建的刑事特情大多是这种情况。对这类刑事特情的使用，侦查机关必须要有控制的把握和严密的监控措施。

二、刑事特情的选择

刑事特情的选择是指从哪些部门和场所以及哪些人员中去寻找具备刑事特情条件的人员。不同类型的刑事特情，其选择的侧重不一。

（一）专案特情的选择

专案特情一般以重、特大刑事案件为工作目标，用于贴靠犯罪嫌疑人，深入犯罪集团、犯罪团伙内部开展调查，获取侦查线索和犯罪证据。因此，专案特情必须相对具有更好的接近犯罪分子的条件和更加机敏灵活的能力。一般而言，专案特情主要从以下人员中选择。

（1）共同犯罪人。在侦查犯罪集团、犯罪团伙案件时，为了查清犯罪集团、犯罪团伙内幕，获取犯罪证据，常常在犯罪集团、犯罪团伙内部选择具备一定条件的成员，通过密捕或其他措施，在其认罪服法和能够为侦查机关控制的基础上再回到犯罪集团、犯罪团伙内部去开展调查，配合侦查。

（2）被关押的犯罪嫌疑人。在被关押的犯罪嫌疑人或罪犯中，选建专案特情主要有两种情况。一是在被关押的犯罪嫌疑人中选择具备一定条件的人作为刑事特情，在关押场所贴靠犯罪嫌疑人，开展狱内侦查。二是根据专案侦查的特殊需要或特殊情况，在关押场所选择能够发现、接近、控制犯罪分子的犯罪嫌疑人或罪犯，从关押场所放出去开展有关的调查工作。

（3）犯罪嫌疑人的知情人或犯罪嫌疑人的关系人。这类人员通常包括：耳闻目睹了犯罪嫌疑人实施犯罪的过程或有关情况的人；了解犯罪嫌疑人隐藏赃物、销售赃物和处理其他犯罪证据的人；犯罪嫌疑人的亲朋好友和其他关系人，这类人与犯罪嫌疑人有一定的交往关系或情感关系，易于接近犯罪嫌疑人，而且犯罪嫌疑人往往对这些人存有较少的戒心，易于获取侦查线索和犯罪证据。

（4）能够接近和取信犯罪嫌疑人的违法人员或犯罪分子。这类人与犯罪嫌疑人虽然没有特殊的关系，但其熟悉犯罪活动的规律和特点，了解犯罪层的习性和内幕，具有很强的黏附能力。在违法人员或犯罪分子中选建专案特情，有两类人可供重点考虑：一是在坦白自首的人员中，选择认罪态度好，有诚意改过自新，敢于揭发其他犯罪分子的人员；二是在刑满释放的人员中选择有悔改表现的人。

（二）情报特情的选择

情报特情的主要任务是与犯罪分子或其他违法人员交往，搜集犯罪情况。对情报特情的选择要重点考虑交往能力和接触条件。一般而言，情报特情可以从以下人员中选择。

（1）下岗待业人员和社会闲散人员。这类人员无固定的职业，没有固定的生活来源，往往有轻微的违法活动，是犯罪分子拉拢腐蚀的主要目标。尤其是这类人中的盲流和乞丐，游手好闲，终日游荡在公共场所和复杂地区，其生活习性和行为特征非常接近于流窜犯罪分子，因此，具有较为理想的发现犯罪线索的条件。

（2）从事流动性职业的人。从事流动性职业的人因具工作性质、活动范围广泛，其涉足的食、住、行、乐等场所往往是犯罪分子涉足的场所。

（3）工作和居住在公共复杂场所、社会治安形势较为严峻地区的居民。他们可以利用其工作和居住的有利条件发现犯罪嫌疑线索。

（4）有条件获取犯罪情报的其他人员。如同刑事犯罪嫌疑人有交往的人员、与违法人员工作和居住在一起的人员等。

（三）控制特情的选择

控制特情的主要特点之一，就是以职业为掩护，在犯罪分子经常涉足的地区和场所进行阵地控制。这些阵地主要包括犯罪分子食、住、行、销、乐的地方。根据这一特点，控制特情可以从以下人员中选择。

（1）餐饮业的从业人员。包括饭店、酒家、咖啡馆、茶楼等的服务人员，他们主要从到此进行餐饮的人员中发现犯罪嫌疑线索。

（2）旅店业的从业人员。包括旅馆、宾馆和招待所等的接待人员、登记人员和房间服务人员等，他们主要从住宿宾客中发现犯罪嫌疑线索。

（3）公共电汽车、出租车的从业人员。包括公共电汽车的驾驶员和售票员、出租车的驾驶员等，他们主要从乘客中发现犯罪嫌疑线索。

（4）修理行业和废旧收购行业的从业人员。包括修理行业的修理人员、废旧收购行业的估价人员和收购员等，他们主要是从修理和收购的物品中发现犯罪嫌疑线索。

（5）娱乐行业的从业人员。如夜总会、KTV等场所的从业人员，他们主要是从在此消费的人员中发现犯罪嫌疑线索。

（6）公共复杂场所和重点地区的从业人员。如车站、码头、机场、影剧院、公园、集贸市场和商场的工作人员，他们可以利用自身工作的有利条件，发现公共复杂场所的犯罪活动。

（四）境外特情的选择

境外特情的主要任务是搜集境外犯罪情报，尤其是走私贩毒、拐卖人口的犯罪线索和逃到境外的犯罪嫌疑人的线索。境外特情的选建难度要大于境内特情，主要表现在适合选建的对象少、与选建对象的接触少、考察不便等，有时要有境外有关单位协助才能完成。一般而言，境外特情可以从以下人员中选择。

（1）往来于边境地区的商贸人员。他们主要从事境内外商业贸易工作，对境内外犯罪分子的走私、贩毒、伪造和诈骗等犯罪活动多有察觉和了解。

（2）境外的赌场、旅店、餐饮、娱乐等复杂场所的从业人员。这些场所是犯罪分子经常涉足的地方，尤其是逃到境外的犯罪分子经常涉足的场所。

（3）流动的边民。流动的边民多在边境内外从事渔业、商贸等正当职业，他们中有的人持有两个“地区”或国家的通行和临时居住证。由于他们自由进出边境地区，因此，利用其对边境地区熟悉的优势，往往可以发现犯罪嫌疑线索。

（4）在边境地区从事运输的人员。这类人员具有直接接触出入境人员的条件，了解犯罪分子利用交通工具进行的犯罪活动。

（5）被抓获的境外犯罪分子。境外犯罪分子在境内犯罪被抓获后，由于惧怕处罚，或者已经被处罚的希望能够提前释放，这类人员只要有悔罪的表现，并愿意为侦查机关工作，可以选建为境外特情，利用其在境外工作和生活的有利条件发现犯罪嫌疑线索。

（五）几类不宜选建为刑事特情的人员

由于刑事特情有着特定的工作任务和工作对象，因此，必须具备一定的条件。有些人员具备了一定的条件，但因受其他因素的制约，不宜作为刑事特情使用。这些人员包括以下几类。

（1）治安积极分子。治安积极分子是维护社会治安的重要依靠力量，他们主要依附于城市居民委员会或治安联防组织，主要活动有巡逻、盘查可疑人员和值勤等，大多从事的是社会面上的工作，其身份一般是公开的。因此，治安积极分子接近犯罪分子的条件受到较大的限制，尽管其有活动能力，愿意为侦查机关工作，但一般情况下，侦查机关不将其选建为刑事特情。

（2）未成年人。未成年人是指不满十八周岁的青少年，他们的生理、心理发育不成熟，社会阅历浅，社会经验缺乏，缺乏接近和控制犯罪分子的基本能力。因此，未成年人一般不宜选建为刑事特情。但是，随着犯罪低龄化越来越突出，侦查机关迫切需要在十八岁以下的青少年违法人员中开辟犯罪情报来源。针对这种情况，侦查人员可将十八岁以下的青少年违法人员发展成为侦查机关的关系人开展工作，待其十八岁后再正式发展为刑事特情。

（3）罪行严重的犯罪分子和重大犯罪集团、犯罪团伙的首要分子。这类犯罪分子犯罪的恶习很深，有些本身就是惯犯、屡犯，他们有较为丰富的逃避侦查打击的经验，处事阴险狡诈，善于伪装，难以控制，加之涉及破案后的从轻、减轻处罚的问题不易操作，因而尽管其有较强的发现或接近犯罪分子的能力，但一般也不宜将其选建为刑事特情。

（4）被处死刑罪犯的近亲属。被处死刑罪犯的近亲属，尽管有些对犯罪分子的犯罪行为表示义愤，但是由于其与被处死刑罪犯有着情感上的联系，因此，其会对包括侦查机关在内的司法机关产生强烈的抵触情绪和不满情绪。在这种情况下，除非特别需要，一般不宜将他们选建为刑事特情。

三、刑事特情选建的方法

选建刑事特情时，应当根据选建对象的具体情况，讲究一定的方法，这是成功和顺利地发展刑事特情的首要条件。在诸多刑事特情的选建方法中，多以思想教育为主，建立感情为辅，特殊情况下采取强制控制使用的方法。

（一）启发教育

启发教育是在基本群众中选建刑事特情的一种主要方法，它是指侦查人员以多方面的思想教育启发选建对象，使其自愿为侦查机关工作。

基本群众有同犯罪作斗争的积极性，有较高的思想觉悟，是侦查机关的主要依靠力量。因此，对基本群众启发教育的内容主要是进一步向其阐明同犯罪作斗争的重要意义，消除其在此问题上的一些模糊认识，并且配合解决其工作上、生活上的一些实际困难。

启发教育的方法多种多样，一般采用促膝谈心、阐明事理和启发开导的方式，用生动的事例以理服人，用实实在在的关系和帮助取信于人，用切实可行的措施解除选建对象怕遭报复、怕被人知晓、怕影响工作等后顾之忧。启发教育时要根据选建对象的具体情况，有针对性地进行。

（二）接触交往

接触交往的方法适用于选建各类刑事特情。接触交往是指侦查人员与选建对象在来往交流的过程中，逐渐建立较为密切的关系，在此基础上，考察选建对象是否具备刑事特情的基本条件，然后争取培养发展为正式的刑事特情。

接触交往选建刑事特情的方法，由于要经过一段较长的时间，而且侦查人员与选建对象往往会产生一定的“朋友”感情，因而，其是一种非常自然的选建刑事特情的方法。这种方法特别适用于选建下列人员作为刑事特情时使用。

（1）重点地区、复杂场所、特种行业的基本群众。他们有较高的思想觉悟，利用工作的有利条件，经常向侦查机关反映可疑的人和事，经过较长时间的交往和考察，侦查人员可将其发展为正式的刑事特情。

（2）有劣迹的违法人员。侦查人员在对这类人进行训诫教育的同时，常常责令其在发现犯罪嫌疑线索时要及时向侦查机关报告。对于有悔罪表现，经常向侦查机关反映可疑情况的违法人员，侦查人员经过较长时间的交往和考察后也可将其选建为正式的刑事特情。

（3）不愿马上为侦查机关工作的选建对象。因为种种原因，一些选建对象对于侦查机关将其选建为刑事特情的要求，既不同意，也不反对，而是采取一种观望的态度。在这种情况下，侦查人员应有耐心的态度，在与其继续接触和交往的过程中，用灵活有效的方法，逐渐解决其实际困难，消除其后顾之忧，促使其慢慢自愿为侦查机关工作。

（三）秘密介绍

秘密介绍的方法适合于侦查机关在重点地区、复杂场所、特种行业中选建刑事特情。它是指侦查机关对派出所和企事业单位的保卫组织等侧面推荐的选建对象进行考察培养后将其发展为正式的刑事特情。

重点地区、复杂场所、特种行业中的派出机构和企业单位的保卫组织，对本单位、本辖区的情况较为熟悉，对违法人员、重点人口等的现实表现较为了解，由他们向侦查机关侧面推荐选建对象既有针对性，又可提高选建工作的效率。

（四）强制控制

强制控制的方法又称抓“把柄”的方法，主要适用于在违法人员尤其是犯罪分子中选建刑事特情。所谓抓“把柄”的方法是指侦查机关利用选建对象的犯罪事实，通过一定的控制手段强迫其为侦查机关工作的一种方法。因此，它是一种较为特殊的选建刑事特情的方法。

需要强调的是，所谓的“把柄”是指选建对象本人的犯罪事实，它既包括已被处罚的犯罪事实，也包括未被处罚的犯罪事实，而不是指选建对象一般性的作风、道德或生活上的问题。适用抓“把柄”的方法只是选建刑事特情的前提性手段，要充分发挥刑事特情的能动性作用，使其由被强制为侦查机关工作转为主动愿意为侦查机关工作，侦查人员必须对其进行经常的思想教育。

上述几种选建刑事特情的方法既可单独适用，也可同时适用。关键是根据选建对象的具体情况，有针对性地灵活运用。

四、刑事特情选建的程序

（一）全面调查了解选建对象情况

刑事特情的来源渠道较多，有在侦查过程中发现的，有有关部门介绍的，不管渠道如何，一旦发现可疑的误建为刑事特情的对象时，侦查人员首先要全面调查了解选建对象的有关情况，考察其是否具备刑事特情的基本条件。

调查了解的主要内容包括选建对象的政治态度、思想品质、经济状况、家庭和社会关系、性格爱好、与侦查对象的关系等。若选择对象是违法人员或犯罪人员时，还需了解其犯罪事实、认罪态度、处罚情况和有无悔改表现等。

调查了解选建对象的方法多种多样。既可通过基层派出所和单位保卫组织调查，也可通过其所在单位的领导、同事、居住地的居民了解。必要时，可以查阅选建对象档案或与其进行面对面的交流。

（二）初步与选建对象进行接触

侦查人员与选建对象进行初步接触是指侦查人员与选建对象进行面对面的交流，了解其是否愿意为侦查机关工作或能否为侦查机关所控制。只有明确表示愿意为侦查机关工作的或侦查机关能采取有效措施控制的选建对象，才能正式选建为刑事特情。

针对不同的选建对象，侦查人员进行初步接触的方法也不相同。对政治觉悟高的积极分子，侦查人员在与之初步接触时，可以直接揭示主题，请求其配合侦查机关的侦查工作，并尽快地完成吸收其成为刑事特情的任务；对一般群众，侦查人员可以从启发教育入手，激发其同犯罪作斗争的主动性和积极性，在此基础上提出将其发展成为侦查机关秘密力量的要求；对违法人员，尤其是犯罪人员，一般从批评其错误、揭露其犯罪事实入手，启发其知错认罪，要求其立功赎罪，或抓住其犯罪的“把柄”，强制其为侦查机关工作。

侦查人员与选建对象进行初步正面接触的同时，要做好充分的准备。在做好保密工作的同时，要注意掌握谈话的分寸，耐心地解答选建对象提出的问题，解除其思想顾虑。侦查人员在与选建对象初步正面接触时，在谈话中如果觉察到选建对象不适合作为刑事特情的情况，应巧妙地借词掩饰，停止这方面的谈话。

（三）对选建对象进行考察试用

侦查人员在对选建对象进行了各方面的了解后，往往尚不能完全确定选建对象是否具有刑事特情应具有的基本条件，因此，对选建对象需要有一个考察试用的过程。

对选建对象的考察试用包括两个方面。一是考察选建对象的工作能力。如相对一般群众，其识别犯罪的能力如何、机敏反应的能力如何等。二是考察选建对象的可靠性，也就是说是否对侦查机关忠实可靠，特别是那些违法犯罪人员，虽有较强的工作能力，但是否愿为侦查机关工作，或能否为侦查机关控制，需要做进一步的考察。

考察试用选建对象的方法根据选建对象本身的情况和考察具体内容而定。如考察违法人员（包括犯罪人员）的可靠性时，侦查人员可指令其完成一定任务，通过配备一定的外线进行考察或运用事后调查核实的方法考察选建对象是否忠实。而对一般群众活动能力的考察，则重在考察其工作过程中所运用的具体方法及工作成效。

对选建对象的考察试用必须遵守一定的规则。一是不能让选建对象针对案件真实情况开展调查，以免弄假成真；二是在考察试用阶段，侦查人员不能把选建对象带入职业据点进行联络，不能为其规定化名、代号，防止吸收失败时暴露侦查工作的秘密。

（四）对符合条件的选建对象履行正式的吸收手续

对经过调查了解、考察试用并符合刑事特情条件的选建对象，侦查人员要填写《刑事特情呈批表》，并报请批准，履行正式的吸收手续。

《刑事特情呈批表》属侦查基础业务建设中的绝密材料，只能由选建刑事特情的侦查人员填写，具体内容包括：选建对象的简要情况；选建对象的简历（包括受过何种奖励、处罚及现实表现）；为侦查机关工作的条件；负责领导的侦查人员；内部编用的代号及刑事特情的代号；通信联络的方法；使用的目的和任务；使用单位的意见。如果是在现行犯罪分子和正在服刑的罪犯中选建刑事特情，在呈批过程中还需将其使用价值、所犯罪行、刑期、服刑中的表现和可靠程度等材料一并报上。

刑事特情的建立必须经过一定的批准程序。情报特情和控制特情的建立经市、县侦查机关负责人批准；专案特情的批准权限与批准立案侦查的权限一致；在服刑的犯罪分子中选建刑事特情，必须经地、市侦查机关审核，征求司法部门同意，报请其主管处、局长批准。选建一般境外特情，需经地、市侦查机关批准；重要的需经省、市、自治区侦查机关批准，特别重要的由公安部、国安部、最高人民法院等批准。

凡被批准正式建立为刑事特情的，侦查机关应为其建立个人档案。个人档案具体内容包括：刑事特情的照片；本人简况；犯罪事实；处理情况及悔罪表现；保证书等。上述内容可根据刑事特情的具体情况有选择性地填写。

（五）与被吸收为刑事特情的人员进行正式的谈话

凡是被侦查机关正式吸收为刑事特情的人员，侦查机关的领导或侦查人员在其正式开展工作前要与其进行正式谈话。正式谈话的方式根据刑事特情的具体情况各不相同，但都是围绕以下几个方面进行。

（1）向刑事特情表明其工作性质和隶属关系。刑事特情的工作性质与侦查人员的工作性质有着根本的区别，侦查人员与刑事特情是领导与被领导的关系，刑事特情为侦查机关工作不是加入某一组织，刑事特情只能接受一个侦查机关的单线领导。

（2）向刑事特情宣布规定的化名、联络暗号和联络方法，尤其是发生紧急情况时与侦查人员的联络方式。

（3）向刑事特情宣布工作纪律。根据公安部颁发的《刑事特情工作细则》第13条的规定，特情在工作中必须遵守以下纪律：不准唆使、诱人犯罪和主动策划犯罪；不准与犯罪分子共同活动，但为达到必要的侦查目的，经领导批准，可随同犯罪分子进行辅助性的、不造成直接危害的活动，这种活动应视为侦查活动，不是犯罪；不准捏造事实、陷害好人；不准谎报情报、欺骗政府。

（4）向刑事特情进行初步的工作安排。在进行初步工作安排时，首先要向刑事特情进行保密教育，使其明确认识到保守秘密是侦查工作的灵魂。在具体布置任务时，可根据刑事特情的条件、可靠程度、使用目的等方面的因素，一般采用由易到难、从简及繁的方法。初步布置任务后，为了便于考察和掌握刑事特情的工作情况，要适当地多安排与刑事特情的接头次数。

（六）刑事特情选建失败后要及时采取补救措施

选建刑事特情的过程中，由于对选建对象的调查不全面、审查不细致、吸收方法不正确、采取的措施不周密等原因，可能会遇到各种吸收不成功的情况，如在吸收过程中侦查人员突然发现选建对象条件不合适；选建对象因某种原因不愿意为侦查机关工作；选建过程中发现选建对象有不诚实、不可靠的行为；使用抓“把柄”的方法不成功等。如遇上述情况，侦查机关及侦查人员要及时采取补救措施。

对选建对象不具备刑事特情条件的，侦查人员可借故把话题引开；在选建过程中发现选建对象不诚实、有欺骗侦查机关的行为时，侦查人员要采取严厉批评措施，责令其承认错误，做出不泄露侦查工作秘密的保证，必要时令其出具保证书；对于使用抓“把柄”方法吸收的刑事特情，在选建过程中若其不愿意为侦查机关工作的，则应在保密教育的同时，采取必要的强制措施，如拘留、逮捕等。

对选建过程中吸收失败的情况，无论何种情形，侦查机关及侦查人员都应在认真吸取教训的同时，向有关机关的领导做出报告，说明吸收失败的原因和采取的补救措施。

第四节 刑事特情的运用

刑事特情的运用是刑事特情工作中的关键和核心环节，刑事特情工作的任务和目的主要是通过刑事特情的运用来实现的。

一、刑事特情运用的基本策略

（一）根据刑事特情的具体情况，量才适用

侦查机关选建的刑事特情，情况千差万别，其活动能力、接近犯罪分子的能力以及为侦查机关工作的动机和目的各不相同，因此，对刑事特情进行使用时，应当依据其本身的具体情况，知人善任，有针对性地发挥其特长，提高其工作效率。如有的刑事特情擅长贴靠犯罪分子，有的适合搜集犯罪情报，有的善于发现和识别赃物等。

对刑事特情的量才适用，一方面，要求侦查人员不能不顾刑事特情的实际能力和条件，对其要求过高或过于苛刻，过多地人为增加刑事特情的工作压力；另一方面，侦查人员要积极地听取刑事特情的工作意见，发挥其主观能动性，最大限度地发挥其工作能力。

（二）根据侦查工作的实际情况，精心使用

刑事特情工作处在同犯罪斗争的最前沿，大多数情况下是与犯罪分子面对面的较量，可能会遇到许多难以预料的紧急情况甚至是危急情况。因此，指挥刑事特情的侦查人员必须针对侦查工作的实际情况，精心设计，严密部署，确保刑事特情能够有效地完成任务。在具体指挥时应注意以下问题。

（1）指挥刑事特情贴靠犯罪嫌疑对象时，要仔细研究贴靠对象的特点，设计多种实施方案及要领，并充分估计可能遇到的困难和问题，并采取相应的对策。

（2）指挥刑事特情进行内线侦查时，要设计好刑事特情深入犯罪集团或犯罪团伙内部进行调查的方法，为刑事特情准备好应付侦查对象考验的对策，并随时研究刑事特情反映的情况，指挥刑事特情相机获取证据。

（3）指挥刑事特情搜集情报时，要善于从刑事特情反映的各种情报材料中发现有价值的情报线索，并指挥其顺线追查，使刑事特情的活动得以深入。

（4）指挥控制特情控制犯罪嫌疑对象、获取赃物和其他犯罪证据时，要设计好稳住犯罪

嫌疑对象、套取赃物的各种方法及与侦查人员及时取得联系的方式。

（三）根据刑事特情工作的实际情况，依法使用

刑事特情工作，一方面，由于刑事特情的人员复杂，其中有很大一部分是违法人员，甚至是犯罪人员；另一方面，刑事特情工作的环境复杂，大多是犯罪分子涉足的部位和场所，有些甚至是在犯罪分子内部。因此，要求指挥刑事特情的侦查人员应严守特情工作纪律，依法使用刑事特情。根据公安部颁发的《刑事特情工作细则》，侦查人员在指挥使用特情时，应遵循以下的规定：

（1）不准指挥特情去唆使、引诱和策划犯罪；

（2）不准特情参与共同犯罪；

（3）不准使用特情执行巡逻、查店、拘捕和审讯等任务；

（4）不准把武器、警械交给特情佩戴使用；

（5）不准使用特情搞美人计；

（6）不准把特情提供的未经证实的材料作为办案的根据，更不准单凭特情的指认抓人；

（7）不准纵容和使用特情违法乱纪；

（8）不接受特情的私人财物，不准使用特情办私事。

二、各类刑事特情的运用方法

（一）专案特情的指挥和使用

专案特情是侦查机关用于追查犯罪集团、犯罪团伙或犯罪分子的特情，包括深入犯罪分子内部开展内线侦查的专案特情和了解侦查对象活动、控制和监视侦查对象的专案特情两大类。专案特情的主要任务是以具体的刑事案件为工作目标，深入犯罪集团、犯罪团伙内部，贴靠犯罪分子或重大犯罪嫌疑对象，查明其犯罪意图，了解犯罪内幕，获取犯罪证据。由于专案特情大多是与犯罪分子面对面地斗智斗勇，因此对专案特情的指挥和使用就尤为重要。

1.专案特情运用中的基本环节

侦查人员指挥和使用专案特情时，重点应注意以下三个基本环节。

（1）让刑事特情尽量取信于犯罪分子。取信于犯罪分子，这是刑事特情顺利开展工作的前提。

首先，侦查人员要为刑事特情创造与犯罪分子自然接触的条件。一般而言，选建刑事特情时最好是在侦查对象所熟识的关系人中寻找，或者是通过侦查对象所熟识的人介绍刑事特情与侦查对象相识。个别情况下，也可以创造机遇，让侦查对象与刑事特情偶然相遇。不管何种情况下，刑事特情与侦查对象间的接触必须是自然的，不能引起侦查对象的怀疑。

其次，侦查人员要尽可能地为刑事特情提供详尽的侦查对象的有关情况，如侦查对象的性格特点、兴趣爱好、思想状况、活动规律、犯罪手法等。掌握这些情况，一方面有利于刑事特

情选择合适的取信于侦查对象的方式、方法，投其所好，助其所需；另一方面刑事特情也可以在其活动中有的放矢地针对侦查对象的具体情况，采取有效的对策去获取证据，发现线索。

再次，侦查人员要善于指挥刑事特情应付侦查对象的各种考验。侦查对象，尤其是狡猾的犯罪分子，常常对其心存疑虑的刑事特情采取各种方式进行考验，如指令刑事特情进行某种犯罪活动，要求刑事特情代为处理赃物等。因此，侦查人员要善于指挥和配合刑事特情有效地应付侦查对象的各种考验，培养刑事特情随机应变的能力。

最后，侦查人员要重视指导刑事特情博取侦查对象的信任、尊重和感激。侦查人员要指导刑事特情根据侦查对象和侦查工作的具体情况，积极配合刑事特情，使刑事特情表现出或有主见，或讲义气，或有能耐，或有特长，能够在侦查对象或犯罪集团、犯罪团伙内部树立起威信。

（2）使刑事特情能够有效地获取证据、套取情报。获取证据和套取情报是刑事特情工作的根本任务。如何指挥刑事特情获取证据、套取情报是侦查人员运用刑事特情的关键和核心。指挥刑事特情获取证据、套取情报的常见策略方法有以下几种。

一是指挥刑事特情用言行刺激侦查对象，促使其自我暴露。如用事实或虚构的情节刺激侦查对象，观察其反应，从其反常现象上发现线索。二是指挥刑事特情假装顺从侦查对象的意图，引诱侦查对象暴露其犯罪计划、犯罪过程、犯罪同伙等。必要时刑事特情可以参加研究犯罪计划，选择犯罪目标，窥探犯罪线路，处理犯罪赃物等没有直接危害后果的行为。三是指挥刑事特情向侦查对象献计献策，套取有关犯罪活动的情况，或诱使侦查对象按照侦查意图活动。四是指挥刑事特情利用犯罪分子之间的矛盾，在犯罪分子之间进行离间，制造混乱，借机获取情报。使用该方法时，一方面，不宜让刑事特情制造矛盾；另一方面，要掌握和控制必要的限度。五是指挥刑事特情对侦查对象进行引导规劝，通过正面的说服教育，引导侦查对象投案自首。这一方法适合于犯罪后有悔罪心理或畏罪心理的初犯、偶犯，且需配合以严密的防范措施。六是指挥刑事特情运用公开或秘密的防范直接获取证据或比对样本。

（3）妥善地安排刑事特情撤离。妥善地安排刑事特情撤离，不引起侦查对象的怀疑，是保护刑事特情人身安全、长远发挥刑事特情作用的前提条件。常见的方法有以下几种。

一是缉捕犯罪嫌疑人时，安排刑事特情不在缉捕现场；二是安排刑事特情在缉捕现场"脱逃"，必要时，可让能侦查控制的犯罪集团或犯罪团伙的次要人员与刑事特情一起"脱逃"；三是在缉捕现场将刑事特情"抓获"后，编造刑事特情被关押的经历，或安排刑事特情"脱逃"，而实际上将刑事特情秘密转移阵地；四是在只有刑事特情和侦查对象二者活动和接触的情况下，一般不宜在刑事特情提供情况后离间抓捕，而采取被害人指认或群众扭送等方式直接抓获犯罪嫌疑人。

2.指挥专案特情开展侦查的基本方式

（1）内线侦查。即指挥刑事特情打入犯罪集团、犯罪团伙内部进行调查。内线侦查有两种情形。一是侦查人员选择一定条件的刑事特情打入犯罪集团或犯罪团伙内部开展调查，既可以利用与犯罪集团、犯罪团伙的某一成员有特定关系的刑事特情实现直接打入，也可以通过犯罪成员特定关系人的介绍，由刑事特情间接打入。二是侦查人员通过对犯罪集团、犯罪团伙成员情况的分析，选择具有一定条件的犯罪成员，将其密捕突审，在抓住把柄、启发教育的基础上，将愿意立功赎罪的犯罪成员建为刑事特情，放回犯罪集团、犯罪团伙，配合侦查机关侦查工作。

（2）内线贴靠。内线贴靠是指在重、特大案件侦查中，尤其是重、特大的疑难案件和预谋案件的侦查中，在发现重大犯罪嫌疑对象后，指挥刑事特情主动与重大犯罪嫌疑对象进行接触，了解其有无犯罪意图，是否实施了犯罪，进而获取犯罪证据的一种特情调查方式。

（3）外围架网。外围架网是指在刑事案件发生后，在确定的侦查范围内，调动各方面的刑事特情布建成秘密调查控制的网络，收集与案件有关的线索，控制赃物，发现犯罪嫌疑人的一种特情调查方式。外围架网主要适用于侦查影响坏、损失重、危害大的案件，且一时无明显侦查线索和重大嫌疑对象，侦查无明显进展时。外围架网的有效实施，一方面依赖于侦查人员在给刑事特情布置任务时要有明确具体的要求和方法；另一方面依靠其他侦查措施的密切配合。

（4）狱内侦查。狱内侦查是指侦查机关适用刑事特情对已经被拘捕关押但拒不供述犯罪事实的犯罪分子在关押场所进行的调查。狱内侦查的主要目的是配合对犯罪分子的审讯工作。开展狱内侦查的特情可以从多方面选择，如侦查过程中选建的专案特情、在押犯罪分子中临时选建特情以及关押场所专门的狱侦特情等。使用刑事特情开展狱内侦查，因侦查对象和环境都较为特殊，因而必须精心设计。如为特情编造“犯罪事实”，向特情介绍侦查对象情况，特情在关押期间的表现，特情与侦查对象接触和交往的方式，紧急情况下侦查人员与特情的联络方法等，侦查人员都应全面考虑。必要时，使用特情进行狱内侦查还需要采用技术侦查手段进行配合。

（二）情报特情的指挥和使用

情报特情的主要任务是搜集与犯罪有关的情况，如预谋犯罪的线索情报、犯罪动向的情报等。

1.指挥和使用情报特情方法

（1）指挥情报特情布建网点，广泛搜集情报。情报特情的使用价值在于能够广泛而有效地搜集情报，因此，指挥情报特情的首要要求就是广泛布建。侦查机关应当根据犯罪活动的规律和特点，统一规划，在犯罪分子涉足的社会各行业、各领域布建情报特情，形成一个严密的、纵横交错的情报网络。同时，情报网络中的情报特情要多方面、大范围地进行活动，对不正常商贸活动、不正常聚集活动、不正常交往活动等进行观察了解，从中发现犯罪线索。

（2）建立情报中心，定期搜集特情情报。建立情报中心是指侦查机关设计专门人员，集中掌握情报特情提供的情报线索，并对其进行分析、归纳、整理，形成情报系统。情报特情提供的情报千差万别，有些是有价值的，有些是无价值的；有些需要立即查证，有些则需要进一步搜集有关情况后才有利用价值。而这就需要设立专门机构和专门人员，对情报特情提供的每一情况进行认真分析，评估其价值，决定其利用方法。

定期搜集特情情报是侦查机关根据犯罪活动的规律和特点，尤其是一定时期内某一类和某几类犯罪突出的情况，指挥情报特情重点搜集某一方面的情报，为集中而有效地打击特定的犯罪服务。

（3）固定情报搜集范围，建立情报搜集点。固定情报搜集范围是指以情报特情的居住地、工作或活动区域为中心，调动情报特情在一定的范围内搜集情报。这些范围大多是犯罪活动多发的部位和区域。

（4）选择重点对象，直接搜集证据。不同的侦查机关有不同的工作重点对象。从搜集情报的角度而言，重点对象应当是知晓犯罪情报的有关人员，如重点人口、城镇流动人口等。侦查人员通过情报特情选择一定的重点人口进行正面交往或侧面了解，可以直接搜集到一些与犯罪有关的情报。

2.指挥和使用情报特情的注意事项

情报特情所搜集的情报，大多要经过加工整理或调查印证后方可利用，因此，侦查人员指挥和使用情报特情搜集的情报时，要特别强调质量和效率。

首先，要求搜集情报的范围要广泛。要针对犯罪活动的规律和特点，指挥情报特情采取多种方式、运用多种渠道广泛搜集情报。凡是犯罪分子涉足的食、住、行、销、乐的场所，均应布建情报特情搜集情报。

其次，要求搜集情报的速度要快捷。犯罪情报本身具有很强的时间性，尤其是预谋犯罪的情报线索的时效性更强。侦查人员在指挥情报特情搜集情报时，既要强调及时发现、搜集、传递犯罪情报，又要注重对犯罪情报的快速分析和处理。

再次，要求搜集的情报质量要高。侦查人员在指挥情报特情的过程中，要及时地介绍犯罪活动的规律和特点，使情报特情的活动能够有的放矢，从而准确而又高质量地搜集情报。

（三）控制特情的指挥和使用

控制特情多被侦查机关布建于特种行业、重点地区、复杂场所等，利用其工作的便利条件发现可疑的人、事、物，进而发现犯罪嫌疑线索、防范控制犯罪。控制特情工作的岗位不同，其控制的重点和方法也不尽相同。

1.特种行业控制特情的使用

特种行业是指旅店、旧货回收、修理、刻字印铸等行业，它们往往是犯罪分子落脚藏身、销赃和进行犯罪活动所要涉足的场所。

（1）根据控制特情所在的行业特点，有针对性地布置特情开展工作。如旅店业是犯罪分子落脚藏身之处，旅店业的控制特情可利用其登记信息、保管财物、进入客房等便利条件，观察和发现可疑的人、事、物。

（2）培养和提供特种行业控制特情的工作能力。如旅店业的控制特情应了解查验和识别证件的一般方法，在和旅客的谈话中要善于观察、发现可疑问题等。

（3）要尽量顾及特种行业控制特情的本职工作和经济效益。特种行业的控制特情一般都有较为固定的本职工作，因此，侦查人员在布置特情开展工作时，应考虑不要过多地占用特情的工作时间，不要影响其工作的经济效益，必要时，可给特情一定的经济补偿。

2.重点地区、复杂场所控制特情的使用

重点地区、复杂场所一般包括车站、码头、机场、公共电汽车、商场、娱乐场所、集贸市场、名胜古迹等，这些地方人员流动大，情况复杂，是侦查机关防范控制犯罪的重点。在重点地区和复杂场所指挥和使用控制特情的任务主要包括以下两方面。

（1）打击扒窃犯罪。扒窃犯罪数量多，行动诡秘，手段狡猾，靠一般的公开工作难以发现和控制，而在案件高发的重点地区和复杂场所运用控制特情进行控制是行之有效的方法。控制特情打击扒窃犯罪包括两个方面的内容，一是利用控制特情工作的便利条件，在其工作的同时注意观察、发现扒窃犯罪；二是有经验的反扒控制特情在公共汽车、集贸市场等扒窃犯罪猖獗的场所开展专门的反扒行动。

（2）定点控制，发现犯罪线索。即将控制特情固定在重点地区、犯罪场所的关键部位和犯罪分子经常涉足的场所，以职业为掩护，在工作过程中观察、发现犯罪分子。

三、对刑事特情的保护

对刑事特情的保护包括对特情人员的保护和对特情工作秘密的保护两个方面。对刑事特情的保护是刑事特情工作的重要组成部分，不仅关系到特情队伍的发展和壮大，还是保守侦查工作秘密的基本要求。

（一）给刑事特情布置工作时要严格控制

侦查人员在给刑事特情布置具体任务时，要充分考虑刑事特情的工作方式和活动范围，尤其是运用多个刑事特情侦查同一案件和同一对象时，更应严格控制，不能让彼此知晓，避免特情在工作时任务交叉或重叠，争功斗气。

（二）与刑事特情联系时应强调隐蔽

侦查人员与刑事特情的联络方式主要有三种，即直接会面、秘密通信和电话联系。无论采用何种方式进行联系，都要特别注意隐蔽和安全。侦查人员与刑事特情的直接会面一般应安排在特情工作据点内，而不宜在侦查机关内或侦查人员和特情的居住地、工作地进行。直接会面的地点除了隐蔽安全外，还应进退方便，以备发生紧急情况时撤离。刑事特情使用秘密通信方式与侦查人员联系时，要有固定保密的通信地址，而且内容要用事先约定的代号和暗语书写。

（三）查证刑事特情提供的犯罪嫌疑线索时要掌握时机，另寻借口

侦查人员在查证刑事特情提供的犯罪嫌疑线索时，一般以个别走访的形式，以查证检

举、揭发线索为借口，在有关人员中进行调查核实。如果特情提供的犯罪嫌疑线索不是需要立即查证的，也可以暂缓查证，以免引起侦查对象怀疑。

在查证只有刑事特情和侦查对象二者在场的线索时，侦查人员可采用制造假象、转移视线的方法，如调查侦查对象的亲属或与侦查对象关系密切的有关人员。

（四）刑事特情有暴露危险时，要及时采取补救措施

侦查机关对有暴露危险或已经暴露的刑事特情，除已经失去使用价值的以外，一般要采取必要的补救措施，消除侦查对象和有关人员的疑虑。常见的补救措施有以下几种。

（1）在犯罪集团或犯罪团伙内部制造矛盾和混乱。侦查机关可以利用犯罪成员之间的矛盾，通过一定方式放出“风声”，将“泄密”的责任有意转嫁给犯罪集团或犯罪团伙的有关成员，扰乱犯罪分子的视线。但这种转嫁应掌握一个基本的前提条件，即转嫁责任后不会在犯罪集团或犯罪团伙成员间导致严重的报复行为。

（2）为刑事特情提供受过打击处理的假证明。侦查机关通过一定的审判程序，可为刑事特情提供一些虚假的受过打击处理的假文书，如拘传通知书、搜查扣押清单、释放证明等，以迷惑侦查对象。

（3）虚张声势，对刑事特情进行假关押。对一些重要的刑事特情，尤其是调查任务尚未完成，需要进一步进行狱内侦查的刑事特情，侦查机关可以借故拘留关押，虚张声势。必要时，可将对刑事特情有疑虑的犯罪嫌疑人一同拘留，在审讯时佯装信任犯罪嫌疑人，动员犯罪嫌疑人揭露刑事特情。

（4）安排刑事特情转移阵地。有暴露危险的刑事特情，若是专案特情，可以转移到其他专案上继续进行调查；若是情报特情和控制特情，可以在侦查人员的安排下，改变其活动范围和方式。必要时，刑事特情可以暂停为侦查机关工作。

（五）及时与检察机关和司法机关沟通，做好对刑事特情的保护工作

侦查机关在利用刑事特情提供的犯罪嫌疑线索破案并侦查终结后，应及时与检察机关和司法机关联系，相互协调对刑事特情的保护工作。

（1）侦查机关要主动地向检察机关和司法机关介绍侦查的有关情况，尤其是特情在侦查工作中发挥的重要作用，希望检察机关和司法机关在对犯罪嫌疑人审讯和对被告人的审讯时注意保护刑事特情和侦查工作的秘密。若刑事特情作为犯罪嫌疑人和被告人被移送起诉的，则要求司法机关在定罪量刑时予以酌情考虑。

（2）刑事特情应尽量避免出庭作证。刑事特情公开出庭作证，不仅会使特情身份暴露，特情的人身安全受到威胁，还会泄露侦查工作的秘密。特情必须出庭作证时，应耐心做好其思想工作，争取本人同意，让其以检举人、共同犯罪人等身份出庭，并教育其在法庭上严守侦查机关秘密。

（3）将刑事特情提供的情况转化为能够在刑事诉讼中公开使用的证据形式。如将刑事特

情发现的物证转化为侦查人员通过公开搜查获取的证据，将刑事特情发现的犯罪嫌疑线索转化为证人证言和犯罪嫌疑人的供述等。

第五节 刑事特情的管理

刑事特情的管理是有效开展刑事特情工作的重要保证，其基本内容包括刑事特情专门管理机构的建立，对刑事特情的教育、考核和奖惩，以及刑事特情工作的经费管理和档案管理等。

一、刑事特情专门管理机构的建立

刑事特情工作是侦查工作中支柱性的基础业务，必须有专门的机构、专门的人员负责管理，其主要职能包括：负责选择、吸收、指挥使用刑事特情的具体工作，如选择、吸收、使用侦查秘密据点进行阵地控制和专案侦查，及时查证各类刑事特情提供的情报线索，保护、教育、考核、指控刑事特情等；研究制定刑事特情的发展规划，逐步形成布局合理的刑事特情网络；定期和不定期地指导侦查人员对刑事特情的考核工作；做好侦查秘密据点的各项建设工作；管理刑事特情的经费和档案；总结刑事特情工作的经验教训。

二、对刑事特情的教育、考核和奖惩

（一）对刑事特情的教育

对刑事特情的教育是刑事特情管理工作的主要组成部分，其目的是通过对刑事特情的教育，提高刑事特情的政治思想素质和业务能力，使其能更为有效地开展工作。对刑事特情的教育包括三个方面的内容。

1.思想政策教育

思想政策教育的内容较为广泛，包括形势教育、法制教育、前途教育等。侦查人员要善于针对刑事特情的不同特点，开展生动形象、有说服力和针对性的教育工作，努力提高刑事特情的政治思想素质。

2.业务能力教育

业务能力教育旨在培养刑事特情的工作能力，包括活动能力、发现和识别犯罪的能力等，它贯穿于刑事特情管理工作的始终。

3.保密教育

刑事特情工作是一项高度保密的工作，侦查人员在对刑事特情的管理中，要重视教育刑

事特情严守侦查工作的秘密，培养刑事特情的保密观念和保密意识。

（二）对刑事特情的考核

对刑事特情的考核，旨在通过对刑事特情人员的基本状况和素质的调查了解，分析、研究和解决刑事特情工作中的问题，保证刑事特情队伍的纯洁和发展壮大。

对刑事特情的考核是一项经常性的工作，涉及的内容较为广泛，如刑事特情报告的情况是否属实、刑事特情在工作过程中是否遵守有关的规章和保密的规定等。

对刑事特情进行考核的方法也多种多样，如通过让刑事特情定期或不定期地汇报工作进行考核、通过侧面调查进行考核、通过外线进行考核等。具体的考核方法可以根据考核对象的具体情况和考核内容确定。

对刑事特情的考核一方面要注意保密，尽可能不让刑事特情察觉；另一方面要掌握原则，发现问题及时处理。考核中要本着加强教育，严肃纪律，及时调整和整顿的原则，采取慎重而又实事求是的态度，对发现的问题进行妥善的处理。

（三）对刑事特情的奖惩

对刑事特情奖惩的主要目的是调动刑事特情工作的积极性、纯洁刑事特情的队伍。

1.对刑事特情的奖励

根据公安部颁发的《刑事特情工作细则》的规定，具有下列情形之一的，对刑事特情给予表扬或物质奖励。

（1）打入犯罪集团、犯罪团伙内部，破案有功的；

（2）获取犯罪证据，破案有功的；

（3）发现重要线索，抓获重要犯罪分子的；

（4）遇有犯罪分子行凶、逃跑或强制刑事特情共同犯罪等紧急情况，能机警灵活，处置得当，有效完成任务的；

（5）积极工作，遵守纪律，服从指挥，做出成绩的。

对刑事特情的奖励要及时进行，奖励的大小要依据一定的标准，且与特情的成绩相当，同时，要把物质奖励和精神奖励有机地结合起来。

2.对刑事特情的处罚

根据公安部颁发的《刑事特情工作细则》的规定，具有下列情形之一的，应分别对刑事特情给予批评、教育、警告直至追究法律责任。

（1）阳奉阴违，虚报情况的；

（2）假公济私，招摇撞骗的；

（3）擅自行动或暴露秘密的；

（4）违法犯罪或包庇犯罪的；

（5）捏造事实，陷害他人的；

（6）勾结犯罪分子制造假象，企图将侦查引入歧途的；

（7）诱人犯罪或策划犯罪的。

对刑事特情的处罚，一方面，要掌握时机，刑事特情的问题一经查实，要立即做出处罚决定，以防造成新的伤害；另一方面，要考虑刑事特情行为的原因和动机，做出的处罚要合理而适度，要将惩罚和教育紧密结合起来。

三、刑事特情工作的经费管理和档案管理

（一）刑事特情工作的经费管理

刑事特情工作经费的主要来源包括侦查机关刑事特情工作的专项经费和刑事特情职业据点的盈利。经费的开支范围具体是刑事特情的固定报酬、生活补贴、奖励、活动费用和伤残特情的抚恤费用等。

在刑事特情工作的经费管理中，要建立严格的审查制度，凡属重大开支，要经侦查机关领导集体研究决定。同时，对刑事特情工作经费的开支项目要逐项登记。

（二）刑事特情工作的档案管理

刑事特情档案是反映刑事特情工作状况和个人情况的一种考核登记，是刑事特情活动和工作的全部记载，包括刑事特情个人档案、刑事特情工作档案和侦查秘密据点档案。

刑事特情个人档案是从选建到使用刑事特情的全过程中，刑事特情个人材料的积累，具体内容有特情对象呈批表、特情选建阶段的调查和考核材料、特情人员奖惩登记表、特情关系转移材料等。

刑事特情工作档案是刑事特情在工作过程中所获得的各方面材料的积累，具体内容有刑事特情提供的情报材料及刑事特情的工作成绩和过失情况等。

侦查秘密据点档案是对据点工作情况的原始记录，分联络据点档案和职业据点档案两种。联络据点档案的内容包括申请建立据点的报告及批复、建立使用时间记录、据点工作人员登记表、接待特情次数记录、工作情况总结报告及上级指示、据点撤销时间及原因记录等；职业据点档案内容包括申请建立的报告及批复、批准经营的营业执照手续、据点的固定资产和地产证明、经营盈亏情况、侦查活动中有关情况的记录、工作报告、据点撤销时间和原因记录等。

刑事特情档案由领导刑事特情的侦查人员负责建立，由所属侦查机关专门人员集中管理。刑事特情档案属绝密材料，对其管理要严格遵循有关保密规定。

复习与拓展

（1）怎样理解刑事特情应具备的条件？

（2）刑事特情工作有哪些工作模式？

（3）刑事特情工作应遵循哪些纪律？

（4）怎样对刑事特情进行管理？

（5）刑事特情的法律属性。

（6）新时代刑事特情工作的原则。

（7）当前刑事特情工作面临的主要问题与对策。

延伸阅读

（1）蒋鹏飞："刑事侦查中线人使用的二元法律规制"，载《北方法学》2013年第2期。

（2）陈晓辉："刑事特情适用的若干争议焦点研究"，载《求实》2010年第11期。

（3）徐卫红，刘志峰："浅谈刑事特情在职务犯罪侦查中的运用"，载《中国检察官》2008年第5期。

案例讨论

某年6月18日上午11时30分许，C县工商局局长刘××（男，45岁）在办公室喝了一杯自己用奶粉冲的牛奶后，突然全身打颤、抽搐，经医院抢救无效死亡。经技术鉴定，证实刘××系"毒鼠强"中毒致死。

经过近一个月的现场勘查和调查摸排等方面的工作，专案组发现该局商标广告股股长张超×（女，43岁）有重大作案嫌疑，遂于7月20日对张超×予以刑事拘留。但由于张超×抱着侥幸心理，顽固抵抗，审讯工作没有任何进展，加之公安机关掌握的证据不多，且法定刑拘羁押时间有限，所以，如何突破张超×就成为此案的关键。

于是，专案组于22日将张超×转移到市看守所，实行异地关押、异地审讯。同时，由市局组织开展狱内侦查，配合正面审讯。市局立即调用女特情A实施狱内侦查，并做如下设计：一是A因情人杀害亲夫被抓进来，现在情人作案后不知去向；二是A被关进看守所已经40多天了，已被批捕，等候审判；三是A要根据女性容易在感情上被突破的特点，从感情方面展开进攻；四是A要占据有利地位，在精神上要压住对方，始终在对方面前保持"大姐大"的姿态，但开始时不要急于进攻。

设计好任务后，侦查员提前1小时将A关进市看守所专门准备的一个单间内，然后再将侦查对象张超×关进来。第一天，A没有急于进攻，而是施展了一套狱内生活的"行规"：A看到张超×进来后倒头大睡，并打起了呼噜，便一脚把她踹醒，并狠狠地骂她吵死人了。张超×连称对不起。随后，张超×又打起了呼噜，A又一脚过去，张超×又起来道歉，并让A先睡，说自己太累了，一睡就打呼噜。A就这样折腾了张超×一个晚上。第二天起床后，A又摆起架子，要张超×搞卫生、去接送来的开水。并规定，吃饭也是A先吃，张超×后吃，张超×

还要负责洗碗。就这样，一场针锋相对的斗争就开始了。

23日吃完早饭后，张超×主动问A被抓进来的原因及在里面待了多长时间。A称其情人杀死了其丈夫，结果情人跑了，其被抓进来关进一个有七八个女的在一起的大间40多天了，前天因犯规，结果被关进了单间，并对张超×说天下男人没有一个是好东西。同时，A趁机反问张超×因什么被抓进来的。张称其是工商局的，该局局长喝了一杯牛奶就中毒死了，公安局叫工商局全部人都写了一篇材料，因其写得太详细了被抓。A问其局长死了与你有什么关系？张超×答称其只不过和刘局长私底下有些感情来往。这天下午、晚上，专案组连续提审张超×。

第二天上午，A开始主动进攻，问张超×公安对其连续提审，肯定是犯了大案。张超×狡辩说公安说有证据证明是其干的，但其实不是她干的。A吓唬她说，现在的警察很厉害，设备又很先进，连其同情人约会那么隐蔽的地方都能查出来，可能其真的有证据被公安抓住了。然后，A又从侧面进攻，说给张超×看手相，看后称其感情线分叉明显，有桃花运，至少有3个情人，中年有一劫难，搞得好可以逃过这场劫难，搞不好逃不过。张超×听后大声叹气。A便将张超×的这种思想状态反映到专案组。审讯人员便抓住张超×的这种心态，采取迂回前进战术，以感情为主线，进一步加大审讯力度。突击审讯从24日晚一直持续到25日上午，随后才将张超×关回。

当天下午，张超×一直在床上翻来覆去，下午3时许从床上爬起来对A说其顶不住了，警察太厉害，连其单位的人都说是其干的，其丈夫也不理解她了，今天下午提审时准备交代了。A就劝其如果没法顶住，最好就投降，这样自己会舒服一些。

但当天下午，张超×的丈夫给她送来《钢铁是怎样炼成的》《永恒的爱》《刑事诉讼法》三本书，张超×的思想马上来了个大转弯，大嚷其谁都不信，就信其丈夫，《刑事诉讼法》这本书有一页被撕掉了一个角，告诉其要坚持30天，要像《钢铁是怎样炼成的》主人公那样。A给张超×泼冷水，称你别太高兴了，《钢铁是怎样炼成的》那本书写得很苦，其丈夫是叫你去受苦，你能撑得住吗？《永恒的爱》，就是到此为止了，叫你坚持30天，能坚持得住吗？有毛病！等等。

专案组接到A的这些情况反映后，当晚又开始审讯。审讯人员继续采取迂回前进的战术，将张超×心理防线一步一步瓦解。到28日上午7时，张超×的心理防线终于全线崩溃，并如实交代了犯罪事实：其与刘××于1997年在一次外出开会期间，酒后发生了性关系。事后张超×曾产生了后悔、负疚心理。但几年来，刘××仍借机多次对其进行性骚扰，因无法摆脱，就产生了报复心理。6月9日，张超×到一地摊花一元钱买了一包“毒鼠强”，于6月14日下午3时许，趁局长办公室无人之机潜入局长办公室，用自己带来的抹布垫住手，移开书柜玻璃门，用布包住取出奶粉罐，用随身携带的钥匙撬开奶粉罐的铁盖，将药投入奶粉盒中，并用勺子搅拌混合，恢复原状后离开。6月18日，刘××冲奶粉饮用后死亡。

问题：

请对本案特情工作进行评价。

第十六章

外线侦查

| 本 | 章 | 要 | 点 |

外线侦查是公安机关刑侦部门经常使用的重要侦查措施之一。在刑事案件侦办过程中，开展外线侦查有助于掌握侦查对象动态、获取侦查线索、发现赃物和证据、控制犯罪活动、避免危害后果的发生，对刑事案件的侦破具有重要作用。本章主要论述了外线侦查的概念、特征、任务及重要性；论述了跟踪盯梢、守候监视、秘密逮捕、化装侦查、秘密拍摄等外线侦查手段的主要内容与实施方法。

第一节 外线侦查的性质和任务

一、外线侦查的概念

外线侦查是相对于刑事内线侦查而言的，它是侦查人员以掌握侦查对象的外部活动情况和获取犯罪证据为目的，对侦查对象进行直接观察、监视、控制的一种侦查手段。主要是采用跟踪盯梢、守候监视、秘密拍照和录像等以户外侦查手段为主的方式，对重大复杂案件的犯罪嫌疑人的外部活动等进行秘密侦查、监视、控制的一种特殊侦查活动。

外线侦查在刑事侦查中占有重要地位，凡是需要通过专案专办的重大、特大刑事案件，一般都离不开外线侦查。刑事侦查实践证明，只有把公开调查与秘密侦查、外线侦查与内线侦查紧密结合起来，才能有效地侦破刑事大案、要案和疑难案件。外线侦查的重要性表现在以下几方面。

（1）在一定条件的配合下，外线侦查往往可以有效控制侦查对象，发现扩大线索，甄别证实情况，直接获取证据，捕获犯罪嫌疑人。因此，外线侦查是其他一些侦查措施所不能取代的重要侦查手段。外线侦查的实施必须从侦查工作的实际出发，使自己的活动服从于案件侦查，服务于案件侦查。

（2）外线侦查有其特定的侦查对象。外线侦查只能用于侦查重大犯罪分子和重大犯罪嫌疑人，不能用于人民内部，更不能用于党内搞跟踪监视。对与重大犯罪有关联的其他人员使用这项措施时，也必须十分慎重，不能随意扩大使用范围，要由有关机关批准并由具有侦查权的单位和人员进行。

（3）外线侦查必须保证其隐蔽斗争的秘密性质。在任何情况下，都不得泄露国家机密。要在“依靠群众，抓住战机，积极侦查，及时破案”的刑侦工作方针指导下，严格遵守“严密控制，积极侦查，内紧外松，不露形迹”的外线侦查工作原则，这一原则，一方面要求侦查人员坚持专门工作与群众路线相结合，利用公开合法的形式，把外线侦查掩护在群众之中，力求使之社会化、大众化，更便于侦查人员进行侦查活动；另一方面则要求侦查人员保守工作秘密，不暴露侦查手段，不惊动侦查对象，始终掌握主动权，隐蔽而巧妙地发现犯罪线索，获取证据，打击犯罪。

二、外线侦查的特点

外线侦查是一项尖锐复杂的打击犯罪的斗争措施。它的主要特点包括以下四个方面。

1.极强的行动性

侦查目标主要是靠侦查人员的户外活动来控制和打击的，但外线侦查并不排除在室内监视、控制和打击犯罪嫌疑人的活动。对于侦查人员而言，外线侦查这种侦查活动，主要还是在户外进行的，而这种户外活动，主要靠侦查人员的行动来完成。犯罪嫌疑人现行作案时，侦查人员根据侦查工作的需要就地将其捕获；发现犯罪嫌疑人销赃、接头、预谋等活动时，侦查人员要做出相应的行动反应，有时还可能发生搏斗。因此，外线侦查除了跟踪、守候这些行动以外，还要根据情况，适当采取打击现行犯罪、秘密逮捕等进攻性行动。这种行动性侦查的特点，就要求侦查人员反应灵敏、机智勇敢、当机立断、善于应变。

2.相对的被动性

侦查行动受侦查对象活动的制约。外线侦查是围绕着侦查对象的活动进行的。外线侦查人员严密监视、控制侦查对象，必须紧随其后，毫不放松，“敌停我停，敌动我随，敌逃我追，敌隐我控”，这是外线侦查的基本活动方式。这从形式上看似乎是“被动”的，但通过这种紧追不舍的活动，能够主动地发现敌情，扩大线索，获取证据，打击犯罪，从而有效地发挥外线侦查这项措施所固有的积极作用。

3.极大的艰苦性

外线侦查有时进行的时间较长，有时遇有恶劣气候，侦查人员的衣、食、住等条件也会十分艰苦。外线侦查工作环境条件的艰苦性，使侦查人员经常处于流动、紧张、疲劳的状态。加之外线侦查装备、交通和通信工具不足，就更增加了外线人员的工作难度，这就要求外线人员要克服困难，艰苦战斗，不怕牺牲，坚持完成任务。

4.严格的保密性

外线侦查是在秘密的形式下进行的，必须严格保密。这是发挥外线侦查措施作用的首要条件。外线侦查只能用于严重刑事犯罪嫌疑人或重大犯罪嫌疑人，不能随意扩大使用范围，并严格执行审批手续。

三、外线侦查的任务

对犯罪嫌疑人进行外线侦查，可能是出于多种目的和理由。但是，归根结底，都要达到一个基本目的：收集各种资料、材料和证据。外线侦查可能是出于以下目的：获取情报或挖掘线索；获取已经发生案件的犯罪证据和观察正在进行的犯罪活动；核实情报提供者的可靠性及情报的真实性；根据预定目的进行初步搜查；监视恐怖分子、重大犯罪嫌疑人的行踪和活动；确认侦查对象的习惯，例如常去的地方、经常拜访的同事或工作地点；为要求有关部门批准搜查或逮捕，提供一个基本的理由；进一步证实侦查对象的行踪；对某个人施加精神压力，迫使他通过变换会见地点、经常光顾的公共场所以及某些时间的工作地点，来改变生活作风；制止即将进行的犯罪活动；对犯罪密谋或交易进行观察；确定某个人在何时、何地可以得到秘密资料；确定某个人通过会谈、提问或者个人的理解，能够得到的情报资料或信息线索；获取照片，因为照片在许多情况下都是极为有用的证据，例如非法买卖、毒品交易或其他欺诈、绑架勒索等活动的照片；确认并核实侦查对象的身份，以及与侦查对象有联系的人、对象同伙的身份；等等。外线侦查的具体任务包括如下几个方面。

（1）根据侦查工作的需要，在一定时期内严密监视、控制侦查对象的行踪，查清其活动规律，发现和扩大侦查线索。

（2）协助物色建立进行内线侦查的特情人员；对已打入犯罪组织内部的特情进行考核。

（3）查证内线、技术侦查和预审等工作发现的情报和线索。

（4）根据侦查工作的需要，对侦查对象实施秘密搜查、秘密拍照、秘密录像和秘密取证等措施。

（5）对特定的侦查对象执行秘密逮捕。

（6）根据侦查工作的需要对特定对象实施守候监视，捉拿现行犯罪嫌疑人。

（7）根据其他侦查措施获得的情报，发现和获取犯罪活动证据。

（8）对重大预谋犯罪嫌疑人进行监视控制，防止其实施犯罪。

四、加强外线侦查的措施

随着同刑事犯罪作斗争的发展，刑事案件侦查越来越多地运用外线侦查手段，在很多情况下，外线侦查与刑事特情、侦查技术、刑事科学技术鉴定、审讯等工作密切结合起来，能更有效地侦查破案。因此，刑侦部门加强外线侦查的业务建设是十分必要的。对外线侦查工作加强具体领导，深入实际斗争，及时总结外线侦查工作经验，给予侦查人员有力的指导教育，是刑侦部门领导干部的责任。加强外线侦查的建设，其措施如下。

1.建立相应的专业班子

根据各地不同情况，采取不同的建立队伍的办法。大城市可设外线队、组，中小城市可设外线组或外线专门人员。建立的外线队伍要求短小精干，并配备必要的密拍、监视、微型录音、隐蔽式通信机等技术侦查器材。

2.加强具体指导

侦查领导干部要掌握案件的第一手材料，在侦查实践中教育提高外线侦查人员的业务水平，同时也提高自己指挥外线侦查的能力。重要案件领导要亲自组织指挥外线活动。布置工作要明确具体，还要交待工作方法，全面地分析可能遇到的各种情况，研究出应付处理的原则和对策。熟悉外线侦查人员的性格、特长和政治品质，恰当地布置任务，充分调动外线侦查人员的积极性。

3.加强外线侦查的训练

外线工作要求高，任务艰巨，需要加强思想教育，以培养侦查人员吃苦耐劳、坚持不懈的顽强精神。侦查人员和侦查对象是直接地进行秘密斗争，这要求其具备隐蔽自己的技巧、监视侦查对象的能力、敏锐识别的眼光、冷静果断的头脑和熟练的侦查技能。这些就要通过各种形式的业务训练，提高外线侦查人员的工作水平。

4.加强据点建设

外线侦查工作任务较多的大城市，应从本地情况和特点出发，结合特情秘密据点的建设，通盘考虑秘密据点的建设规划，为外线侦查活动提供指挥、接力、落脚的方便条件。

5.加强智能化建设

外线侦查应对的案情错综复杂、手段高明。因此，应当结合迅猛发展的信息技术，全面提升侦查队伍的智能化水平，使侦查人员在面对日益智能化的犯罪手段时，能够有足够的能力进行决断、侦破案件。

第二节 跟踪盯梢

一、跟踪盯梢的概念、任务和原则

1.跟踪盯梢的概念

跟踪盯梢，从词义上理解，它是由“跟踪”和“盯梢”两个并列的偏正词组组成的一个概念。“跟踪”是指紧紧跟随在后面（追赶、监视）；“盯梢”也作“钉梢”，是指暗中跟在后面（监视人的行动）。跟踪盯梢，作为刑事侦查的一个名词术语，“跟”和“盯（钉）”体现了侦查人员控制某一事物或现象的行为，并在运动中秘密进行；“踪”和“梢”则指侦查人员控制的目标或对象，它可以是犯罪嫌疑人，也可以是与犯罪活动有关的其他人、事、物。因此，所谓跟踪盯梢，是指侦查人员以运动的方式，对侦查对象进行秘密观察，监视犯罪嫌疑人、重大犯罪分子的行踪，控制掌握其外部活动，以获取线索或证据的一种侦查手段和方法。

2.跟踪盯梢的任务

跟踪盯梢的任务具体包括以下几个方面。

（1）控制、掌握犯罪嫌疑人或侦查目标外出活动的动态及规律，通过监视其外部活动，证实案情；

（2）发现与侦查目标和其他与案件有直接或间接关系的人员，扩大侦查线索；

（3）控制赃物的转移、变卖、销毁，获取物证或发现与物证有关的情况，防止毁灭罪证；

（4）缉拿连续犯罪的现行犯和通缉在案的犯罪嫌疑人，发现并制止新的犯罪；

（5）通过对犯罪活动进行秘密拍照、秘密录像和录音等手段，获取证据；

（6）配合内线侦查传递情报，物色、考核特情的工作及查证其报告的材料；

（7）证实侦查中各种情报线索（如检举、报告、口供、调查摸底材料）的可靠性，辨别真伪；

（8）执行秘密逮捕。

3.跟踪盯梢的原则

跟踪盯梢是一项难度很大的工作，必须遵守严守秘密、严格审批、积极侦查及不露形迹的工作原则。

（1）严守秘密、严格审批原则。跟踪盯梢是秘密侦查手段，必须经县以上公安机关领导或相当于这一级别刑侦部门领导审批方可实施。办理审批手续，只能用于对重大犯罪嫌疑人的侦查，严禁滥用。

（2）积极侦查原则。这要求侦查人员以主动进攻的精神，发现情况，扩大线索，获取证据，及时破案。

（3）不露形迹原则。“不露形迹”即“不丢不露”，是指侦查人员在跟踪盯梢过程中，要做到既不脱梢，又不暴露，从而顺利完成侦查任务。对于大多数情况而言，跟踪盯梢主要是监测犯罪嫌疑人及有关的人、事、物是否存在犯罪事实，或是犯罪的组织联络，最终要达到弄清情况，获取证据，证实或否定犯罪的目的。因此，从这个意义上说，跟踪盯梢的结果有其不确定性。保持对侦查对象的控制，又使其觉察不到侦查机关的监视行动，乃是跟踪盯梢的最佳结果。

跟踪盯梢在一般情况下，以“能监视目标活动，不暴露自己和不脱梢”为原则，这样才能发现犯罪情况，揭露犯罪活动。发现犯罪情况，以不暴露自己为前提，如果露梢、丢梢，就达不到外线侦查的工作目的。相反，只求不露不丢，而不能发现犯罪活动，那也失去了外线侦查的意义。但是，由于跟踪盯梢过程中可能发生意想不到的情况，加之不同案情条件下的跟踪盯梢任务亦有所不同，因此，在坚持“不丢不露”总跟踪原则的情况下，在执行任务的过程中，亦要灵活应用，必要时“宁丢不露”或“宁露不丢”。为此，要求侦查人员的行动必须机智灵活，大胆谨慎。指挥员要随时研究案情变化的特点，及时了解工作情况，适时调配力量，加以有力指导，在不得已的情况下对“丢”和“露”作取舍时，要充分权衡“丢”和“露”在具体案件中的利弊，具体情况具体分析，不可一刀切，要根据当时、当地及具体案情的需要作出决策。

二、跟踪盯梢的准备工作

跟踪盯梢前要做好准备工作，这是做好跟踪盯梢工作的基础，不可忽视。跟踪盯梢前应该做好以下六个方面的准备。

1.熟悉案情，明确任务

所有担负跟踪任务的侦查人员，都必须通过案情介绍及阅读案件材料，了解及掌握案情和侦查对象的有关情况，以明确跟踪的任务，做到心中有数。要了解案件性质，主要案件情节，跟踪对象与案件的关系等。具体内容包括：侦查对象的姓名（全名、别名及绰号，如果担任有公职，则应记录下他的职务及所在部门的名称）、地址（过去、现在的住家及工作地址）、外貌特征、家庭及亲属情况、社会交往关系、性格和气质、恶习（吸毒、酗酒、赌博等）、嗜好、受教育状况、职业和专长。在此基础上明确每个侦查人员的具体跟踪任务和要求，并详细制定跟踪盯梢的实施计划，估计跟踪盯梢中可能出现的情况，设计好各种应急的处置方案。

2.组织力量，确定跟踪人员

根据案情所确定的跟踪盯梢任务、目标人数和目标的具体情况，选择相应数量的侦查人员，编好小组，明确分工，安排好主梢、副梢，并做好战前动员工作。跟踪一个目标，一般以二至四名侦查人员为宜，侦查人员人手少了容易脱梢，人多了又容易暴露。因此，有二至四人就可以随机处理发生的问题和发现的新情况。

跟踪盯梢的工作特点，要求跟踪人员必须具备优良的素质：①身高、体态、相貌、年龄和性别适宜，没有特殊体貌特征；②高度的责任感和敬业精神；③良好的身体、心理、智力和业务素质；④具有一定的跟踪盯梢和反跟踪的技能、技巧以及驾驶技能。

3.进行必要的物质准备

要按跟踪盯梢的不同方式和不同场所的需要准备好所需物质。如照相机最好是微型且带广角望远镜头的，及录音机、望远镜、无线电对讲机、各种车辆等。使用的所有器材和设备均应经过检查，保证性能可靠，并分发到每个侦查人员手中。携带两三支钢笔或铅笔，袖珍笔记本、监视日记等。同时，侦查人员一定不能带有任何会暴露其真实身份的物品，一定不能在他身上发现警察证、章或证件。手枪或其他武器只可在与侦查人员所述背景相适应的情况下方能携带。物质准备应当适应智能化的科技潮流，与社会实际相适应，避免因此影响侦查效率。

4.认识跟踪盯梢对象

准确识别侦查对象，是跟踪人员在跟踪前最重要的准备。识别跟踪对象就是要牢记其不变特征，特别是特殊特征，注意其可变特征；识别跟踪对象，应首先观看照片认人，然后看人。看人时必须由远及近，远观身材、步态、姿势、衣着；近看外貌、面目特征。特别是要熟悉侦查对象的背面特征和走路的姿态，因为侦查人员是在侦查对象的背后进行跟踪监视的，如果对侦查对象的背部特征把握不住，就有可能在跟踪盯梢时丢梢。识别侦查对象时，侦查人员要自然大方，切忌慌张直观或指指点点；注意沉着冷静，安全保密；几个侦查人员要在不同地点进行识别，识别时要求看得清、认得准、记得牢、动作快。

5.选择好监视点，规定好联络暗语

负责跟踪盯梢的侦查人员还应该了解工作地区和范围的有关情况，如果他要假扮该地区过去的老住户，就应该完全熟悉该地区及附近的详细情况，具体包括：仔细研究地图（街区地图可提供这个地区的总布局和特点，该地区的边缘地带也应该包括在研究范围之内）、民族和宗教背景（可以从居民或基层公安机关那里了解到居民的主要种族特点）、交通情况（应该了解地面交通路线、地下铁道线路及交通运输时刻表）、公共事业（了解该地区的水、电、气及其他公用事业的现状，有助于建立技术监视据点），在此基础上选择监视点。监视点一般选择在目标住处和经常活动的地区、场所周围，其作用有二：一是秘密监控侦查对象目标；二是与跟踪的侦查人员进行联络，包括与主梢、副梢之间的联络。所有的联络都应该以代号和暗语、手势进行。

6.做好身份伪装

化装是为了适应跟踪环境，掩护自己，麻痹侦查对象，顺利完成跟踪任务的一种侦查技术。化装时应注意以下要求。

（1）化装要求本着因人因地制宜，适应环境的原则进行。

（2）要根据跟踪的具体目标、地点环境等情况，决定以什么身份进行化装，以便掩护自己。

（3）做到身心一致，表里一致。要熟悉所化装身份的职业习惯；举止风度要符合所化装身份；在语言上，要掌握职业行话、流行口语、地方口语以及犯罪隐语等；在外表上，衣着打扮、携带物品、使用的交通工具都须与化装的身份相一致。

（4）做到社会化、多样化。要求侦查人员化装时既要适合社会潮流，又要体现所化身份职业特色；同一个小组侦查人员化装的身份要多样，装束、携带物品、交通工具等都不要千篇一律。

三、跟踪梢位的种类及跟踪方式

（一）梢的名称及跟踪盯梢中常见的名词术语

外线侦查中的“梢”，是指参与跟踪盯梢的侦查主体。根据任务的不同，梢的名称和种类有以下几种。

（1）主梢。距侦查对象的距离较近，监控位置较佳，承担主要跟踪监视任务的侦查人员。侦查人员与侦查对象间的距离，可根据不同情况而定，但必须保证使侦查对象始终在视线之内。主梢的任务主要是直接监视，伺机靠近侦查对象。

（2）副梢。距侦查对象的距离较远或监控位置不佳，主要起辅助跟踪作用的侦查人员，服从主梢的指挥。

（3）机动梢。位置相对较灵活和不确定，主要起联络、策应作用的侦查人员。

在跟踪过程中，一般情况下，主梢、副梢和机动梢由相对固定的侦查人员担任，各司其职，互相配合，但也可以根据具体情况互相交换位置。在跟踪盯梢过程中可能还会出现以下几种情况。

（1）照面。是指侦查人员在跟踪过程中与侦查对象发生正面接触，给侦查对象留下了印象。根据印象深浅，分为一般照面和严重照面。一般情况下，照面不影响跟踪盯梢的继续进行，但侦查人员应尽量避免再次发生照面，以免引起侦查对象的注意，发生暴露现象。

（2）惊动侦查对象。是指侦查人员在跟踪时引起侦查对象的警觉和注意，但侦查人员的跟踪盯梢行为仍未被侦查对象证实。发生“惊敌”现象后，要根据案情需要考虑更换侦查人员继续进行跟踪。

（3）暴露。是指侦查对象已发现或证实了侦查人员的跟踪盯梢活动。发生“暴露”后，要根据跟踪盯梢的原则，结合具体案情，按事先制定的预案紧急处理，或主动甩梢，或宁露不丢。

（4）脱梢。是指由于各种主、客观原因，侦查人员没能跟上侦查对象，从而失去了对侦查对象的控制。它是跟踪盯梢过程中侦查人员的被动行为。

（5）甩梢。是指侦查人员在跟踪过程中由于发生“照面”“惊敌”或其他原因，侦查对象有明显的试探、测梢活动，继续跟踪可能造成严重后果，可根据具体案情，主动放弃跟踪的行为。

（二）梢位的种类

侦查人员对既定目标进行跟踪盯梢时所处的地位和角度称为梢或梢位。通常情况下，梢位的种类可分正梢、侧后梢、前后梢、三角梢等几种。

1.正梢

正梢，即位于侦查对象身后进行跟踪。它是跟踪盯梢过程中侦查人员的主动行为。这种梢一般由一名侦查人员担任，又称单线跟踪，其最大难度是跟踪技术。

2.侧后梢

侧后梢，是指位于侦查对象侧后边，在与侦查对象侧面略后的平行位置上进行的跟踪监视。这种梢一般由两名侦查人员担任，又称双线跟踪。

3.前后梢

前后梢，又称交换梢。一种情况是由两名侦查人员分别在侦查目标的侧前方和侧后方进行跟踪监视，另一种情况是在侦查对象的正前方、正后方分别部署侦查人员进行跟踪监视。这两种情况下，前后梢根据情况可以调换行走位置，进行有效的跟踪监视，因此，也称为复线跟踪。

4.三角梢

三角梢，也称多人跟踪，由三名或三名以上的侦查人员按三角位置跟踪同一目标，并在过程中不断变换三角位置，形成交叉布置的跟踪形式。三名侦查人员分别为主梢、副梢和机动梢。三角式梢位可分为：①正后侧后三角梢；②正后侧前三角梢；③侧后正前三角梢；④侧后侧前三角梢；⑤前后梢加侧后梢三角梢；⑥前后梢加侧前梢三角梢；⑦正后加侧前后三角梢等。这些都是极为重要的跟踪方式。

由三名以上侦查人员跟踪时，要组成战斗小组，并有明确分工。如果跟踪监视时间较长或监视行动引起了侦查对象的怀疑，担任主梢和副梢的侦查人员随时换位，并要担负起换位后各自梢位的职责。副梢往往还担任指挥联络或机动的任务。担任指挥任务时，应位于跟踪队形的中部，处于通观全局的地位，负责沟通情况，前后联系，进行现场指挥；当担任机动梢时，负责安全检查，注意其他跟随的犯罪嫌疑人，防止“反跟踪”并配合主梢完成跟踪任务。

（三）跟踪的方式

跟踪的形式主要有三种：一是直接跟踪，就是直接对侦查对象进行监视控制；二是间接跟踪，就是不直接跟踪侦查，而是通过跟踪与侦查对象有直接紧密联系的家属、亲友、其他关系人或有关物品的监视控制去发现侦查对象；三是指示跟踪，就是选派侦查人员以某种身份和借口，正面接触侦查对象借以指示、联络隐蔽的侦查人员进行跟踪。跟踪的方式很多，归纳起来，大体可分为以下四种。

1.尾随跟踪

尾随跟踪是一种经常运用的基本跟踪形式，即由两名侦查人员分别在侦查目标的背后和侧后面进行监视控制。主梢的位置一般在侦查目标的正后面，负责监视控制并伺机贴近侦查目标观察了解情况；副梢的位置一般在侦查目标和主梢的后面的侧后位，有时也可以与侦查目标平行，但要保持一定的距离，负责指挥联络和机动安全。当然也可以根据案情侦查需要确定梢位，进行跟踪监视。

2.交换跟踪

交换跟踪就是主梢、副梢、机动梢互相轮换位置并相应变换职责，进行监视控制。交换跟踪可以有效地掩蔽侦查人员的跟踪活动不被侦查目标发觉。如在徒步跟踪时，为了不引起侦查对象怀疑，对正、副梢的位置和各侦查小组之间应适时进行替换；车辆跟踪时，可以经常调换车辆位置和更换车型、车种、车的颜色等，交替跟踪。

3.分段接力跟踪

分段接力跟踪，是指根据侦查对象的活动规律，以及其将要前往的地区、场所，安排若干侦查人员预先埋伏在其必经的道路、场所附近，分段接力进行跟踪监视。接力跟踪在某种程度上也是一种交换跟踪的形式，但与交换跟踪的突发性相比，它更具有计划性和阶段性，通常在实施跟踪之前，根据跟踪路线、距离，对接力跟踪的时间、地点以及组成人员做出计划和准备。由于侦查对象活动的范围广，并且行动频繁，在实施接力跟踪时除考虑侦查人员的工作负担因素外，还应该考虑避免因接力跟踪时间过长产生惊动侦查对象或暴露等危险。

4.迂回跟踪

根据侦查对象活动规律，以及地形、地物等条件，在遇有不利于尾随跟踪的地段时，侦查人员可以采用迂回包抄的方式进行跟踪监视和控制。迂回跟踪是尾随跟踪、分段接力跟踪、交换跟踪等跟踪方法的综合运用。当侦查人员对跟踪对象、跟踪路线及周围环境较为熟悉，有比较好的通信设备，跟踪人员足够时，可采用这种跟踪方法。

上述各种方式既可单独运用，又可根据需要混合或交替运用，必要时还可以采用公秘结合、内外结合的方式进行跟踪监视。所谓公秘结合，就是采用巡逻、执勤、岗哨等公开形式和秘密跟踪相结合。所谓内外结合，就是侦查人员或派出特情打入侦查对象（犯罪集团）内部，策应配合外线跟踪。总之，只有采取适应案情和侦查对象各种情况的跟踪方式，才能达到跟踪侦查的目的。

四、跟踪的具体方法

跟踪的方法是根据跟踪对象的活动范围及其所使用的交通工具而确定的。根据跟踪对象的活动范围，跟踪有城镇、野外、农村和交通要道等四种不同的方法；根据跟踪对象所使用的交通工具，跟踪有徒步、自行车、汽车和公共交通工具等四种不同的方法。下面简要介绍一些具体方法。

（一）徒步跟踪

徒步跟踪的方法，主要适用于城镇比较繁华的市区、街道、公共场所。跟踪中侦查人员与侦查目标之间的距离和所选择的位置极为重要，有时是决定跟踪成败的关键。距离小或选位不当，就易被侦查目标发觉而暴露；距离过大，在人群密集处或转弯处又易脱梢。确定跟踪的距离和位置，要综合考虑不同对象、地形环境等因素，以能看到侦查目标的活动，不会失去跟踪对象的行踪，又不被侦查目标发现或察觉为标准。所取位置与视线成斜线，以不脱离视线范围为原则。同时，还要根据侦查目标的身高、所处的场地而定，侦查目标身材高大者宜远跟，矮小宜近跟；从场地看，人多拥挤的闹市区宜近跟（5~19米），偏僻人少的地方和平阔地区宜远跟（10~20米），且须跟随侧行；十字路口或有一定坡度的地方及娱乐场所、茶馆、酒楼宜近跟（5~8米），在转弯及小巷交错处，应比一般更近且需快步跟踪；对付特别狡猾的侦查对象则宜相距稍远，且须侧旁而行，作斜视跟踪，要特别防范其脱梢或反盯梢。总之，徒步跟踪要按照“繁跟紧，疏跟远，不繁不疏靠近点，狡猾罪犯要防范”的要求进行。

侦查人员主、副梢之间的距离和位量，一般应保持5~10米为宜，且不要站在一条直线上，要保持不同程度的斜线，并根据不同的场合，随时调整。

1.城市街道跟踪

城市街道跟踪比较复杂，有繁华的闹市区，也有一般的街巷和胡同，街巷的宽窄不一，过往行人、车辆不等。所以，确定跟踪梢位与跟踪对象之间的距离就要因地制宜，及时调整。其主要方法是“近跟远吊，拐弯抢角”。所谓“近跟”，就是在人稠、车多的闹市地段，利用人群和车辆作掩护，适当缩小距离进行“近跟”。“远吊”，就是在马路较宽广、人较稀少的地段，拉大距离，采用迂回堵截，主、副梢随时换位等方式进行远距离控制。“拐弯抢角”是在接近十字路口和拐弯处时，副梢要首先抢到交通十字路口的某一角上，进行监视观察。采取上述三法，与街道地形、跟踪对象的活动特点和狡猾程度有关。总之，远近要适度，以不被跟踪对象察觉而又利于监视控制其活动为标准。

城市街道跟踪可能会遇到以下几种情况。

（1）行进间侦查目标拐弯。这时主梢应态度自然地迅速跟进到路口，提防侦查目标在拐弯处窥探，如确有窥探行为，主梢要自然通过，不可惊慌或停留，并及时向副梢发出信号，副梢应迅速跟上观察。如果主梢拐过街面时，发现侦查目标站立没有向前行进，两个人就会面面相对，这时只要侦查人员没有什么不妥的举动，侦查目标也未发现跟踪者，侦查人员就应当漫不经心地走过去。然后在情况允许时，再回到侦查目标身后，重新回到自己的监视位置上。当拐弯处失去侦查目标时，主梢要沉着冷静，根据侦查目标行走的速度和环境条件，判断侦查目标可能走出的距离，决定守候范围，并严密控制。

（2）行进间侦查目标突然停留或返回，主梢无法回避时，应自然通过，切忌慌忙或东躲西藏，同时给副梢发出信号，交换位置。

（3）行走间如遇侦查目标停留与人谈话，主梢应利用现场环境设法隐蔽自己，观察动态，认准谈话人特征。如有可能应贴近倾听其谈话内容，必要时亦可进行秘密拍照和秘密录音。

（4）侦查目标进入死胡同，主梢如了解地理环境，可不继续跟踪，而选择有利地形守候。如不了解，主梢可跟进搞清侦查目标去向后，迅速撤出，不可在胡同内徘徊停留，由副梢在附近监视。如发现侦查目标从胡同内返回，主梢应采取适当方式掩护，不可马上转身，待侦查目标走远后与副梢交换位置再行跟踪。

如果遇到侦查目标转弯时，可以采用多人监视小组（又称A－B－C方法）进行跟踪，侦查人员可以利用跟踪对象每次转弯的时候，不慌不忙地轮换各人的位置，而无须顾虑跟踪对象是否不转弯而要停下来。

2.公共复杂场所跟踪

公共场所情况复杂，应根据其特点采取相应的跟踪方法。

（1）当侦查目标进入商店、商场和集市时的跟踪。商店、商场和集市，一般过道狭窄，人多拥挤，橱窗、壁镜、试衣试帽镜等反光器具较多。因此，侦查人员应该全部跟进，可采用前后梢、三角梢进行尾随、交换、迂回等方法跟踪。跟踪距离必须适中，距离过大易脱梢，过小又易打照面，梢位布置必须合理。也可选择较高的地段、楼层占据有利地形进行监视控制。

当侦查对象进入小店铺时，侦查人员一般不要跟入，可在外面观察监视。当侦查对象进入的是中型商店，且又有两个以上门的，可由一部分侦查人员从不同的门尾随跟入，其余人员分别在可能出口进行守候。对于出入口多、多楼层的大型商店（场）、贸易市场，除留少数侦查人员在出口守候外，多数人则可尾随跟入，分楼层控制，前引后跟，侧面尾随。

（2）当侦查目标进入较大的饭店、酒店、茶社时的跟踪。这类场所有大有小，人员多寡悬殊，往往是侦查对象用以进餐、饮食或进行接头会面的场所之一。侦查对象如果进入营业规模较大、顾客较多而又有条件可供侦查人员隐蔽的饭店、酒馆和茶社，应出一、二名侦查人员跟进，在目标的侧后面选择避开跟踪对象视线的有利位置就近进行监视，其他人员在外面守候。侦查目标进入较小的餐馆、饭店时，侦查人员一般不要跟进，可在附近选择便于观察的地点进行室外监视。待过一定时间后，借故进入，作短暂观察后随即退出。当发现侦查对象聚众会餐时，也要派侦查人员以就餐为掩护进行监视。

（3）当侦查目标进入邮局、银行和储蓄所时的跟踪。这些场所是侦查对象投邮信件、寄取包裹和汇取现金经常出入的场所，而且这些场所多数空间较小，人员较少，不利掩护，跟踪难度较大。根据案情要求，必须采用跟踪盯梢手段时，当侦查对象进入这些场所的时候，侦查人员应设法创造条件，由一人或二人跟进，其余人员在出口守候。跟进后要以顾客身份，如假装写信、拟写电文、购买邮票、填写存款单等方法进行掩护，严密监视侦查对象活动。

（4）当侦查目标进入旅馆、宾馆、旅行社、客栈等场所时的跟踪。这些场所规模不等，设施华简不同，来往人员身份各异。侦查对象往往到这些场所栖身，或与同伙会面，或销售转移赃物。当侦查对象进入中小型旅店、客栈时，侦查人员应适时跟进少数人，以会客找人或住宿登记为掩护，对侦查对象进行监视，其余人员则在出口守候，实行两道“封锁线”。在旅店内部侦查时，还要依靠保安人员和积极分子的协助。当侦查对象进入某房间时，可请服务员以倒水、打扫卫生等名义进入室内协助搞清侦查目标的活动情况。如果侦查对象进入大型宾馆，侦查人员要经过简易化装，选择适合出入此宾馆的“客人”装束。如果侦查对象已经登记住宿，应弄清其所住房间号和居住人数等。必要时在旅社（馆）内租借房间，设点监视，或派侦查人员装扮旅客插住其房间或附近的房间，掌握其活动情况。跟踪对象外出时，要及时通知在外守候的侦查人员跟踪。

（5）当侦查目标进入影剧院等文化娱乐场所时的跟踪。文化娱乐场所，主要指电影院、剧场、文化宫、俱乐部、舞场、游艺馆（场）、说书馆、体育馆（场）、游泳馆（池）、滑冰场等场所。这类场所由于出口分散，人多拥挤，因此极易发生脱梢漏控现象。侦查对象进入这种场所后，一般也应有部分侦查人员跟进，在目标侧后方选择适当位置进行监视，同时与部分侦查人员在外守候的方法相结合进行控制。在电影、戏剧、节目开演，场内灯光暗下来时，要特别注意仔细观察跟踪对象的动态及其接触人员。如跟踪对象离座，主梢侦查人员一般也应尾随监视，以防失控或跟踪对象中途退场溜掉。在场内还要东张西望、来回穿行，密切注视侦查目标动态，散场时要紧随侦查目标身后，防止脱梢。如果是游艺场所或舞场，侦查人员也可以下场游戏或跳舞，靠近侦查对象，进行监视或窃听其与谈话人之间的谈话内容；散场前，侧位梢必须提前出场，在出口处“等候”。随跟踪对象同时退场的主梢要紧跟其后，避免被人挡住，造成失控。

（6）当侦查目标进入公园、名胜古迹、游乐场所等游览观光场所时的跟踪。这类场所一般范围较大、地形复杂、服务性的摊位商贩较多，游人观众络绎不绝等，掩护跟踪的有利条件较多，侦查人员应该全部进入，在侦查目标前后左右进行监视控制，可用灵活多变的方法进行跟踪监视。此时可以化装跟踪，如装扮青年伴侣、外地游人、叫卖商贩或园艺、管理人员进行跟踪监视。在游人稀少、地点偏僻的角落和其他不易接近侦查对象的情况下，应迂回包围，侦查人员可以扮成清洁工等为掩护靠近观察或采取登高观望的方法进行监视控制（必要时可借助望远镜观察）。当侦查对象走出游览场所出口时，守候出口的侦查人员要格外注意，如果发现主梢尚未跟随上来，应立即尾随跟踪，防止因脱梢造成失控。

（7）当侦查目标进入洗理场所时的跟踪。所谓洗理场所，就是指浴池、理发店或二者兼营的场所（包括住客浴池）。侦查对象往往利用这些场所更换衣服或修饰容貌，甚至改变面貌特征。所以，侦查对象进入洗理场所时，一般正梢要尾随跟入，其余副梢在出口处选择地点进行守候监视。正梢需要借助洗理进行掩护时，要做到简单迅速。

（二）车辆跟踪

随着社会的发展，人类的代步工具（包括各种车辆）被越来越多的人拥有，而且种类繁多，质量也不断提高。根据侦查工作的需要，不仅侦破盗窃案件需要车辆跟踪，当侦查对象利用车辆犯罪或利用车辆进行其他活动，需要流动监视时，也必须进行车辆跟踪。随着社会的不断发展和人民生活水平的提高，车辆跟踪还成为流动监视手段的重要组成部分。这里主要讲自行车跟踪和汽车跟踪两种形式，其具体方法分述如下。

1.自行车跟踪

随着共享单车等的发展，自行车现在已成为我国城乡居民极为普遍的代步工具，它具有自由方便、路面适应性强的特点。自行车跟踪因此成为流动监视手段的主要组成部分，是侦查人员的一项基本功。自行车跟踪的梢位，往往以尾随、前后梢跟踪较多。在跟踪前，侦查人员不但要熟识侦查对象的特征，而且还要熟识所骑的自行车特征（后架、尾灯形状、车铃声响等）。

侦查人员应备有快速、轻便、质量好的自行车，自行车的种类可以多样，也可以使用街面常见的共享单车进行跟踪。侦查人员体质要好，骑车的技术要熟练。跟踪时，主梢起步要快。一是尾随方向要准，二是要与副梢保持联系。其余侦查人员拉开距离相继而出，不可蜂拥而出。在街上正常行进中，主梢和跟踪对象之间可夹杂一、二辆无关的自行车（以能够监视到跟踪对象行为为准），与副梢保持一定距离，鱼贯前进。有时也可与无关人员或另一侦查人员并行前进。进入人车稠密街段，应及时缩短距离；当行至铁路道口和设有交通岗位的交叉路口时，主梢要跟上，必要时可先于跟踪对象通过，由副梢接替主梢，以防被火车或交通信号挡住，或在转弯时因地形复杂而丢梢。跟踪进入行人（自行车）稀少的小巷内，梢位之间要拉开距离，副梢迂回到小巷前方路口守候，待机出动。使用微型无线电话（对讲机）保持联系。不能只顾不脱梢一拥而上，以免使侦查人员在侦查对象面前全部暴露。在夜间，自行车跟踪难度较大，尤其在小巷内跟踪更为困难。夜间巷内跟踪要和侦查对象缩短车距，两个侦查人员有时可以并骑，采取边行进边谈话的形式。当侦查对象弃车步行时，侦查人员应改换为徒步跟踪，或只跟人，或跟人、守车辆两者兼顾，但应以跟人为主，以免侦查对象施展"金蝉脱壳"伎俩逃掉。

2.汽车跟踪

汽车跟踪是流动监视的重要手段，而且难度较大。其特点是：速度快、活动范围大，途中所遇的情况复杂；跟踪监视的车辆目标大，不易隐蔽；近易暴露，远易脱梢，为保证跟踪监视工作顺利完成任务，跟踪前必须做好如下准备。

（1）熟识记准侦查对象的车型、颜色、牌号和喇叭声响、尾灯形状颜色或可辨别的图案，以及油箱容量、公里耗油量和时速等情况；如果是侦查对象自己开车，还要掌握其驾驶技术的熟练程度。

（2）根据侦查对象情况，确定跟踪用车和选定驾驶员。跟踪车的种类、颜色牌号要社会化，并保证各项性能良好。驾驶员或侦查人员要熟悉跟踪区域交通线路及沿途交通岗、加油站、修配厂（部）的地点；驾驶员要有高超熟练的驾驶技术和准确的预测应变能力。

（3）侦查人员要在车内安装先进的通信设备，配备望远镜、无线电话（电台）等观测、通信设备，并保证效能良好；备有必要的化装用品和服装、食品、饮料等。

汽车跟踪基本上分为单车跟踪、双车跟踪和多车跟踪三种形式。其各种形式的具体方法简述如下。

（1）单车跟踪。单车完成监视控制和不脱梢的双重任务，大大增加了侦查对象发现跟踪车辆的机会。单枪匹马的跟踪监视，必须利用一切可以利用的掩体，使自己处在侦查对象后方视野之外。在交通拥挤情况下，监视人必须紧跟侦查对象，否则就有丢掉侦查对象的危险。在车辆稀少的路段和乡村大马路上，跟踪车和目标车之间必须保持较大的距离。在单车跟踪过程中，当目标车拐过街角或停车后，跟踪车内的侦查人员可以下车去找到一个监视点，观察监视侦查对象的行动情况。适时给司机指定方向的信号，随时做好超车的准备。起车的时机要适度，早了容易被侦查对象察觉，迟了会造成脱梢。

（2）双车跟踪。用两辆以上的汽车跟踪比单车跟踪更为灵活有效。双车跟踪过程中，通常由最先接近侦查对象的一辆车或紧跟在侦查对象车后的车辆承担指挥任务。"指挥车"通过无线电话指挥其他跟踪监视车，并传递情报。跟踪期间，为防止目标车反侦查或暴露，主梢、副梢车位应当适时交换位置。双车跟踪最好运用蛙跳式跟踪方式，将目标车夹在两车的中间，以防在十字路口或交叉路口上丢梢。

（3）多车跟踪。使用三辆或三辆以上跟踪监视车辆，能够更多地组成平行线，发挥更大的监视作用。用三辆或三辆以上车跟踪具有更大的机动灵活性，同时还可以用来应付意想不到的情况。跟踪车的位置能够得到更经常的调换。调换的方法有：一是将一辆或两辆跟踪车置于侦查目标车的前面，通过后视镜监视侦查对象。二是如遇有特殊情况，主梢车可以超过目标车改道回避，由后一辆副梢车或机动车接替主梢车，待行驶一段路程以后，再寻机调整，恢复原位。三是在开阔的路段，三辆跟踪车应时常换位，以免引起目标车怀疑。四是在市区交叉路口，为防止目标车闯红灯进行反跟踪，可事先通知机动梢位车在附近的另一条相同方向的街道上与侦查目标车保持平行行驶，以便提前到达交叉路口，守候在目标车通过或拐弯地点，充当副梢角色。五是在一段较长的路程上跟踪时，为防止主梢车因跟得太久而引起目标车怀疑，应与其他跟踪车辆换位跟踪。

3.公共汽车跟踪

当侦查目标乘坐公共汽车时，侦查人员也应随车跟踪，但最好采用车上车下相结合的跟踪方式，即车上有人监控侦查目标，车下有小汽车或自行车等跟车接应。上车跟踪的侦查人员在上车前要注意观察侦查目标的动静，判断其是否真要上车。一般要待侦查目标上车后再登车，但要特别注意侦查目标在车门关闭前的最后时刻，防止其看到身后还有人要登车时，当即快速下车的情况。如果这种情况发生，侦查人员可赶到下一站等候下一趟车，因为侦查目标极大可能在下一趟车上。侦查人员应与侦查目标异门上车。上车后应找一个便于监视侦查目标和方便下车的位置，但不要与侦查目标对座或同排座，要避免与侦查目标对视，在车内不可高声闲聊或走动；下车后，不可立即紧跟侦查目标，而应拉开一定距离进行跟踪监视，或由接应的侦查人员接替跟踪。

4.徒步车船混合跟踪

这种方法就是徒步跟踪和汽车跟踪同时使用，主要是为了观察侦查对象的行动特点。如有的侦查对象外出活动时，可能是步行或骑自行车，中途又改乘公共汽车、出租车或轮渡；有时还可能开车，到某一地点将车放在停车场而徒步活动。为此，侦查人员必须做好多种形式的跟踪准备。侦查对象先是徒步行走，有时突然登车或上船。跟踪人员应迅速缩短距离，防止被侦查对象甩掉而脱梢。侦查对象乘车（船）时，侦查人员可以采取车（船）内外相配合的方式跟踪。即部分侦查人员上车监视控制对象在车上的活动，部分侦查人员则利用自行车、摩托车、小汽车进行尾随跟踪，准备替换或接应。尾随侦查对象上车的方法，应采用异门上下、同上不同下、同下不同上或异站上下等方法。

在车、船上，要选择侦查对象的背后或同侧，或隐蔽在便于控制车门和下车（船）方便的位置进行监控。一旦侦查对象突然上下车（船），侦查人员来不及上下时，不可硬上硬下，可由车外副梢设法赶到下一车站、码头，在下一站上下车船，以防被侦查对象察觉。到站（码头）下车（船）时，一定要顾及在车下的侦查人员是否跟上。车外跟踪距离的远近要适当，以到站乘客下车均能在视线之内为宜。对乘公共汽车（船）的侦查对象进行远距离跟踪，或者车上乘客过少，或者侦查对象中途换车的，车内外侦查人员要适时更换，切忌一跟到底。

如果侦查对象由徒步改乘出租车时，应到出租车调查室询问调度人员或有关管理人员，搞清侦查对象乘出租车所要到达的终点，然后按其所行路线用汽车跟踪；如果侦查对象中途叫停出租车（特别是个体出租），跟踪时应汽车尾随其后。

（三）长途跟踪

长途跟踪，多是针对重大的流窜作案、走私贩毒、杀人、爆炸等犯罪案件而进行的跟踪。它的特点是：路途远、跟踪时间长，远离单位和领导，人地生疏等。这种跟踪一般应由两名以上侦查人员进行，事先应周密设计跟踪方案和准备各种必需的物质，途中要随时与有关公安机关取得联系，并得到有关方面的配合和协助。要严密监视控制侦查对象行踪、动态，特别是车船进站、靠岸上下旅客时，要特别注意监视控制，防止侦查对象趁人多拥挤下车（船）脱梢；注意发现侦查对象所接触的可疑人员，严防其转赃或毁赃灭迹；到达侦查对象要去的目的地之后，侦查人员要立即与当地刑侦部门取得联系，请求接梢。交梢时要做到交得准、交得稳，对侦查对象的体貌特征、活动规律及简要案情要向接梢人交待清楚，交梢时切忌用手指点，表情要自然；为让接梢人进一步识别侦查对象的特征，要陪同接梢人继续跟踪一段路程，证明准确无误时才能正式交接。如果遇到因某种情况未能及时与当地部门取得联系，或当地刑侦部门因故无人接梢，或按接梢地点未能接到等情况，应继续跟踪。侦查对象到其落脚点，然后再继续与当地刑侦部门联系接梢。长途跟踪由于所乘交通工具不同，其具体方法也各不相同，下面分别作简要介绍。

1.在火车和轮船上跟踪

在我国，火车和轮船是长途旅行的主要交通工具，也是侦查人员的主要跟踪场所。侦查过程中，发现侦查对象已经购买了外出的车（船）票时，要尽可能查清起程日期、车（船）次、车（船）座号、铺位和所要抵达的地点等情况，并事先和当地刑侦部门取得联系，预期接梢。如预先未能搞准有关情况，要严密控制车站、码头及可能的进出口，防止失控。一旦发现侦查对象外出，要在检票口、车（船）上通过乘警、服务人员协助查清有关情况。

列车启动、轮船起锚，车（船）上的跟踪即告开始。车（船）上跟踪，侦查人员人数与侦查对象的人数一般以“二比一”为宜，即二名侦查人员跟踪一个侦查对象。其中一名侦查人员与侦查对象同厢同船，选好便于监视的铺位，以利观察。另一人则在相连车厢、船舱负责监视侦查对象离开本车厢、船舱所进行的活动。同车厢、船舱的侦查人员不要随侦查对象来回窜动。在停车、停船或侦查对象临时下车、下船时，另一车厢、船舱的侦查人员可随旅客下车（船），在下边负责监视；同车厢、船舱的侦查人员要做好随时下车（船）准备，一旦侦查对象突然离开车站、码头，即刻下车（船）尾随跟踪。必要时，与侦查对象同车厢、船舱的侦查人员可与其结友同行；攀谈中要善于随机应变，要多听少说。到达目的地后，另一车厢、船舱的侦查人员应抢先下车、船，与当地刑侦部门接梢的同志接头，或与当地刑侦部门联系交梢。

2.在飞机上跟踪

飞机跟踪，一般是在非常必要或条件允许的情况下，派侦查人员化装成旅客对侦查对象进行同机监视。起飞前要通过机场售票处查清侦查对象所要到达的地点，并用电话通知飞机到达地的刑侦部门接梢，或事先与民航保卫部门联系，飞行时在飞机上由他们协助监控，到达目的地后由当地刑侦部门接梢继续控制。

3.在长途汽车上跟踪

长途汽车往往是旅客通过乘坐火车、轮船、飞机等交通工具后向边远地区延伸的代步工具，它多是远行在城镇与偏远山乡之间，其特点是：行程远，有的可能跨越不同的民族聚居地区，途中停站多，车内旅客定员，侦查人员难以掩护，不论是车上监视还是车下跟踪难度都很大。基于上述特点，长途汽车跟踪，一般应采取同车伴随监视，途中接替（派侦查人员在前一站等候上车，将原同车监视的侦查人员替换下来）和先遣预伏相结合的方法。途中侦查对象如果在城镇下车，侦查人员可下车徒步跟踪；如果在农村下车，侦查人员可远远尾随，并设法搞清其落脚点。

（四）农村地区跟踪

农村的特点是：地广人稀，村落分散；村民之间，村与村之间，互相了解，外人进村容易引人注意。尤其是平原地区或小型村庄跟踪，极易惊动侦查对象和暴露侦查人员身份，这是跟踪的不利条件。但是农村地区的群众工作基础好，基层组织和积极分子对村民都了如指掌，这是控制侦查对象的有利条件。因此，在农村进行跟踪要从实际情况出发，应采用跟踪和定点控制相结合，以控制为主的方法。具体方法有以下五种。

1.远吊眺望与分段预伏接力相结合

侦查人员可充分利用地形、地物掩护自己，远吊眺望，适距尾随，如此逐段接替，或前后远距离夹梢进行跟踪。

2.结伴同行

这一方法在十分需要且具有可利用条件的情况下方可使用。即由一名侦查人员装扮成公出办事或走亲访友的模样，编造合情合理的理由，与侦查对象“结伴同行”，其余侦查人员远跟于后，同行侦查人员按照编造理由的去处要和侦查对象所到地点有所差异，当行至需要分手处适时分手，余下任务由后面尾随的侦查人员设法完成。

3.徒步和自行车配合跟踪

当侦查对象途中搭乘某种车辆时，徒步跟踪的侦查人员又没有看到后面有车辆经过，即无可以利用的车辆，这时骑自行车的侦查人员就要发挥其作用，尾随车辆进行跟踪监视。徒步侦查人员应设法拦车赶上或超过侦查对象所乘车辆，遇有转弯或岔道时下车守候接梢。

4.预伏跟踪，以静观动

如果事先掌握侦查对象要去的农村某地，应派侦查人员先行到达。请求基层党政组织（乡、村领导）协助，做好监控准备工作，张网以待。监控网必须严密，向基层干部、群众布置任务要明确、具体，共同商议监控方法，同时要搞好保密教育。

5.设卡堵截，事后调查

侦查人员临时跟踪过程中也必须提高警惕，特别是在深夜的偏僻区段，更要做好随时战斗的准备。一旦出现情况，要沉着机智，设法麻痹对方，及时请示汇报。如果侦查对象已露出杀机，要果断处理，防止意外事件发生。

五、对脱梢、反盯梢的处置

重大刑事犯罪嫌疑人，大多是狡猾的惯犯，他们总是千方百计地逃避侦查部门的跟踪监视，他们或者摆脱盯梢，或者进行反盯梢。侦查人员应该知道一些普通的、常见的规避跟踪盯梢的伎俩。

（一）侦查目标检测跟踪、反盯梢的伎俩

（1）侦查目标在行进中，利用拐弯、买东西、系鞋带、看广告、参观商店橱窗和使用公用电话等机会，窥视其前后左右有无跟踪人员。

（2）侦查目标行走在狭窄偏僻小巷或行人稀少的街道时，突然折返，以发现跟踪人员。

（3）犯罪集团的主犯往往利用其同伙，使用“丢车保帅”“投石问路”和“声东击西”的方法，诱骗跟踪人员。

（4）乘坐车、船的侦查目标，采取变换车厢、座位方法；或下车（船）时，有的趁人多拥挤之机抢先出站，有的不立即下车（船）或不立即离开车站、港口，要观察无异样后再行离开。

（5）利用家属、同伙在高处眺望、尾随或预伏观察，达到测梢的目的。或者在街道徒步行走时，利用人多拥挤的有利条件，在人群中静观或徘徊，观察有无神态异常者，并通过在人群中的流动移位，以发现有无同自己行动相应者。

（6）认准目标，异地证实。当侦查对象怀疑被跟踪盯梢时，常常会记住所怀疑跟踪者的衣着体貌特征，通过变换地点和场所，观察跟踪者是否再度出现，从而证实是否被人跟踪。

（二）对脱梢、反盯梢的处置方法

（1）如果侦查目标已察觉有侦查人员对其跟踪，并企图摆脱时，侦查人员应毫不迟疑地进行主、副梢换位，以迷惑侦查目标。同时，应向指挥人员报告，请示处理办法。指挥人员应迅速决定是继续跟踪，还是放弃跟踪。如需要继续跟踪，应派人员接替。已经暴露的侦查人员，应根据当时的具体情况，判明目标意图，改变跟踪方式，避免再次暴露。

（2）侦查目标已经摆脱盯梢的，侦查人员切勿慌张，应冷静地根据脱梢地点、时间和目标的活动规律，设法寻找。同时，报告指挥人员派人前往侦查目标住所或经常出没的场所、交通要道、车站、码头等处寻找和堵截。

（3）侦查人员如发现侦查目标进行反盯梢，要设法摆脱。如侦查目标企图寻隙挑衅，进

行谋害时，务必镇静、沉着地采取措施，后发制人。通常可采取以下措施：①已被反盯梢的侦查人员要迅速与其他梢位取得联系，快速进入人多拥挤的公共场所；②向指挥人员报告，要求派员支援，并继续监视其活动，待支援人员赶到时交梢退出；③将计就计，将反盯梢的侦查目标引诱至适当地点，制造借口，将其扭送就近地区派出所审查，以获取材料和证据；④如侦查目标要流氓手段挑衅，应坚决回击，以群众名义将其扭送派出所或群防组织审查处理；⑤如侦查目标对侦查人员进行谋害，应予还击，以现行犯扭送公安机关处理；⑥如侦查目标利用其同伙进行反盯梢，可以采取移花接木的办法，由被反盯梢的侦查人员将其引诱调开，其他侦查人员继续跟踪主犯；⑦对有现行破坏行为的侦查目标，宁可暴露，不可丢梢，待机而动，抓获现行。

六、跟踪盯梢中应注意的问题

（1）无论采取哪种跟踪方式进行跟踪，无论处于何种梢位，侦查人员都要牢记目标的特征，集中精神，高度警惕，密切注视对象的行动。为防止意外，应佩带武器。

（2）及时打击现行犯罪。在跟踪盯梢中如发现侦查对象实施谋杀、纵火、爆炸、抢劫、强奸妇女等现行重大犯罪行为，应当挺身而出，立即予以制止，将其捕获。

（3）必要时预先办理有关法律手续，如搜查证等，以便在发现对象转移、藏匿赃证或对某一场所需紧急搜查时采取公开措施获取证据。

（4）要增强工作责任心，克服不耐烦情绪。同时要避免“出”则慌张、“行”则三五成群、“停”则交头接耳、“攻”则一拥而上，要做到有层次、有攻防、有保护。

第三节 守候监视

一、守候监视的概念及目标、任务

1.守候监视的概念

守候监视，就是侦查人员在侦查对象的住宅、经常出入的场所以及可能进行隐身藏赃、接头联络或实施现行犯罪和与案件有关的区域场所周围，选择隐蔽地点，设立秘密监视点，对侦查对象进行监视控制的一种侦查方法。

守候监视和跟踪盯梢一样，也是刑事外线侦查的重要组成部分。如果说跟踪盯梢着重动中监控，则守候监视强调静中观察，动静结合，形成了刑事外线侦查的基本特点。

2.守候监视的目标

最常见的守候目标包括以下几类。

（1）对住所的守候。对住所的守候包括对侦查对象住处、临时落脚点，以及同案犯住处和案犯有关亲朋住所的守候。通过守候发现和控制侦查对象的来往接触人员，是否转移、销售赃物，以及掩藏、毁灭证据，密捕侦查对象或堵截捕获通缉案犯等。.

（2）对侦查对象预谋或实施犯罪地点的守候。已掌握侦查对象预谋在某地进行谋害人命、抢劫、盗窃财物、爆炸破坏某种设施等犯罪活动，以及在某一区域范围内连续发生某种案件，在这种情况下，就需要在这些地方守候监视，以保证国家和人民生命财产安全，打击预谋犯罪和抓获现行罪犯。

（3）对地下赌场、舞场、色情场所和走私交易场所的守候。通过守候，发现侦查对象所挥霍的赃款、赃物和作案罪证，以及这些场所发生的犯罪活动。

（4）对非法交易市场（黑市）、信托寄卖场所和隐藏某案赃物的场所（地点）的守候。通过守候可以达到以人找物，或以物找人，查破案件的目的，有时还可以人赃俱获。

（5）各种临时性守候。这主要是为了配合跟踪监视，考核打入犯罪组织的内线特情人员的行动表现等。

3.守候监视的任务

（1）控制、掌握侦查目标外出活动的规律特点；

（2）发现并监控与侦查目标来往的关系人，证实犯罪和扩大侦查线索，发现可疑人员；

（3）根据犯罪嫌疑人作案的规律特点，在其可能继续进行犯罪活动的地区和场所进行预伏守候，捕捉现行犯，保护可能被侵害的目标；

（4）配合内线侦查及时传递有关犯罪的情报信息和线索，考核特情的工作及查证其报告材料的真实性；配合跟踪盯梢，进行秘密拍照、录像和监听，及时发现侦查对象转移、毁灭证据的行为，并采取有效措施做到人赃俱获；

（5）组拿连续犯罪的现行犯，秘密捕获通缉在案的在逃犯罪嫌疑人或犯罪分子。

二、守候监视的准备

守候监视是一种比较艰苦、战斗性很强的工作，它通常兼具侦查和逮捕两大重任，因此，切不可仓促上阵，事前必须做好充分准备。守候监视的准备工作包括以下五个方面。

1.组织精干力量，明确分工

执行守候监视任务，特别执行上述前三项任务，必须挑选精干的侦查人员担任，明确分工，把具体任务落实到每个侦查人员身上。布置任务要具体，并要充分估计到各种可能出现的情况，周密地制定应变的对策，做到统一思想，统一行动，听从命令，服从指挥，临场不乱，各自保证完成任务。

2.熟悉案情，掌握侦查对象的情况

对监视控制或准备逮捕的对象，必须明确监视的作用，事先熟悉案情，了解侦查对象有关情况，包括：侦查对象的相貌特征、身体特征和着装打扮，日常活动的规律特点，有无凶器、凶器种类，监视地点的地理位置、周围环境、房屋结构、出入路线、交通状况等情况，做到心中有数，因人施策，防患于未然。

3.实地观察场所，选择好监视点

实施守候前，对守候件（处）所及其周围环境、公共电（汽）车的发收车间、交通情况，住（场）所出入口、窗户等进行调查了解，必要时应到实地进行勘查，做到因地布设监视点和相应配备守候人数。守候人员还应考虑到当地群众的生活习惯和穿着特点，进行相应的化装，并根据守候点周围可以利用的掩护条件进行各种职业化装（如扮作小商贩、商店服务员、修鞋匠、修车工人、邮递员，房、水、电收费人员等）进行掩护，以便采取外围守候和深入侦查双管齐下的战术，主动有效地完成守候任务。

4.拟定全体守候人员工作时间表

要确定侦查人员监视小组的班次和换班时间；根据具体情况尽量少换班次，换班的次数越多，越容易暴露目标；确定好进点守候监视的名义，规定好通信联络的方式和暗语手势。

5.准备好必要的物资准备

必要的物资包括：枪支（特种武器、麻醉枪、催泪弹等）、望远镜、夜视镜、照相机、无线电台、电话（对讲机）、各种所需车辆，以及必要的防弹装备（头盔、防弹背心）等。并做好用前检查，确保性能良好。在特殊情况下，应备有一定数量的食品、饮料和卫生用品等。物资准备应当适应智能化的科技潮流，如利用无人机、信号跟踪器等措施对犯罪嫌疑人进行跟踪定位。

三、守候监视点的选择和守候监视的方法

（一）守候监视点的选择

能否发挥监视的作用，关键在于守候监视点的选择。选择守候监视点（守候点），应当遵循既隐蔽又适宜观察、监视、控制侦查目标的活动，既能出击又能堵截，既保密又安全的原则，选择“就近”“现成”的地点。根据案情、侦查目标的特点、守候监视的任务、守候场所以及周围环境等具体情况选择就近地点，或选在单位或在居民家中。要得到单位和有关群众的协助，做到安全保密。同时还要考虑到各种可能情况发生时可供利用的种种条件。建立守候监视点要求做到“合情合理”，不露破绽，特别是长期监视点，以免引起他人尤其是侦查对象的怀疑。所谓“合情”，是指选择监视点从租借、入住或开业等再到开始动作、活动，都必须符合当时当地的环境及行业规律、特点，必要时，要取得当地政府及有关部门的密切配合。所谓“合理”，是指要办理各种合法手续，有案可查，以免被侦查对象看出破绽，或者被群众怀疑，产生不良议论而惊动侦查对象。通常选择的守候点有以下三种。

1.专用守候点

这种守候点建在交通要道、复杂地区、复杂场所附近，用来发现监视流窜犯罪、走私、贩毒、拐骗、贩卖人口的犯罪活动和线索，以及配合跟踪时使用。这种守候点是固定的，带

有职业据点的性质。

2.临时守候点

这种守候点是根据具体案件侦查的需要，为了监视某一个或几个侦查对象而设立的。它既可以固定在某个地点，也可以流动于一定的范围。这种守候点设在侦查对象住处附近，或利用机关、商店，或选择居民住宅，或者在联系人的掩护下，以探亲访友之名，选在与目标同一个院落、同一层楼房的群众家中。如果采用巡查守候的方式，可以流动商贩、修理家具电器、三轮车、出租车等作为掩护。

3.眺望守候点

这种守候点主要受监视环境所限，不宜选择临近目标住处选点监视的，可在距被监视处所一定距离的路口或制高点设点，对侦查对象的住地和人员来往，通过眺望进行观察监视。这种守候往往与巡查守候相结合使用。

（二）守候监视的方法

守候监视的方法要根据侦查对象的具体情况及监视任务等因素，因案、因人、因地、因时而定。

1.定点守候

定点守候就是在侦查对象的住处或落脚点，建立固定的守候点，以静观动，对侦查对象的活动进行监视控制的方法。侦查人员利用某种身份作掩护，专门监视侦查目标的活动情况、外出活动规律、带进带出的物品以及与其接触联系的人员，以发现和扩大侦查线索，有时在守候过程中，还要进行秘密拍照、秘密录像和窃听。其具体方法，一种是由侦查人员直接进点监视。负责监视工作的侦查人员在衣着打扮、说话口音、携带物品等方面要与化装的身份相符合。定点守候人员要固定，不宜随意调换，还要严守秘密。如果暴露，监视点就不能继续使用，应选择新的监视点，从原点撤出的侦查人员不得进新的监视点继续进行监视。负责进点监视的侦查人员只负责完成监视任务，不得参与其他侦查活动。另一种是通过群众或特情监视侦查目标的行动。这种方法主要因无法设点或侦查人员不好选择掩护的身份而采取的。使用这种方法要仔细向群众或特情交待具体任务和完成任务的方法及应注意的事项，并确定好联络的方法。这种方法也称间接守候或内线守候。如果根据案情，需要较长时间的守候监视，而且侦查对象的住处又具备定点守候条件，一般应在侦查对象的同院、同楼选择监视点；派侦查人员化装借居在群众家中，或以合法名义迁入公房或“换房”“借房居住”等进入固定地点监视。

2.伏击守候

伏击守候主要是指为了保护可能被犯罪嫌疑人侵害的目标，或在犯罪嫌疑人经常活动的场所或连续发生同类案件的地区，选择隐蔽守候点，由侦查人员埋伏守候，捕捉现行犯罪嫌疑人的守候方法。该方法打击和制止犯罪的目的性较强。这种守候是根据案件的特点，估计犯罪嫌疑人可能进行的活动而采用的。如在犯罪嫌疑人可能销赃的场所进行守候，以发现赃物；或者在犯罪嫌疑人可能藏匿赃物、罪证的场所进行守候，以当场捕捉，人赃俱获；或者在犯罪嫌疑人要挟被害人家属按约会地点交款“赎票”的地点、强奸犯约定被害人再行“赴约”的约定地点进行守候；或者在犯罪嫌疑人可能会面联络、转交物品和证据的地点进行守候，抓获罪犯；有时针对一个地区案件发生的情况和犯罪嫌疑人连续犯罪的特点（如盗窃、抢劫、强奸案件），侦查机关在一定地区内设若干隐蔽守候点，分散把住各个通道要口，进行观察控制，发现和捕捉犯罪嫌疑人。采用这种方法守候，伏击圈要适当扩大一些，统一指挥，规定好联络的方法和统一行动的信号，使犯罪嫌疑人不能乘隙漏网。

3.拘捕守候

拘捕守候是对已经批准拘捕的犯罪嫌疑人，因侦查工作的需要不宜采用公开方式拘捕，而由侦查人员隐蔽在目标住所周围，待其返回或外出时予以拘捕，或通过对已拘捕案犯的处所守候，发现新的问题、线索及拘捕来此进行联系的同案犯。这种守候拘捕犯罪嫌疑人或逃犯的目的性较强。一般情况下，拘捕对象比较明确，拘捕地点也比较清楚。如果知道犯罪嫌疑人何时何地聚会，或知道其何时经过何地，就可选择合适时机将其拘捕归案。

这种守候有两种形式：一是捕人后的守候。为扩大线索，发现同案犯、查明犯罪嫌疑人是否以暗号（记）与同案犯联系等情况，捕人后留下侦查人员守候。二是守候捕人，一种情况是抓捕犯罪嫌疑人或捕获通缉对象，在犯罪嫌疑人可能到达、逗留、出现的处所进行守候，一旦发现犯罪嫌疑人，立即出击逮捕；另一种是为侦查或破案的需要而进行的密捕守候。

4.寻查守候

寻查守候，又称活动性守候，是在侦查对象或犯罪嫌疑人出没活动、落脚藏身的地点不宜采用定点守候的方法时，由侦查人员化装成流动商贩和其他社会性职业人员，进行巡查守候，以掌握侦查对象的活动或捕捉在逃案犯的一种侦查方式。寻查守候常用于追捕犯罪嫌疑人，有时也用在公共复杂场所，通过在人群中秘密巡查，及时捕获现行犯罪嫌疑人。寻查守候有较强的追寻犯罪嫌疑人的目的性。寻查守候有以下几种方式。

（1）以人找人。即利用被害人对作案分子的相貌印象很深，或根据被害人所描述的作案分子特征，只要见面就能认出的条件，由侦查人员带领被害人，到作案分子可能出没、活动的场所、路线上进行守候，寻找发现作案分子踪迹；

（2）以物找人。即利用犯罪现场遗留物的特定来源，守候观察，发现犯罪嫌疑人线索；

（3）以照片找人。即根据通缉通报上所粘贴的通缉对象照片和文字描绘的特征，在车站码头、可能落脚的社会关系处守候，堵截抓获通缉对象。

四、守候监视应注意的问题

守候监视是一项较艰苦的工作，担任守候任务的侦查人员应该注意以下事项。

1.严格遵守纪律

守候人员要保守工作机密，不得擅离工作岗位，严禁将非守候人员带进守候点，不准在守候点内喝酒聊天，夜里吸烟时应当将烟头的火光遮掩住；切忌频繁出入守候监视点；两名以上守候人员，在守候现场不准时聚时散，以防侦查对象透过门窗发现或外出时迎头照面，露出破绽。

2.要有坚韧顽强的毅力和吃苦耐劳的精神

由于守候工作时间长，且比较单调，有时候条件还比较艰苦，因此，担任守候任务的侦查人员，必须要具有坚强的毅力和不怕苦、不怕累、不怕麻烦的精神，不管什么情况都要坚持不懈，集中精力，密切注意周围动静，并警惕犯罪嫌疑人利用关系人到守候监视点进行试探和对侦查人员进行反侦查。

3.选择好掩护身份，搞好群众关系

侦查人员进住守候监视点时，其举止行为必须端正大方，态度必须坦然自若，与化装后的职业身份必须神形一致；所穿着的服装要社会化、多样化，适应时俗。如果居住在群众家中，侦查人员应该搞好群众关系，尊重群众风俗习惯，取得群众支持，以便更好地掩护自己。

4.注意安全，随时汇报情况

对在守候中发现的犯罪嫌疑人和其他可疑人员，要报告指挥人员，根据不同情况分别处理。对有被害人在场的各种守候或拘捕行动，要绝对保护被害人的安全，严防侦查对象挟持其为人质，以此拒捕，从而潜逃和加害被害人。

5.防止麻痹和厌战情绪

守候监视是一项艰苦工作，需要守候人员能吃苦、有耐心。守候的时间有长有短，不能因时间过长而松懈警惕或有厌战情绪，更不能因为一时疏忽，造成前功尽弃。有时还会在酷暑、严寒、风雪雷雨等条件下守候，这就要求侦查人员要有克服困难、坚持到底的品质。所以，要加强对侦查人员关于坚持就是胜利和遵守纪律方面的教育，使其始终保持旺盛的斗志。

第四节 秘密逮捕

一、秘密逮捕的概念与任务

1.秘密逮捕的概念

秘密逮捕，简称秘捕，是根据侦查破案需要，对重大犯罪集团或团伙中的某个成员采取秘密拘押、突击审讯，以查清集团（团伙）内幕，为实施某些侦查措施创造条件，或直接获取侦查线索和破案证据的一种特殊侦查措施。秘密逮捕通常在以下两种情况下使用：一是在侦破有组织犯罪或团伙犯罪案件时，为了弄清犯罪组织内部或犯罪团伙的内幕情况，而对犯罪组织或团伙内部个别成员实行秘密逮捕，突击讯问，获取有关案情或采取进一步侦查措施的活动。其目的是打开缺口，扩大线索，从而为深入侦查犯罪组织或集团内部、获取犯罪证据创造条件，以将犯罪嫌疑人一网打尽。实施秘密逮捕的原因是侦查人员未能掌握犯罪组织或集团全部或主要犯罪情况，未能获取主要犯罪证据，而需通过个别突破，达到侦破修正案件的目的。如果采用公开逮捕的办法，就有可能惊动犯罪组织或团伙的其他重要成员，打草惊蛇，可能造成犯罪嫌疑人逃跑、毁灭证据、自杀或报复等后果，使整个侦查工作部署陷入被动。所以，秘密逮捕要做到“绝对保密，计划周详，措施得力，行动迅速”。二是在侦查中，有时在逮捕特定对象时也使用秘密逮捕，这主要是为了避免因公开逮捕造成案件本身以外的其他不必要影响。但是，不管是哪一种情况的秘密逮捕，其秘密性以及它的实际价值都是相对一定阶段而言的，其最终都要依照《刑事诉讼法》的有关规定，按照一定的程序公开实施强制措施，密捕只是临时策略。

2.秘密逮捕的任务

秘密逮捕的具体任务有以下几方面。

（1）查清犯罪集团（团伙）的内部情况；

（2）扩大侦查线索来源；

（3）收集破案证据；

（4）物色建立秘密力量。

秘密逮捕成功与否，直接关系到刑事案件侦查的成败。密捕实施得当，突击审讯收效良好，可以迅速扩大线索来源，获取到充分的犯罪证据，将犯罪集团（团伙）成员一网打尽；反之，密捕失败，突击审讯收效甚微，则会惊动其他犯罪嫌疑人，导致其逃跑、自杀、毁灭证据或行凶报复等，使侦查工作严重受挫，甚至导致案件无法破获。因此，秘密逮捕必须遵循计划周密、措施得当、行动迅速、绝对保密、善后稳妥的原则。

二、秘密逮捕前的准备

1.选择秘密逮捕对象

秘密逮捕对象的选择是否恰当，在一定程度上关系到全案能否顺利侦破。秘密逮捕的对象应根据案件的实际情况和秘密逮捕的具体任务确定。侦查实践中，通常选择以下几种犯罪嫌疑人作为秘密逮捕对象。

（1）用于开展内线侦查的秘密逮捕对象。采用“拉出来，打进去”的方法，将犯罪集团（团伙）中层成员中的既了解案情又经常独立活动，被密捕后不容易引起其他犯罪嫌疑人怀疑的犯罪嫌疑人秘密捕获后，再进行突击审讯，以掌握其把柄，物建为特情。

（2）为主犯所信任，对同伙情况知晓，罪行不重，愿将功赎罪，能为侦查机关所利用的犯罪嫌疑人。

（3）作为侦查突破口拉出来进行突击讯问的、与犯罪案件的主犯或同伙有矛盾的犯罪嫌疑人。

（4）已掌握其犯罪证据的犯罪集团（团伙）主要成员。破案前，为稳妥起见，通过对这些主要成员进行密捕审讯，掌握其他犯罪嫌疑人的情况，力争破获全案，捕尽所有犯罪成员。

不管是哪一种情况，选择时都要从两方面进行考虑：一是能否起到侦查作用；二是有无为我所用的条件。总的来说，要考虑选择罪行较轻，又掌握内部情况或者与主犯或同伙有一定矛盾、易于分化争取的成员。选择好密捕对象后，执行密捕的侦查人员应通过秘密的观察、调查方式，认真分析犯罪成员的个人特点、家庭情况等因素，对密捕对象的体貌特征、活动规律、经常活动的场所做充分的了解掌握后，再决定密捕的具体方式，以确保密捕的准确。

2.确定密捕的时间与地点

根据秘密逮捕的活动规律、案件侦查的进展情况以及犯罪集团的活动情况，在制定严密行动计划的基础上，侦查人员应选择不易引起其他犯罪嫌疑人、被捕人亲属及群众注意的时机和地点，实施密捕行动。

3.做好化装、密捕法律手续和秘密逮捕器材工具准备

根据选定的密捕时间和地点环境，侦查人员应事先进行相应的化装，并事先报请领导批准，办理密捕审批手续和拘押犯罪嫌疑人的法律手续。密捕所必需的戒具、交通工具和通信器材亦应做好充分准备。检查各种器材的效能，以免使用时发生故障。研究制定好可能发生泄密、拒捕后的应急措施。

4.做好突击审讯地点和审讯力量的安排

做好突击审讯是完成密捕任务最重要的一个环节。应事前安排好讯问地点和人员，并且设计讯问的策略方法，充分预计讯问中可能出现的各种问题及处理方法等。

三、秘密逮捕的方法

1.跟踪密捕

对侦查对象采取跟踪的方式进行密捕，在其行至适当地点进行逮捕，并在捕后或在附近选点审讯，或用汽车载至事前选好的地点讯问。

2.预伏守候密捕

根据密捕对象的活动规律，在其住所、单位周围或来往必经的路上，秘密布置侦查人员等候，待密捕对象到达时将其密捕押走。或者在密捕对象经常活动的场所附近，侦查人员预先选择好有利地点埋伏，然后利用特情或群众或其他适当的人员以合适的借口将密捕对象引诱至预伏地点捕获。

3.借故密捕

借密捕对象违反治安管理条例或有其他违法犯罪行为，以有关部门的名义，对其公开传唤或拘留，达到掩护秘密逮捕的目的。

4.旅途密捕

利用密捕对象外出探亲、工作或在有关部门的配合下，以合情合理的借口有意安排其外出，侦查人员在密捕对象的旅途中将其密捕，而后就地突击审讯。

四、秘密逮捕后的突击审讯

抓获密捕对象后应立即将其秘密押解至预定地点进行突击审讯。押解过程中要保持高度的警惕，防止密捕对象脱逃、自杀、呼叫、反抗或暗中抛弃物品。抓获密捕对象后，应及时对其进行人身搜查，解除其携带的武器及一切可能用来伤人的器物、药品。搜查时还应注意密捕对象身上或携带的物品中有无有利于讯问的证据或可疑线索，以便在讯问中能适当地加以利用，或从中寻找掩护密捕的借口。

突击审讯具有很强的紧迫性，密捕后应立即进行，而且审讯的过程不宜过长，要抓住重点或尽快利用可以突破密捕对象防线的弱点，速战速决。否则，会招致其他犯罪嫌疑人、密捕对象亲属及有关群众的猜疑，甚至导致密捕对象的同伙怀疑惊觉，进而出现毁灭犯罪证据、转移赃物、逃跑的严重后果。因此，讯问人员应事先拟定多种讯问对策。讯问中，一般应以已掌握的证据为突破口进行讯问，而不宜过多纠缠密捕对象本身的犯罪行为细节，以尽快查清犯罪集团的组织、成员、活动规律情况和尚未掌握的犯罪事实及证据。

突击审讯过程中，除了重点查证了解同侦查破案有关的线索、证据外，还应及时查明密捕对象有无计划活动，如和同伙预约的活动、同自己亲属及其他关系人的约会等。凡发现有类似的计划活动，侦查人员应设法予以应付，以防泄露秘密逮捕活动的机密。

突击审讯结束后，如需逆用密捕对象时，应计划好释放密捕对象方案的具体措施，选择好释放密捕对象的时机、地点，并为密捕对象设计好应付同伙审查和亲属、关系人查问的内容。必要的时候，侦查人员还应以多种方式予以策应，妥善地掩护密捕活动。

第五节 侦查化装

一、侦查化装的概念和原则

1.侦查化装的概念

侦查化装，是侦查人员为了适应侦查活动所涉及的环境和对象，掩护自己并麻痹侦查对象，以实现侦查目的而专门改变自己的相貌、装束、言语、身份和行为目的的一种特殊侦查技能。侦查化装是外线侦查不可缺少的一种掩护措施，是为了使侦查人员在社会上占领阵地、掩护自己、完成接近或监视犯罪嫌疑人的任务。

2.侦查化装的原则

侦查化装总的原则是：根据侦查工作的实际需要，因地制宜、适应环境、合情合理、不露形迹，便于侦查工作的顺利进行。具体来说，包含以下三项基本原则。

（1）表里、内外一致。侦查化装必须严格做到表里、内外一致。不仅衣着装束上要求做到自然逼真，而且侦查人员的言谈举止、心情、神态、精神面貌等都要同化装身份、化装行为目的相符，即做到“身心一致”。侦查人员的态度应该比较随便，而其兴趣应似集中在监视目标以外的事物上。如果在特定的条件和场合下执行特定任务，需要以某一特殊身份，甚至某一特定的对象名义出现，还应当以这一特定身份或特定人物为原型，选择合适的人选，进行专门的化装，使化装者从外表到内在、从历史到现实真正进入角色。

（2）社会化、大众化。侦查人员的外表化装，要与当时、当地的社会环境、群众衣着习俗等相适应，恰如其分，尽量做到大众化、社会化，不能过分夸张和特殊。侦查人员的衣饰应同周围环境相一致，在商业区应打扮得像一个商人；在工厂区应打扮得像一个工人；在郊区则最适宜穿着便装，这样才能不露破绽，掩护自己的身份和行为。

（3）多样化。当有数名侦查人员协同作战、共同执行任务时，侦查人员的化装要多样化，切忌千篇一律，要根据情况和环境的变化及实际需要，随时改变自己的装束和身份，即使是携带的物品和使用的交通工具也要多样化，否则容易引起侦查对象和一般群众的注意和猜疑。

二、侦查化装的一般方法

化装是一种技巧艺术。侦查化装不同于文艺表演的化装，后者力求塑造观众能接受的舞台形象，前者则力求适应环境和行为目的。根据侦查工作实际需要和一般社会风俗习惯，侦查化装主要有以下五种方法。

1.身份化装

身份化装是指侦查人员以其他行业的人员身份为掩护，隐蔽自己真实身份的化装。侦查人员常常会因侦查工作的实际需要，以某种身份进行活动。化装成什么身份，就要有适合这种身份的装束、举止风度、职业习惯，甚至细微动作、手势、神态。而且要掌握与所化装身份相适应的行业知识和技能、实践经验、行话，另外也要通晓行情、不说外行话。同时，身体条件也要适应化装的身材，高矮、胖瘦、壮弱也要因胜任各种职业而有所不同。这样才能做到表里一致，不会引起怀疑。

2.外表化装

外表化装包括相貌化装和服饰化装。化装时要根据化装的身份、行为目的、当时当地的环境情况，选择与之相匹配的衣饰和随身携带的物品。相貌化装是外表化装的重要内容，可以通过配戴眼镜、改变发型、造假痣、配假发和假胡须、大致改变脸型、男扮女装或女扮男装等达到化装目的。服饰化装时，衣着、鞋帽要适应身份、环境，要做到大众化，不搞奇特，并随季节和地区特点选换不同颜色的衣服，以免引人注意而暴露身份。随身携带物品（包括可供简单改装的用品，如眼镜、帽子、围巾、外套、假胡须、随身携带的小件物品和其他便于临时改变外貌形象的化装用品）式样、色调以及配备的交通工具也必须与化装的身份相符合。

3.语言化装

言语习惯是一个人的重要特征。由于语言的地区性很强，语言化装也极容易露出破绽，所以在侦查化装时，最好选择与侦查对象同语言区域的侦查人员进行语言化装。针对所选择的不同身份，侦查人员应掌握并熟练使用与化装身份相适应的行话、流行口语、地方土语、方言和违法犯罪人员常用的各种隐语、黑话。如果是化装成某一特定人员，侦查人员还应了解掌握并熟练运用其言谈习惯方式、本地和邻近地区的方言知识与口语特点。

4.车辆伪装

外线侦查中，可能会使用各种车辆进行跟踪监视，因此，对侦查人员使用的车辆也要进行伪装。要尽可能选用普通颜色、外形的车辆，但在特定情况下需要表现身份、地位时，则应选用豪华、高档一些的小轿车与侦查对象接触。不同职业及不同身份的化装，使用的车辆及车牌等要相一致。跟踪过程中的车辆伪装，则需要准备必要的备用车辆。为了在紧急情况下使用，还可以准备警灯、警报器及喊话扩音器等。

5.特型化装

特型化装是为了使侦查人员装扮成某一特定的对象，并以这一特定对象身份的有利条件同侦查对象接触，了解情况，控制侦查对象的活动。特型化装由于是扮装成某一特定对象，因此不仅外表要同特定对象相似，而且还要了解该对象个人历史、生活习惯、兴趣爱好、知识经验、技能、交往关系等基本情况。所以，这种化装实际上是一种综合性的化装，它不仅对化装的技巧、侦查人员对应掌握情况的了解程度有严格的要求，而且对化装者本人的相貌、个性、知识技能等方面的条件有着十分苛刻的限制。因此，在侦查实践中，一定要防止不顾客观条件是否具备的实际情况、盲目实施的倾向，以免弄巧成拙，反而导致侦查工作的失败。

总之，随着同刑事犯罪作斗争的形势发展，对侦查化装的要求也越来越高，侦查化装的运用也日渐增多。侦查机关平时应当建立健全侦查化装业务的基本建设，并及时充实和更新，以确保化装侦查的实际需要；同时，还应加强对侦查人员化装技能的培训，准备必要的、适应形势需要的化装手段和设备、器材。

三、侦查化装应该注意的问题

（1）尽可能选择身材、相貌、气质、风度、技能、语言、行为特征等方面与化装身份相接近的侦查人员执行化装侦查任务；

（2）化装后要进行必要的训练和演习，使侦查人员习惯新身份，熟悉言谈举止，并通过演练，对化装提出修改意见，使化装更加逼真。

第六节 秘密拍摄

一、秘密拍摄的概念

1.秘密拍摄的概念

秘密拍摄犯罪活动照片是外线侦查工作获取罪证的一种技术手段，它主要使用于预谋案件和有组织犯罪案件的侦查工作上。秘密拍摄是以隐蔽的方式秘密录制和拍摄重大犯罪嫌疑人活动情况的一种外线侦查手段，如摄取重大犯罪嫌疑人和同伙进行接头、联络、踩点，以及转移、销毁、隐藏、变卖赃物等活动时的照片和录像。这是跟踪盯梢、守候监视等破获重大预谋案件的侦查活动中一种常用的技术措施。密摄密录的技术难度大、要求严格。因此，必须遵守积极慎重、绝对保密的原则。

密摄密录必须在被摄录人和周围群众不察觉的条件下进行，因此不能如一般摄影和录像那样仔细反复测距、测光、取景。因此，要求侦查人员不仅要精通摄影、录像技术，而且要做到“三快、三稳、三正常”。所谓“三快”，就是发现情况快、反应快、技术操作快，将应摄取的情况不失时机地摄取下来；所谓“三稳”，就是固定拍摄机器稳，启动摄影、拍照开关稳和摄取、跟踪画面稳；所谓“三正常”，就是掩护动作正常、操作正常和摄拍效果正常。

2.秘密拍摄的运用范围

秘密拍摄是结合外线侦查活动进行的。一是在守候监视点，秘密摄取犯罪分子预谋犯罪的踩点、联络或作案时的照片（或录像）。二是在跟踪过程中，秘密摄取犯罪分子相互联系或转移、埋藏赃证等活动的照片（或录像）。具体说来，其使用范围有以下几方面。

（1）在跟踪过程中，秘密摄取犯罪分子与同案犯罪嫌疑人接头、联络，以及犯罪分子转移、隐藏、销毁、变卖赃物罪证等活动的照片、录像。

（2）在守候监视过程中，秘密摄取犯罪分子接头、聚会、窥视地形、蹲点（踩点）等活动情况的照片、录像。

（3）在秘密搜查、逮捕中，摄取赃物、痕迹或可疑物品的照片、录像。

二、秘密拍摄的方法

秘密拍摄时，由于摄取的内容、环境往往难以事先预料，所以常常带有偶然性与突变性。成功运用秘密拍摄手段的关键在于善于在不同的环境、不同的角度、针对不同的摄取内容采取具有隐蔽性和有效性的拍摄方法。

1.超越拍摄法

在跟踪监视过程中，选择适当时机，超越侦查对象，在其前面选好位置和拍摄角度，等侦查对象迎面过来时，立即抓紧时机对其进行拍摄。这种拍摄方法通常用于拍摄侦查对象及关系人的面貌特征。以同被拍摄对象等距离的其他物体为对象，事先调整距离和用光量，旋转拍摄机器，相机摄录。

侦查人员为不让被拍摄对象发现自己的意图，先将摄影机或照相机对准与被拍摄对象等距离而不同方向的物体调好焦距及用光量，并大致确定好拍摄对象的倾斜角度，做好拍摄准备，然后向被拍摄对象徐徐转动，当被拍摄对象的影像出现在取景器内时，按下快门，完成拍摄。而后，侦查人员继续不停顿地转动摄影机或照相机，直到远远偏离被拍摄对象为止。这样，被拍摄对象不会怀疑自己已被拍摄。这种方法使用广角镜头和具有连续自动输片、多次自动拍摄功能的照相机效果尤佳。

2.轮换拍摄法

在外线侦查中，当发现侦查对象与人交谈，或递交物品时，采用多人轮换，从不同角度，抓紧时间进行抢拍。侦查人员于拍摄前预定好焦距、用光量及拍摄角度，将拍摄机器固定于某一位置，如挂在胸前、拿在手中、固定于拍摄架等物体上，自己持机行走或等待对象进入取景器内，暗中启动快门拍摄。

3.预伏拍摄法

根据侦查对象的活动规律，在其居住地、工作场所周围，事先选择有利地形进行预伏守候，在监视点或汽车上把普通相机安装好，待侦查对象经过时进行拍摄。运用这种方法，必要时可借助长焦距镜头或夜视仪进行拍摄；或者将跟踪与预伏相结合的拍摄法，用于对付有组织犯罪活动或狡猾犯罪分子的犯罪活动。

4.无线电遥控拍摄法

在侦查重大犯罪案件或预谋案件时，经过内外线侦查，掌握了犯罪分子准确的接头、聚会或预谋犯罪的地点，事先在内线力量的协助下，秘密安装无线电遥控拍摄设备，由侦查人员在监视点遥控拍摄。

（1）使用自拍装置摄录。侦查人员将拍摄机器设备置于便于拍摄的位置，做好拍摄准备并启动自动拍摄录像装置后，伪装从事其他活动，目视偏离相机和拍摄对象的方向，以掩护摄录活动。

（2）使用自动监视装置摄录。在守候监视点对固定的监视控制区域进行密摄密录时，可以选用自动监视摄像机，将摄像机秘密架设在便于密摄密录的地点，录制监视控制区域内人员往来、活动的情况，或现场物品的变化及增减状况。

秘密拍照（或录像）是在复杂多变的条件下进行的，要想成功地运用这种手段为侦查服务，首先要学会在各种条件、各种环境、各种角度，以及动和静的不同要求下进行秘密拍照，要不断研究和改进秘密拍摄的方法，掌握外线侦查技能，掩护自己的秘密拍摄活动。其次要装备相应的现代化照相（或录像）工具，以适应各种不同环境条件下的密拍要求。

秘密拍摄相机及器材的选用，要从我国侦查工作的实际情况出发，有条件的可选用较为先进的特种警用密摄密拍装置，其中适应夜间、微弱光线下的各种微型相机、超高速胶片或红外线胶卷最为理想。若使用普通相机或摄影器材，则应根据具体情况采取相应的伪装掩护措施，如将相机或摄影器材装在手提包、提篮、饭盒、自行车灯、半导体收音机、旅行水壶里，跟踪途中伺机拍照；有时在犯罪分子踩点和探查地形的时候，在预伏地区的监视点或汽车上把普通相机安装好，等待犯罪分子前来时进行拍摄。

三、秘密拍摄的要求

（1）侦查人员要精通照拍、录像业务。侦查人员要学会能在各种复杂的环境和条件下，捕捉取景机会。从不同角度，结合动与静条件拍摄出有价值、有质量的照片、录像。

（2）要巧妙地进行伪装，掩护自己。参加密摄取证的人员不仅要有精湛的拍摄技术，同时要善于掩护自己的活动。除做好身份的掩护和化装外，还要将摄录器材进行巧妙的伪装。

（3）用现代化的拍摄工具。选用性能良好的现代化拍摄工具，是密摄取证取得良好效果的重要保证。有条件的最好选用各种微型相机，或有望远、变焦镜头的摄录工具进行拍摄。同时，无论是选用陈旧的还是先进的摄录工具，都要事先进行检查，保证使用时处于良好的工作状态。

此外，密摄取证是一项政策性强、危险性大、技术难度大的侦查手段，因此，必须遵循“稳妥保密、积极主动、不失时机、注重证据”的原则。“稳妥保密”即密拍取证要在绝对保密的情况下进行，要严密措施，不露形迹，尽量避免暴露侦查手段和惊动侦查对象。“积极主动、不失时机”，就是侦查人员要善于观察判断侦查对象的企图和去向，积极寻找机会进行拍摄，不漏掉重要的证据物品和犯罪过程。“注重证据”就是要秘密拍摄能够证实犯罪的有关场面。

复习与拓展

（1）外线侦查与内线侦查的任务有何不同？

（2）跟踪盯梢应当遵循什么样的程序？

（3）车辆跟踪、人员跟踪应当注意的事项有哪些？

（4）监视守候的主要任务有哪些？

（5）化装侦查有哪几种形式？应当注意何种问题？

（6）如何区分特情侦查、化装侦查、诱捕侦查？

（7）外线侦查与内线侦查的法理区分。

（8）外线侦查与人工智能应当如何结合应用？

（9）外线侦查与内线侦查是什么关系？

（10）跟踪盯梢、监视与技术侦查有什么关系？

（11）外线侦查的程序正义问题。

（12）化装侦查与卧底侦查有何异同？

延伸阅读

（1）艾明：《秘密侦查制度研究》，中国检察出版社2006年版。
（2）刘开湘：《刑事诉讼与隐私权保护的关系研究》，中国法制出版社2006年版。
（3）孙延庆：《侦查措施与策略》，中国民主法制出版社2000版。
（4）郭晓彬：《侦查策略与措施》，法律出版社2000年版。
（5）何泉生：《刑侦预审典型案件评析》，中国人民公安大学出版社2000年版。

案例讨论

某年4月初，J市C公安分局禁毒大队接到特情反映情况，近期，将会有一伙贩毒人员去往外地购买大量毒品来J市贩卖。经研究，禁毒大队认为要“放长线钓大鱼”，将犯罪分子一网打尽。民警随即加大对涉案人员的调查，通过设法贴靠、接触毒贩，并通过化装成吸毒人员混入地下交易市场，寻求购买毒品，同时请求市局行动技术部门对获取的有关线索进行监控。经过十余日的细致侦查，线索显示毒贩将于4月10日左右购毒返回。民警分组在各酒店、酒吧处蹲点守候。4月14日凌晨，一组蹲点民警在J市某酒店1208房成功抓获正在与我方化装侦查人员进行毒品交易的犯罪嫌疑人2人，缴获高纯度海洛因1268克、冰毒32克，然而犯罪集团的首要分子当日未在蹲守地点出现。根据特情线索反映，犯罪集团的首要分子闻讯已经逃逸至广西宾阳境内，禁毒大队遂派员前往广西宾阳等候抓捕毒贩。

问题：

（1）此案中侦查人员使用的侦查措施是否合法？
（2）本案成功运用了哪些侦查措施？
（3）本案中侦查措施运用失败的原因是什么？应当吸取哪些教训？